Sammlung

der

für die Königlich Preußische Rhein-Provinz seit dem Jahre 1813

hinsichtlich der Rechts- und Gerichtsverfassung

ergangenen

Gesetze, Verordnungen, Ministerial-Reskripte rc.

Im Auftrage Eines Hohen Justiz-Ministeriums

herausgegeben

von

Marquardt,

Königlichem Hofrath und Geheimen Ober-Registrator.

Siebenter Band,

welcher die Jahre 1839, 1840 und 1841 enthält.

Berlin,

Sandersche Buchhandlung.

G. E. Reimer.

1842.

XXVI.

1839.

Gesetze, Verordnungen, Reskripte.

1.

Verfügung vom 2. Januar 1839, — betreffend die Einziehung des Werthstempels bei Kontumazial-Erkenntnissen in den nach der Rheinischen Civil-Prozeß-Ordnung verhandelten Sachen.

(Reskr. v. 23. Mai 1836, Rhein. Samml. Bd. 5. S. 376.)

Der Provinzial-Steuer-Direktor daselbst hat darüber angefragt: ob in den nach der Rheinischen Civil-Prozeß-Ordnung verhandelten Sachen der Werthstempel für Kontumazial-Erkenntnisse, wenn der Verklagte in die Kosten verurtheilt worden, dennoch von dem Kläger eingezogen werden dürfe?

Diese Frage kann aus den Gründen, welche das abschriftlich beigefügte Schreiben vom 26. November v. J. ergiebt, und in Uebereinstimmung mit dem darin angeführten Urtheile des Revisions- und Kassationshofes vom 10. Oktober 1835 nur bejahend entschieden werden, und ist deshalb die Bestimmung des Reskripts vom 23. Mai 1836 (Rheinische Sammlung Bd. 5. S. 376), nach welcher die Einziehung des Erkenntniß-Stempels nach Maaßgabe der Entscheidung über den Kostenpunkt zu bewirken ist, ausdrücklich nur auf kontradiktorische Prozesse beschränkt worden.

Der Herr Finanz-Minister hat sich hiermit in dem Antwortschreiben vom 25. v. Mts. einverstanden erklärt. Die Gerichtsschreiber haben demgemäß bei Auslösung der Ausfertigung eines Kontumazial-Erkenntnisses durch den Kläger von dem letztern zugleich den Stempelbetrag zu erheben.

Ew. Hochwohlgeboren werden zugleich benachrichtigt, daß diese Verfügung durch das Justiz-Ministerial-Blatt zur Kenntniß sämmtlicher Gerichtsbehörden wird gebracht werden, um die erforderliche Anweisung für die Gerichtsschreiber zu veranlassen.

Berlin, den 2. Januar 1839.

Der Justiz-Minister
Mühler.

An
den Königl. Ersten Präsidenten des Appellationsgerichtshofes Herrn Schwarz, und den Königl. General-Prokurator Herrn Biergans
Hochwohlgeboren
zu Köln.

E. 3690. Rhein. Gen. 62. Vol. 4.

Beilage.

Ew. Excellenz verfehle ich nicht, auf das geehrte Schreiben vom 31. v. Mts. ganz ergebenst zu erwiedern, daß ich, in Rücksicht auf die eigenthümliche Vorschrift des Artikels 156 der Rheinischen Civil-Prozeß-Ordnung, die in Sachen des Hauptsteuer-Amts zu Köln gegen den dortigen Waarenmäkler D. am 10. Oktober 1835 erlassene Entscheidung, nach welcher, wenn durch ein Kontumazial-Erkenntniß der Verklagte in die Kosten verurtheilt worden, der Kläger, dem Gerichte oder der Steuerbehörde gegenüber, zur Entrichtung des Werthstempels verpflichtet ist, für richtig halte. Nach der Vorschrift des vorangeführten Artikels ist die Wirksamkeit des Kontumazial-Erkenntnisses an die Bedingung geknüpft, daß der Kläger dasselbe binnen 6 Monaten zur Vollstreckung bringe. Die Erfüllung dieser Bedingung steht ganz in der Willkühr des Klägers und gelangt nicht zur Kenntniß des Gerichts, indem nach der Rheinischen Verfassung die Vollstreckung der Urtheile ohne Mitwirkung der Gerichte durch die Gerichtsvollzieher geschieht, an welche sich die Partheien dieserhalb unmittelbar zu wenden haben. Dem Gerichte oder der Steuerbehörde gegenüber kann daher bei Kontumazial-Erkenntnissen nur der Kläger als der Debent des Stempels, so wie der Gerichtskosten behandelt werden. Der §. 19 des Stempelgesetzes verfügt nur im Allgemeinen, daß in Prozessen die Einziehung des Stempelbetrages, wie bei den übrigen Gerichtskosten erfolgen soll. Nach der altländischen Gesetzgebung folgt hieraus in allen Fällen die Einziehung des Erkenntniß-Stempels von dem in die Kosten verurtheilten Verklagten. Hiernach muß, da das Stempelgesetz auf der Grundlage der altländischen Gesetzgebung beruhet, auch in der Rheinprovinz verfahren werden, so weit die Eigenthümlichkeit der dortigen Gesetzgebung nicht eine Abweichung nothwendig macht. Letzteres ist aus den vorangeführten Gründen bei Kontumazial-Erkenntnissen der

Fall, nicht aber bei kontradiktorischen; auf diese ist deshalb das Reskript vom 23. Mai 1836 beschränkt worden; in Ansehung der ersteren wird es dagegen bei dem zeither beobachteten Verfahren, nach welchem die exekutivische Einziehung des Erkenntniß-Stempels gegen den Kläger gerichtet wird, verbleiben müssen. Ich bin demnach auch bereit, dem eventuellen Antrage des Provinzial-Steuer-Direktors zu Köln gemäß, den Gerichtsschreibern zur Pflicht zu machen, bei Auslösung der Ausfertigung eines Kontumazial-Erkenntnisses durch den Kläger von dem letzteren zugleich den Stempelbetrag mit zu erheben. Ew. Excellenz baldgefälliger Aeußerung hierüber sehe ich ganz ergebenst entgegen.

Berlin, den 26. November 1838.

An v. Kamptz.

des Königl. Wirklichen Geheimen
Staats- u. Finanz-Ministers Herrn
Grafen von Alvensleben Excellenz.

2.

Verfügung vom 9. Januar 1839, — betreffend die Legalisation Kaiserlich Russischer Dokumente.

a.

Schreiben des Ministeriums der auswärtigen Angelegenheiten.

Der hiesige Kaiserlich Russische Gesandte ist vor Kurzem in einer Erbschafts-Angelegenheit, wobei es auf Ausstellung einer Spezial-Vollmacht zur Empfangnahme des Erbtheils ankam, darauf aufmerksam gemacht worden, daß diese Vollmacht, um diesseits für gültig anerkannt zu werden, von dem Kaiserlich Russischen Justiz-Ministerium und demnächst von dem Kaiserlichen Ministerium der auswärtigen Angelegenheiten beglaubigt werden müsse.

Der gedachte Herr Gesandte hat darauf gegenwärtig dem unterzeichneten Ministerium angezeigt, wie er von seinem Hofe beauftragt worden sei, bemerklich zu machen, daß nach dem in Rußland bestehenden Gebrauche die Beglaubigung der für das Ausland bestimmten Dokumente der gedachten Art nicht zum Ressort des Kaiserlichen Justiz-Ministeriums gehöre, daß solche vielmehr blos von dem Direktor der inneren Abtheilung des Ministeriums der auswärtigen Angelegenheiten legalisirt werden, dessen Unterschrift sodann wiederum von der betreffenden Kaiserlichen Gesandtschaft beglaubigt wird.

Indem das unterzeichnete Ministerium sich beehrt, Ew. Excellenz hiervon ganz ergebenst zu benachrichtigen, stellt dasselbe Dero erleuchtetem Ermessen anheim, ob es nöthig sein dürfte, diese Einrichtung noch besonders zur Kenntniß der Königlichen Justizbehörden gelangen zu lassen.

Berlin, den 7. Januar 1839.

Ministerium der auswärtigen Angelegenheiten.
Eichhorn.

An
des Königlichen Geheimen Staats- und Justiz-Ministers Herrn Mühler
Excellenz.

b.

Verfügung des Justiz-Ministers.

Der Inhalt dieses Schreibens wird den Gerichten durch dessen Abdruck hiermit bekannt gemacht.

Berlin, den 9. Januar 1839.

Der Justiz-Minister
Mühler.

An sämmtliche Gerichtsbehörden. I. 116. Gen. 34. Vol. 2.

3.

Regulativ vom 12. Januar 1839, — die Paßpflichtigkeit der in- und ausländischen Grenzbewohner, und die polizeiliche Aufsicht über dieselbe betreffend.

Wir Friedrich Wilhelm, von Gottes Gnaden König von Preußen 2c.

Thun kund und fügen hiermit zu wissen: Um dem Schleichhandel entgegen zu wirken, sind fortan in denjenigen an der Grenze oder theilweise im Grenzbezirke belegenen Kreisen, in Bezug auf welche die Ministerien des Innern und der Polizei und der Finanzen solches nothwendig erachten, die nachstehenden Vorschriften über die Paßpflichtigkeit der in- und ausländischen, des Schleichhandels verdächtigen Grenzbewohner und über die polizeiliche Aufsicht bereits bestrafter Schleichhändler, zur Ausführung zu bringen.

Paßpflichtigkeit der des Schleichhandels verdächtigen In- und Ausländer.

§. 1. Alle in den bezeichneten Kreisen wohnende oder

zeitweise sich aufhaltende Inländer, welche wegen Schleichhandels bereits bestraft oder desselben verdächtig sind, bedürfen auch zu ihren Reisen in die Grenzörter des Auslandes eines Passes, der ihnen nur, wenn sie einen erlaubten Zweck bei der beabsichtigten Reise nachzuweisen vermögen, zu ertheilen ist. Auf Grenzbewohner, welche Grundstücke im benachbarten Auslande besitzen, und sich lediglich zum Zweck der Feldarbeit, auf den gewöhnlichen geraden Wegen und zu der gewöhnlichen Tageszeit, zu diesen Grundstücken begeben und auf denselben aufhalten, findet jedoch diese Bestimmung keine Anwendung.

§. 2. Das betreffende Hauptamt hat ein motivirtes Verzeichniß derjenigen Personen, welche dasselbe nach §. 1. für paßpflichtig erachtet, dem Landrathe vorzulegen, und der letztere unter Vorbehalt des dem Hauptamte freistehenden Rekurses an die vorgesetzte Regierung in einer demselben mitzutheilenden Entscheidung festzusetzen, welche von den bezeichneten Personen der Paß-Kontrolle zu unterwerfen sind, und in Bezug auf welche der Antrag nicht begründet erscheint. Den für paßpflichtig erklärten Personen ist sodann in dem landräthlichen Amte oder durch die Ortspolizeibehörden zu eröffnen, daß ihnen, in Folge der landräthlichen Entscheidung, fortan und so lange, bis diese Maaßregel hinsichtlich ihrer wieder aufgehoben worden, bei Vermeidung der in diesem Regulativ angeordneten Strafen, nicht gestattet sei, sich ohne Paß in das Ausland zu begeben.

Ueber diese Eröffnung, gegen deren Inhalt den betreffenden Personen der Rekurs an die vorgesetzte Regierung gleichfalls freisteht, ist eine schriftliche Verhandlung aufzunehmen und dabei den Schreibens unkundigen Personen ein Beistand zuzuordnen. Hinsichtlich derjenigen Personen, denen in Folge der deshalb schon bestehenden polizeilichen Vorschriften die protokollarische Eröffnung bereits gemacht worden, bedarf es keiner Wiederholung derselben.

§. 3. Paßpflichtige Personen der vorbezeichneten Art, welche nach erfolgter protokollarischer Verwarnung sich ohne Paß in das Ausland begeben, verfallen in eine, im Wiederholungsfalle zu verdoppelnde Polizeistrafe von 2 bis 5 Thaler, oder bis zu acht Tagen Gefängniß.

§. 4. Werden dergleichen Personen, welche in Gemeinen wohnen, die nicht unmittelbar an das Ausland grenzen, aber im Grenzbezirke liegen, außerhalb der Feldmark ihres Wohnorts in der Richtung nach der Grenze hin oder von derselben her, ohne Paß angetroffen; so haben sie die rechtliche Vermuthung wider sich, daß sie sich ohne Paß in das Ausland begeben haben, oder dorthin begeben wollen; und verfallen, wenn sie diese

Vermuthung nicht vollständig zu widerlegen vermögen, in die §. 3. angeordneten Strafen.

§. 5. Paßpflichtige Personen, welche in Ortschaften oder Gehöften, deren Feldmark an die Landesgrenze reicht, wohnen oder zeitweise sich aufhalten, trifft die §. 3. angeordnete Strafe schon dann, wenn sie sich zur Tageszeit innerhalb der Feldmark ihres Wohnorts auf anderen als denjenigen gewöhnlichen Wegen, welche zu ihren eigenen oder ihrer Dienstherren Grundstücken, oder zu Orten, wo sie erweislich eine erlaubte Verrichtung haben, führen, zwischen zehn Uhr Abends und Sonnenaufgang aber außerhalb ihres Wohnorts ohne Paß betreten lassen, und die alsdann wider sie streitende Vermuthung einer beabsichtigten oder vollendeten Reise ins Ausland nicht vollständig zu widerlegen vermögen.

§. 6. Auch den in den ausländischen Grenzörtern wohnenden oder zeitweise sich aufhaltenden Ausländern, welche des Schleichhandels oder einer Begünstigung desselben verdächtig und in Folge dessen, auf den Antrag des betreffenden Hauptamts, von dem Landrathe für paßpflichtig erklärt worden sind, ist der Eingang in die diesseitigen Staaten nur auf einen von einer diesseitigen Polizeibehörde ausgestellten Eingangs-Paß gestattet. Bei ihrer nächsten Anwesenheit im Inlande ist ihnen demnach, sofern dies nicht schon geschehen ist, auf die in §. 2. vorgeschriebene Art zu eröffnen, daß und in welchem Umfange sie paßpflichtig seien.

§. 7. Werden Ausländer der bezeichneten Art, nach vorgängiger protokollarischer Verwarnung, ohne einen von einer diesseitigen Polizeibehörde ausgestellten Eingangs-Paß im Inlande betroffen; so verfallen dieselben nicht nur in die §. 3 angeordneten Strafen, sondern sind auch nach deren Abbüßung über die Grenze zu schaffen. Auf Ausländer, welche wegen der Lage ihrer Grundstücke die Grenze zu überschreiten genöthigt sind, findet die §. 1. gedachte Ausnahme Anwendung; die oben erwähnten Strafen sind mithin blos in dem Falle auf sie anwendbar, wenn sie zur Nachtzeit oder auf anderen, als den zu ihren Grundstücken führenden gewöhnlichen Wegen diesseits ohne Eingangs-Paß betroffen werden.

§. 8. Alle in dem §. 17. des Allgemeinen Paß-Edikts vom 22. Juni 1817 bezeichneten Personen sind berufen, auf die Ausführung dieser Maaßregeln zu wachen. Insbesondere sind die Grenz-Zollbeamten, einschließlich der zur Grenzbewachung beorderten Anwärter, Militair- und andere Personen, befugt, jeden paßpflichtigen Inländer, welcher an einem Orte, wo er die Vermuthung einer beabsichtigten oder beendeten Reise in's Ausland wider sich hat, betroffen wird, ingleichen jeden paßpflichtigen Ausländer, zum Zweck der Vorzeigung des erforderlichen Aus- oder Eingangs-Passes anzuhalten, und in Ermangelung eines solchen, an die nächste Polizeibehörde zur Bestrafung abzuliefern. Die amtseidliche Aussage zweier Grenz-Zollbeamten oder zur Grenzbewachung beorderter Personen über den Ort, wo der Paßpflichtige betroffen worden, hat volle Beweiskraft.

Polizeiliche Aufsicht über bestrafte Schleichhändler.

§. 9. Jeder Inländer, welcher schon einmal wegen Schleichhandels bestraft, oder zweimal mit den in diesem Regulativ angeordneten Polizeistrafen belegt wurde, ist auf das Ansuchen der Steuerbehörde unter polizeiliche Aufsicht zu stellen, und ihm alsdann neben den Beschränkungen, welchen er nach §. 1—5 unterworfen ist, bei Vermeidung einer Polizeistrafe von 2 bis 5 Rthlrn. oder Gefängniß bis zu acht Tagen, die Verpflichtung aufzulegen, sich nach zehn Uhr Abends und bis zum Sonnenaufgange zu Hause zu halten. Die Grenz-Zollbeamten und zur Grenzbewachung beorderten Personen sind gleich den Polizeibeamten befugt, bei dergleichen Individuen nächtliche Hausvisitationen vorzunehmen, und die dabei ermittelten Uebertretungen des Verbots sind durch die übereinstimmende amtseidliche Aussage von zwei solcher Beamten für vollständig erwiesen zu erachten.

Gegeben Berlin, den 12. Januar 1839.

(L. S.) Friedrich Wilhelm.

Friedrich Wilhelm, Kronprinz.

Kamptz. Mühler. Rochow. Nagler. von Ladenberg. Alvensleben.
Werther. von Stülpnagel, für den Kriegs-Minister.

I. 4672. Rh. Crim. 93.

4.

Verfügung vom 17. Januar 1839, — betreffend die Auslegung der Verfügung vom 9. Juli 1833 (Lottner's Sammlung, Band III. Seite 656), wegen der Gebühren der Militairgerichte bei Erledigung der Requisitionen in Strafsachen.

Auf Ew. Hochwohlgeboren Bericht vom 18. November v. J., betreffend die Auslegung der Verfügung vom 9. Juli 1833 (Lottner's Sammlung, Bd. III. S. 656), wegen der Gebühren der Militairgerichte bei Erledigung der Requisitionen in Strafsachen ist der Justiz-Minister mit des Herrn Kriegs-Ministers Excellenz in Kommunikation getreten. Es hat derselbe sich unter den angezeigten Umständen damit einverstanden erklärt:

daß es in der Rheinprovinz bei wechselseitigen Requisitionen zwischen den Civil- und Militairgerichten in Strafsachen bei der früheren Observanz sein Bewenden behalte, und danach eine allgemeine kostenfreie Erledigung solcher Requisitionen sowohl hinsichtlich der baaren Auslagen, als der Gebühren statt finde.

Ew. Hochwohlgeboren werden beauftragt, sämmtliche Ober-Prokuratoren hiervon in Kenntniß zu setzen und mit Anweisung zu versehen. Das Königliche General-Auditoriat wird von dem Herrn Kriegs-Minister hiernach gleichfalls beschieden werden.

Berlin, den 17. Januar 1839.

Der Justiz-Minister
Mühler.

An
den Königl. General-Prokurator
Herrn Biergans,
Hochwohlgeboren
zu Köln.

E. 127. Rh. Krim. 16.

5.

Allerhöchste Kabinets-Ordre vom 26. Januar 1839, wegen Anwendung des Zusatzes zum zweiten alinea des Artikels 35 der Rheinschifffahrts-Konvention vom 31. März 1831 durch die betreffenden Gerichte.

Auf Ihren gemeinschaftlichen Bericht vom 8. December v. J. bestimme Ich hierdurch, daß der am 28. Oktober 1837 von Mir genehmigte, von sämmtlichen Rheinufer-Staaten nunmehr gut geheißene Zusatz zum zweiten alinea des Artikels 35 der Rheinschifffahrts-Konvention vom 31. März 1831 von den betreffenden Gerichten in geeigneten Fällen in Anwendung gebracht werde, und weise Sie an, diese Ordre durch die Gesetz-Sammlung bekannt zu machen.

Berlin, den 26. Januar 1839.

Friedrich Wilhelm.

An
die Staats-Minister von Kamptz,
Grafen von Alvensleben und Freiherrn von Werther.

Rhein. Gen. 89 Vol. 3.

Genehmigungs-Urkunde der in dem Protokoll der Rheinschifffahrts-Central-Kommission vom 1. August 1837 enthaltenen fünf neuen Supplementar-Artikel zur Rheinschifffahrts-Akte vom 31. März 1831, d. d. den $\frac{\text{4. Oktober 1837}}{\text{22. Februar 1839}}$.

Wir Friedrich Wilhelm, von Gottes Gnaden
König von Preußen ꝛc.,

Thun kund und fügen hiermit zu wissen:

Nachdem bei der in Folge des Artikels 89 der Rheinschifffahrts-Akte vom 31. März 1831 sich alljährlich zu Mainz versammelnden Central-Kommission seit Verabredung der durch Uns unterm 14. Juni 1835 genehmigten, und in der Gesetz-Sammlung für 1836 Seite 121 ff. publizirten vier Supplementar-Artikel zu der gedachten Akte wiederum mehrere, diese Akte abändernde, ergänzende oder modifizirende Beschlüsse unter Mitwirkung Unseres Bevollmächtigten gefaßt, und solche sodann in der 19. diesjährigen Juli-Sitzung in die nachfolgenden fünf, an jene früheren Zusätze sich anreihenden neuen Supplementar-Artikel zusammengestellt worden sind:

V. Supplementar-Artikel.

Der Senfsaamen ist den Ausnahmen A. des Tarifs C. beigefügt.

VI. Supplementar-Artikel.

Chaisen und Reisewagen, Moos, Rohr, Schilf sind der im Schlußsatz des II. Supplementar-Artikels bezielten Klasse der Gegenstände beigefügt, welche von dem Oberlast-Verbote ausgenommen sind.

VII. Supplementar-Artikel.

Die in der Kategorie D. der Ausnahme des Tarifs C. begriffenen Artikel sind von den Schifffahrtsgebühren befreit, welche zufolge des III. Supplementar-Artikels von denselben erhoben wurden.

VIII. Supplementar-Artikel.

Die Worte „desselben Gebiets" sind im Artikel 83 der Rheinschifffahrts-Ordnung gestrichen.

IX. Supplementar-Artikel.

Zusatz zu dem zweiten alinea des Artikels 35 der Rheinschifffahrts-Ordnung:

Es bleibt jedoch den respektiven Regierungen der Uferstaaten freigestellt, vorstehendes Strafmaaß durch eine Geldbuße von 3 bis 30 Franks zu ersetzen, bei deren

Anwendung alsdann von den Rheinzoll-Gerichten in jedem einzelnen Falle die vorliegenden Belastungs- oder Milderungsgründe zu berücksichtigen sind.

so wollen Wir, auf den Uns darüber gehaltenen Vortrag, die eben angeführten fünf neuen Supplementar-Artikel hierdurch genehmigen, auch Unsere Behörden und Unterthanen, so weit es diese angeht, anweisen, sich genau danach zu richten.

Zu mehrerer Bekräftigung haben Wir diese Unsere Genehmigungs-Urkunde, von welcher nur ein Exemplar, Behufs der Niederlegung in das gemeinschaftliche Archiv der Central-Kommission zu Mainz ausgefertigt worden ist, eigenhändig unterschrieben und mit Unserm größeren Staatssiegel versehen lassen.

So geschehen zu Berlin, den 4. Oktober 1837.

(L. S.) Friedrich Wilhelm.

Graf v. Alvensleben. Frhr. v. Werther.

Vorstehende Genehmigungs-Urkunde ist am 5. Juli 1838 in das zu Mainz befindliche Archiv der Central-Kommission für die Rheinschifffahrt niedergelegt worden.

Berlin, den 22. Februar 1839.

Der Minister der auswärtigen Angelegenheiten

Frhr. v. Werther.

Rhein. Gen. 89. Vol. 3.

6.

Verfügung vom 28. Januar 1839, — die Visitation der Arresthäuser betreffend.

(Art. 611 ff. der Rhein. Krim. Proz. Ord.)

Die Artikel 611 ff. der Rheinischen Kriminal-Prozeß-Ordnung bezeichnen die Behörden, welche und in welcher Ausdehnung dieselben befugt sind, die Arresthäuser zu visitiren. Der Instruktionsrichter soll die in dem Arresthause befindlichen Personen, der Assisen-Präsident die peinlich Angeklagten, der Präfekt und General-Polizei-Kommissair aber sollen alle Gefängnisse und alle darin verwahrte Personen revidiren.

Der Umstand, daß die verschiedenen, in der Gesetzgebung genau getrennten Anstalten in der Wirklichkeit nicht vorhanden sind, daß die Beschaffenheit der Gebäude es oft unerläßlich macht, die Untersuchungsgefangenen mit den peinlich Angeklagten, diese dann mit den Verurtheilten zu vermischen, macht die genaue Beobachtung der oben allegirten gesetzlichen Vorschriften schwierig; wenigstens wird eine große Vorsicht erfordert, um der gesetzlichen Vorschrift zu genügen, ohne die gezogene Grenze zu überschreiten.

Der Instruktionsrichter, so wie der Assisen-Präsident werden aber, auch bei genauer Beachtung der gesetzlichen Vorschriften, in manchen Anstalten aus den oben angegebenen Gründen in der Lage sein, alle Räume der Anstalt zu durchwandern, und werden dabei Gelegenheit finden, sich von dem Zustande der Anstalt, der Behandlung und Nahrung und Kleidung der Gefangenen zu unterrichten. In so fern nun hierbei eine Abhülfe zu wünschen sein möchte, die nur von der Verwaltungsbehörde ausgehen kann, werden die Untersuchungsrichter ihre Bemerkungen dem Ober-Prokurator mittheilen, welcher sodann dieselben an die Königliche Regierung zur Berücksichtigung gelangen läßt, oder, wenn diese letztere nicht eintreten sollte, dem General-Prokurator Anzeige macht.

Die Assisen-Präsidenten werden ihre Bemerkungen in den an das Justiz-Ministerium zu erstattenden Bericht aufnehmen, und wird alsdann von hieraus das Weitere veranlaßt.

Beide, der Untersuchungsrichter und der Assisen-Präsident, werden aber, wie natürlich, die Räumlichkeit der Gebäude, die dadurch in der Regel bedingte Möglichkeit der Abhülfe, die mehr oder weniger dringende Nothwendigkeit, so wie die Kosten gehörig berücksichtigen, und Mängel und Unvollständigkeiten, welche, weil sie nicht beseitigt werden können, seit langer Zeit bestehen, übersehen; wogegen die Verwaltung in andern Fällen zur Abhülfe sich bereit wird finden lassen.

Ein spezieller Fall hat noch zu der Frage Veranlassung gegeben, ob auch der Ober-Prokurator, oder überhaupt die Beamten des Parkets, befugt seien, die Gefängnisse amtlich zu visitiren? Verpflichtet sind sie dazu durch kein Gesetz, eine Befugniß dazu giebt das Gesetz ihnen eben so wenig; mag man aber dieses Stillschweigen gegen oder für die Beamten des Parkets auslegen, so wird es immer angemessen sein, diese Beamten von den amtlichen Visitationen der Arresthäuser entfernt zu halten, weil sie gleichsam die gesetzlichen Gegner, die Ankläger der Verhafteten sind, ihr Erscheinen in den Gefängnissen daher keinen Vortheil erwarten läßt.

Uebrigens versteht es sich von selbst, daß die dem Instruktionsrichter und dem Assisen-Präsidenten in dem Artikel 613 der Kriminal-Prozeß-Ordnung gegebenen Befugnisse unbeschränkt bleiben.

Zur Vermeidung jeder Kontestation werden Ew. Hochwohlgeboren, der Herr Erste Präsident, veranlaßt, die Assisen-Präsidenten mit dem Inhalte des Obigen zur Beachtung bekannt zu machen; so wie Ew. Hochwohlgeboren, der Herr General-Prokurator, ein Gleiches hinsichtlich der Untersuchungsrichter und der Staatsbehörde thun werden.

Berlin, den 28. Januar 1839.

An den Ersten Präsidenten des Königlichen Appellations-Gerichtshofes Herrn Schwarz und den Königlichen General-Prokurator Herrn Biergans, Hochwohlgeboren zu Köln.

Der Justiz-Minister Mühler.

E. 2456. Rhein. Krim. 5. Vol. 6.

7.

Verfügung des Finanz-Ministers vom 19. Januar 1839, und allgemeine Anweisung des Justiz-Ministers vom 29. deff. Mts., die Prüfung des von der Dienstbehörde zu vertretenden Legitimations-Punktes in Bezug auf die zur Erledigung kommenden Amts-Kautionen der Justizbeamten, und die auf den Grund dieser Prüfung auszustellenden Bescheinigungen betreffend.

(Allerh. Kab. Ordren v. 11. Febr. 1832 und 15. April 1837, Ges. Samml. v. 1832 S. 61 u. v. 1837 S. 73).

a.

Nachdem durch die unterm 15. April 1837 ergangene Allerhöchste Kabinets-Ordre (Ges.-Sammlung Num. 1800), betreffend die Ergänzung der in der Allerhöchsten Verordnung vom 11. Februar 1832 wegen Regulirung des Kautionswesens für die Staatskassen- und Magazinbeamten enthaltenen Bestimmungen, im §. 2 festgesetzt worden,

„daß die vorgesetzte Dienstbehörde des Kautionsbestellers, nach Auflösung des Dienstverhältnisses, für welches die Kaution haftet, zu bescheinigen habe, sowohl ob und was aus der Amtsführung noch zu vertreten, als wer zur Empfangnahme des Kautions-Kapitals legitimirt sei",

hat sich die Königliche Ober-Rechnungs-Kammer, mit Rücksicht auf die hiernach der vorgesetzten Dienstbehörde vor Ausstellung des betreffenden Attestes obliegende Prüfung des von ihr zu vertretenden Legitimations-Punktes, hinsichts des zur Empfangnahme der Kaution Berechtigten, damit einverstanden erklärt, daß es in Zukunft zur Justifikation der in den Hauptrechnungen der General-Staats-Kasse in Ausgabe vorkommenden Kautions-Rückzahlungen, der Beibringung der die Berechtigung des Empfängers zur Erhebung des Kapitals darthuenden Dokumente in der Regel nicht bedarf, und sich nur die nachträgliche Einforderung der Legitimations-Papiere in den einzelnen Fällen vorbehalten, wo bei der Rechnungs-Revision etwa hervortretende besondere Umstände solches erheischen möchten. Demzufolge wird die General-Staats-Kasse von der ihr bei der Herausgabe freigelassener Kautions-Kapitalien bisher obgelegenen Einziehung der Legitimations-Dokumente des Zahlungs-Empfängers von jetzt ab entbunden und angewiesen, dergleichen Kapitalien fortan nur gegen Beibringung des vorbemerkten Attestes und gegen Einlieferung des Original-Kautions-Empfangscheines, welcher von dem in dem Atteste bezeichneten legitimirten Empfänger quittirt sein muß, zu verabfolgen, und sind die Ausgaben dieser Art auch nur mit den eben gedachten Justifikatorien, unter Beifügung der betreffenden Zahlungs-Anweisung, in Rechnung zu belegen.

Berlin, den 19. Januar 1839.

An die General-Staats-Kasse.

Der Finanz-Minister
Graf von Alvensleben.

I. 12,351.

b.

Vorstehende Verfügung des Herrn Finanz-Ministers wird den sämmtlichen Königlichen Obergerichten und dem Herrn General-Prokurator bei dem Appellationshofe zu Köln mit der Anweisung bekannt gemacht, sich im Falle der Erledigung der Amts-Kaution eines Justizbeamten der genauen Prüfung des von der Dienstbehörde desselben zu vertretenden Legitimations-Punktes zu unterziehen, und auf den Grund dieser Prüfung die unter Num. 2 der Allerhöchsten Kabinets-Ordre vom 15. April 1837 angeordnete, der General-Staats-Kasse mit dem vom legitimirten Empfänger quittirten Original-Kautions-Empfangscheine einzusendende Bescheinigung auszustellen.

Berlin, den 29. Januar 1839.

An sämmtliche Königliche Obergerichte und den Königlichen Herrn General-Prokurator bei dem Appellationshofe zu Köln.

Der Justiz-Minister
Mühler.

I. 467. C. 18. Vol. 4.

8.

Allgemeine Verfügung vom 4. Februar 1839, — das Verfahren bei Vollstreckung von Todesurtheilen betreffend.

(Krim. Ordn. §. 545.)

Den sämmtlichen Königlichen Landes-Justiz-Kollegien und dem Königlichen General-Prokurator bei dem Appellationshofe zu Köln wird die Befolgung der in dem Reskripte vom 9. März 1829 bezogenen Allerhöchsten Kabinets-Ordre vom 27. Februar jenes Jahres,

> wonach bei Vollstreckung von Todesurtheilen die Begleitung des Missethäters zum Richtplatze durch einen Geistlichen wegfallen, der Zutritt des Letzteren zum Delinquenten jedoch bis zu dem Augenblicke seiner Abführung zum Richtplatze in allen Fällen gestattet werden soll,

auf Allerhöchsten Befehl hierdurch in Erinnerung gebracht, mit dem Bemerken, daß auf den in der Kriminal-Ordnung §. 545 gemachten Religions-Unterschied dabei nichts ankommen darf.

Berlin, den 4. Februar 1839.

Der Justiz-Minister
Mühler.

An
sämmtliche Königliche Landes-Justiz-Kollegien und den Königlichen General-Prokurator bei dem Appellationshofe zu Köln.

I. 1762. Krim. 9 Vol. 2.

9.

Allerhöchster Kabinets-Befehl vom 6. Februar 1839. — Anstalten zur Bereitung und Aufbewahrung brennbaren Gases dürfen ohne Erlaubniß der Verwaltungsbehörden nicht errichtet werden.

(Koblenzer Amtsblatt von 1839 Nr. 21.)

Da das am linken Rheinufer noch geltende Gesetz vom 15. Oktober 1810, betreffend die gewerblichen Anstalten, welche einen schädlichen oder unangenehmen Geruch verbreiten, in dem, als integrirender Theil, angehängten Tableau der verschiedenen Klassen solcher Anstalten, der Gasbeleuchtung nicht erwähnt, Anstalten dieser Art aber gegenwärtig in der Rheinprovinz häufiger werden; so bestimme Ich hierdurch nach Ihrem Antrage, daß gewerbliche Anstalten zur Bereitung und Aufbewahrung brennbaren Gases in dem am linken Ufer belegenen Theile der Rheinprovinz, nach den im Art. 1, 2 und 7 des angeführten Gesetzes enthaltenen Vorschriften für die zweite Klasse der, einen schädlichen oder unangenehmen Geruch verbreitenden Anstalten zu behandeln sind. Sie haben diese Bestimmung durch die Amtsblätter der betreffenden Regierungen zur öffentlichen Kenntniß zu bringen.

Berlin, den 6. Februar 1839.

Friedrich Wilhelm.

An
die Staats-Minister von Rochow
und Grafen von Alvensleben.

10.

Allgemeine Verfügung des Justiz-Ministers vom 8ten Februar 1839, — die Stempelpflichtigkeit der Obduktions-Verhandlungen betreffend.

Zur Beseitigung der Zweifel, welche neuerdings über die Stempelpflichtigkeit der Verhandlungen wegen Feststellung der Todesart aufgefundener Leichname entstanden sind, wird sämmtlichen Gerichten hierdurch eröffnet, daß das Königliche Finanz-Ministerium mittelst Verfügung vom 18. April 1831, im Einverständniß mit dem Justiz-Ministerium, den Grundsatz aufgestellt hat, daß zu den gedachten Verhandlungen nach der Stempel-Tarif-Position „Protokolle litt. b." ein Stempel von 15 Sgr. zu verwenden ist, sofern nicht Mangel an Vermögen, woraus der Stempel entnommen werden kann, oder die Einleitung einer Untersuchung, in welcher der Erkenntniß-Stempel den Stempel einzelner Verhandlungen absorbirt, die Verwendung des Stempels ausschließt.

Berlin, den 8. Februar 1839.

Der Justiz-Minister
Mühler.

I. 627. Steuersachen 14. Vol. 14.

11.

Allgemeine Verfügung an sämmtliche Obergerichte vom 9. Februar 1839, — betreffend die Form der Sr. Majestät vorzulegenden Auszüge aus Untersuchungs-Akten.

Sämmtlichen Obergerichten wird die in den Reskripten

vom 18. April 1828 und 19. August 1833 ertheilte Anweisung in Erinnerung gebracht, wonach

den Sr. Majestät dem Könige vorzulegenden Auszügen aus Untersuchungs-Akten jedesmal auch der Ort und das Datum der Abfassung beigefügt werden soll;

da dieser Anweisung in neuerer Zeit nicht immer genügt wird.

Berlin, den 9. Februar 1839.

Der Justiz-Minister
Mühler.

I. 731. Crim. Nr. 4. Vol. IV.

12.

Verfügung vom 11. Februar 1839, — betreffend die Anwendung des Artikels 317 der Kriminal-Prozeß-Ordnung, über die den Zeugen in der öffentlichen Sitzung vorzulegende Generalfrage.

In Bezug auf die Anwendung des Artikels 317 der Kriminal-Prozeß-Ordnung, über die den Zeugen in der öffentlichen Sitzung vorzulegende Generalfrage: ob sie nicht bei dem Angeklagten im Dienste stehen? sind durch die Verfügungen vom 26. Juli 1833, 22. Februar, 26. April und 1. Juni 1834 und 27. Juli v. J. den Gerichten mehrfache Anweisungen ertheilt worden. Zur Erledigung eines in Betreff dieser Verfügungen erhobenen Bedenkens wird Ew. Hochwohlgeboren eröffnet, daß es keinesweges beabsichtigt werden konnte, durch diese Verfügungen die gesetzliche Vorschrift des Artikels 317 a. a. O. aufzuheben, oder ein derselben entgegenstehendes Verfahren vorzuschreiben. Es haben vielmehr nur die Gerichte, insbesondere die Assisen-Präsidenten, darauf aufmerksam gemacht werden sollen, daß die Frage in vielen Fällen, wenn sie dem Zeugen geradehin, ohne irgend eine Einkleidung oder Hinweisung auf das Gesetz vorgelegt wird, einen auf die Würde und auf den Ernst der gerichtlichen Verhandlungen nachtheiligen und störenden Eindruck machen, und für den Zeugen selbst verletzend sein kann. Die Art und Weise, wie die Frage den Zeugen vorzulegen, ist nach den Umständen in jedem einzelnen Falle zu beurtheilen, und hat das Justiz-Ministerium zu den Herren Assisen-Präsidenten das Vertrauen, daß sie hierbei mit Umsicht verfahren werden, ohne die gesetzliche Vorschrift zu verletzen.

Von dieser Verfügung haben Sie, Herr Präsident, den

Mitgliedern des Appellationsgerichtshofes, und Sie, Herr General-Prokurator, den sämmtlichen Ober-Prokuratoren und Ober-Sekretairen der Landgerichte Kenntniß zu geben.

Berlin, den 11. Februar 1840.

An
den Königl. Ersten Präsidenten
des Appellationsgerichtshofes
Hrn. Schwarz und den Königl.
General-Prokurat. Hrn. Biergans
Hochwohlgeboren
zu Köln.

Das Justiz-Ministerium.
Ruppenthal.

I. 568. Rh. Krim. 24.

13.

Allgemeine Verfügung vom 12. Februar 1839, — betreffend den Schutz des Eigenthums an Werken der Wissenschaft und Kunst gegen Nachdruck und Nachbildung.

(Gesetz v. 11. Juni 1837. Ges.-Samml. S. 165.)

Die Großherzoglich Sachsen-Weimarsche Regierung hat am 11. v. Mts. ein Gesetz zum Schutz des Eigenthums an Werken der Wissenschaft und Kunst gegen Nachdruck und Nachbildung erlassen, welches mit der Einleitung beginnt, daß man jenseits nicht nur eine Gleichförmigkeit mit der neuesten diesseitigen Gesetzgebung über den fraglichen Gegenstand herzustellen, sondern auch den jenseitigen Unterthanen diesseits einen gleichmäßigen Rechtsschutz zu erwirken beabsichtige.

Das Großherzogliche Gesetz giebt in seinen §§. 1—37 einschließlich, wörtlich dieselben §§. des diesseitigen Gesetzes vom 11. Juni 1837 (Gesetz-Samml. S. 165). Nur in den §§. 27 und 28 sind den Worten: „dem obersten Kuratorium der Künste (Ministerium der geistlichen- Unterrichts- und Medizinal-Angelegenheiten)" mit Rücksicht auf die dortige Organisation der Staatsbehörden die Worte: „Unserer Oberaufsicht über die unmittelbaren Anstalten für Wissenschaft und Kunst" substituirt worden.

In Ansehung des §. 38. weicht das jenseitige Gesetz von dem diesseitigen darin ab, daß, während das letztere keinen Unterschied zwischen deutschen Bundesstaaten und außerhalb Deutschlands belegenen Staaten macht, das erstere einen solchen aufstellt und bestimmt, daß den in deutschen Staaten erschienenen Werken der in dem Gesetze zugesicherte Rechtsschutz gewährt werden solle, ohne daß die Nachweisung der Gegenseitigkeit zu erfordern ist.

Von dem Erscheinen und dem Inhalte dieses Großherzoglich Sachsen-Weimarschen Gesetzes werden sämmtliche Obergerichte hierdurch in Kenntniß gesetzt, um danach in vorkommenden Fällen sich zu achten, indem im §. 38. des diesseitigen Gesetzes vom 11. Juni 1837 ausdrücklich vorgeschrieben ist: daß dasselbe auf die in einem fremden Staate erschienenen Werke in dem Maaße Anwendung finden solle, als die dadurch festgestellten Rechte den in Preußischen Landen erschienenen Werken durch die Gesetze des fremden Staats ebenfalls gewährt werden.

Berlin, den 12. Februar 1839.

An sämmtliche Königl. Obergerichte mit Einschluß der Rheinprovinz.

Der Justiz-Minister
Mühler.

I. 732. Gen. N. 3. Vol. 3.

14.

Verfügung vom 18. Februar 1839, — die Polizei-Aufsicht über bestrafte Verbrecher betreffend.

Ew. Hochwohlgeboren ist es nicht unbekannt, daß über die Natur der nach dem Rheinischen Strafgesetzbuche mit gewissen Verurtheilungen nothwendig verbundenen, in anderen Fällen gerichtlich erkannten Polizei-Aufsicht, so wie über das Recht, diese Polizei-Aufsicht zu schärfen oder zu mildern, zwischen dem Herrn Justiz-Minister v. Kamptz, Excellenz, und dem Königl. Ministerium des Innern und der Polizei Zweifel entstanden sind, deren Erledigung in jeder Hinsicht wünschenswerth und nöthig war.

Es kam nun hierbei in Betracht, daß, wenn auch die Polizei-Aufsicht gerichtlich erkannt worden, folglich die Natur einer Strafe annahm, sie doch eigentlich nur ein Accessorium der eigentlichen Strafe ist, und darin besteht, daß der Verurtheilte, der Freiheit wieder gegeben, sich eine Beschränkung dieser seiner Freiheit gefallen lassen muß, wenn die Verwaltung im Interesse der Gesellschaft eine solche nöthig finden sollte.

Ein Befehl, daß und wie die Polizei-Aufsicht gehandhabt werden soll, ist der Verwaltung nirgends, sondern nur eine Befugniß dazu gegeben, und hieraus ergiebt sich der ohnehin unbestreitbare Satz, daß nach der Individualität des der Freiheit wieder gegebenen Verbrechers und nach der Natur des Verbrechens die Aufsicht der Polizei mehr oder weniger strenge sein kann.

Weil nun die Verwaltungsbehörde noch mehr, als die gerichtliche die Mittel in Händen hat, einen in Freiheit gesetzten Verbrecher, dessen Lebensweise und Nahrungszweige zu beobachten; so lag es sehr nahe, der Verwaltungsbehörde die Handhabung der Polizei-Aufsicht in der Art zu überlassen, daß die Gerichte damit sich nicht weiter zu befassen haben.

In diesem Sinne hat das Justiz-Ministerium sich mit dem des Innern und der Polizei geeinigt, und Ew. Hochwohlgeboren werden veranlaßt, hiervon den Ober-Prokuratoren zu ihrer Nachachtung Kenntniß zu geben; so wie die Regierungen von dem Herrn Minister des Innern und der Polizei in gleicher Weise instruirt worden sind.

Berlin, den 18. Februar 1839.

Das Justiz-Ministerium.
Ruppenthal.

An
den Königl. General-Prokurator
Herrn Biergans
Hochwohlgeboren
zu Köln.

I. 840. Rhein. Krim. 61.

15.

Allerhöchste Kabinets-Ordre vom 18. Februar 1839, — betreffend das von den Revisionsgerichten zu beobachtende Verfahren gegen ausgetretene Militairpflichtige.

(§§. 468—473 Tit. 20 Thl. II. A. L. R. — Art. 8 u. 9 des Ges. v. 26. April 1803 — Verordn. v. 15. Septbr. 1818, Ges. Samml. S. 175.)

Ew. Hochwohlgeboren erhalten in der Anlage Abschrift einer Allerhöchsten Kabinets-Ordre vom 18. d. Mts., nach welcher die gegen die entwichenen Militairs einzuleitenden Konfiskations-Prozesse nicht nach der Allg. Gerichts-Ordnung, sondern, wie bisher, nach den Formen der dort bestehenden Gesetze geführt werden sollen.

Die Allerhöchste Kabinets-Ordre wird nach dem Befehle Seiner Majestät durch die Gesetz-Sammlung bekannt gemacht werden; Ew. Hochwohlgeboren werden es jedoch angemessen finden, die gerichtlichen Behörden auf deren Inhalt noch besonders aufmerksam zu machen.

Berlin, den 25. Februar 1839.

An den Königl. General-Prokurator Herrn Biergans Hochwohlgeboren zu Köln.

Das Justiz-Ministerium
Ruppenthal.

I. 950. Rhein. Krim. 3 Vol. 2.

Beilage.

Zur Erledigung der rechtlichen Bedenken, welche bei der Ausführung der Verordnung vom 15. September 1818 (Gesetz-Samml. S. 175) und der darin mit Bezugnahme auf die §§. 468—473 Titel 20 Theil II. des Allg. Landrechts gegen ausgetretene Militairpflichtige angeordneten Vermögens-Konfiskation, über das von den Gerichtshöfen zu beobachtende Verfahren in den Landestheilen, in welchen das Französische Recht gilt, entstanden sind: erkläre Ich hierdurch auf den Bericht des Staats-Ministeriums vom 31. v. M. nach dem Antrage desselben, daß weder durch die Verordnung vom 15. September 1818, noch durch Meine Ordres vom 6. März 1821 und 2. August 1834 das bis dahin in der Rheinprovinz auf Grund der Artikel 8 und 9 des Gesetzes vom 26. April 1803 wider ausgetretene Militairpflichtige beobachtete Verfahren abgeschafft worden, und daß daher in diesem Verfahren auch ferner noch von den Zuchtpolizei-Kammern der betreffenden Landgerichte auf die in den §§. 469 u. f. Titel 20 Theil II. des Allg. Landrechts angeordnete Vermögens-Konfiskation zu erkennen ist. Das Staats-Ministerium hat die gegenwärtige Ordre durch die Gesetz-Sammlung zur öffentlichen Kenntniß zu bringen.

Berlin, den 18. Februar. 1839.

An das Staats-Ministerium.

Friedrich Wilhelm.

16.

Verfügung vom 28. Februar 1839, — die Gebühren der Gerichtsschreiber und Gerichtsvollzieher für ungestempeltes Papier betreffend.

Ew. Hochwohlgeboren erhalten Abschrift der Allerhöchsten Kabinets-Ordre vom 24. d. Mts., die von den Sekretariaten des Appellationsgerichtshofes und der Land- und Handelsgerichte, den Friedensgerichtsschreibern und den Gerichtsvollziehern der Rheinprovinz von den Privatpartheien für jeden Bogen ungestempelten Papiers zu erhebende Gebühr betreffend, zur Mittheilung an den Appellationsgerichtshof und an die Landgerichts-Präsidenten und Ober-Prokuratoren; so wie zur Veranlassung der Einrückung des Allerhöchsten Befehls in die Amtsblätter der Rheinprovinz. Da nach dieser Allerhöchsten Ordre blos in Bezug auf Privatpartheien, wozu auch Behörden, die als solche auftreten, gehören, die Erhebung der bestimmten Gebühr für Freipapier gestattet ist; so bleibt dieselbe in allen Fällen ausgeschlossen, in welchen das öffentliche Ministerium Ausfertigungen und Abschriften amtlicher Verhandlungen sich ertheilen läßt, oder in Bezug auf Gerichtsvollzieher-Akte als Requirent auftritt, und eben so in allen Fällen, wo sonst von Amtswegen Ausfertigungen und Abschriften im öffentlichen Interesse angefertigt werden; und ist darauf zu halten, daß in dieser Beziehung bei Kostentaxirungen streng die Bestimmung der Allerhöchsten Kabinets-Ordre gehandhabt werde.

Berlin, den 28. Februar 1839.

Das Justiz-Ministerium.
Ruppenthal.

An
den Königl. Ersten Appellations-gerichts-Präsidenten Hrn. Schwarz und den Königl. General-Prokurator Hrn. Biergans,
Hochwohlgeboren
zu Köln.

I. 1010. Rhein. Off. S. 72.

Beilage.

Auf Ihren Bericht vom 5. d. Mts. will Ich aus den darin entwickelten Gründen den Sekretariaten des Appellationsgerichtshofes und der Land- und Handelsgerichte, den Friedensgerichtsschreibern und den Gerichtsvollziehern der Rheinprovinz gestatten: von den Privatpartheien für jeden Bogen ungestempelten Papiers, welcher zu den, denselben ertheilten Ausfertigungen und Abschriften amtlicher Verhandlungen und zu den, auf Ansuchen solcher Partheien zugestellten Gerichtsvollzieher-Urkunden verwendet werden muß, in Zukunft den Betrag von drei Pfennigen zu erheben. Sie haben diese Meine Ordre durch die Amtsblätter der Rheinprovinz zur öffentlichen Kenntniß zu bringen.

Berlin, den 24. Februar 1839.

Friedrich Wilhelm.

An
den Staats- und Justiz-Minister
Mühler.

17.

Verfügung vom 4. März 1839, — betreffend die Berechnung der Strafen bei stattgehabter vorläufiger Antretung derselben.

(Art. 203, 373—375 der Rhein. Straf-Proz.-Ordn. — Art. 23. des Rhein-Strafgesetzbuchs — §§. 557—560 der Krim.-Ordn. — Reskripte vom 7. Juni 1833 u. 14. Juni 1834, Lottner Bd. 3. S. 635 u. Bd. 4. S. 86.)

Auf Ew. Hochwohlgeboren Bericht vom 10. v. Mts. und nach Ihrem Antrage genehmige ich, daß fernerhin den in Untersuchungshaft befindlichen Angeschuldigten, sofern die Untersuchung nach der Rheinischen Straf-Prozeß-Ordnung geführt wird, nicht gestattet werde, die in erster Instanz erkannte Strafe vor der Rechtskraft des Urtheils vorläufig anzutreten. Es ist vielmehr in allen Fällen nach den Vorschriften der Artikel 203 und 373—375 der Straf-Prozeß-Ordnung zu verfahren.

Was die Berechnung der Dauer der Strafe betrifft, so entscheidet, im Falle auf Ausstellung erkannt und diese vollstreckt wird, der Artikel 23 des Strafgesetzbuchs, nach welchem die Strafe vom Tage der öffentlichen Ausstellung berechnet wird. Ist dagegen nicht auf Ausstellung erkannt, oder dieselbe später im Wege der Gnade aufgehoben, so ist sowohl bei Kriminal- als bei korrektionellen und polizeilichen Freiheitsstrafen, wenn der Verurtheilte während der Untersuchung sich in Haft befunden hat, die Strafzeit von dem Tage des letzten Urtheils, also wenn Kassation eingelegt worden, vom Tage des Urtheils des Revisions- und Kassationshofes zu berechnen.

Vorstehende Vorschriften sind jedoch nur in Betreff derjenigen Verurtheilten zur Anwendung zu bringen, welche in Folge der früheren Reskripte vom 7. Juni 1833 und 14. Juni 1834 (Lottner Bd. 3. S. 635 und Bd. 4. S. 86) ihre Strafe nicht bereits vorläufig angetreten haben. Hinsichtlich dieser Individuen verbleibt es bei der Bestimmung dieser Reskripte, daß ihre Strafzeit von dem Tage der Ankunft in der Strafanstalt, wenn dieser ein früherer ist, als der des letzten Urtheils, berechnet wird.

In den nach der Preußischen Kriminal-Ordnung geführten Untersuchungen sind die Vorschriften der §§. 557—560 der Kriminal-Ordnung zu befolgen, und demnach die Strafe, wenn eine vorläufige Antretung derselben statt gefunden hat, von dem Tage der Ankunft in der Strafanstalt zu berechnen.

Diese Verfügung ist den sämmtlichen Ober-Prokuratoren zur Nachachtung mitzutheilen.

Berlin, den 4. März 1839.

An
den Königl. General-Prokurator
Hrn. Biergans
Hochwohlgeboren
zu Köln.

Der Justiz-Minister.
Mühler.

I. 1001 Rh. Krim. 81.

18.

Allgemeine Verfügung vom 4. März 1839, — betreffend die den Gerichten bei Aufnahme gemüthskranker Personen in Irren-Anstalten zum Behufe der Heilung, zustehende Mitwirkung.

Die nachstehende, von den Königlichen Ministerien der geistlichen-, Unterrichts- und Medizinal-Angelegenheiten, und des Innern und der Polizei an sämmtliche Königliche Regierungen, über das Verfahren bei Aufnahme gemüthskranker Personen in die Irrenanstalten behufs deren Heilung, erlassene Anweisung vom 16. Februar d. J. wird hierdurch zur Kenntniß der Gerichte und Beachtung, wegen der ihnen bei diesem Verfahren zustehenden Mirwirkung, gebracht.

Berlin, den 4. März 1839.

Der Justiz-Minister
Mühler.

I. 1056. W. 7. Vol. 2.

Beilage.

Es ist der Fall vorgekommen, daß eine Gerichtsbehörde auf den Grund der Allerhöchsten Kabinetsordre vom 5. April 1804 die sofortige Einleitung des Blödsinnigkeitsverfahrens auch gegen die, nur zur Heilung in eine öffentliche Irren-Anstalt aufgenommenen Personen für nothwendig erachtet hat. Diese Ansicht ist zwar von dem Königlichen Justiz-Ministerium, in Uebereinstimmung mit den unterzeichneten Ministerien, reprobirt worden, weil die vorgedachte Allerhöchste Kabinetsordre nur zur Sicherstellung gemüthskranker Personen gegen ungerechtfertigte Freiheitsberaubungen verhüten will, daß ein Gemüthskranker, der nicht durch gerichtliches Erkenntniß dafür erklärt ist, in der Irren-Anstalt behalten werde, und überdies eine zu frühzeitige Gemüthszustands-Untersuchung bei dem nach ärztlichem Zeugnisse noch nicht als unheilbar anerkannten Gemüthskranken, abgesehen von dem ungünstigen Einflusse, welchen jede von mehreren Personen vorgenommene amtliche Untersuchung auf den Gemüthszustand eines Kranken und dessen Heilung in der Regel haben wird, zu dem Uebelstande führt, daß bei erfolgender Wiederherstellung dem Kranken oder dessen Angehörigen unnütze Kosten verursacht werden, und daß die Publicität, welche die Geisteskrankheit durch ein gerichtliches Verfahren erhält, dem Patienten nach seiner Wiederherstellung bei Verfolgung seines Berufs und Erlangung seiner Zwecke hinderlich werden kann. Damit jedoch das Gericht in den Stand gesetzt werde, sich von den näheren Umständen zu unterrichten und zu prüfen, ob zur Aufnahme eines angeblich Gemüthskranken eine hinlängliche Veranlassung vorhanden gewesen ist, und welche Sicherheitsmaaßregeln etwa die Sorge für das Vermögen des Gemüthskranken erfordert: ist es nothwendig, daß den Gerichten von der Aufnahme eines Geisteskranken in eine öffentliche Irren-Anstalt sofort Nachricht gegeben, zugleich aber über den Zustand des Kranken und die einer Gemüthszustands-Untersuchung etwa entgegenstehenden Bedenken Mittheilung gemacht werde. Endlich darf die Aufnahme nie auf bloße Privatrequisition, selbst nicht der Aeltern oder eines Ehegatten, sondern nur auf Ansuchen des Gerichts oder der Orts-Polizei-Behörden erfolgen, welche letztere sich zuvor von dem geisteskranken Zustande des betreffenden Individuums durch ein Attest des Physikus oder anderen zuverlässigen Arztes Ueberzeugung zu verschaffen hat. Hiernach hat daher die Königliche Regierung die Direktionen der in Ihrem Verwaltungs-Bezirke befindlichen Irren-Anstalten, sowie die Polizei-Behörden mit Anweisung zu versehen.

Berlin, den 16. Februar 1839.

Frh. von Altenstein. von Rochow.

An

sämmtliche Königliche Regierungen. 3947.

19.

Verfügung vom 5. März 1839, — betreffend die Ressort-Verhältnisse der Rheinischen Gerichte, hinsichtlich der Abfassung der Erkenntnisse in den nach Vorschrift der Preußischen Kriminal-Prozeß-Ordnung geführten Untersuchungssachen.

(Art. 127 der Rhein. Strafger. Ordn. — §§. 2 u. 8 der Verordn. v. 30. Septbr. 1836.)

Durch das Reskript vom 7. Mai 1821 ist bestimmt, daß in den nach Vorschrift der Preußischen Kriminal-Prozeß-Ordnung geführten Untersuchungssachen das Erkenntniß in erster Instanz von der korrektionellen Appellationskammer des betreffenden Landgerichts, und in der Vertheidigungs-Instanz durch einen Civil-Senat des Appellationsgerichtshofes abgefaßt werden, die Regulirung der im Laufe der Untersuchung vorkommenden Anfragen des Instruktionsrichters oder sonstiger Incidentpunkte aber, durch die nach Artikel 127 der Strafgerichts-Ordnung für alle andere Untersuchungssachen bestimmte Rathskammer des Landgerichts, vorbehaltlich des Rekurses an den Anklage-Senat des Appellationsgerichtshofes, erfolgen solle.

Diese Bestimmungen sind durch das Reskript vom 14ten November 1834 in der Art modificirt worden, daß die Rathskammer des Landgerichts nur über die im Laufe der Untersuchung bis zur vermeintlichen Spruchreife vorkommenden Incidentpunkte, vorbehaltlich des Rekurses an den Anklage-Senat, verfügen, die Entscheidung über die Spruchreife selbst aber der korrektionellen Appellationskammer zustehen soll, gegen welche letztere Verfügung kein Rekurs an den Anklage-Senat, sondern nur der Weg der Beschwerde an den Justiz-Minister statt findet.

Diese Bestimmungen beziehen sich nur auf den Fall, wenn vor der Abfassung des ersten Erkenntnisses Anfragen des Instruktionsrichters oder andere Incidentpunkte zu erledigen sind. Dagegen fehlt es an einer ausdrücklichen Bestimmung der Gerichtsbehörden und des Instanzenzuges, wenn nach ergangenem ersten Erkenntniß noch eine fernere Instruktion in der Appellations-Instanz vorkommt, oder sonst Verfügungen des Landgerichts nöthig werden.

Um den hieraus in neuerer Zeit, besonders bei Anwendung

der Verordnung vom 30. September 1836 über das Verfahren bei Untersuchungen wegen Aufruhrs oder Tumults, entstandenen mehrfachen Uebelständen und Bedenken für die Folge vorzubeugen, und zugleich eine größere Gleichförmigkeit des Verfahrens herbeizuführen, wird daher Folgendes bestimmt.

1) Die Abfassung des Erkenntnisses erfolgt mit den im §. 8. der Verordnung vom 30. September 1836 bei Untersuchungen wegen Aufruhrs oder Tumults bestimmten Ausnahmen, nach wie vor, in erster Instanz durch die korrektionelle Appellationskammer des Landgerichts, und in zweiter Instanz durch einen der Civil-Senate des dortigen Appellationsgerichtshofes.

2) Die Regulirung aller in einer Untersuchung vor, oder nach Abfassung des ersten Erkenntnisses vorkommenden Incidentpunkte, wohin namentlich die Beschlußnahme über die Einleitung einer Untersuchung nach Vorschrift der Preußischen Kriminal-Ordnung, die Erheblichkeit der Beweisesaufnahme, die Verhaftung oder Freilassung eines Angeschuldigten und die Vorlegung der Akten zum Spruch gehört, geschieht durch die für alle andere Untersuchungssachen bestimmte Rathskammer der Landgerichte, und bei den nach Maaßgabe der Verordnung vom 30. September 1836 eingeleiteten Untersuchungen wegen Aufruhrs oder Tumults, durch die nach §. 2 dieser Verordnung angeordnete Untersuchungs-Kommission.

3) Gegen die unter Num. 2 gedachten Verfügungen der Rathskammer und der Untersuchungs-Kommission findet der Rekurs beim Akkusations-Senate des dortigen Appellationsgerichtshofes, und gegen die hierauf ergangene Entscheidung des letztern der Weg der Beschwerde an den Justiz-Minister statt.

Ew. Hochwohlgeboren veranlasse ich, den Königlichen Appellationsgerichtshof, so wie die Königlichen Landgerichte und Ober-Prokuratoren von den vorstehenden Bestimmungen, unter deren abschriftlicher Mittheilung, zu deren Nachachtung in Kenntniß zu setzen.

Berlin, den 5. März 1839.

Der Justiz-Minister
Mühler.

An
den Königlichen Ersten Präsidenten beim Appellationsgerichtshofe Herrn Schwarz, und den Königlichen General-Prokurator Herrn Biergans
Hochwohlgeboren
zu Köln.

I. 1142. Rhein. Krim. 19 Vol. 3.

20.

Allgemeine Verfügung vom 7ten März 1839, — betreffend die Feststellung eines gleichmäßigen Verfahrens bei Aufstellung und Justifikation der aus Staatsfonds zu berichtigenden Diäten- und Fuhrkosten-Liquidationen.

(Verordnung v. 28. Juni 1825. Gesetzs. S. 163.)

Um bei Aufstellung und Justifikation der aus Staats-Fonds zu berichtigenden Diäten- und Fuhrkosten-Liquidationen ein gleiches Verfahren der Gerichtsbehörden herbeizuführen, werden sämmtliche Königliche Landes-Justiz-Kollegien und der Königliche General-Prokurator beim Appellations-Gerichtshofe zu Köln angewiesen, dabei die nachfolgenden Vorschriften genau zu beobachten und deren Beobachtung Seitens der Unterbehörden und Unterbeamten anzuordnen.

Die Liquidationen müssen

a. in der Ueberschrift den Zweck der Reise und die Behörde, welche den Auftrag ertheilt hat; sodann
b. die Tage und die an denselben verrichteten Geschäfte,
c. die Sätze, nach welchen die Diäten berechnet sind,
d. die Orts-Entfernungen, und
e. die Sätze, welche den liquidirten Fuhrkosten zum Grunde liegen,

angeben.

Die Richtigkeit der angesetzten Meilenzahl muß in allen Fällen, wo nach den weiter unten gegebenen Vorschriften, die Fuhrkosten nicht durch Quittungen der Postämter oder der Fuhrleute belegt werden müssen, durch die Kalkulatur, in der Rheinprovinz durch das betreffende Sekretariat; die Nothwendigkeit der Reise, die stattgefundene Ausführung der Geschäfte und die Richtigkeit der als darauf verwendet angesetzten Tage aber durch die Behörde, welche den Auftrag ertheilt hat, unter der Liquidation bescheinigt werden.

Alle Ausnahmen von der Regel müssen außerdem noch besonders justifizirt werden und zwar:

1) der höhere Diätensatz, welcher für Geschäfte, die mit besonderem Aufwande oder Repräsentation verknüpft sind, bewilligt wird, durch Ministerial-Genehmigung;

2) die von zur Extrapost berechtigten Beamten liquidirten Kosten für die, wegen unchaussirter oder schlechter Wege über die regulativmäßige Anzahl genommenen Extrapostpferde, durch eine Bescheinigung des betreffenden Postamts über die Nothwendigkeit und durch dessen Quittung;
3) wo mehrere Beamte bei einem und demselben Geschäfte konkurriren, die nicht stattgefundene Mitnahme der Mit-Kommissarien in dem Wagen des Haupt-Kommissarius durch dessen Angabe der Gründe, und durch die Bescheinigung der vorgesetzten Behörde, daß diese Gründe die Ausnahme rechtfertigen;
4) die von besonders gereiseten Mit-Kommissarien liquidirten Reisekosten durch die Quittungen der Postämter oder resp. der Fuhrleute;
5) die von Beamten, denen regulativmäßig nur die Vergütung für die ordinaire oder die Personenpost zusteht, liquidirten Kosten einer Lohnfuhre oder der Extrapost durch eine Bescheinigung der vorgesetzten Behörde über die stattgefundene Bewilligung, mit kurzer Angabe der Gründe, und durch die Quittungen resp. der Fuhrleute oder Postämter belegt werden.

Berlin, den 7. März 1839.

Der Justiz-Minister
Mühler.

An
sämmtliche Königliche Landes-Justiz-Kollegien und den Königlichen General-Prokurator beim Appellations-Gerichtshofe
zu Köln.

I. 826. D. 15. Vol. VI.

21.

Allerhöchste Kabinets-Ordre vom 9. März 1839, — wegen Unzulässigkeit der exekutivischen Beschlagnahme von Uniformstücken der Offiziere außer Dienst.

Ich bestimme, Ihren Anträgen vom 14. v. Mts. gemäß, daß dem Premier-Lieutenant a. D. Bürgermeister N. zu N. von den im Wege der Exekution bei ihm in Beschlag genommenen Effekten die Uniformstücke, so weit sie zu einer vollständigen Armeeuniform gehören, welche zu tragen er befugt ist, und der Säbel nebst Koppel, dessen er als Polizeibeamter bedarf, wieder frei gegeben werden sollen, übrigens es bei der vollstreckten Exekution verbleibt.

In gleicher Art soll es im Allgemeinen bei den Offizieren außer Dienst, denen die Tragung der Armeeuniform oder einer andern Militairuniform erlaubt ist, gehalten, und die zu dieser Uniform gehörigen Stücke im Wege der Exekution nicht abgepfändet werden.

Berlin, den 9. März 1839. Friedrich Wilhelm.

An
den Staats- und Justiz-Minister
Mühler.

I. 1820. M. 53. Vol. 5.

22.

Allerhöchste Kabinets-Ordre vom 10. März 1839, betreffend das Verfahren bei Zweifeln, ob ein aus dem Inlande verwiesener, und wegen seiner Rückkehr zur Untersuchung gezogener Landstreicher als Inländer zu betrachten ist oder nicht?

(Ges. Samml. S. 106)

Auf Ihren Bericht vom 19. v. Mts. bestimme Ich hiermit, daß, wenn ein Landstreicher, der auf Anordnung der Polizeibehörde als Ausländer, unter der in der Verordnung vom 28. Februar 1817 enthaltenen Verwarnung, über die Grenze gebracht worden ist, bei seiner Rückkehr in der dieserhalb gegen ihn eingeleiteten gerichtlichen Untersuchung, ein Inländer zu sein behauptet, oder die Frage, ob derselbe dem diesseitigen Staate angehöre? sonst irgend zweifelhaft ist: das Gericht die geschlossenen Untersuchungs-Akten der betreffenden Regierung zur gutachtlichen Aeußerung hierüber mittheilen und dieses Gutachten bei Abfassung des Erkenntnisses zum Grunde legen soll. Sie haben diese Ordre durch die Gesetzsammlung bekannt zu machen.

Berlin, den 10. März 1839.

Friedrich Wilhelm.

An
die Staatsminister Mühler und
von Rochow.

I. 2005. Krim. 79. Vol. 2.

23.

Allerhöchste Kabinets-Ordre vom 17. März 1839, — betreffend die Einziehung des Porto für unfrankirte Vorstellungen an die Gerichtsbehörden auf die zurückgehenden Adressen.

(Ges. Samml. S. 101.)

Auf Ihren Bericht vom 27. v. Mts. bestimme Ich, daß die Postbehörden befugt sein sollen, das Porto für unfrankirt eingehende Vorstellungen an Gerichtsbehörden auf die zurückgehenden Adressen, gleich wie es bei uneröffnet zurückgehenden Briefen geschieht, einzuziehen, und daß die Vorschrift des §. 97. des Porto-Regulativs vom 18. Dezember 1824, wonach die Gerichte verpflichtet sind, auf Requisition der Postanstalten das unbezahlt gebliebene Porto ohne Weiteres beizutreiben, auch auf das Porto für unfrankirt bei den Gerichtsbehörden eingegangene, von diesen eröffnete Vorstellungen zur Anwendung kommen soll. Sie haben diese Meine Ordre durch die Gesetz-Sammlung bekannt zu machen.

Berlin, den 17. März 1839.

Friedrich Wilhelm.

An
die Staats-Minister Mühler
und von Nagler.
I. 1824. P. 2. Vol. 6.

24.

Verfügung vom 20. März 1839, — betreffend die Bestrafung der in remittirten Begnadigungsgesuchen enthaltenen verletzenden Ausdrücke.

(Reskr. v. 14. Juli 1838. Jahrb. Bd. 52. S. 225.)

Mittelst Reskripts vom 26. August 1831 (Lottner Bd. 3. S. 387) ist die von des Königs Majestät an das Justiz-Ministerium erlassene Allerhöchste Kabinets-Ordre zur Kenntniß der Gerichtsbehörden gebracht, mittelst welcher Allerhöchstdieselben zu befehlen geruhet haben, daß wegen der in remittirten Begnadigungsgesuchen enthaltenen verletzenden Ausdrücke ein fiskalisches Verfahren von Amtswegen nicht eingeleitet werden dürfe; vielmehr dem betreffenden Gerichte nur vorbehalten bleiben solle, die

Untersuchung durch das Justiz-Ministerium bei des Königs Majestät in Antrag bringen zu lassen, wenn dasselbe nach Lage der Akten besonders erschwerende, des Königs Majestät vorher nicht bekannte Umstände anzuzeigen im Stande sei.

Diese Allerhöchste Bestimmung hat in dem Reskripte vom 14. Juli v. J. (Jahrbücher B. 52. S. 225) die Auslegung erhalten, daß sie auf Verläumdungen und kaluminöse Beschuldigungen nicht angewendet werden dürfe; indem zwischen ihnen und verletzenden Ausdrücken ein, alle Verhältnisse durchgehender großer Unterschied liege, und hinsichtlich ihrer es bei der allgemeinen Regel in Betreff der Erfordernisse zur Einleitung einer Untersuchung verbleibe.

Das Landgericht zu Saarbrücken hat jedoch in der Untersuchungssache wider den N. N. die in letztgedachtem Reskripte enthaltene Interpretation nicht adoptirt, vielmehr angenommen und ausgeführt, daß, da Verläumdungen nur eine Art der verletzenden Ausdrücke seien, auch auf erstere die Allerhöchste Bestimmung Anwendung finde.

Nach reiflicher Erwägung der Sache kann ich der Ansicht des Landgerichts nur beitreten. Denn wenn auch Kalumnien in den Gesetzen härter, als einfache Beleidigungen bestraft werden; so fallen doch beide in dem Gattungsbegriffe der Beleidigungen sowohl im Allgemeinen Landrecht, auf welches es mit Rücksicht auf die Allerhöchste Kabinets-Ordre vom 6. März 1821 bei Beleidigungen der Beamten hauptsächlich ankommt, als auch im Rheinischen Strafgesetzbuch zusammen.

Ew. Hochwohlgeboren werden veranlaßt, die vorstehende Verfügung, durch welche das Reskript vom 14. Juli v. J. zurückgenommen wird, zur Kenntniß der Gerichtsbehörden zu bringen.

Berlin, den 20. März 1839. Der Justiz-Minister
Mühler.

An
den Ersten Präsidenten des Königlichen Appellationsgerichtshofes Hrn. Schwarz, und den Königl. General-Prokurator Herrn Biergans
Hochwohlgeboren
zu Köln.

I. 2708. Gener. 1. Vol. 2.

25.

Verfügung vom 23. März 1839, — die Stempelpflichtigkeit der Privat-Vermögens-Verzeichnisse betreffend.

Der Ober-Prokurator zu N. hat dem Justiz-Ministerium

Ihre Remonstrationen vom 8. und 19. v. Mts. gegen die Ihnen aufgetragene Nachbringung der Stempel zu den Privat-Vermögens-Verzeichnissen mitgetheilt. Die Gründe, aus welchen Sie die Stempelfreiheit solcher Privat-Vermögens-Verzeichnisse in übrigens zahlbaren Vormundschaftssachen herleiten, haben, als über diesen Gegenstand mit dem Herrn Finanz-Minister korrespondirt worden, bereits vorgelegen; es hat aber nach der bestehenden Gesetzgebung die Stempelpflichtigkeit solcher Vermögens-Verzeichnisse deshalb anerkannt werden müssen, weil diese Verzeichnisse dadurch, daß sie mittelst der Allerhöchsten Kabinets-Ordre vom 4. Juli 1834 von der notariellen Form entbunden worden, die Eigenschaft eines Inventars keinesweges verloren haben, nach dem Stempelgesetze aber alle Inventarien, welche zum Gebrauche bei stempelpflichtigen Verhandlungen dienen, dem Stempel von 15 Sgr. unterliegen, ohne Unterschied, ob sie gerichtlich, notariell oder von einer Privatperson errichtet worden. Diese Regel hätte durch die Allerhöchste Kabinets-Ordre vom 4. Juli 1834 in Hinsicht der Privat-Vermögens-Verzeichnisse einer ausdrücklichen Einschränkung bedurft, um die Stempelfreiheit der letzteren als eingeführt ansehen zu können; keinesweges ist aber, außer jener allgemeinen Norm, ein Vorbehalt der Stempelpflichtigkeit dieser Art der Inventarien, um deren Stempelpflichtigkeit aufrecht zu erhalten, erforderlich gewesen. Die Gründe, welche Sie für die Stempelfreiheit anführen, daß nämlich bei Einführung der Privat-Vermögens-Verzeichnisse die Beförderung der Inventur bezweckt worden sei, und sich nicht annehmen lasse, daß die Staatskasse, nachdem den Notarien solchergestalt ein Emolument entzogen worden, sich die Stempelabgabe habe erhalten wollen, können gegen das Bestehen jener deutlichen Vorschriften nicht angeführt werden, sondern nur etwaige Motive zur Einführung der Stempelfreiheit abgeben. Da es sich aber hier nicht de lege ferenda, sondern um Vollziehung bestehender Normen handelt, so können auch Sie sich der Ihnen nach §. 30. des Stempelgesetzes vom 7. März 1822 gleichfalls obliegenden Verpflichtung, auf die Befolgung der Stempelgesetze zu halten, wegen legislatorischer Bedenken nicht entziehen.

Berlin, den 23. März 1839. Das Justiz-Ministerium.
Ruppenthal.

An
den Königlichen Friedensrichter
Herrn N. zu N.

I. 1474. Rhein. Gen. 62. Vol. 4.

26.

Allerhöchster Kabinets-Befehl vom 26. März 1839, — die Zahl der Beigeordneten des Bürgermeisters betreffend.

(Koblenzer Amtsblatt von 1839, Num. 28.)

Da nach Ihrem Berichte vom 12. d. M. der in dem Gesetze vom 28. Pluviose VIII. und in der Verwaltungs-Ordnung des ehemaligen Großherzogthums Berg vom 18. Dezember 1808 Art. 26. enthaltene Maaßstaab für die Zahl der in einer rheinischen Gemeinde zu ernennenden Beigeordneten des Bürgermeisters, auf der in der Rheinprovinz nicht eintretenden Voraussetzung, daß eine jede Gemeinde eine eigene Mairie bilde, beruht, und dem Bedürfnisse der zu einer Bürgermeisterei vereinigten Spezial-Gemeinden nicht völlig entspricht: so will Ich den rheinischen Regierungen hierdurch die Befugniß beilegen, die Zahl der Beigeordneten, ohne Rücksicht auf das in den gedachten Gesetzen angegebene Bevölkerungs-Verhältniß, nach dem örtlichen Bedürfnisse zu vermehren. Ich beauftrage Sie, dafür zu sorgen, daß, wo es die Entfernung einer Spezial-Gemeinde vom Wohnsitze des Bürgermeisters erheischt, jede Spezial-Gemeinde einen am Orte wohnenden Beigeordneten bekomme, der als Stellvertreter des Bürgermeisters die nächste Polizei- und Kommunal-Behörde bildet.

In dem Regierungs-Bezirk Koblenz bewendet es bei den Bestimmungen der Instruktion vom 19. Mai 1817, nach welcher den Spezial-Gemeinden ein mit obrigkeitlichem Karakter bekleideter Schöffe als nächste Kommunal- und Polizeibehörde vorsteht. Diese Ordre ist durch die Amtsblätter der rheinischen Regierung zu publiziren.

Berlin, den 26. März 1839. Friedrich Wilhelm.

An
den Staats-Minister von Rochow.

27.

Allerhöchste Kabinets-Ordre vom 23. Februar 1839, — betreffend die Stempelfreiheit der Auszüge aus den Büchern und Karten des in den westlichen Provinzen auf Kosten der Grundsteuerpflichtigen aufgenommenen Grundsteuer-Katasters.

a.

Ich genehmige auf Ihren Bericht vom 5. d. Mts., daß

Auszüge aus den Büchern und Karten des in den westlichen Provinzen auf Kosten der Grundsteuerpflichtigen aufgenommenen Grundsteuer-Katasters für die Behörden und Privatpersonen, welche dergleichen Auszüge zu verlangen befugt sind, fortan in allen Fällen stempelfrei ausgefertigt werden können. Sie haben diese Bestimmung durch die Amtsblätter der rheinischen und westphälischen Regierungen bekannt zu machen.

Berlin, den 23. Februar 1839. Friedrich Wilhelm.

An
den Staats- und Finanz-Minister
Grafen von Alvensleben.

b.

Verfügung des Justiz-Ministers.

Vorstehende Allerhöchste Ordre wird den Gerichtsbehörden in der Rheinprovinz und in Westphalen zur Nachachtung bekannt gemacht.

Berlin, den 27. März 1839. Der Justiz-Minister
Mühler.

An
die Rheinischen und Westphälischen Gerichtsbehörden.

I. 1356. Steuer-S. 48.

28.

Allgemeine Verfügung vom 5. April 1839, — betreffend den, von den Civilgerichten, gleichzeitig mit dem Verluste der National-Kokarde, auszusprechenden Verlust der Offizier-Charge.

(Allerh. Kab.-Ordren v. 13. Oktober 1824, Ges. Samml. S. 213 — v. 21. Nov. 1829, Ges. Samml. v. 1830 S. 2 — v. 14. Mai 1830, Ges. Samml. S. 80.)

In Gemäßheit der auszugsweise beigefügten, in einer Spezial-Sache ergangenen Allerhöchsten Kabinets-Ordre vom 31sten v. Mts. werden die Gerichte darauf aufmerksam gemacht, daß in den Fällen, wo sie auf Verlust der National-Kokarde gegen Offiziere zu erkennen haben, gleichzeitig der Verlust der Offizier-Charge ausgesprochen werden muß.

Berlin, den 5. April 1839.

An
sämmtliche Gerichtsbehörden.

Der Justiz-Minister
Mühler.

I. 2189. O. 83.

Auszug aus der Allerhöchsten Kabinets-Ordre vom 31. März 1839.

Sie, der Justiz-Minister, haben jedoch nach Ihrem Vorbehalte, die Gerichte im Allgemeinen aufmerksam zu machen, daß in allen Fällen, in welchen sie auf den Verlust der National-Kokarde zu erkennen haben, der Verlust der Offizier-Charge gleichzeitig ausgesprochen werden müsse.

Berlin, den 31. März 1839.

An den Staats- und Justiz-Minister Mühler und den Staats- und Kriegs-Minister, General der Infanterie v. Rauch.

Friedrich Wilhelm.

29.

Allerhöchste Kabinets-Ordre vom 6. April 1839, — betreffend das von Sr. Majestät bestätigte Regulativ über die Beschäftigung jugendlicher Arbeiter in Fabriken.

(Gesetz-Samml. S. 156 flg.)

Das mittelst Berichts des Staats-Ministeriums vom 9ten v. Mts. Mir überreichte, aus zehn Paragraphen bestehende Regulativ: „über die Beschäftigung jugendlicher Arbeiter in Fabriken" entspricht einem längst gefühlten, von den Rheinischen Provinzialständen besonders hervorgehobenen Bedürfniß. Ich bestätige es deshalb hierdurch seinem ganzen Inhalte nach, lege ihm für alle Landestheile der Monarchie gesetzliche Kraft bei, und weise das Staats-Ministerium an, sowohl das Regulativ, wie diese Ordre durch die Gesetz-Sammlung zu publiziren.

Berlin, den 6. April 1839.

An das Staats-Ministerium.

Friedrich Wilhelm.

Regulativ über die Beschäftigung jugendlicher Arbeiter in Fabriken d. d. den 9. März 1839.

§. 1. Vor zurückgelegtem neunten Lebensjahre darf Niemand in einer Fabrik oder bei Berg-, Hütten- und Pochwerken zu einer regelmäßigen Beschäftigung angenommen werden.

§. 2. Wer noch nicht einen dreijährigen regelmäßigen Schulunterricht genossen hat, oder durch ein Zeugniß des Schulvorstandes nachweiset, daß er seine Muttersprache geläufig lesen kann und einen Anfang im Schreiben gemacht hat, darf vor zurückgelegtem sechszehnten Jahre zu einer solchen Beschäftigung in den genannten Anstalten nicht angenommen werden.

Eine Ausnahme hiervon ist nur da gestattet, wo die Fabrikherren durch Errichtung und Unterhaltung von Fabrikschulen den Unterricht der jungen Arbeiter sichern. Die Beurtheilung, ob eine solche Schule genüge, gebührt den Regierungen, welche in diesem Falle auch das Verhältniß zwischen Lern- und Arbeitszeit zu bestimmen haben.

§. 3. Junge Leute, welche das sechszehnte Lebensjahr noch nicht zurückgelegt haben, dürfen in diesen Anstalten nicht über zehn Stunden täglich beschäftigt werden.

Die Orts-Polizeibehörde, ist befugt, eine vorübergehende Verlängerung dieser Arbeitszeit zu gestatten, wenn durch Naturereignisse oder Unglücksfälle der regelmäßige Geschäftsbetrieb in den genannten Anstalten unterbrochen und ein vermehrtes Arbeitsbedürfniß dadurch herbeigeführt worden ist.

Die Verlängerung darf täglich nur eine Stunde betragen und darf höchstens fur die Dauer von vier Wochen gestattet werden.

§. 4. Zwischen den im vorigen Paragraphen bestimmten Arbeitsstunden ist den genannten Arbeitern Vor- und Nachmittags eine Muße von einer Viertelstunde und Mittags eine ganze Freistunde, und zwar jedesmal auch Bewegung in freier Luft zu gewähren.

§. 5. Die Beschäftigung solcher jungen Leute vor 5 Uhr Morgens und nach 9 Uhr Abends, so wie an den Sonn- und Feiertagen, ist gänzlich untersagt.

§. 6. Christliche Arbeiter, welche noch nicht zur heiligen Kommunion angenommen sind, dürfen in denjenigen Stunden, welche ihr ordentlicher Seelsorger für ihren Katechumenen- und Konfirmanden-Unterricht bestimmt hat, nicht in den genannten Anstalten beschäftigt werden.

§. 7. Die Eigenthümer der bezeichneten Anstalten, welche junge Leute in denselben beschäftigen, sind verpflichtet, eine genaue und vollständige Liste, deren Namen, Alter, Wohnort, Eltern, Eintritt in die Fabrik enthaltend, zu führen, dieselbe in dem Arbeitslokal aufzubewahren, und den Polizei- und Schulbehörden auf Verlangen vorzulegen.

§. 8. Zuwiderhandlungen gegen diese Verordnung sollen gegen die Fabrikherren, oder deren mit Vollmacht versehenen

Vertreter durch Strafen von 1 bis 5 Thaler für jedes vorschriftswidrig beschäftigte Kind geahndet werden.

Die unterlassene Anfertigung oder Fortführung der im §. 7. vorgeschriebenen tabellarischen Liste wird zum ersten Male mit einer Strafe von 1 bis 5 Thaler geahndet; die zweite Verletzung dieser Vorschrift wird mit einer Strafe von 5 bis 50 Thaler belegt. Auch ist die Orts-Polizeibehörde befugt, die Liste zu jeder Zeit anfertigen oder vervollständigen zu lassen. Es geschicht dies auf Kosten des Kontravenienten, welche zwangsweise im administrativen Wege beigetrieben werden können.

§. 9. Durch vorstehende Verordnung werden die gesetzlichen Bestimmungen über die Verpflichtung zum Schulbesuch nicht geändert Jedoch werden die Regierungen da, wo die Verhältnisse die Beschäftigung schulpflichtiger Kinder in den Fabriken nöthig machen, solche Einrichtungen treffen, daß die Wahl der Unterrichtsstunden den Betrieb derselben so wenig als möglich störe.

§. 10. Den Ministern der Medizinal-Angelegenheiten, der Polizei und der Finanzen bleibt es vorbehalten, diejenigen besondern sanitäts-, bau- und sittenpolizeilichen Anordnungen zu erlassen, welche sie zur Erhaltung der Gesundheit und Moralität der Fabrikarbeiter für erforderlich halten. Die hierbei anzudrohenden Strafen dürfen 50 Thaler Geld- oder eine diesem Betrag entsprechende Gefängnißstrafe nicht übersteigen.

Berlin, den 9. März 1839.

Königliches Staats-Ministerium.
Friedrich Wilhelm, Kronprinz.
Frh. von Altenstein. von Kamptz. Mühler. von Rochow.
von Nagler. Graf von Alvensleben. Frh. von Werther.
von Rauch.

I. 2368. F. 54.

30.

Verfügung vom 8. April 1839, — betreffend die gesetzliche Kraft des Kaiserlichen Dekrets vom 6ten November 1813, über die Konservation und Administration der geistlichen Güter im ehemaligen Roer-Departement.

(Art. 55 des Dekr. vom 30. Dezbr. 1809.)

Mit dem Berichte vom 18. v. Mts. erkläre ich mich dahin einverstanden, daß das Dekret vom 6. November 1813 als ein für das linke Rheinufer verbindliches Gesetz angesehen werden muß, die Friedensrichter daher auch verpflichtet sind, die ihnen durch die Artikel 7, 16, 17, 18 und 19 aufgegebenen Amtshandlungen vorzunehmen; daß sie aber nicht verpflichtet sind, ein Inventarium anzufertigen, weil ihnen dieses nirgends zur Pflicht gemacht ist, da der Artikel 18 des Dekrets das Vorhandensein eines Inventars voraussetzt, und dieses nothwendig voraussetzen mußte, weil die Anfertigung eines Inventars schon durch den Artikel 55 des Dekrets vom 30. Dezember 1809 befohlen war, ohne daß dort der Mitwirkung des Friedensrichters Erwähnung geschieht, die Nichtbefolgung dieser Vorschrift aber von Seiten derjenigen, welchen sie oblag, kein Grund sein kann, den Friedensrichter mit einem Geschäfte zu belasten, welches seinem Amtsberufe ganz fremd ist.

In diesem Sinne habe ich mich gegen den Staats-Minister der geistlichen Angelegenheiten Herrn Freiherrn von Altenstein ausgesprochen, und veranlasse Ew. Hochwohlgeboren, in gleicher Art die Ober-Prokuratoren, zur Belehrung der Friedensrichter, zu instruiren.

Berlin, den 8. April 1839.

Der Justiz-Minister
Mühler.

An
den Königlichen Ersten Präsidenten des Appellationsgerichtshofes Herrn Schwarz und den Königlichen General-Prokurator Herrn Biergans
Hochwohlgeboren
zu Köln.

I. 1711. Rhein. Gen. 108.

31.

Allerhöchste Kabinets-Ordre vom 11. April 1839, — wegen Aufhebung der Strafe der Einstellung in die Festungs-Straffektionen gegen die der Civilgerichtsbarkeit unterworfenen, im Militairverbande befindlichen Individuen.

Da es im Interesse der besseren Strafvollstreckung nothwendig ist, die von den Civilgerichten nach der Verordnung vom 22. Februar 1823 und den dieselbe ergänzenden Gesetzen zu erkennende Strafe der Einstellung in die Festungs-Straffektionen aufzuheben, diese Aufhebung jedoch wegen der in den Civil-Strafanstalten zur Aufnahme der Verurtheilten zu treffenden Vorkehrungen nur nach und nach in den verschiedenen Provinzen zur Ausführung kommen kann, so bestimme Ich auf Ihren Bericht vom 31. Dezember v. J. für den ganzen Umfang der Monarchie:

§. 1. Von dem Zeitpunkte an, wo die Strafe der Einstellung in die Strafabtheilungen in den einzelnen Provinzen aufhören kann, und der von den Ministern der Justiz, des Innern und der Polizei und des Krieges durch eine gemeinschaftliche Verfügung für den Bezirk eines jeden Landes-Justiz-Kollegiums festzustellen ist, haben die Civilgerichte gegen Personen, welche zu den nach der Aushebung und bis zum Eintritte beim stehenden Heere beurlaubten Ersatzmannschaften, zu den vom stehenden Heere auf unbestimmte Zeit Beurlaubten, zur Reserve, zur Landwehr oder zum Train gehören, nicht mehr auf jene Strafe, sondern auf die in den Civil-Strafgesetzen bestimmten Strafen zu erkennen; Freiheitsstrafen jedoch, deren Dauer drei Monate nicht übersteigt, als Gefängnißstrafen festzusetzen. Diese Strafen sind in den gewöhnlichen Civil-Strafanstalten zu vollziehen.

§. 2. Die Strafe der körperlichen Züchtigung, wo sie an sich gesetzlich ist, darf gegen die im §. 1. genannten Personen nur dann von den Civilgerichten erkannt, oder durch die Disciplinarbehörde in den Strafanstalten im Wege der Disciplin festgesetzt werden, wenn die zu Bestrafenden in die zweite Klasse des Soldatenstandes versetzt worden sind. Sie wird in diesem Falle auf dieselbe Weise, wie gegen andere Verurtheilte des Civilstandes vollstreckt.

§. 3. Die Ausstoßung oder Entlassung aus dem Soldatenstande, Versetzung in die zweite Klasse desselben, Degradation, Verlustigkeits-Erklärung militairischer Abzeichen und andere Ehrenstrafen sind, wo sie jetzt nach den Gesetzen eintreten, gegen die im §. 1. genannten Personen auch ferner noch neben den, durch die Civil-Strafgesetze bestimmten Strafen von den Civilgerichten festzusetzen.

§. 4. Wird nach den militairischen Strafgesetzen durch die Civilgerichte eine Degradation ausgesprochen, so darf die gleichzeitig erkannte Zuchthaus- oder noch härtere Freiheitsstrafe nur nach eingetretener Rechtskraft des Urtheils vollzogen werden. Außer diesem Falle darf die vorläufige Ablieferung des Verurtheilten zur Civil-Strafanstalt in den gesetzlich zulässigen Fällen auch vor eingetretener Rechtskraft des Urtheils erfolgen.

§. 5. Um zu dem im §. 1. erwähnten Zeitpunkte zugleich die Entleerungen der Festungen von den alsdann schon rechtskräftig zur Einstellung verurtheilten Personen möglich zu machen, bestimme Ich, daß dieselben den von jenem Zeitpunkte an noch abzubüßenden Rest ihrer Strafe, wenn derselbe nicht über drei Monate beträgt, als Gefängnißstrafe, sonst aber als Zuchthausstrafe in den Civil-Strafanstalten abzubüßen haben, ohne daß es einer weiteren gerichtlichen Verwandlung der Strafe bedarf.

Sie haben diese Ordre durch die Gesetz-Sammlung zur öffentlichen Kenntniß zu bringen, und wegen deren Ausführung das Erforderliche zu verfügen.

Berlin, den 11. April 1839.

Friedrich Wilhelm.

An
die Staats-Minister von Kamptz, Mühler, von Rochow und General der Infanterie von Rauch.

I: 3352. L. 10. Vol. 12.

32.

Allerhöchste Kabinets-Ordre vom 11. April 1839, — betreffend die Kompetenz der Gerichte bei der Umwandlung der in Zoll- und Steuer-Kontraventions-Sachen im Verwaltungswege festgesetzten Geldbußen in Gefängnißstrafe.

(Gesetz-Samml. S. 158.)

Ich habe auf den Antrag der Justiz-Minister bestimmt, daß, wenn es in Zoll- und Steuer-Kontraventions-Sachen darauf ankommt, eine im Verwaltungswege durch ein Resolut festgesetzte Geldbuße wegen Unvermögens des Verurtheilten in eine Gefängnißstrafe umzuwandeln, diese Umwandlung hinsichtlich eximirter Personen zwar ferner, wie bisher, von dem kompetenten Obergerichte erfolgen, hinsichtlich der Nichteximirten aber den mit Strafgerichtsbarkeit versehenen Untergerichten in der Art übertragen werden soll, daß:

1. die kollegial formirten Gerichte diese Umwandlung ohne Beschränkung,

2. einzeln stehende Richter dieselbe aber nur dann auszusprechen befugt sind, wenn die verhängte Geldbuße 50 Thaler nicht übersteigt.

In Neu-Vorpommern und im Ostrheinischen Bezirk des Justiz-Senats zu Koblenz bestimmt sich die Kompetenz der Gerichte zu einer solchen Strafumwandlung nach ihrer Befugniß zur Ausübung der Kriminalgerichtsbarkeit, wogegen es in dem übrigen Theile der Rheinprovinz bei dem bisherigen Verfahren dahin sein Bewenden behält, daß die Strafumwandlungen auf den Antrag der Ober-Prokuratoren, an welche die Steuerbehörden die Verhandlungen einzureichen haben, durch die Strafrathskammern der Landgerichte erfolgen. Das Staats-Ministerium hat diesen Meinen Befehl durch die Gesetz-Sammlung bekannt zu machen.

Berlin, den 11. April 1839. Friedrich Wilhelm.

An
das Staats-Ministerium.

I. 2369. Steuer-S. 13. Vol. 6.

33.

Verfügung des General-Prokurators zu Köln vom 15. April 1839, — die Kassations-Rekurse in Polizeisachen betreffend.

Des Herrn Justiz-Ministers Excellenz haben mittelst Reskripts vom 3. d. Mts. mir den Auftrag zu ertheilen geruht, den Schlußsatz meiner Verfügung vom 25. Dezember v. J., die Kassations-Rekurse in Polizeisachen betreffend, in der Art zu modifiziren, daß die Einsendung der Akten an mich nicht weiter stattfindet, sondern die Ober-Prokuratoren solche direkt, wie in andern Strafsachen, in Gefolge der Verfügung vom 10. März 1821, an den Königlichen Revisions- und Kassationshof befördern sollen.

Ew. Hochwohlgeboren veranlasse ich daher, in vorkommenden Fällen diesem gemäß zu verfahren.

Köln, den 15. April 1839.

An
sämmtliche Herren Ober-Prokuratoren.

Der General-Prokurator
Biergans.

I. 2075. Rh. Krim. 14.

34.

Verfügung vom 18. April 1839, — betreffend das Kontumazial-Verfahren in Disciplinar-Untersuchungen gegen Rheinische Beamte.

(Art. 105. des Dekrets v. 30. März 1808 — Art. 55. des Ges. v. 20. April 1810. — Art. 27. des Dekrets v. 14. Dezember. 1810.)

Da die Verfügung vom 15. August v. J., in so weit darin bestimmt worden, daß gegen Beamte ein Kontumazial-Verfahren in Disciplinar-Untersuchungen nicht statt haben, vielmehr gegen den Ausbleibenden stets ein Zwang zum Erscheinen vor der Disciplinar-Kammer eintreten solle, sich mit Rücksicht auf die Bestimmungen des Artikels 105 des Dekrets vom 30. März 1808, des Artikels 55. des Gesetzes vom 20. April 1810, des Artikels 27. des Dekrets vom 14. Dezember 1810 und des §. 2. der Allerhöchsten Kabinets-Ordre vom 21. Juli 1836 als unausführbar gezeigt hat; so wird dieselbe hiermit um so mehr außer Wirksamkeit gesetzt, als durch die bei Disciplinar-Untersuchungen, vor deren Verhandlung bei der Disciplinar-Kammer stets eintretende, vorgängige Aufklärung der Sache Seitens des öffentlichen Ministeriums, die Besorgniß beseitigt wird, daß die Kammer außer Stande sein werde, dieselbe zur Festsetzung einer Disciplinar-Strafe genügend zu übersehen.

Berlin, den 18. April 1839. Der Justiz-Minister
Mühler.

An
sämmtliche Königliche Landgerichts-Präsidenten und Ober-Prokuratoren in der Rheinprovinz.

I. 1959. Rhein. Off. Sachen 41. Vol. 2.

35.

Verfügung vom 26. April 1839, — betreffend das Verfahren hinsichtlich der, den Gerichtsschreibern und Gerichtsvollziehern in der Rheinprovinz zur Last fallenden Disciplinar-Vergehen.

(Verordn. v. 21. Juli 1826. Ges. Samml. S. 71. — Reskr. v. 13. Januar 1835, Lottners Samml. Bd. 5. S. 46.)

Durch die Allerhöchste Verordnung vom 21. Juli 1826 (Gesetz-Samml. S. 71) ist hinsichtlich der den Gerichtsschreibern und Gerichtsvollziehern zur Last fallenden Disciplinar-Vergehen die Form des Verfahrens genau vorgeschrieben und zugleich bestimmt worden, daß die in derselben (§. 3.) benannten Strafen von den Gerichten, mit Bewilligung eines regelmäßigen Instanzenzuges (§. 4.), ausgesprochen werden sollen. Bis jetzt ist keine abändernde Allerhöchste Bestimmung erschienen, und es folgt daraus von selbst, daß die erwähnten Vorschriften der Verordnung vom 21. Juli 1826 in allen Punkten genau beobachtet werden müssen.

In so fern nun das Ministerial-Reskript vom 13. Januar 1835 (Lottners Sammlung Bd. 5. S. 46) zu der Ansicht Veranlassung gegeben haben mag, daß jene Verorduung vom 21. Juli 1826 durch dieses Reskript abgeändert worden, und das in dieser Verordnung den Gerichten gegebene Strafrecht auf die Präsidenten der Gerichte übergegangen sei, und die letzteren selbst von dem vorgeschriebenen Verfahren abzuweichen befugt seien: finde ich mich veranlaßt, diese Ansicht dahin zu berichtigen, daß bei der Untersuchung und Bestrafung der den oben genannten Beamten zur Last fallenden Disciplinar-Vergehen einzig und allein nach der Vorschrift der schon angeführten Allerhöchsten Verordnung vom 21. Juli 1826 verfahren werden darf, und jede Abweichung von derselben, als durch kein Gesetz gerechtfertigt, untersagt ist.

Berlin, den 26. April 1839.

Der Justiz-Minister
Mühler.

An
den Königlichen Ersten Präsidenten des Appellationsgerichtshofes Herrn Schwarz und den Königl. General-Prokurator Herrn Biergans
Hochwohlgeboren
zu Köln.

I. 2058. Rhein. Krim. 19. Vol. 4.

36.

Allgemeine Verfügung vom 1. Mai 1839, — betreffend die Vernehmung von Defensional-Zeugen in Zoll- und Steuer-Defraudations-Sachen auf den Antrag auswärtiger Gerichte solcher Staaten, die nicht dem deutschen Zollverein angehören.

Wenngleich zwischen den diesseitigen Gerichten und denen solcher auswärtigen Staaten, die nicht dem deutschen Zollverein angehören, eine gegenseitige Mitwirkung zur Ermittelung und Bestrafung verübter Zoll- und Steuer-Defraudationen in der Regel nicht stattfindet: so ist doch auch in solchen Untersuchungssachen den Requisitionen auswärtiger Gerichte, um Vernehmung von Defensional-Zeugen, jederzeit zu genügen; da es den allgemeinen Grundsätzen des Völkerrechts angemessen ist, jedem Angeschuldigten ohne Unterschied, den Beweis seiner Unschuld möglichst zu erleichtern.

Die Gerichtsbehörden werden angewiesen, sich hiernach zu achten.

Berlin, den 1. Mai 1839. Der Justiz-Minister
An Mühler.
sämmtliche Gerichtsbehörden.
I. 2208. Steuersachen 13. Vol. 6.

37.

Allgemeine Verfügung vom 2. Mai 1839, — über den Umfang der, den Eisenbahn-Unternehmungen bewilligten Stempel- und Sportelfreiheit.

Ew. Hochwohlgeboren erhalten beigehend eine Abschrift der von dem Herrn Finanz-Minister an den Provinzial-Steuer-Direktor zu Köln, auf die Anfrage über den Umfang der, den Eisenbahn-Unternehmungen in dem Gesetze vom 3. November v. J. bewilligten Stempel- und Sportelfreiheit unterm 21. v. Mts. erlassenen Verfügung, mit dem Eröffnen, daß ich mit der darin dem §. 15. des Gesetzes über die Eisenbahn-Unternehmungen vom 3. November v. J. gegebenen Auslegung, auch in Betreff der Sportelfreiheit der gerichtlichen Verhandlungen, welche auf den Erwerb der dem Expropriations-Rechte nach §. 8. jenes Gesetzes unterworfenen Grundstücke sich beziehen, überall einverstanden bin.

Berlin, den 2. Mai 1839. Der Justiz-Minister
An Mühler.
den Königlichen General-Prokurator Herrn Biergans
Hochwohlgeboren
zu Köln.

Beilage.

Ew. Hochwohlgeboren eröffne ich auf die Anfrage in dem Berichte vom 5. Januar d. J., daß die Absicht des §. 15. des Gesetzes über die Eisenbahn-Unternehmungen vom 3. November v. J. keinesweges dahin geht, blos die Quittungen über die Vergütungssummen füe stempel- und sportelfrei zu erklären, daß vielmehr alle auf die Grunderwerbung bezügliche Verhandlungen stempel- und sportelfrei erfolgen sollen, so weit es sich von solchen Grundstücken handelt, für welche das Expropriations-Recht nach §. 8. in Anspruch genommen werden kann.

Auch ist es nicht beabsichtigt worden, diese Freiheit an das faktische Eintreten der Expropriation zu knüpfen, weil sonst die freiwillige Einigung sehr erschwert und die Dazwischenkunft der Behörden zur Regel werden möchte. Die Stempel- und Sportelfreiheit steht daher nicht allein den Urtheilen der Gerichte, wodurch die Expropriation ausgesprochen wird, so wie allen dabei vorkommenden gerichtlichen, notariellen und von Verwaltungsbehörden aufgenommenen Verhandlungen, sondern auch den im Wege der freien Uebereinkunft geschlossenen Verträgen zu, in so weit sie sich auf solche Grundstücke beziehen, hinsichtlich deren im Weigerungsfall die Expropriation von der Gesellschaft in Gemäßheit des §. 8. a. a. O. in Anspruch genommen werden könnte.

So weit hiernach eine nähere Instruktion der dortigen Gerichte erforderlich ist, wird diese Seitens des Herrn Justiz-Ministers Mühler Excellenz erfolgen.

Berlin, den 21. April 1839.

Der Finanz-Minister
Graf von Alvensleben.

An
den Königl. Geheimen Finanz-Rath und Provinzial-Steuer-Direktor Herrn Helmentag
zu Köln.

Vorstehende Verfügung nebst Beilage wird den sämmtlichen Gerichtsbehörden hiermit zur Nachricht und Nachachtung bekannt gemacht.

Berlin, den 2. Mai 1839.

Der Justiz-Minister
Mühler.

An
sämmtliche Gerichtsbehörden.
I. 2176. Sportelf. 37. Vol. 5.

38.

Verfügung vom 2. Mai 1839, — betreffend die von den Notarien unter jedem Protokoll und jeder Ausfertigung zu vermerkende Stunde des Anfangs und des Schlusses der amtlichen Verhandlung.

(Taxordnung für die Notarien v. 25. April 1822, Num. 13.)

Die allgemeinen Bemerkungen zu der Taxordnung fur die Notarien vom 25. April 1822 enthalten unter der Nummer 13 die Bestimmung:

„Die Notarien müssen die verwendete Zeit nebst ihren Gebühren und Auslagen bei Strafe von 5 Thlr. unter jedem Protokoll und jeder Ausfertigung gewissenhaft spezifiziren."

Diese Vorschrift ist zuweilen dahin verstanden, daß es behufs

Spezifikation der verwendeten Zeit genüge, die Stundenzahl der verwendeten Zeit im Allgemeinen, ohne nähere Bezeichnung der Stunde des Anfangs und der Beendigung der betreffenden Verhandlung, hierunter zu vermerken. Eine solche Auslegung ist jedoch irrig, und mit dem Zwecke einer angemessenen Kontrole nicht zu vereinigen. Die Notarien haben vielmehr, in Gemäßheit jener gesetzlichen Bestimmung, die Stunde des Anfangs und die des Schlusses der amtlichen Verhandlung jedesmal genau zu verzeichnen, und werden Ew. Hochwohlgeboren beauftragt, die sämmtlichen Notarien hierauf besonders aufmerksam zu machen, und auf Beachtung dieser Vorschrift wachen zu lassen.

Berlin, den 2. Mai 1839.
An
den Königlichen General-Prokurator Herrn Biergans
Hochwohlgeboren
zu Köln.

Der Justiz-Minister
Mühler.

I. 2110. Rhein. Off. S. 30. Vol. 2.

39.

Verfügung vom 3. Mai 1839, — betreffend die Entscheidung der in der Rheinprovinz vorkommenden Kompetenzfragen bei der Anwendung der Allg. Kriminal-Ordnung, oder der Rheinischen Kriminal-Prozeß-Ordnung.

Mit Bezugnahme auf das von meinem Herrn Amtsvorgänger an Ew. Hochwohlgeboren erlassene Reskript vom 22. Februar v. J. und zur Beseitigung der dadurch entstandenen Zweifel, finde ich mich veranlaßt, Ihnen hierdurch zu eröffnen, daß zu der Entscheidung der Frage:

> ob eine in der Rheinprovinz einzuleitende Untersuchung nach den Formen der Allg. Kriminal-Ordnung oder nach denen der Rheinischen Kriminal-Prozeß-Ordnung behandelt werden solle?

im Falle eines Konflikts zwischen zwei Gerichten, derselbe sei negativ oder positiv, nach wie vor der Rheinische Revisions- und Kassationshof der einzig kompetente Richter ist, wie dieses in den Artikeln 526 und 527 der Kriminal-Prozeß-Ordnung bestimmt ist; da die diesem Gerichtshofe durch ein Gesetz gegebene Befugniß auch nur durch ein Gesetz entzogen werden kann, ein solches aber bisher nicht erschienen ist.

Berlin, den 3. Mai 1839.

An
den Königlichen Ersten Präsidenten des Appellations-gerichtshofes Herrn Schwarz und den Königlien General-Prokurator Herrn Biergans
Hochwohlgeboren
zu Köln.

Der Justiz-Minister
Mühler.

I. 2171. Rhein Krim. 19. Vol. 4.

40.

Verfügung vom 3. Mai 1839, — betreffend die Befugniß der Rheinischen Landgerichte und des Appellationsgerichtshofes zu Köln, Disciplinar-Untersuchungen gegen richterliche Beamte ohne Ermächtigung des Justiz-Ministers einzuleiten und darin zu erkennen.

(Art. 50. flg. des Ges. v. 20. April 1810. — Reskripte v. 2. u. 8. Januar 1834 und 15. Novbr. 1832; Lottner IV. S. 1 flg.)

Da die Artikel 50. ff. des Gesetzes vom 20. April 1810 unzweifelhaft und unbestritten die Befugniß der Rheinischen Landgerichte und des Appellationsgerichtshofes begründen, ohne vorgängige Ermächtigung von Seiten des Justiz-Ministers in den gesetzlichen Formen die Disciplinar-Untersuchung wider einen richterlichen Beamten einzuleiten und darin zu erkennen, so will ich das Reskript vom 19. Dezember 1837., durch welches das Gegentheil angeordnet worden, um so mehr hierdurch außer Kraft setzen, als dasselbe nach den eingegangenen Jahresberichten die damit bezweckten günstigen Erfolge nicht nur nicht gehabt hat, sondern in Bezug auf die Dienstdisciplin von sehr nachtheiligem Einflusse gewesen ist.

Dagegen behält es bei den, durch die Artikel 56. ff. des angeführten Gesetzes und durch die Reskripte vom 2. u. 8. Januar 1834 und 15. November 1832 (Lottner IV. S. 1 flgd.) vorgeschriebenen Anzeigen sein Bewenden.

Ew. Hochwohlgeboren haben die Rheinischen Gerichtsbehörden zur Nachachtung hiervon in Kenntniß zu setzen.

Berlin, den 3. Mai 1839.

Der Justiz-Minister
Mühler.

An
den Königlichen Ersten Präsidenten des Appellationsgerichtshofes Herrn Schwarz, und den Königlichen General-Prokurator
Herrn Biergans
Hochwohlgeboren
zu Köln.

I. 2106. Rhein. Off. Sachen 41. Vol. 2.

41.

Allerhöchste Kabinets-Ordre vom 4. Mai 1839, — betreffend die allgemeine Anwendung der Ordre vom 5. August 1838. (Ges. Samml. S. 431), wegen Untersuchung und Bestrafung der Entwendung von Waldprodukten.

Da nach Ihrem Berichte vom 13. v. Mts. das Bedürfniß einer Ausdehnung der Bestimmungen des Gesetzes vom 7. Juni 1821, wegen Untersuchung und Bestrafung des Holzdiebstahls, auf die Entwendung von Gras, Kräutern, Heide, Moos, Laub, anderem Streuwerke und sonstigen Waldprodukten, sich in der ganzen Monarchie als dringend herausgestellt hat, so bestimme Ich hiermit, unter Aufhebung aller entgegen stehenden Gesetze und Verordnungen, daß Meine Ordre vom 5. August v. J., betreffend die Untersuchung und Bestrafung der Entwendung von Waldprodukten in dem am linken Rheinufer belegenen Theile der Rheinprovinz, nicht nur in allen Theilen dieser Provinz, sondern auch in allen übrigen Provinzen des Staates zur Anwendung kommen soll. Sie haben diese Ordre durch die Gesetz-Sammlung zur allgemeinen Kenntniß zu bringen.

Berlin, den 4. Mai 1839.

Friedrich Wilhelm.

An
die Staats-Minister Mühler, von Rochow und von Ladenberg.

I. 3106. F. 52. Vol. 6.

42.

Verfügung vom 5. Mai 1839, — betreffend die Entscheidung der Frage: ob die Friedensgerichte der Rheinprovinz mit der Feststellung von Grenzen in Domanialsachen beauftragt werden können?

(§. XII. littr. b. der Allerh. Kab.-Ordre v. 31. Dezbr. 1825, Ges. Samml. für 1826 S. 11.)

Es ist vor kurzem die Frage erhoben worden:
ob die Friedensgerichte der Rheinprovinz in Gemäßheit des §. XII. littr. b. der Allerh. Kabinets-Ordre vom 31. Dezember 1825 (Ges. Samml. für 1826 S. 11.) von den Regierungen in Domanialsachen mit der Feststellung von Grenzen beauftragt werden können?

Der Herr Geheime Staats-Minister von Ladenberg hat sich hierbei mit mir dahin einverstanden erklärt, daß dergleichen Aufträge von den Regierungen an die Friedensrichter nicht ertheilt werden dürfen, da deren Erledigung ihrer Bestimmung fremd und sogar entgegen ist. Demgemäß sind denn auch die Regierungen mit Anweisung versehen worden.

Indem ich Ew. Hochwohlgeboren hiervon in Kenntniß setze, veranlasse ich Sie, die Präsidenten und Ober-Prokuratoren und durch dieselben die Friedensrichter hiervon zu benachrichtigen und letztere anzuweisen, sich der Erledigung von Aufträgen oder Requisitionen gedachter Art gänzlich zu enthalten.

Berlin, den 5. Mai 1839.

Der Justiz-Minister
Mühler.

An
den Königlichen Ersten Präsidenten des Appellationsgerichtshofes Hrn. Schwarz und den Königl. General-Prokurator Herrn Biergans
Hochwohlgeboren
zu Köln.

I. 2311. Rhein. Gen. 110.

43.

Auszug aus einem amtlichen Schreiben, — über die Bestrafung verletzender Aeußerungen in Immediat-Bittschriften.

Der in der Allerhöchsten Kabinets-Ordre vom 20. August 1831 ausgesprochene Grundsatz, daß die in einer Immediat-Bittschrift enthaltenen verletzenden Ausdrücke nur auf ausdrücklichen Allerhöchsten Befehl oder mit Allerhöchster Erlaubniß verfolgt und bestraft werden können,

ist kein neuer Grundsatz. Derselbe ist früher schon von den Gerichten anerkannt worden, und die Allerhöchste Kabinets-Ordre hat nur im Wege der Legislation ausgesprochen, was der Doktrin schon längst unzweifelhaft war.

Zum Beweise dieser Ansicht darf ich mich auf einen Vorfall berufen, welcher zu seiner Zeit in der Rheinprovinz großes Aufsehen erregt, in seiner Wirkung aber sich wohlthätig bewiesen hat.

In den Supplementen zu den Questions de droit von Merlin, Artikel: „injure“ §. 2. wird dieser Vorfall in folgender Art erzählt:

Ein Posthalter in der Rheinpfalz hatte bei der Durchreise des französischen Kaisers im Oktober 1808 dem letzteren eine Beschwerde überreicht, in welcher er unumwunden erklärte, „der Unternehmer des Straßenbaues sei ein fripon, alle Straßenbaubeamte seien fripons, alle verdienten an den Galgen zu kommen.“

Später wiederholte dieser Posthalter die nämlichen Aeußerungen in einer Schenke.

Von dem Bauunternehmer und den Beamten deshalb wegen Injurien vor dem Polizeigerichte belangt, erklärte sich dieses, hinsichtlich des beleidigenden Inhaltes der dem Kaiser übergebenen Beschwerdeschrift, für inkompetent, weil diese mit dem droit de petition zusammenhänge, dieses Recht von Niemandem beschränkt werden dürfe und eine Untersuchung und Bestrafung nur zulässig sei, wenn die Beschwerdeschrift von der Behörde, an welche sie gerichtet gewesen, zum Zwecke der Untersuchung und Bestrafung an die kompetente Stelle abgegeben werde.

Der hiergegen ergriffene Kassations-Rekurs wurde verworfen aus dem Grunde,

que le tribunal a respecté sur ce point les principes et les convenances.

Wegen der in der Schenke gemachten Aeußerungen wurde dagegen eine Strafe ausgesprochen.

Diese Grundsätze werden immer da beibehalten werden müssen, wo das Petitionsrecht besteht und wo jeder Einzelne den Weg zum Throne betreten darf, um seine Beschwerden vorzutragen. Sie dürfen also in Preußen gewiß nicht verkannt werden, weil wohl in keinem Staate das Petitionsrecht in so großer Ausdehnung besteht, als gerade hier.

Einer Publikation der Allerhöchsten Kabinets-Ordre vom 20. August 1831 bedarf es nicht, weil sie nur ausspricht, was ohnehin anerkannt werden muß.

Aus dieser Allerhöchsten Kabinets-Ordre läßt sich auch keinesweges ableiten, daß es die Absicht Sr. Majestät des Königs sei, Jedem im voraus Allerhöchst Ihre Begnadigung zuzusichern der es sich herausnimmt, in Immediat-Bittschriften die Königlichen Beamten zu verläumden. Die Allerhöchste Kabinets-Ordre bestimmt vielmehr ausdrücklich, daß Seine Majestät Selbst und allein Sich vorbehalten, zu beurtheilen, ob eine in einer Immediat-Bittschrift enthaltene Aeußerung beleidigend und zugleich strafbar ist.

Eben so wenig läßt sich mit Grunde behaupten, daß durch die angeführte Allerhöchste Kabinets-Ordre und den in derselben ausgesprochenen Grundsatz den Beamten und Behörden der gesetzliche Schutz gegen Ehrenkränkung und Verläumdung entzogen werde; denn die Ehre der Beamten hat keinen größeren und mächtigeren Beschützer als den Monarchen selbst, welcher sie im Interesse des Staates angestellt, folglich den natürlichen Wunsch hat, ihnen die ehrenvolle Stellung zu erhalten, welche ihre wohlthätige Wirksamkeit bedingt.

Findet Seine Majestät der König aber keinen Grund, von einer verletzenden Aeußerung Notiz zu nehmen, so kann keine Behörde über Verläumdung und Entziehung des gesetzlichen Schutzes klagen, weil eine solche Klage gegen das dem Monarchen unbestreitbar zustehende Recht der Abolition gerichtet sein würde. Der Monarch hat das Recht, jede, selbst schon anhängig gemachte Untersuchung niederzuschlagen, ohne daß irgend Jemand dem zu widersprechen befugt wäre, und muß darum auch die Einleitung einer solchen untersagen dürfen.

Ew. ꝛc. wollen hieraus geneigtest entnehmen, daß ich keine Veranlassung haben kann, die Aufhebung des in der allegirten Allerhöchsten Kabinets-Ordre ausgesprochenen Grundsatzes bei des Königs Majestät in Antrag zu bringen, daß ich vielmehr auf meinem Standpunkte der Gewährung eines solchen Antrages widersprechen müßte.

Berlin, den 6. Mai 1839.

Mühler.

I. 2337. Gen. I. Vol. 2.

44.

Verfügung vom 7. Mai 1839, — betreffend die Befugniß des Instruktionsrichters zu Verhaftungen in fiskalischen Untersuchungen.

(§. 44. Tit. 35 der Proz. Ordn. — §§. 20, 85 u. 215 der Krim. Ordn.)

Auf Ew. Hochwohlgeboren in dem Jahresberichte für 1838, hinsichtlich der Befugniß des Instruktionsrichters in fiskalischen Untersuchungen zu Verhaftungen, mit Bezug auf den §. 44 Tit. 35 der Prozeß-Ordnung, gemachten Antrag wird Ihnen eröffnet, daß es einer Deklaration oder Abänderung dieses Paragraphen nicht bedarf, da der Inquirent, sobald die Besorgniß der Entweichung des Denunziaten sehr nahe und dringend ist, nach der ausdrücklichen Bestimmung dieses Paragraphen sowohl schuldig als befugt ist, interimistische Vorkehrungen wegen Sicherung der Person desselben durch Observation u. s. w., vorläufig und bis er auf seine Anfrage näher beschieden wird, zu veranlassen. Reicht also in einem solchen Falle die Observation nicht aus, oder läßt sich diese überhaupt nicht zur Anwendung bringen, so muß der Instruktionsrichter andere angemessene Maaßregeln ergreifen, und kann unter Umständen auch die Verhaftung verfügen, welche nach den Vorschriften der §§. 20, 85 und 215 der Kriminal-Ordnung in dringenden Fällen von jedem, auch von dem inkompetenten, selbst von dem Civilrichter vorgenommen werden darf und muß. Jedoch hat der Instruktionsrichter, wenn er die Verhaftung, zu welcher in fiskalischen Untersuchungen nur unter den im §. 44 a. a. O. angeführten Umständen geschritten werden darf, nothwendig findet, und diese veranlaßt, hiervon sofort dem Landgericht Anzeige zu machen, damit dieses beschließe, ob die Verhaftung fortdauern oder aufgehoben werden solle.

Hiervon haben Ew. Hochwohlgeboren die Ober-Prokuratoren und durch diese die Instruktionsrichter in Kenntniß zu setzen.

Berlin, den 7. Mai 1839.

Das Justiz-Ministerium.
Ruppenthal.

An
den Königl. General-Prourator
Herrn Biergans
Hochwohlgeboren
zu Köln.

I. 2115. Rhein. Krim. 84.

45.

Verfügung vom 16. Mai 1839, — betreffend die Einwirkung der Ober-Prokuratoren in der Rheinprovinz auf die nach der Preußischen Kriminal-Ordnung zu führenden Untersuchungen.

(Reskr. v. 21. Oktbr. 1837, Jahrb. Bd. 50. S. 650.)

Bei dem großen Zuwachse der Geschäfte, welche die Bestimmung des Reskripts vom 21. Oktober 1837 Num. 4. (Jahrbücher Bd. 50. S. 650), durch welche die Ober-Prokuratoren angewiesen sind,

> nach dem Abschlusse jeder nach Preußischem Rechte geführten Untersuchung ihre Ansicht über die zur Anwendung kommenden gesetzlichen Vorschriften, und darüber, ob der Angeschuldigte völlig oder vorläufig freizusprechen, oder ob derselbe mit Strafe und welcher, und auf den Grund welcher Gesetze zu belegen sei? zu äußern,

für die Beamten des öffentlichen Ministeriums herbeigeführt hat, wird diese Bestimmung hierdurch aufgehoben. Es bleibt jedoch den Ober-Prokuratoren die Befugniß vorbehalten, in einzelnen Sachen, sofern sie es angemessen finden, bei Vorlegung der Akten ihre Anträge, sowohl in Bezug auf die Förmlichkeiten der Untersuchung, als in der Hauptsache zu machen.

Hiernach sind die Ober-Prokuratoren mit Anweisung zu versehen.

Berlin, den 16. Mai 1839.

Der Justiz-Minister.
Mühler.

An
den Königl. General-Prokurator
Herrn Biergans
Hochwohlgeboren
zu Köln.

I. 2559. Rhein. Krim. 19. Vol. 4.

46.

Verfügung vom 16. Mai 1839, — die Kosten amtlicher Bekanntmachungen in den Amtsblättern betreffend.

(Cirkulare vom 2. April 1832, Jahrb. Bd. 39. S. 349.)

Ew. Wohlgeboren wird auf den Bericht vom 26. v. Mts.

die Kosten amtlicher Bekanntmachungen in den Amtsblättern betreffend, Folgendes eröffnet.

1) Was die Kosten betrifft, welche durch die Bekanntmachung wegen präsumtiv gestohlener, als verdächtig angehaltner Sachen entstehen, so ist diese Angelegenheit bereits im vorigen Jahre zur Erwägung gekommen, und erhalten Sie hierbei Abschrift des von beiden Justiz-Ministern an den Herrn Minister des Innern und der Polizei erlassenen Schreibens vom 10. September v. J. Die in diesem Schreiben hinsichtlich der nach der Preußischen Kriminal-Ordnung geführten Untersuchungen aufgestellten Grundsätze finden auch auf die nach Rheinischem Rechte geführten Untersuchungen Anwendung; und es ist daher auch in den letztern nach denselben zu verfahren.

2) Von den Kosten, welche durch die Bekanntmachung wegen verschwundener Personen entstehen, gilt dasselbe, was von den Kosten der Bekanntmachung verdächtiger Sachen gesagt ist.

Wird in Folge der Bekanntmachung ein Verbrechen ermittelt, und Jemand wegen desselben zu Strafe und Kosten verurtheilt, so muß er auch die zu den Untersuchungskosten gehörenden Kosten der Bekanntmachung tragen. Der Kriminalfond braucht sie jedoch nach dem Cirkulare vom 2. April 1832 (Jahrbücher Bd. 39. S. 349) nicht vorzuschießen, sondern im Unvermögensfalle des Verurtheilten müssen sie vom Amtsblätter-Verwaltungs-Fond getragen werden. Wird Niemand zu den Kosten verurtheilt, oder überhaupt eine Untersuchung nicht eingeleitet, so kann zur Erstattung der Kosten für die im öffentlichen Interesse veranlaßte Bekanntmachung Niemand angehalten werden; namentlich ist ein Rechtsgrund, dieselben dem Verschwundenen und dessen Vermögen aufzuerlegen, nicht vorhanden; vielmehr müssen sie, gleich allen anderen Kosten, welche durch Bekanntmachung im öffentlichen Interesse geschehen, von dem Fond zur Verwaltung der Amtsblätter getragen werden.

3) Was die Kosten betrifft, welche durch die Bekanntmachung der wegen Bankerutts erkannten Strafen entstehen, so gehören auch diese zu den Untersuchungskosten, für welche der Verurtheilte verhaftet ist (Artikel 156 und 104 Num. 1. und 5. des Dekrets vom 18. Juni 1811). Die Bekanntmachung ist jedoch nach Artikel 592 und 599 des Handelsgesetzbuchs nicht durch die Amtsblätter, sondern durch die Zeitungen des Orts oder des Departements zu erlassen, was auch insofern zweckmäßiger ist, als dadurch das Straferkenntniß zu einer größeren Publizität gelangt. Im Unvermögensfalle des Verurtheilten können die Zeitungs-Expeditionen sich nicht weigern, dergleichen

Bekanntmachungen unentgeltlich aufzunehmen. Die Fallit-Masse ist in keinem Falle zur Tragung der Kosten verpflichtet.

4) In gleichem Maaße gehören die Kosten der Bekanntmachung der gegen Notare, Gerichtsschreiber und Gerichtsvollzieher erkannten Suspensionen und Dienstentsetzungen nach Artikel 156, 104 Num. 5 und Artikel 122 zu den Untersuchungskosten, welche der verurtheilte Beamte tragen muß. Einer besonderen Verurtheilung der Beamten in diese Kosten bedarf es eben so wenig, als einer ausdrücklichen Festsetzung, daß die öffentliche Bekanntmachung geschehen solle; letztere tritt vielmehr nach der Bestimmung der Notariats-Ordnung vom 25. April 1822 Artikel 52 und der Verordnung vom 21. Juli 1826 Num. 8 als eine gesetzliche Folge des Strafurtheils von selbst ein. Zu einer vorschußweisen Berichtigung der Kosten ist der Kriminal-Fond nach dem zu 2 gedachten Cirkulare vom 2. April 1832 nicht verpflichtet; vielmehr müssen dieselben, falls der Beamte zur Erstattung unvermögend ist, von dem Fond der Amtsblätter-Verwaltung getragen werden.

Das Verfahren hinsichtlich der Einziehung der Kosten für dergleichen Bekanntmachungen von den dazu Verpflichteten regelt sich ganz einfach dahin, daß diese Kosten von dem Gerichtsschreiber mit in die Kostenrechnung aufgenommen und gleichzeitig mit den übrigen Kosten, oder wenn diese Aufnahme in die Kostenrechnung versäumt worden, durch eine besondere Ordonnanz für exekutorisch erklärt werden. Von den übrigen Kosten unterscheiden sie sich nur dadurch, daß sie nicht gleich diesen zum Kriminalfond, sondern zum Amtsblätter-Verwaltungs-Fond eingezogen werden; weshalb sie bei der Liquidation als solche zu bezeichnen sind, welche noch nicht aus dem Kriminalfond berichtigt worden, daher zum Amtsblätter-Verwaltungs-Fond einzuziehen sind.

Hieraus ergiebt sich, daß eine Kommunikation der Regierungen mit den Ober-Prokuratoren hinsichtlich dieser Kosten nicht zu vermeiden ist; einmal, um zu ermitteln, ob Jemand zur Tragung der Kosten verpflichtet ist, und zweitens, um das Exekutorium behufs der Einziehung herbeizuführen.

Berlin, den 16. Mai 1839.

Das Justiz-Ministerium.
Ruppenthal.

An
den Königlichen Ober-Prokurator
Herrn N. zu N.

I. 2476. Rh. Gen. 9. Vol. 2.

Beilage.

Bei der Beantwortung der von Ew. Excellenz in dem verehrlichen Schreiben vom 2. v. Mts. aufgeworfenen Frage:

wem die Kosten zur Last fallen, welche durch die Bekanntmachung wegen präsumtiv gestohlner, als verdächtig angehaltener Sachen entstehen?

müssen wir uns für die Ansicht des Königlichen Oberlandesgerichts zu N. und der Königlichen Regierung zu N. erklären.

Was nämlich

I. den Fall betrifft, wo sich der Eigenthümer der Sachen meldet, so kann dieser niemals zum Ersatze der Insertionskosten angehalten werden. Es ist zwar nicht zu verkennen, daß manche scheinbare Gründe für eine solche Verpflichtung sprechen, namentlich die Vorschriften von der negotiorum gestio und der in rem versio, so wie die Analogie von gefundenen Sachen (Allg. Landrecht Thl. I. Tit. 9. §. 61); allein andererseits sind überwiegende Gründe vorhanden, aus welchen eine solche Verpflichtung dem Eigenthümer nicht auferlegt werden kann.

1) Zwar ist es richtig, daß jede Kriminal-Untersuchung nicht blos die Ermittelung eines Verbrechens, so wie die Bestrafung des Verbrechers, sondern auch die Schadloshaltung des Beschädigten zum Zwecke hat (§. 6. der Krim. Ordnung); hieraus kann aber noch nicht die in Frage gestellte Verpflichtung des Beschädigten zur Tragung von Kosten gefolgert werden. Im Gegentheil erfolgt die Bekanntmachung über verdächtige, angehaltene Sachen nach §. 132 der Krim. Ordnung von Amtswegen, ist dem Richter positiv zur Pflicht gemacht, und es kann sonach nicht einmal die Regel des Civilprozesses, daß der Extrahent die Kosten vorschießen müsse, Platz greifen, da gar kein Extrahent vorhanden ist. Der Umstand, daß die Bekanntmachung von Amtswegen vorgeschrieben ist, also im öffentlichen Interesse erfolgt, ist unseres Erachtens entscheidend. Darauf, daß hierbei auch das Interesse einer Privatperson mit berührt wird, kann es nicht ankommen.

2) Vorschriften aus dem Civilrechte, namentlich aus der negotiorum gestio und der in rem versio sind überhaupt auf das Kriminalverfahren nicht anwendbar. Die Kosten, welche in einer Untersuchung durch die öffentliche Aufbietung muthmaßlich gestohlner Sachen entstehen, sind Untersuchungskosten. Sie müssen von dem Angeschuldigten, wenn er verurtheilt ist, bezahlt werden. Ist er unvermögend oder völlig frei gesprochen, so

fallen sie, als baare Auslagen an sich, der Gerichtsherrschaft zur Last (§§. 609, 615, 623 ff. der Kriminal-Ordnung). Steht die Gerichtsbarkeit dem Fiskus zu, und müßten demnach jene Kosten aus Königlichen Fonds bezahlt werden, so entscheidet der, mittelst Cirkulars vom 2. April 1832 (Jahrbücher Bd. 39 S. 349) publizirte, auch von der Königlichen Ober-Rechnungs-Kammer auf den vorliegenden Fall für anwendbar erklärte Beschluß des Königlichen Staats-Ministeriums, wonach die im ausschließenden Interesse der Staatsverwaltung und auf deren Kosten geschehenden Bekanntmachungen in dem öffentlichen Anzeiger des Amtsblatts unentgeltlich, mithin auf Kosten des Fonds der Amtsblätter-Verwaltung, und nicht auf Kosten des speziellen Verwaltungs-Ressorts, in dessen Interesse die Bekanntmachung erfolgt, aufzunehmen sind.

Mit demselben Rechte, mit welchem der Eigenthümer gestohlner Sachen für die durch die öffentliche Bekanntmachung veranlaßten Kosten haften soll, könnte man auch sagen, daß er, wenn seine Ermittlung nicht in Folge einer öffentlichen Bekanntmachung, sondern auf andere Weise im Laufe der Untersuchung durch Zeugenvernehmungen oder sonst, erfolgt ist, für die dadurch entstandenen Kosten aufkommen, ja sogar, im Falle der Verurtheilung des Angeschuldigten, für alle Untersuchungskosten haften sollte; da durch die Verurtheilung des Angeschuldigten erst das Eigenthum des Damnifikaten an den angehaltenen Sachen festgestellt wird, mithin die ganze Untersuchung, wie auch der §. 6. der Krim. Ordnung beweiset, zum Vortheile des Bestohlenen gereicht. Eine solche Verhaftung der Damnifikaten für die Untersuchungskosten ist aber den Vorschriften der Krim. Ordnung geradezu entgegen, und daraus folgt, daß das Kriminalverfahren nach civilrechtlichen Bestimmungen überhaupt nicht beurtheilt werden kann.

3) Die Analogie von gefundenen Sachen paßt auf gestohlne Sachen um deshalb nicht, weil der Verlierer in culpa ist, mithin seine Verpflichtung zur Tragung der Kosten der öffentlichen Aufforderung durch dieselbe gerechtfertigt ist. Eine culpa des Bestohlenen läßt sich jedoch, wenn auch in einzelnen Fällen, doch nicht generell, annehmen.

4) Die Verordnung zur Verhütung der Pferdediebstähle vom 28. September 1808 bestimmt nicht, daß der Eigenthümer eines gestohlnen Pferdes für die Kosten der Bekanntmachung hafte; sondern im §. 1 nur, daß, falls kein Eigenthümer ermittelt wird, die Auktionslosung für das verkaufte Pferd, nach Abzug der Insertions- und sonstigen Kosten, der Gerichtsherrschaft

verfallen sei. Diese Vorschrift paßt daher auf den vorliegenden Fall nicht.

5. Wenn der von der Königlichen Ober-Rechnungs-Kammer angeführte §. 52 der Krim.-Ordnung bestimmt:

daß von den dem Gefangenen abgenommenen Sachen dem Beschädigten sein Eigenthum zurückgegeben, und der nöthige Vorschuß zu den Untersuchungskosten abgezogen werden solle,

so beziehet sich der letztere Zusatz wegen des Vorschusses der Untersuchungskosten offenbar auf die eigenen Effekten des Gefangenen, und nicht auf die, dritten Personen zugehörigen Sachen; wie es denn auch eine sehr gezwungene Interpretation sein würde, wenn man unter „zurückgeben" nicht eine unentgeltliche Rückgabe verstehen wollte.

Sonach erscheinen sämmtliche von der Königlichen Ober-Rechnungs-Kammer für die Verpflichtung des Eigenthümers angeführten Gründe nicht haltbar. Im Gegentheile stehen denselben außer dem bereits oben zu 1 und 2 Angeführten noch die Vorschriften des §. 637 der Krim.-Ordnung entgegen, wonach dem Damnifikaten jederzeit der Vorzug vor den Untersuchungskosten gebührt. Zwar bestimmt dieser §. nur die Priorität zwischen dem Damnifikaten und dem Fiskus, dem Verurtheilten gegenüber, so daß er eigentlich nur den Fall betreffen würde, wenn der Eigenthümer die Insertionskosten entrichtet hat, und sie aus dem Vermögen des Verurtheilten zurück verlangt, in welchem Falle er vorzugsweise befriedigt werden soll. Indeß läßt sich wohl aus der Bestimmung des §. 637 auf die Absicht des Gesetzgebers schließen, daß der Beschädigte, wenn er sogar in dem Vermögen eines Dritten den Vorzug vor dem Fiskus hat, von diesem niemals zur eignen Tragung eines Theils der Untersuchungskosten angehalten werden soll.

II. Den zweiten Fall betreffend, wenn sich auf die öffentliche Aufforderung Niemand meldet, so ist zu unterscheiden,

1. ob dessen ungeachtet die in Beschlag genommenen Sachen als gestohlenes Gut angesehen werden können. Alsdann fallen sie nach dem Allg. Landrecht Thl. II. Tit. 17 §. 118 der Kriminal-Gerichtsherrschaft zu, welche dieselben natürlich für die Untersuchungskosten, für die sie subsidiarisch haftet, verwenden kann. Dieser Fall liegt in dem von der Königlichen Ober-Rechnungs-Kammer angeführten §. 1 der Verordnung vom 28. September 1808 über den Pferdediebstahl vor. Steht die Gerichtsbarkeit indeß dem Fiskus zu, so muß in Gemäßheit des oben erwähnten Cirkulars vom 2. April 1832 verfahren werden, weil sonst es nur auf eine Zahlung aus einer fiskalischen Kasse an die andere hinauskommen würde.

2. Können dagegen die angehaltenen Sachen, zu welchen der Eigenthümer sich nicht gemeldet hat, als gestohlnes Gut nicht angesehen werden, so ist der Besitzer für den rechtmäßigen Inhaber zu erachten. Es kommt daher darauf an, ob in diesem Falle doch der Besitzer zu den Untersuchungskosten, z. B. wegen eines anderweiten konkurrirenden Verbrechens, verurtheilt wird oder nicht. Im ersteren Falle können die Sachen, wie alle andere Effekten des Verurtheilten, zur Berichtigung der Insertions- und anderen Untersuchungskosten mit verwendet werden. Wird aber der Angeschuldigte von allen Kosten frei gesprochen, oder bei einer von Polizei wegen erlassenen öffentlichen Bekanntmachung gar nicht dem Kriminalgericht überwiesen, so ist auch ein Rechtsgrund, ihn zur Erstattung der Kosten der von Amtswegen veranlaßten öffentlichen Bekanntmachung anzuhalten, nicht vorhanden, vielmehr müssen die Sachen ihm unentgeltlich zurückgegeben werden.

Berlin, den 10. September 1838.

An des Königlichen Wirklichen Geheimen Staats-Ministers und Ministers des Innern und der Polizei Herrn von Rochow Excellenz.

von Kamptz. Mühler.

47.

Verfügung vom 18. Mai 1839, — betreffend die, von den zum Armenrecht verstatteten Partheien in ihren Prozessen zu tragenden baaren Auslagen.

Des Königs Majestät haben geruhet, durch Allerhöchste Kabinets-Ordre vom 14. d. Mts. festzusetzen, daß

1) die Verfügung vom 30. August 1833, durch welche bestimmt worden, daß die baaren, an sich von den zum Armenrecht zugelassenen Partheien in ihren Prozeßsachen zu bestreitenden Auslagen von den Gerichten auf den Kriminalfond angewiesen werden sollen;

2) die Verfügung vom 26. Juli 1836, durch welche bestimmt worden ist, daß bei Subhastationen, die von armen Partheien betrieben werden, die Insertionskosten gestundet, und wenn sie der Administrationsbehörde nicht gestattet werden können, auf Justizfonds übernommen werden sollen;

3) die Verfügung vom 4. Februar 1837, durch welche festgesetzt worden, daß die Kosten der von den rheinischen Hypothekenbewahrern zu ertheilenden Auszüge aus den Hypothekenregistern, welche zur Begründung eines von einer armen Parthei beabsichtigten Rangordnung-Verfahrens vorgelegt werden müssen, aus dem Kriminalfond vorzuschießen seien,

nicht ferner zur Anwendung kommen sollen.

Ew. Hochwohlgeboren haben diese, durch den wachsenden Mißbrauch des Armenrechts veranlaßte Allerhöchste Bestimmung sowohl zur Kenntniß des Landgerichts, als der Hypothekenämter und Friedensgerichte zu bringen, und auf deren Befolgung zu wachen.

Berlin, den 18. Mai 1839.

Der Justiz-Minister
Mühler.

An
die Königlichen Herren Landgerichts-Präsidenten und die Königlichen Herren Ober-Prokuratoren zu Köln, Koblenz, Kleve, Düsseldorf, Elberfeld, Trier, Aachen und Saarbrücken.
I. 2579. Rhein. Gen. 115. Vol. 2.

48.

Allerhöchste Deklaration vom 18. Mai 1839, — wegen der Verjährung der bei den vormaligen Reichsgerichten unerledigt gebliebenen Prozesse.

Wir Friedrich Wilhelm, von Gottes Gnaden König von Preußen &c.

finden Uns bewogen, zur Beseitigung entstandener Zweifel, auf den Antrag Unseres Staats-Ministeriums und nach erfordertem Gutachten einer von Uns aus Mitgliedern des Staatsraths ernannten Kommission, für den ganzen Umfang Unserer Monarchie zu erklären,

daß die Vorschrift des Römischen Rechts in der L. 9. C. de praescriptione 30 vel 40 annorum auf die bei den vormaligen Reichsgerichten bis zum Schlusse verhandelten, dann aber unentschieden liegen gebliebenen Prozesse, so lange für dieselben die Kompetenz der Reichsgerichte begründet war, keine Anwendung hat finden können, daß aber von dem Zeitpunkte der Erlöschung dieser Kompetenz an, in Ansehung der Verjährung die in den einzelnen Landestheilen geltenden Gesetze in Anwendung zu bringen sind.

Ueber den Zeitpunkt, mit welchem die Kompetenz der Reichsgerichte in Bezug auf die einzelnen Landestheile für erloschen zu achten ist, haben Unsere Minister der Justiz und der auswärtigen Angelegenheiten die Gerichte mit einer Instruktion zu versehen.

Urkundlich unter Unserer Höchsteigenhändigen Unterschrift und beigedrucktem Königlichen Insiegel.

Gegeben Berlin, den 18. Mai 1839.

(LS) Friedrich Wilhelm.

v. Müffling. v. Kamptz. Mühler.

Beglaubigt

I. 3109. W. 26. Düesberg.

49.

Allgemeine Verfügung vom 22. Mai 1839, — betreffend das Verfahren bei Untersuchung und Bestrafung der Entwendung von Waldprodukten, in Gemäßheit der Allerhöchsten Kabinets-Ordre vom 4. Mai 1839.

(Gesetz v. 7. Juni 1821. — Allerhöchste Kab.-Ordre vom 5. August 1838, Ges. Samml. S. 431.)

Die Allerhöchste Kabinets-Ordre vom 4. Mai d. J. (Ges. Samml. S. 173) befiehlt die Ausdehnung der Ordre vom 5. August v. J. (Ges. Samml. S. 431), betreffend die Untersuchung und Bestrafung der Entwendung von Waldprodukten in dem am linken Rheinufer belegenen Theile der Rheinprovinz, auf den ganzen Umfang der Monarchie.

Es muß demnach von jetzt ab die Entwendung von Gras, Kräutern, Heide, Moos, Laub und sonstigem Streuwerk aus den Waldungen, so wie aller übrigen Waldprodukte, gleich dem Holzdiebstahl nach dem Gesetze vom 7. Juni 1821 untersucht und bestraft, und nur bei Festsetzung der Geldbuße diejenige Abänderung beobachtet werden, welche die Allerhöchste Kabinets-Ordre vom 5. August v. J. angeordnet hat.

Alle entgegenstehende Bestimmungen sind aufgehoben; sie mögen das Verfahren, die Kompetenz zur Untersuchung, oder die Strafe betreffen, und in allgemeinen Gesetzen, in Provinzial-Forst-Ordnungen oder andern speziellen gesetzlichen Vorschriften enthalten sein. Es kommen daher von Publikation der Allerhöchsten Ordre vom 5. August v. J. und beziehungsweise vom 4. Mai d. J. ab, folgende Grundsätze zur Anwendung.

I. Die Untersuchung und Bestrafung der Entwendung von Waldprodukten der oben gedachten Art steht ohne alle Exemtion dem Gerichte zu, in dessen Bezirk die Entwendung verübt worden, wenn es auch sonst zur Ausübung der peinlichen Gerichtsbarkeit nicht befugt ist.

In denjenigen Theilen der Rheinprovinz, wo die Polizei-Gerichtsbarkeit durch die Friedensrichter verwaltet wird, haben sich die letztern der Untersuchung und Bestrafung zu unterziehen.

II. Die bisher in einigen Provinzen stattgefundene polizeiliche Ahndung solcher Forstfrevel findet fortan nicht weiter statt.

III. Für das gerichtliche Verfahren bei der Instruktion und Entscheidung dienen lediglich die für die Untersuchung und Bestrafung des Holzdiebstahls im Gesetz vom 7. Juni 1821 ertheilten und die spätern, dasselbe erläuternden Vorschriften zur Richtschnur.

IV. Es muß daher auch die Entwendung solcher Waldprodukte von den Forstbeamten in die Forst-Straftabelle aufgenommen, und in dieser Form, gleich den Holzdiebstählen, den Forstgerichten angezeigt werden.

V. In Betreff des Kostenpunktes und der Vollstreckung der Erkenntnisse ist eben so zu verfahren, wie hinsichtlich der Erkenntnisse in Holzdiebstahlssachen vorgeschrieben ist.

Nach diesen Bestimmungen, welche durch die Amtsblätter zur öffentlichen Kenntniß zu bringen sind, haben sich die Gerichts- und Verwaltungsbehörden zu achten.

Berlin, den 22. Mai 1839.

Der Justiz-Minister
Mühler.

Der Minister des Innern und der Polizei
v. Rochow.

Der Geheime Staats-Minister und Chef der zweiten Abtheilung des Königl. Haus-Ministeriums
v. Ladenberg.

An
sämmtliche Königliche Gerichts- und Verwaltungsbehörden.

I. 3283. F. 52. Vol. 6.

50.

Allgemeine Verfügung vom 23. Mai 1839, — die Verminderung der Ausgaben für Schreibmaterialien und den Gebrauch kleinerer Papierformate betreffend.

(Reskr. v. 21. Nov. 1825, 31. Dzbr. 1830, 12. Feb. 1835. u. 22. Febr. 1837 in den Jahrb. Bd. 26. S. 412, Bd. 36. S. 210, Bd. 45. S. 243. u. Bd. 49. S. 229.)

Wiewohl die Gerichtsbehörden wiederholt, und namentlich in den Verfügungen vom 21. November 1825 (Jahrb. Bd. 26. S. 412), vom 31. December 1830 (Jahrb. Bd. 36. S. 210) vom 12. Februar 1835 (Jahrb. Bd. 45. S. 243), und vom 22. Februar 1837 (Jahrb. Bd. 49. S. 229) die nöthigen Anweisungen erhalten haben, wie dem immer mehr zunehmenden Verbrauch der Schreibmaterialien bei den Geschäften der Justiz-Verwaltung und der daraus mithervorgehenden Steigerung der Justiz-Verwaltungskosten vorgebeugt werden kann; so sind dennoch bei vielen Gerichtsbehörden diese Anweisungen nur unvollständig befolgt worden. Insbesondere hat der Justiz-Minister Gelegenheit gehabt, zu bemerken, daß zu der Korrespondenz der Gerichtsbehörden nicht selten Papier gebraucht wird, welches nach seinem unverhältnißmäßig großen Format und seiner Stärke in höhern Preisen steht, und dessen Gebrauch nicht nur die gerichtlichen Akten verunstaltet, indem dasselbe aus den Akten hervorragt und Beschädigungen ausgesetzt ist, sondern auch durch seine Schwere für das Publikum eine unnöthige Erhöhung des Porto herbeiführt, und dadurch Grund zu Beschwerden giebt. Es findet sich derselbe daher veranlaßt, die genaue Befolgung nachstehender Bestimmungen sämmtlichen Gerichten zu empfehlen:

1. Zu den Reinschriften der gerichtlichen Verfügungen und Erlasse, welche nicht mehr als eine Seite füllen, sind statt ganzer Bogen in der Regel nur halbe Bogen zu gebrauchen.

2. Die in Abschrift mitzutheilenden Beilagen der Verfügungen sind, so weit dies angeht, auf die leeren Seiten der Reinschriften der Verfügungen, und die zu den Akten kommenden Expeditionen in der Regel auf die leeren Seiten des Vortragsstücks zu schreiben.

3. Zum Verschließen der Briefe haben sich die Gerichte, wo es nur immer angeht, gar keines Kouverts, oder doch nur

eines möglichst leichten, und statt des Siegellacks in der Regel der Oblaten zu bedienen.

4. Die gerichtlichen Vorladungen und Verfügungen an Ausländer sind nebst ihren Anlagen, zur Vermeidung unnöthiger Portoerhöhungen, so weit es thunlich ist, auf Briefpapier und mit möglichster Raumersparung zu schreiben.

5. Zu den bei den Akten bleibenden Formularen (wenn die jetzt vorräthigen verbraucht sind) und zu den zu insinuirenden und zu versendenden gerichtlichen Verfügungen, Vorladungen und Erlassen ist klein Folio-Papier zu verwenden, welches sich dem Formate des Briefpapiers nähert. In Ermangelung eines so kleinen Formats aber sind große Folio-Bogen in Quart zusammenzubrechen, und daraus zwei Bogen zu bilden.

Berlin, den 23. Mai 1839.

An sämmtliche Gerichtsbehörden.

Der Justiz-Minister
Mühler.

I. 1887. Justizfonds 68.

51.

Verfügung vom 2. Juni 1839, — betreffend die Aufhebung der Bestimmung, wonach die wegen des Verbrechens der Durchhelfung der Deserteure ergangenen Kriminal-Erkenntnisse dem Justiz-Minister zur Bestätigung eingereicht werden sollen.

A. L. R. II. 20. §§. 147. 474 — 498. Krim. Ordg. §. 508. Allerh. Kab.-Ord. v. 4. Dezbr. 1824 (Gesetzs. S. 221), u. v. 2. Aug. 1834 (Gesetzs. S. 141)

Ew. Hochwohlgeboren erhalten die, mittelst Berichts vom 7. v. Mts. eingereichten Untersuchungs-Akten wider N. N. mit dem Eröffnen zurück, daß das Erkenntniß, durch welches der N. N. wegen Versuchs der Verleitung zur Desertion freigesprochen worden, der Bestätigung des Justiz-Ministers nicht bedarf. Denn wenngleich die Durchhelfung der Deserteurs in dem §. 147 Tit. 20. Thl. II. des Allg. Landrechts als eine Art der Landesverrätherei dritter Klasse aufgeführt ist, und demgemäß die Vorschriften der §§. 474 bis 498 a. a. O. nach der Allerhöchsten Kabinets-Ordre vom 2. August 1834 (Gesetz-Samml. S. 141) auch in der Rheinprovinz gültig sind: so hat doch die Kriminal-Ordnung im §. 508, wo die einzelnen Verbrechen bestimmt werden, bei welchen die Bestätigung des Justiz-Ministers Statt finden soll, die Landesverrätherei und die Durchhelfung eines Deserteurs als zwei verschiedene Verbrechen betrachtet, indem sie beide neben einander aufführt. Da nun in Gemäßheit der Allerhöchsten Kabinets-Ordre vom 4. Dezember 1824 Num. 3. (Gesetz-Samml. S. 221) die Einsendung der Kriminal-Erkenntnisse zur Bestätigung des Justiz-Ministers, abgesehen von der Höhe der Strafe, nur beim Hochverrath, Landesverrätherei und beleidigter Majestät Statt finden soll, so ist hierdurch die Vorschrift des §. 508. der Kriminal-Ordnung, welche die Bestätigung des Justiz-Ministers auch bei dem Verbrechen der Durchhelfung der Deserteurs erfordert, für aufgehoben zu achten.

Berlin, den 2. Juni 1839.

An den Königlichen Ober-Prokurator Herrn Packenius zu Aachen.

Der Justiz-Minister Mühler.

I. 3245. Krim. 144.

52.

Verfügung vom 2. Juni 1839, — betreffend den Gehaltsabzug bei Beurlaubungen der Beamten des öffentlichen Ministeriums während der Ferien.

(Allerh. Kab.-Ordres v. 28. März 1808 u. 27. Juli 1810 u. Reskripte v. 12. Novbr. und 21 Dezbr. 1832, Lottner Bd. 3. S. 545. u. 557. — Art. 40 u. 76 des Dekr. v. 30. März 1808.)

In Veranlassung einer Anfrage des Ober-Prokurators zu N. wegen Anwendung der Allerhöchsten Kabinets-Ordren vom 28. März 1808 und 27. Juli 1810 und des Reskripts vom 12. November 1832 (Lottner Bd. 3. S. 545), betreffend den Gehaltsabzug bei Beurlaubungen, auf die Beamten des öffentlichen Ministeriums während der Ferien, wird Ew. Hochwohlgeboren eröffnet, daß — so wie bereits in dem Reskripte vom 21. Dezember 1832 (Lottner Bd. 3. S. 557) angenommen ist, daß bei den Mitgliedern des Appellationsgerichtshofes und der Landgerichte während der Ferienreisen keine Gehaltsabzüge eintreten — so auch den Beamten des öffentlichen Ministeriums während der Ferien keine Gehaltsabzüge gemacht werden können. Denn, wenngleich die letzteren auch während der Ferien eines Urlaubs bedürfen, so sind die Ferien doch nach der ausdrücklichen Vorschrift der Artikel 40 und 76 des Dekrets vom 30. März 1808 nicht blos für die Mitglieder der Gerichte, sondern auch für die Beamten des öffentlichen Ministeriums eingeführt, und so bald den letzteren der Urlaub ertheilt worden, kommen die Ferien ihnen eben sowohl, als den Gerichtsmitgliedern zu statten.

Hiernach haben Sie den Ober-Prokurator zu N. zu bescheiden, und die übrigen Ober-Prokuratoren von dieser Verfügung in Kenntniß zu setzen.

Berlin, d. 2. Juni 1839.

An
den Königlichen General-Prokurator Herrn Biergans
Hochwohlgeboren
zu Köln.

Das Justiz-Ministerium.
Ruppenthal.

I. 2503. Rhein. Off. S. 37.

53.

Verfügung vom 5. Juni 1839, — betreffend den Anspruch der zur Extrapost nicht berechtigten Beamten auf Bewilligung von Stationsgeldern.

(Allerh. Kab.-Ord. v. 17. Okt. 1826. Resk. v. 17. Juli 1832 u. 5. Okt. 1836. Jahrb. Bd. 28. S. 306. Bd. 40. S. 206. u. Bd. 48. S. 483.)

Dem Königlichen Oberlandesgericht wird auf die Anfrage vom 23. v. M., betreffend den Anspruch der zur Extrapost nicht berechtigten Beamten auf Bewilligung von Stationsgeldern, Folgendes eröffnet.

1) Die Allerhöchste Kabinets-Ordre vom 17. Oktober 1826. (Jahrb. Bd. 28. S. 306), nach welcher den zur Extrapost nicht berechtigten Offizianten gestattet ist, für Trinkgelder und andere kleine Nebenausgaben eine Entschädigung von 5 Sgr. für jede Station von 2 Meilen zu verlangen, findet ihrem deutlichen Inhalte nach nur in solchen Fällen Anwendung, wenn die Beamten mit der ordinairen Post fahren, und demgemäß ihre Reisekosten nach den Sätzen der Fahrpost liquidiren.

2) Wenn sie dagegen in Gemäßheit des Reskripts vom 17. Juli 1832 (Jahrb. Bd. 40. S. 206) ein Pauschquantum von 15 Sgr. für die Meile als Reisekosten vergütigt verlangen, so dürfen sie außerdem keine Stationsgelder fordern, vielmehr ist in diesem Pauschquantum die Entschädigung für alle übrige Nebenausgaben der Reise enthalten.

3. In den Fällen, wo die Justizbeamten bei ihren Dienstreisen sich des ihnen von den Parteien gestellten Fuhrwerks bedienen, können sie zwar nach dem Reskript vom 5. Oktober 1836 (Jahrb. Bd. 48 S. 483) Stationsgelder liquidiren; doch gilt dies nur von den richterlichen und solchen Subaltern-Beamten, welche zur selbstständigen Ausrichtung eines amtlichen Geschäfts Reisen zu unternehmen haben. Dagegen können Dollmetscher, Aktuarien und Protokollführer, welche den Haupt-Kommissarius bei solchen Dienstreisen begleiten, auf eine gleiche Befugniß keinen Anspruch machen.

Hiernach hat das Königliche Oberlandesgericht zu verfahren.

Berlin, den 5. Juni 1839.

An das Königliche Oberlandesgericht zu N.

Der Justiz-Minister
Mühler.

I. 2917. D. 18. Vol. 6.

54.

Allgemeine Verfügung vom 7. Juni 1839, — über das Ressorts-Verhältniß bei Anträgen wegen Wiederverleihung der National-Kokarde 2c.

Des Königs Majestät haben in Veranlassung eines vom Königlichen Staats-Ministerium angeregten Zweifels über das Ressort, in welchem die Rehabilitirungs-Anträge der mit dem Verlust der National-Kokarde 2c. gerichtlich belegten Personen zu instruiren und der Allerhöchsten Entscheidung zuzuführen sind, durch die Allerhöchsten Ordren vom 5. Februar, 18. März und 12. Mai d. J. folgende Bestimmungen zu treffen geruht.

1. Alle Rehabilitirungs-Gesuche von Personen, die noch in Militair-Verhältnissen stehen, einschließlich der zur Reserve und zur Landwehr (1. und 2. Aufgebots) gehörenden, oder auf unbestimmte Zeit beurlaubten Mannschaften gehören zur ausschließlichen Kompetenz der Militair-Behörden.

2. Mit der von Seiner Majestät dem Könige bestätigten Zurückversetzung in die 1. Klasse des Soldatenstandes soll künftig in allen Fällen auch die verlorne Befugniß wieder hergestellt sein, das National-Militair-Abzeichen, Landwehrkreuz oder die National-Kokarde, imgleichen die diesseitigen und fremden Kriegsdenkmünzen und Dienstauszeichnungen anzulegen.

3. Die Gesuche um Wiederverleihung der National-Kokarde, der Dienstauszeichnung und Kriegsdenkmünze, welche von Personen ausgehen, die aus allen Militair-Verhältnissen ausge-

schieden sind, gehören zur ausschließlichen Kompetenz der Civil-Verwaltungs-Behörden; und es ist das Königliche Justiz-Ministerium von der Theilnahme an den hierüber zu erstattenden Immediatberichten entbunden worden.

4. Anträge auf Wiederverleihung von Orden und Ehrenzeichen bleiben wie bisher unstatthaft.

Zur Ausführung dieser Allerhöchsten Bestimmungen weise ich die Königlichen Regierungen und das hiesige Königliche Polizei-Präsidium hierdurch an, künftig alle Rehabilitirungs-Anträge, welche von Personen ausgehen, die noch in Militair-Verhältnissen stehen, an den betreffenden Militair-Vorgesetzten zur weiteren Veranlassung abzugeben. Dieser aber wird, wenn der Rehabilitirungs-Antrag Allerhöchsten Orts genehmigt wird, die Königlichen Regierungen und das hiesige Königliche Polizei-Präsidium hiervon in Kenntniß setzen, damit diese veranlassen, daß dem Begnadigten, wenn er zur Reserve, zur Landwehr oder zu den auf unbestimmte Zeit Beurlaubten gehört, die National-Kokarde mit den in der Allerhöchsten Ordre vom 23. August 1821 vorgeschriebenen Förmlichkeiten wieder eingehändigt werde.

Berlin, den 28. Mai 1839.

Der Minister des Innern und der Polizei
von Rochow.

An
sämmtliche Königliche Regierungen und an das Königliche Polizei-Präsidium hier.
A. 570.

Vorstehender Auszug aus der Cirkular-Verfügung des Herrn Ministers des Innern und der Polizei wird hierdurch zur Kenntniß der Gerichtsbehörden gebracht.

Berlin, den 7. Juni 1839.

Der Justiz-Minister
Mühler.

An
sämmtliche Gerichtsbehörden.
I. 2980. N. 4. Vol. 4.

55.

Verfügung vom 7. Juni 1839, — über das bei Wiedereinziehung temporair entlassener Kondemnaten zu beobachtende Verfahren.

Ew. Hochwohlgeboren wird auf den Bericht vom 24. v. Mts., über das bei Wiedereinziehung temporair entlassener Kondemnaten zu beobachtende Verfahren, eröffnet, daß, da in Bezug auf die temporaire Entlassung bereits eingezogener Sträflinge nach dem Reskripte vom 27. Dezember v. J. die Administrativbehörden in die früher von der Justiz ausgeübten Befugnisse vermöge Allerhöchster Bestimmung getreten sind, daraus auch folgt, daß auf sie das Recht und die Pflicht zur Wiedereinziehung der von der Justiz temporair entlassenen Sträflinge ebenfalls übergegangen ist; weshalb Sie die zur Ausübung dieses Rechts und dieser Pflicht der Administrativbehörde etwa nöthigen Notizen derselben mitzutheilen haben, und die Ihnen für solche Fälle aufgetragenen Berichtserstattungen wegfallen.

Berlin, den 7. Juni 1839.

An den Königl. Ober-Prokurator Herrn N. zu N.

Das Justiz-Ministerium. Ruppenthal.

I. 2921. Rh. Krim. 59. Vol. 2.

56.

Verfügung vom 10. Juni 1839, — über die Urlaubs-Ertheilung an Friedensrichter.

(Reskr. v. 14. Januar 1835, Lottner Bd. 5. S. 47 — Art. 9 des Ges. v. 28. Floreal Jahres X.)

Da die Vorschrift des Reskripts vom 14. Januar 1835 (Lottner Bd. 5. S. 47), wonach die Friedensrichter angewiesen sind, ihren Urlaub von dem betreffenden Landgerichts-Präsidenten und Ober-Prokurator gemeinschaftlich zu nehmen, der Bestimmung des Artikels 9 des Gesetzes vom 28. Floreal Jahres X., welches die Urlaubs-Ertheilungen an Friedensrichter lediglich den Ober-Prokuratoren beilegt, entgegensteht, und die Erfahrung die Zweckmäßigkeit des letztern Gesetzes außer allen Zweifel gestellt hat: so finde ich mich veranlaßt, das Reskript vom 14. Januar 1835 aufzuheben und die Vorschrift des Artikels 9 des Gesetzes vom 28. Floreal Jahres X wieder herzustellen.

Ew. Hochwohlgeboren haben hiervon die Landgerichts-Präsidenten und die Ober-Prokuratoren in Kenntniß zu setzen und durch die letzteren die Friedensrichter mit Anweisung zu versehen.

Berlin, den 10. Juni 1839.

An den Königl. General-Prokurator Hrn. Biergans, Hochwohlgeboren zu Köln.

Der Justiz-Minister Mühler.

I. 2959. Rhein. Off. S. 37.

57.

Verfügung vom 11. Juni 1839, — betreffend die Insinuation der Kontumazial-Urtheile in korrektionellen Untersuchungssachen.

(Art. 187 der Krim. Proz. Ordn. — Reskr. v. 11. Juni 1836, Leitner Bd. 5 S. 394, Jahrb. Bd. 47 S. 635 und 636.)

Das Reskript vom 11. Juni 1836 (Leitner, Bd. 5 S. 394, Jahrbücher Bd. 47 S. 635 und 636), betreffend die Insinuation der Kontumazial-Urtheile in korrektionellen Untersuchungssachen, hat zu der Meinung Veranlassung gegeben, als ob dadurch in Ansehung dieses Gegenstandes die Bestimmung des Artikels 187 der Kriminal-Prozeß-Ordnung habe abgeändert werden sollen, nach welcher dergleichen Urtheile, selbst wenn sie eine Gefängnißstrafe verhängen, im Domizile des Verurtheilten, auch wenn dieser selbst persönlich nicht zugegen ist, zugestellt werden können, und die Oppositionsfrist vom Tage dieser Zustellung zu berechnen ist. Diese Meinung ist nicht gegründet, da des Königs Majestät in einer Allerhöchsten Ordre vom 31. Mai 1836 ausdrücklich auszusprechen geruhet haben, daß eine Abänderung des angeführten Artikels nicht eintreten, dessen Bestimmung vielmehr nach wie vor zur Anwendung gebracht werden solle. Hiernach ist daher die in dem Art. 187 der Kriminal-Prozeß-Ordnung gestattete Insinuation au domicile in Ansehung derjenigen Zuchtpolizei-Kontumazial-Erkenntnisse, welche eine Freiheitsstrafe verhängen, auch jetzt noch ohne Einschränkung anwendbar.

Berlin, den 11. Juni 1839.

An den Königlichen Herrn Ober-Prokurator zu N.

Der Justiz-Minister
Mühler.

I. 2929. Rhein. Krim. 56.

58.

Verfügung vom 13. Juni 1839, — betreffend die Erledigung der Advokatenfrage der Referendarien durch Plaidiren bei dem Appellationsgerichtshofe.

(§. 26 des Regulativs v. 16. Februar 1832.)

Ew. Hochwohlgeboren wird mit Bezug auf den von dem

Herrn General-Prokurator unterm 26. v. Mts. erstatteten Bericht Folgendes eröffnet.

Obwohl im §. 26 des Regulativs vom 16. Februar 1832 den zur dritten Prüfung sich vorbereitenden Referendarien bei Auferlegung der einjährigen Advokatenstage nachgelassen zu sein scheint, dieselbe auch bei einem Advokat-Anwalte des Appellationsgerichtshofes völlig zu erledigen, und daher unter dessen Assistenz beim Appellationsgerichtshofe zu plaidiren; so ergiebt sich doch aus der ferneren Verfügung dieses Paragraphen, daß die Referendarien nur in den Sitzungen der Landgerichte plaidiren, und, wie es geschehen, durch ein Attest des der betreffenden Kammer des Landgerichts vorsitzenden Präsidenten nachweisen sollen, so daß sie also vom Plaidiren am Appellationsgerichtshofe ausgeschlossen sind; während es ihnen im Uebrigen allerdings zusteht, in der Etüde eines Advokat-Anwalts des Appellationsgerichtshofes ebenfalls sich zu beschäftigen, und die in derselben verwendete Zeit auf das vorgeschriebene Jahr anzurechnen ist.

Berlin, den 13. Juni 1839.

Das Justiz-Ministerium.
Ruppenthal.

An
den Königl. Ersten Präsidenten
des Appellationsgerichtshofes
Hrn. Schwarz und den Königlichen General-Prokurator Hrn.
Biergans
Hochwohlgeboren
zu Köln.

I. 3014. Rhein. Offiz. S. 7. Vol. 3.

59.

Verfügung vom 13ten Juni 1839, — betreffend den Druck und die öffentliche Bekanntmachung der gegen Gerichtsschreiber im Wege der Disziplin erkannten Suspension und Dienstentsetzung.

Ew. Hochwohlgeboren werden in Verfolg der Verfügung vom 16. v. Mts. zu 4 darauf aufmerksam gemacht, daß die Bekanntmachung der gegen Gerichtsschreiber erkannten Suspensionen und Dienstentsetzungen in der Verordnung vom 21. Juli 1826 Nr. 8 nicht vorgeschrieben ist, vielmehr die dort befindliche Vorschrift sich nur auf die Gerichtsvollzieher bezieht. Hinsichtlich der Gerichtsschreiber tritt vielmehr die Vorschrift des Artikels 102 des

Dekrets vom 30. März 1808 ein, wonach es vom Ermessen der Gerichte abhängt, ob sie die Bekanntmachung der Urtheile verordnen wollen. Im Falle eine solche Bekanntmachung erkannt wird, gilt von den Kosten des Drucks dasselbe, was in dem Reskript vom 16. v. Mts. hinsichtlich der Druckkosten bei der Bekanntmachung der gegen Notare und Gerichtsvollzieher erlassenen Urtheile bemerkt ist.

Berlin, den 13. Juni 1839.

Das Justiz-Ministerium
Ruppenthal.

An
den Königlichen Ober-Prokurator
Herrn N. zu N.

I. 3127. Rh. Gen. 9 Vol. 2.

60.

Zuchtstier-Kör-Ordnung in der Rhein-Provinz.

(Koblenzer Amtsblatt von 1839 Nr. 45.)

a.

§. 1.

Vom 1. April des künftigen Jahres an darf kein Gemeinde-Zuchtstier benutzt werden, welcher nicht durch ein zu diesem Zwecke bestelltes Schauamt als tauglich anerkannt ist.

Gleicher Beschränkung unterliegen Zuchtstiere, welche von Privatpersonen zur Bedeckung fremden Viehs gegen Entgeltung zugelassen werden sollen.

§. 2.

Es wird für jede Gemeinde, in welcher nach §. 1 Zuchtstiere gekört werden müssen, ein Schauamt gebildet, bestehend aus:

1) dem Bürgermeister,
2) dem Kreis-Thierarzte und
3) dreien von dem Königlichen Landrathe aus den Grundbesitzern der Gemeinde zu wählenden Sachverständigen.

Der Kreis-Thierarzt erhält für seine Theilnahme von dem Besitzer jedes zur Körung vorgeführten Stiers eine Vergütigung von 15 Sgr. Ist gegen diese Vergütung — nach der Entfernung und sonstigen Verhältnissen — die Theilnahme desselben nicht zu erwirken, so wird dessen Stelle durch einen andern in gleicher Weise zu remunerirenden Thierarzt oder auswärtigen Sachverständigen ersetzt.

Der Bürgermeister kann durch einen Beigeordneten vertreten werden; dieser sowohl als die Sachverständigen der Gemeinde fungiren unentgeltlich.

Der Bürgermeister führt den Vorsitz, und das Amt entscheidet nach Stimmenmehrheit.

§. 3.

Das so gebildete Schauamt versammelt sich jedes Jahr im Monate März, und wird der Termin der Versammlung acht Tage vorher in ortsüblicher Weise bekannt gemacht.

Dasselbe ertheilt den Besitzern der als tauglich befundenen Stiere ein bis zum 1. April des nächstfolgenden Jahres gültiges, eine genaue Beschreibung des angekörten Stiers enthaltendes Zeugniß. Die als untauglich verworfenen (abgekörten) Stiere werden in der aufzunehmenden Verhandlung verzeichnet.

§. 4.

Das Schauamt wird sich auf den Antrag eines Zuchtstierhalters auch außergewöhnlich versammeln; der Kreis-Thierarzt oder dessen Stellvertreter erhält aber alsdann 1 Thaler Vergütigung für jeden vorzuführenden Stier.

§. 5.

Die Schauämter werden keine Stiere für tauglich anerkennen, welche nicht mindestens 18 Monate oder mehr als 6 Jahre alt sind, in die Augen fallende Fehler haben, oder sich nach ihrer gesammten körperlichen Beschaffenheit nicht zur Zucht eignen, oder endlich eine Verschlechterung der vorhandenen Raçe besorgen lassen.

Außerdem ist wegen solcher Stiere, welche aus dem Auslande eingeführt werden, durch ein glaubhaftes Attest darzuthun, daß in dem Orte der Ausstellung seit mindestens zwei Monaten keine ansteckende Krankheit geherrscht habe.

Die in Eid und Pflicht stehenden Mitglieder des Schauamts geben ihr Urtheil auf ihren Diensteid ab, die Sachverständigen sind mittelst Handschlages an Eidesstatt zu diesem Zweck zu verpflichten.

Außerdem werden aber die Schauämter ihren Einfluß dahin anwenden, daß die Gemeinden und Privaten vorzüglich tüchtige, zur Verbesserung der Raçe geeignete Stiere anschaffen, und dadurch der wohlthätige Zweck der gegenwärtigen Verordnung um so mehr gefördert werde.

§. 6.

Eigenthümer von Zuchtstieren, welche nicht angekörte oder von den Schauämtern verworfene, oder endlich solche Stiere, für welche der ertheilte Erlaubnißschein abgelaufen ist, zur Bedeckung fremder Kühe gegen Entgeltung hergeben, verfallen in eine Strafe von 1 bis 5 Thalern für jeden Kontraventionsfall.

Berlin, den 28. Mai 1839.

Der Minister des Innern und der Polizei
von Rochow.

b.

Ich ertheile der mit Ihrem Berichte vom 28. v. M. Mir vorgelegten, hierbei zurückerfolgenden Zuchtstier-Kör-Ordnung Meine Genehmigung und ermächtige Sie, selbige durch die Amtsblätter den betreffenden Regierungen bekannt zu machen.

Berlin, den 18. Juni 1839.

An   Friedrich Wilhelm.
den Staats-Minister von Rochow.

61.

Allerhöchste Kabinets-Ordre vom 22. Juni 1839, — betreffend die Abänderung des Artikels 66 des Rheinischen Strafgesetzbuchs.

Da nach Ihren gutachtlichen Berichten die Bestimmung des Artikels 66 des Rheinischen Strafgesetzbuchs sich praktisch in so fern nicht bewährt hat, als darin den Strafgerichten auch die Festsetzung der Zeit überlassen worden ist, während welcher ein jugendlicher Angeschuldigter auf das Erkenntniß, daß er ohne Unterscheidungsvermögen die ihm zur Last gelegte That verübt habe, in einem Besserungshause detinirt und erzogen werden soll, so will Ich nach Ihrem Antrage diese Bestimmung hiermit dahin modifiziren:

„daß künftig in dem Falle des Artikels 66 die Rheinischen Strafgerichte nur darüber entscheiden sollen, ob der Angeschuldigte seinen Eltern zurückzugeben oder in ein Besserungshaus zu bringen sei; daß dagegen die Dauer der im letztern Falle eintretenden Detention nicht mehr in dem Urtheile festzusetzen ist, vielmehr der dem Besserungshause vorgesetzten Regierung zustehen soll, diese Detention nach Maaßgabe der Erziehungsbedürftigkeit jedes einzelnen Detinirten bis längstens zum vollendeten zwanzigsten Lebensjahre fortsetzen zu lassen, oder früher aufzuheben, wenn unzweideutige Beweise erfolgter Besserung, die beendete Ausbildung zu einem ehrlichen Gewerbe und vorkommende Gelegenheit zu einem ehrlichen Unterkommen dies rathsam machen."

Zugleich will Ich die erwähnten Regierungen ermächtigen:

„die schon zu einer bestimmten Detentionszeit auf Grund des Artikels 66 verurtheilten jugendlichen Verbrecher unter gleichen Umständen vor Ablauf dieser Zeit aus dem Besserungshause zu entlassen."

Sie haben diese Meine Ordre durch die Gesetz-Sammlung zur öffentlichen Kenntniß zu bringen.

Berlin, den 22. Juni 1839.

An die Staats-Minister Mühler und von Rochow.

Friedrich Wilhelm.

I. 3922. Rhein. Krim. 76

62.

Verfügung vom 28. Juni 1839, — betreffend die unfreiwillige Dienstentlassung solcher Beamten, welche sich des Lasters der Trunkenheit schuldig machen.

Da die Allerhöchste Kabinets-Ordre vom 24. Dezember 1836, wegen unfreiwilliger Dienstentlassung solcher Beamten, welche sich des Lasters der Trunkenheit schuldig machen, nach ihrer durch das Reskript vom 28. Januar 1837 mitgetheilten Fassung nur im Allgemeinen sagt, daß diese Entlassung im Wege der Disciplinar-Untersuchung verhängt werden solle, ohne ausdrücklich das in der Rheinprovinz gesetzlich bestehende Disciplinar-Verfahren auszuschließen, in welchem bis dahin auch über den Vorwurf des Lasters der Trunkenheit gegen Justizbeamte verhandelt und entschieden worden war: so findet dieses Verfahren, wie ich Ew. Hochwohlgeboren, in Folge von anderer Seite erhobener Zweifel, hierdurch eröffne, auch ferner in dem Falle der erwähnten Allerhöchsten Kabinets-Ordre statt, und wird daher in dieser Beziehung das Reskript vom 28. Januar 1837 hierdurch modifizirt. Auch bedarf es, wenn dieses Verfahren, wie in der Regel geschehen muß, eingeschlagen wird, nicht einer in demselben gesetzlich nicht vorgeschriebenen Anfrage bei dem Justiz-Minister.

Von dieser Verfügung sind die sämmtlichen Justizbehörden der Rheinprovinz in Kenntniß zu setzen.

Berlin, den 28. Juni 1839.

An den Königlichen General-Prokurator Herrn Biergans Hochwohlgeboren zu Köln.

Der Justiz-Minister Mühler.

I. 3325. Rhein. Off. Sachen 41. Vol. 2.

63.

Verfügung vom 3. Juli 1839, — betreffend die Aufhebung der Bestimmung, wonach den Landgerichts-Präsidenten in der Rheinprovinz eine Kontrole der nach dem Allg. Landrecht und der Allg. Kriminal-Ordnung zu führenden Untersuchungen auferlegt ist, und die Instruktionsrichter tabellarische Uebersichten über dieselben einzureichen haben.

(Reskr. v. 21. Oktbr. 1837 — Jahrb. Bd. 50. S. 650.)

Die in dem Reskripte vom 21. Oktober 1837 (Jahrbücher Bd. 50 S. 650) getroffene Bestimmung, durch welche den Landgerichts-Präsidenten eine Kontrole der nach dem Allg. Landrechte und der Allg. Kriminal-Ordnung vom Jahre 1805 zu führenden Untersuchungen auferlegt und zu dem Ende angeordnet ist, daß die Instruktionsrichter jenen vierteljährliche tabellarische Uebersichten derselben überreichen sollten, hat sich mit Rücksicht darauf, daß ohnehin schon das öffentliche Ministerium gesetzlich und instruktionsmäßig auch über solche Untersuchungen eine sächliche Kontrole führen muß, praktisch nicht bewährt, vielmehr nur eine Vermehrung der Schreiberei herbeigeführt, deren Abstellung gewünscht wird. Demgemäß wird die angeführte Bestimmung jenes Reskripts hiermit außer Kraft gesetzt, und sind die Landgerichts-Präsidenten und Ober-Prokuratoren, so wie die Instruktionsrichter davon in Kenntniß zu setzen.

Berlin, den 3. Juli 1839.

An den Königlichen Ersten Appellationsgerichts-Präsidenten Herrn Schwarz und den Königl. General-Prokurator Herrn Biergans Hochwohlgeboren zu Köln.

Der Justiz-Minister Mühler.

I. 3421. Rhein. Krim. 19. Vol. 4.

64.

Verfügung vom 3. Juli 1839, — betreffend die Kompetenz bei Entscheidungen über Rekurse der Notarien in der Rheinprovinz wider Stempelstraf-Resolute, welche gegen sie von den Landgerichten erlassen sind.

(Reskripte v. 3. Oktober 1834, 27. Oktober 1837 u. 7. Januar 1838, Lottner Bd. 4. S. 154, Jahrb. Bd. 50. S. 622 u. Bd. 51. S. 222.)

Die Reskripte vom 27. Oktober 1837 und 7. Januar 1838 (Jahrb. Bd. 50. S. 662 und Bd. 51 S. 222) haben in Verbindung mit dem Reskripte vom 3. Oktober 1834 (Lottner Bd. 4. S. 154) Zweifel über die Frage veranlaßt:

welche Behörde über Rekurse der Notarien gegen Straf-Resolute zu entscheiden habe, die wider dieselben wegen Nichtbeachtung der Stempelgesetze bei ihrer Dienstverwaltung von den Landgerichten erlassen werden?

In Erledigung dieser Zweifel findet sich der Justiz-Minister veranlaßt, Ew. Hochwohlgeboren zu eröffnen, daß, da nach Num. 2. der Allerhöchsten Kabinets-Ordre vom 13. April 1833 die vorgesetzte Instanz der die Strafe festsetzenden Dienstbehörde mit Erledigung solcher Rekurse beauftragt, die vorgesetzte Instanz der Landgerichte der Rheinprovinz aber der Appellationsgerichtshof ist, diesem auch die gedachten Rekursgesuche zur Entscheidung zu unterwerfen sind, wie dies auch das Reskript vom 3. Oktober 1834 angeordnet hat. Hiervon sind die Gerichtsbehörden der Rheinprovinz und durch sie auch die Anwaltkammern in Kenntniß zu setzen.

Berlin, den 3. Juli 1839.

Der Justiz-Minister
Mühler.

An
den Königlichen Ersten Appellationsgerichts-Präsidenten Herrn Schwarz und den Königlichen General-Prokurator Herrn Biergans,
Hochwohlgeboren
zu Köln.

I. 3368. Rhein. Gen. 62. Vol. 4.

65.

Allerhöchste Kabinets-Ordre vom 22. Juli 1839, — betreffend die Anwendung der, in der Rheinprovinz über die Zulässigkeit von Amtshandlungen an Festtagen, bestehenden gesetzlichen Bestimmungen auf den Charfreitag.

Auf Ihren gemeinschaftlichen Bericht vom 10. d. Mts. bestimme Ich, daß in denjenigen Theilen der Rheinprovinz, in welchen der Charfreitag nicht bereits als gesetzlicher Feiertag besteht, doch jedenfalls hinsichtlich der Amtshandlungen der Behörden und einzelnen Beamten die in den Gesetzen für die Festtage gegebenen Bestimmungen auch auf den Charfreitag angewendet werden sollen. Diese Bestimmung ist durch die Gesetzsammlung zur allgemeinen Kenntniß zu bringen.

Teplitz, den 22. Juli 1839.

Friedrich Wilhelm.

An
die Staats-Minister Freiherrn von Altenstein, Mühler, von Rochow und Grafen von Alvensleben.

I. 4887. Rhein. Gen. 112.

66.

Instruktion vom 27. Juli 1839, — über den Zeitpunkt des Erlöschens der Kompetenz der Reichsgerichte in den verschiedenen Landestheilen.

(Allerh. Kab. Ordre vom 18. Mai 1839, Ges. Samml. S. 175.)

Auf den Grund der in der Allerhöchsten Kabinets-Ordre vom 18. Mai d. J. (Gesetz-Samml. S. 175) getroffenen Anordnung,

wonach die Gerichte über den Zeitpunkt, mit welchem die Kompetenz der Reichsgerichte in Bezug auf die einzelnen Landestheile für erloschen zu achten, von den Ministern der Justiz und der auswärtigen Angelegenheiten mit Instruktion versehen werden sollen,

wird hierdurch Folgendes festgesetzt.

Der Zeitpunkt des Aufhörens der reichsgerichtlichen Kompetenz ist,

A. so viel diejenigen Landestheile betrifft, in welchen das Allg. Landrecht und das gemeine Recht gelten:
1. in Betreff derjenigen, welche zu einem Staate des vormaligen Rheinbundes gehört haben, der 1. August 1806, als der Tag, an welchem der Reichsversammlung der Abschluß der Rheinischen Konföderations-Akte und der Austritt jener Staaten aus dem Reichsverbande notifizirt worden ist; in so fern aber der Staat dem Rheinbunde später beigetreten ist, der Tag des erfolgten Beitritts;
2. in Betreff der übrigen Landestheile dagegen der 12. Juli 1807, als der Tag, an welchem die Ratifikations-Urkunden über den Tilsiter Friedensschluß ausgefertigt worden sind.

B. in Ansehung der Rheinprovinz, so weit das französische Recht gilt, der 9. März 1801, als der Tag, an welchem der am 9. Februar 1801 unterzeichnete Lüneviller Friede, welcher diese Landestheile des linken Rheinufers von Deutschland trennte, von Seiten des Reichs ratifizirt worden ist.

Berlin, den 27. Juli 1839.

Der Justiz-Minister
Mühler.

Der Minister der auswärtigen Angelegenheiten
von Werther.

An
sämmtliche Gerichtsbehörden.
I. 3863. W. 26.

67.

Verfügung vom 29. Juli 1839, — die kostenfreie Ausfertigung von Todtenscheinen zur Berichtigung der Aushebungslisten betreffend.

Ew. Hochwohlgeboren werden, da die Beibringung von Todtenscheinen Seitens der Angehörigen militairpflichtiger Personen bei Berichtigung der Aushebungslisten sehr oft erforderlich ist, mit Bezug auf die abschriftlich anliegende, von dem Herrn Minister des Innern und der Polizei an den Herrn Ober-Präsidenten der Rheinprovinz unterm 25. v. Mts. erlassene Verfügung, hierdurch veranlaßt, sämmtliche Civilstandsbeamte anzuweisen, die von den Angehörigen militairpflichtiger Individuen zum obengedachten Zwecke beizubringenden, und lediglich zum Ausweise bei dem Ersatz-Geschäfte dienenden Todtenscheine kostenfrei auszustellen.

Zur Erleichterung für die Civilstandsbeamten und zur Verhütung jedes Mißbrauchs ist für diese Zeugnisse ein bestimmtes

Formular entworfen, von welchem eine gewisse Anzahl gedruckter Exemplare jedem Civilstandsbeamten durch die betreffende Königliche Regierung zur Ausfüllung und Beglaubigung in den vorkommenden Fällen zugefertigt werden wird.

Berlin, den 29. Juli 1839.

Der Justiz-Minister
Mühler.

An
den Königlichen General-Prokurator
Herrn Biergans
Hochwohlgeboren
zu Köln.

I. 3419. Rhein. Gen. 36. Vol. 3.

Beilage.

Ew. Hochwohlgeboren stimme ich auf Ihren Bericht vom 5. April d. J., die kostenfreie Aussertigung von Todtenscheinen zur Berichtigung der Aushebungslisten betreffend, in Bezug auf die von den Regierungen zu Aachen und Düsseldorf geäußerte Ansicht, daß es keiner eigenen Formulare für die gedachten Bescheinigungen bedürfe, darin bei, daß zur Abwendung jedes etwaigen Mißbrauchs die Vorschrift eines bestimmten Formulars, wie solches bereits in den Bezirken der Regierungen zu Köln und Koblenz eingeführt ist, vorzuziehen sein dürfte. Indem ich daher Ew. Hochwohlgeboren diesfälligem Vorschlag beitrete, genehmige ich zugleich, daß die Druckkosten der in Rede stehenden Formulare aus dem Bedürfniß-Fond der Regierungen bestritten werden, weil dieser Fond auch die Druckkosten der übrigen, bei der Ersatzaushebung erforderlichen Formulare zu tragen hat.

Uebrigens findet der Herr Justiz-Minister, mit welchem ich über Ew. Hochwohlgeboren Vorschlag kommunizirt habe, es ebenfalls zweckmäßig, wenn den Civilstandsbeamten von den betreffenden Regierungen bestimmte Formulare zu den gebührenfrei auszustellenden Todtenscheinen mitgetheilt werden, und wird danach an den General-Prokurator die erforderliche Verfügung erlassen.

Ew. Hochwohlgeboren ersuche ich, die Regierung zu Trier

und auch die übrigen Regierungen demgemäß gefälligst zu instruiren.

Berlin, den 25. Juni 1839.

An den Königlichen Ober-Präsidenten der Rheinprovinz Herrn von Bodelschwingh Hochwohlgeboren zu Koblenz.

Der Minister des Innern und der Polizei.
von Rochow.

68.

Verfügung vom 12. August 1839, — die Anstellung der Hülfsgerichtsschreiber bei den Friedensgerichten betreffend.

(Reskr. v. 5. Juli 1831 und Regulativ v. 16. Febr. 1832. §. 37., Lottner Bd. 3. S. 378 u. 444.)

Ew. Hochwohlgeboren erhalten Abschrift eines Berichts des Königlichen Ober-Prokurators zu Koblenz vom 23. v. Mts., in welchem derselbe darauf anträgt, daß die Verfügung vom 9ten Mai 1837, wonach als Hülfsgerichtsschreiber bei den Friedensgerichten nur geprüfte Gerichtsschreiber-Kandidaten zugelassen werden sollen, zurückgenommen, und die in dieser Beziehung früher bestandene Einrichtung wieder hergestellt werden möge. Bei der Gewichtigkeit der Gründe, welche für diesen Antrag im Berichte angeführt sind, kann das Justiz-Ministerium die in Vorschlag gebrachte Maaßregel nur für zweckmäßig erachten, und derselben seine Beistimmung nicht versagen.

Ew. Hochwohlgeboren wird daher eröffnet, daß die über die Nichtzulassung ungeprüfter Hülfsgerichtsschreiber in der Verfügung vom 5. Juli 1831 und dem Regulativ vom 16. Februar 1832 §. 37 ergangenen Bestimmungen nur bei den Landgerichten, und nicht auch bei den Friedensgerichten anzuwenden sind, in Betreff welcher letztern die frühere, im Berichte des Ober-Prokurators erwähnte Einrichtung wieder hergestellt wird.

Sie haben hiernach zu verfahren und die Königlichen Ober-Prokuratoren zu instruiren.

Berlin, den 12. August 1839.

An den Königlichen General-Prokurator Herrn Biergans Hochwohlgeboren zu Köln.

Das Justiz-Ministerium
Ruppenthal.

I. 3974. Rhein. Off. S. 13.

Beilage.

Ew. Excellenz erlaube ich mir, wegen der Anstellung der Hülfsgerichtsschreiber bei den Friedensgerichten ganz gehorsamst Folgendes vorzutragen.

Alsbald nach der Reorganisation der Friedensgerichte im Jahre 1821 sind unter Genehmigung des Ersten Präsidenten und des General-Prokurators am Rheinischen Appellationsgerichtshofe die Bestimmungen wegen der Annahme der Hülfsgerichtsschreiber bei den Friedensgerichten in dem hiesigen Bezirke neu publizirt, resp. modifizirt worden. Es wurde den Friedensgerichten bekannt gemacht, daß nach wie vor auf den Vorschlag und unter Verantwortlichkeit des Gerichtsschreibers, jedoch unter nachstehenden Bedingnissen, die Anstellung und Beeidung von Hülfsgerichtsschreibern erfolgen könne:

1. daß der Hülfsgerichtsschreiber das Alter von 25 Jahren habe;

2. daß er sich in keinem der Ausschließungsfälle befinde, welche durch Verwandtschaft mit dem Friedensrichter, oder ein mit der Gerichtsschreiberei unvereinbares Amt begründet werden;

3. daß er die Genehmigung des Friedensrichters erhalten habe;

4. daß vor der Anstellung über die Qualifikation von dem Friedensrichter an den Ober-Prokurator berichtet, und von diesem die Anstellung bestätigt werde.

Hiernach ist bis in die neueste Zeit verfahren, und hat sich nirgend eine Veranlassung zur Abänderung der bestehenden Vorschrift gefunden.

Koblenz, den 23. Juli 1839.

Der Königliche Ober-Prokurator
von Olfers.

69.

Allgemeine Verfügung vom 30. August 1839, — betreffend die, den bei dem Kataster beschäftigten Beamten, behufs der Erhaltung der Kataster und Fortschreibung des Güter-Wechsels, zu ertheilenden Nachrichten.

(Instruktionen v. 7. u. 20. April 1838 — Jahrb. Bd. 51. S. 431 u. 465.

In Gemäßheit der nachstehenden Allerhöchsten Kabinets-

Ordre vom 7. d. M. werden die Gerichtsbehörden und Beamten, so wie die Notarien in der Provinz Westphalen und der Rheinprovinz angewiesen, den bei dem Kataster beschäftigten Beamten die zur Erhaltung der Kataster und zur Fortschreibung des Güter-Wechsels erforderlichen Nachrichten, in der für die Bezirke der Königlichen Oberlandesgerichte zu Münster, Paderborn, Hamm und Arnsberg durch die Instruktion vom 7 April v. J. (Jahrb. Bd. 51. S. 431) und für die Bezirke des Königlichen Justiz-Senats zu Koblenz und des Königlichen Appellationsgerichtshofes zu Köln durch die Instruktion vom 20. April v. J. (Jahrb. Bd. 51. S. 465.), im Einverständnisse mit dem Herrn Finanz-Minister, vorgeschriebenen Form, unentgeltlich mitzutheilen.

Berlin, den 30. August 1839.

Für den Justiz-Minister im Allerhöchsten Auftrage.

An Ruppenthal.

die Gerichtsbehörden, Beamten und Notarien in der Provinz Westphalen und in der Rheinprovinz.

I. 4314. Rhein. Gen. 128.

Beilage.

Um die Kataster, welche gegenwärtig vorhanden sind, zu erhalten und auf den Grund derselben den Güter-Wechsel fortzuschreiben, müssen den Beamten, die dazu bestellt sind, die zu diesem Zweck erforderlichen Nachrichten zugänglich sein. Ich autorisire Sie daher auf Ihren Antrag vom 20. v. Mts., die zuständigen Gerichtsbehörden und Beamten, so wie die Notarien anzuweisen, den bei dem Kataster beschäftigten Beamten in der von Ihnen vorzuschreibenden Form die erforderlichen Nachrichten unentgeltlich mitzutheilen.

Teplitz, den 7. August 1839.

An Friedrich Wilhelm.

die Staats-Minister Mühler und Grafen von Alvensleben.

70.

Verfügung vom 19. September 1839, — betreffend die Gebühren der Gerichtsschreiber in Prozessen der Militairpersonen, welche Sportelfreiheit genießen.

Nach einer Mittheilung des Herrn Finanz-Ministers Excellenz haben Ew. Hochwohlgeboren, der Herr Landgerichts-Präsident, sich mit dem Provinzial-Steuer-Direktor zu Köln über die Frage in Korrespondenz gesetzt:

ob die Landgerichts-Sekretariate der Rheinprovinz auf Grund der Num. 8. der Allerhöchsten Verordnung vom 17. Februar 1838 berechtigt seien, von den zur Sportelfreiheit zugelassenen Militairpersonen, wenn diesen nicht zugleich das Armenrecht ertheilt ist, die ihnen nach dem Gesetze vom 21. Ventose VII. zustehende Tantieme der Gerichtsschreiberei-Gebühren zu erheben?

Diese Frage ist unbedingt zu verneinen. Die gedachte Allerhöchste Verordnung befreit jene Militairpersonen von allen für Rechnung des Staats einzuziehenden Gerichtsgebühren und gerichtlichen Kosten, und es folgt daraus, daß sie auch von den zum Vortheile des Staats in der Rheinprovinz zu erhebenden droits de greffe frei sind. Da nun nach den Art. 19 und 20 des Gesetzes vom 21. Ventose VII. die Sekretariate der Land- und Handelsgerichte und des Appellationsgerichtshofes nur Tantiemen von den eingehenden droits de greffe zu beziehen haben; so können sie, wo die gedachte Befreiung eintritt, und also die droits selbst nicht eingehen, auch keine Tantieme davon beziehen.

Die Num. 8. der Allerhöchsten Verordnung sagt zwar, daß die darin bezeichneten Militairpersonen auf Befreiung von Gebühren, welche im Bezirke des Appellationsgerichtshofes den Gerichtsschreibern angewiesen sind, außer dem Falle des erlangten Armenrechts keinen Anspruch haben. Allein hierin ist offenbar nur von den Friedensgerichtsschreibern, nicht von den Sekretariaten der Land- und Handelsgerichte und des Appellationsgerichtshofes die Rede, weil nur jenen gesetzlich die Gerichtsschreibereigebühren wirklich angewiesen, d. h. zur eigenen Einziehung überlassen sind, während letztere nur einen Theil der, der Staatskasse angewiesenen droits aus letzterer als Zuschuß zu ihrem Gehalte bekommen.

Sie haben auf Befolgung dieser Verfügung zu wachen, und von derselben die betreffenden Beamten in Kenntniß zu setzen.

Berlin, den 19. September 1839.

Der Justiz-Minister
Mühler.

An
den Königlichen Landgerichts-Präsidenten Herrn N. und den Königlichen Ober-Prokurator Herrn N. zu N.

I. 4624. Rhein. Off. S. 72.

71.

Verfügung des General-Prokurators in Köln vom 23. September 1839, — die Aufnahme von Anerkennungs-Akten Behufs Legitimation unehelicher Kinder betreffend.

(Koblenzer Amtsblatt Nr. 61. — Reskript v. 1. Febr. 1828, Lottner Bd. 3. S. 189.)

Es ist bemerkt worden, daß hin und wieder in den Urkunden, welche Notarien über die Anerkennung unehelicher Kinder Seitens der Eltern, Behufs deren Legitimation, auf Grund des Allerhöchsten Kabinets-Befehls vom 6. November 1827 (Gesetz-Sammlung von 1828. S. 1.) aufnehmen, nur die Anerkennung des unehelichen Kindes, nicht auch das Gesuch um Legitimation enthalten ist. Ersteres genügt nicht, da anerkannte natürliche Kinder nach dem bürgerlichen Gesetzbuche besondere Rechte haben, und aus der Anerkennung Seitens der Eltern noch nicht deren Absicht zu legitimiren folgt.

In Folge mir vom hohen Justiz-Ministerium ertheilten Auftrags werden die Notarien, zur Vermeidung der sonst nöthigen Wiederholung des Notariats-Akts, hierauf aufmerksam gemacht.

Köln, den 23. September 1839.

Der General-Prokurator
Biergans.

72.

Verfügung vom 23. September 1839, — die Gebühren der, bei den Handelsgerichten für die Prozeß führenden Partheien auftretenden, Anwälte betreffend.

(Allerhöchste Kab.-Ordre vom 14. Novbr. 1825. — Reskr. v. 18. Novbr. 1825. — Rh. Proz. Ordn. Art. 414.)

Bei Mittheilung der Allerhöchsten Kabinets-Ordre vom 14. November 1825, nach welcher diejenigen Advokaten und Advokat-Anwälte, welche es übernehmen, als Bevollmächtigte für Prozeß führende Partheien bei den Handelsgerichten aufzutreten, nur die im Tarif vom 16. Februar 1807 für summarische Sachen festgesetzten Gebühren fordern können, ist im Reskripte vom 18. November 1825 zugleich bestimmt worden,

daß die Gebühren, welche der Anwalt von seinem Klienten

fordern dürfe, dem Letztern im Falle eines günstigen Ausgangs von dem unterliegenden Gegner ersetzt werden müssen.

Aus Veranlassung der Beschwerde des Bildhauers L. zu D. ist dieser Gegenstand einer nochmaligen, sorgfältigen Erwägung unterworfen worden, bei welcher die Gründe, die gegen die vorgedachte Ansicht sprechen, so erheblich befunden sind, daß das Justiz-Ministerium sich veranlaßt findet, die gedachte Bestimmung zurück zu nehmen.

Da nämlich der Artikel 414 der Prozeß-Ordnung davon ausgeht, daß die Prozesse bei den Handelsgerichten von den Partheien in Person und ohne Dazwischenkunft von Sachwaltern geführt werden, und hiernach die Bestellung von Bevollmächtigten rein willkürlich ist; so kann, ohne die Konsequenz zu verletzen, dem unterliegenden Theile nicht die Verpflichtung auferlegt werden, seinem obsiegenden Gegner die Kosten zu erstatten, welche dieser einem, freiwillig und ohne gesetzliche Nothwendigkeit gewählten Bevollmächtigten zu zahlen für gut befunden hat. Findet Jemand es seinem Interesse angemessen, anstatt selbst zu erscheinen, einen Bevollmächtigten zu bestellen, so bleibt ihm dies unbenommen; allein er kann die Kosten von seinem Gegner nicht zurück fordern, da dieser nur dann die aufgewandten Kosten zu erstatten hat, wenn sie nothwendig und gesetzlich unvermeidlich waren, also in den Fällen, wo die Bestellung eines Anwalts vorgeschrieben ist, und wo ohne einen solchen Anwalt die Partheien ihre Rechte nicht geltend machen, ihre Ansprüche dem Richter nicht vortragen können.

Ew. Hochwohlgeboren werden veranlaßt, dies den Handelsgerichten zu eröffnen und danach in der Folge zu verfahren.

Berlin, den 23. September 1839.

Der Justiz-Minister
Mühler.

An
den Königl. General-Prokurator
Herrn Biergans
Hochwohlgeboren
zu Köln.

I. 2496. Rh. Offiz. S. 33. Vol. 2.

73.

Verfügung vom 26. September 1839, — die Vollstreckung der rechtskräftigen Straf-Erkenntnisse betreffend.

Aus mehreren beim Justiz-Ministerium eingegangenen Begnadigungsgesuchen ist ersehen worden, daß in vielen Fällen die Vollstreckung des Straf-Erkenntnisses in geraumer Zeit nach eingetretener Rechtskraft desselben noch nicht veranlaßt ist. Ew. Hochwohlgeboren werden daher beauftragt, die Ober-Prokuratoren anzuweisen, daß sie für die unverzügliche Vollstreckung der rechtskräftigen Straf-Erkenntnisse Sorge tragen, und eine Aussetzung der Strafe nur dann gestatten, wenn solche durch besondere Verhältnisse gerechtfertigt wird.

Wegen angebrachter Immediat-Begnadigungsgesuche darf die Strafvollstreckung nur einmal ausgesetzt werden, sofern nicht etwa das bereits abgeschlagene wiederholte Begnadigungsgesuch durch neue erhebliche Gründe unterstützt wird.

Berlin, den 26. September 1839.

An den Königl. General-Prokurator Herrn Biergans Hochwohlgeboren zu Köln.

Das Justiz-Ministerium
Ruppenthal.

I. 4836. Rhein Krim. 8. Vol. 2.

74.

Verfügung vom 1. Oktober 1839, — betreffend die Feststellung des Zeitpunktes, wann die Strafe der Einstellung in die Festungs-Straf-Sektionen, welche bisher von den Civilgerichten gegen Militairpersonen, die nicht zum stehenden Heere gehören, zu erkennen war, in den einzelnen Provinzen aufhören kann.

(A. Kab. Ordre v. 11. April 1839. Ges. Samml. S. 205.)

Nach der Allerhöchsten Kabinets-Ordre vom 11. April d. J. (Ges. Samml. S. 205) soll der Zeitpunkt, wann die Strafe der Einstellung in die Festungs-Straf-Sektionen, welche bisher von den Civilgerichten gegen Militairpersonen, die nicht zum stehenden Heere gehören, zu erkennen war, in den einzelnen Provinzen aufhören kann, von den unterzeichneten Ministerien für den Bezirk eines jeden Landes-Justiz-Kollegiums festgestellt werden.

Mit Rücksicht auf die große Zahl der in den Festungen befindlichen Landwehrsträflinge einerseits, und den Mangel an Raum in den Civil-Strafanstalten andererseits, ist zwar die allgemeine Anwendung der in der Allerhöchsten Kabinets-Ordre vom

11. April d. J. enthaltenen Bestimmungen noch nicht möglich, und namentlich die im §. 5 das. vorgeschriebene Ueberweisung der Festungssträflinge an die Civil-Strafanstalten nicht ausführbar. Dagegen gestatten die Verhältnisse, daß in den Provinzen Pommern und Westphalen, ingleichen in der Rheinprovinz nach der Allerh. Ordre vom 11. April d. J., in Beziehung auf neue Verurtheilungen, vom Jahre 1840 ab verfahren werden kann.

Es sind daher vom 1. Januar 1840 an gerechnet, die Bestimmungen der mehrgedachten Allerhöchsten Kabinets-Ordre zu §§. 1 bis 4 in Anwendung zu bringen, und insbesondere gegen Personen, welche zu den nach der Aushebung und bis zum Eintritt beim stehenden Heere beurlaubten Ersatzmannschaften, zu den vom stehenden Heere auf unbestimmte Zeit Beurlaubten, zur Reserve, zur Landwehr oder zum Train gehören, nicht mehr auf die Strafe der Einstellung in die Strafabtheilungen, sondern auf die in den Civil-Strafgesetzen bestimmten Strafen zu erkennen, Freiheitsstrafen jedoch, deren Dauer drei Monate nicht übersteigt, als Gefängnißstrafen festzusetzen und diese Strafen in den gewöhnlichen Civil-Strafanstalten zu vollziehen.

Der unterzeichnete Minister des Innern und der Polizei wird die betreffenden Regierungen von dieser Anordnung, zur weiteren Instruirung der Strafanstalts-Direktionen, in Kenntniß setzen.

Die gegenwärtige Verfügung ist sogleich durch die Amtsblätter den Gerichtsbehörden des Departements bekannt zu machen und deren Befolgung ihnen aufzugeben.

Berlin, den 1. Oktober 1839.

Der Justiz-Minister Mühler. Der Minister des Innern und der Polizei von Rochow. Der Kriegs-Minister von Rauch.

An
den Königlichen General-Prokurator
Herrn Biergans
Hochwohlgeboren
zu Köln.

I. 4650. L. 10. Vol. 12.

75.

Verfügung vom 3. Oktober 1839, — die disziplinarische Behandlung der Untersuchungs-Gefangenen betreffend.

(Art. 615 der Straf. Proz. Ordn. — Art. 80. der Konstitution v. 22. Frim. Jahres VIII. — §. 46. der Hausordn. u. §. 5. der Dienst-Instruktion v. 23. Oktbr. 1827.)

In dem von Ew. Hochwohlgeboren an den Herrn General-

Prokurator erstatteten Berichte vom 15. Juli d. J., die disziplinarische Behandlung der Untersuchungs-Gefangenen betreffend, bemerken Sie, daß der §. 46 der Hausordnung für die Rheinischen Arrest- und Korrektionshäuser vom 23. Oktbr. 1827

wonach Gefangene nur mit Erlaubniß des Verwalters der Anstalt von ihren Verwandten und Freunden Besuche erhalten sollen,

dem Artikel 615 der Straf-Prozeß-Ordnung und dem Artikel 80 der Konstitution vom 22. Frimaire Jahres VIII entgegen sei. Dieser allerdings vorhandene Widerspruch ist gleich nach dem Erlaß der Hausordnung von dem Justiz-Ministerium gerügt, und danach sowohl der §. 5. der Dienst-Instruktion für den Verwalter geändert, als auch die abschriftlich beifolgende Verfügung des Ober-Präsidiums vom 23. Juli 1828 erlassen worden, wovon Ew. Wohlgeboren hierdurch zu Ihrer Nachachtung in Kenntniß gesetzt werden.

Berlin, den 3. Oktober 1839.

An den Königlichen Ober-Prokurator Herrn N. zu N.

Der Justiz-Minister Mühler.

I. 4774. Rhein. Krim. 95.

Beilage.

Der Verwalter ist verpflichtet, alle ihm von Seiten des Gerichts-Präsidenten, Prokuratoren und Untersuchungsrichter hinsichtlich der in Verwahrung habenden Gefangenen zu Theil werdenden Aufträge pünktlich zu erfüllen, insbesondere Besuche der in Untersuchung befindlichen Gefangenen nur mit Erlaubniß der Ober-Prokurators oder des Untersuchungsrichters zu gestatten.

Koblenz, den 23. Juli 1828.

Königliches Rheinisches Ober-Präsidium.
Fritsche.

76.

Verfügung vom 5. Oktober 1839, — betreffend den von den Rechtskandidaten vor der Zulassung zur ersten Prüfung zu liefernden Nachweis, Vorlesungen über das Allg. Preußische Landrecht gehört zu haben.

(Prüfungs-Regulativ v. 16. Febr. 1832.)

Ew. Hochwohlgeboren eröffne ich auf den Bericht vom 22. August d. J., daß es bei der Verfügung vom 20. Juli d. J., wonach von den Kandidaten, welche sich der ersten juristischen Prüfung unterwerfen, der Nachweis über den Besuch der Vorlesungen über das Allg. Preußische Landrecht auf der Universität zu erfordern ist, sein Bewenden behalten muß. Mit Rücksicht darauf, daß ein solcher Nachweis in dem Prüfungs-Regulative vom 16. Februar 1832 nicht vorgeschrieben worden, ist jedoch von der Beibringung desselben hinsichtlich solcher Kandidaten abzustehen, welche bereits gegenwärtig ihre Studien beendigt haben oder sich im letzten Semester befinden. Ew. Hochwohlgeboren autorisire ich, eine Bekanntmachung dahin, daß von allen Rechtskandidaten, welche nach Ostern k. J. die Universität verlassen werden, bei der ersten juristischen Prüfung der gedachte Nachweis werde gefordert werden, und keine Dispensation davon stattfinden könne, durch die Amtsblätter der Rheinischen Regierungen zu erlassen, auch den Königlichen Universitäts-Bevollmächtigten zu Bonn zu ersuchen, diese Bestimmung den dortigen Studirenden bekannt zu machen.

Berlin, den 5. Oktober 1839.

Der Justiz-Minister
Mühler.

An
den Königl. General-Prokurator
Herrn Biergans
Hochwohlgeboren
zu Köln.

I. 4435. Rhein. Offiz. S. 7. Vol. 3.

77.

Verfügung vom 11. Oktober 1839, — betreffend die Einführung der, das Verfahren in fiskalischen Untersuchungen enthaltenden Bestimmungen in dem ostrheinischen Theile des Regierungs-Bezirks Koblenz.

(§§. 34—106. Tit. 35. Th. I. und Anh. §. 216. A. G. O. — §. 654. Tit. 20. Th. II. A. L. R. — Allerh. Kab. Ordre v. 9. Februar 1836, Gesetzsamml. S. 164.)

Ew. Hochwohlgeboren erhalten hierbei eine beglaubte Abschrift der Allerhöchsten Kabinets-Ordre vom 20. September d. J., wegen Einführung der im §. 216 des Anhangs zur Allgemeinen Gerichts-Ordnung enthaltenen Bestimmung über den Eintritt des fiskalischen Untersuchungs-Verfahrens in Injurien-Sachen, des §. 654. Titel 20. Theil II. des Allgemeinen Landrechts und der Allerhöchsten Kabinets-Ordre vom 9. Februar

1836 (Gesetz-Sammlung Seite 164) in dem ostrheinischen Theile des Regierungs-Bezirks Koblenz, zur Nachricht und Nachachtung.

Berlin, den 11. Oktober 1839.

Der Justiz-Minister
Mühler.

An
den Königl. General-Prokurator des Rheinischen Kassations- und Revisionshofes Herrn Wirklichen Geheimen Ober-Justizrath Eichhorn Hochwohlgeboren hierselbst.

I. 4781. Koblenz 20.

Beilage.

Nachdem Ich bereits durch Meine Ordre vom 8. September 1832 die Einführung der, das Verfahren in fiskalischen Untersuchungen enthaltenden §§. 34—166. Titel 35. Theil I. der Allgemeinen Gerichts-Ordnung in dem ostrheinischen Theil des Regierungs-Bezirks Koblenz, mit Ausnahme der Herrschaft Wildenburg, verfügt habe, will Ich aus den in Ihrem Bericht vom 27sten v. M. angeführten Gründen zur Ergänzung dieser Vorschriften auch die Einführung der im §. 216 des Anhangs zur Allgemeinen Gerichts-Ordnung enthaltenen Bestimmung, wonach in Injurien-Sachen eine fiskalische Untersuchung eingeleitet werden soll, wenn eine Verwundung erfolgt ist, oder Personen, welche durch Geburt oder Rang eine vorzügliche Achtung zu fordern berechtigt sind, gröblich beleidigt worden, so wie die Einführung des §. 654. Titel 20. Theil II. des Allgemeinen Landrechts und Meiner Ordre vom 9. Februar 1836, über die fortdauernde Gültigkeit dieses §. (Gesetz-Sammlung Seite 164) genehmigen. Ich überlasse Ihnen, diesen Befehl, so wie die beiden letzten Gesetze durch die Amtsblätter der Provinz zur allgemeinen Kenntniß zu bringen.

Berlin, den 20. September 1839.

Friedrich Wilhelm.

An
den Staats- und Justiz-Minister
Mühler.

78.

Verfügung vom 16. Oktober 1839, — die Stempelpflichtigkeit von Quittungen betreffend.

Auf die Anfrage vom 1. d. M., über die Stempelpflichtigkeit von Quittungen, wird dem Königlichen Oberlandesgericht Folgendes eröffnet.

Nach dem Tarif zum Stempel-Gesetze, Position „Protokolle" verglichen mit der Position „Quittungen" und dem Staats-Ministerial-Beschlusse vom 4. Mai 1831 unterliegt jede vor Gericht oder Notar über einen Gegenstand von 50 Thlr. und darüber, aufgenommene Quittung als Protokoll, worin eine Auskunft ertheilt und, eine verbindliche Erklärung abgegeben wird, dem Protokoll-Stempel von 15 Sgr., welcher im Falle der Ausfertigung zu dieser zu verwenden ist; der sogenannte Prozent-Stempel bei Quittungen, also der besondere Quittungs-Stempel, tritt erst ein, wenn derselbe mehr als 15 Sgr. beträgt.

Die Bestimmung unter der Tarif-Position „Quittungen", welche dahin lautet:

„auch bedarf es keines besondern **Quittungs-Stempels**, wenn zwar nicht in einer solchen Verhandlung selbst, aber nachträglich unmittelbar darunter quittirt wird",

kann daher nur dann zur Anwendung kommen, wenn das Objekt so hoch sich beläuft, daß der Protokoll-Stempel durch den Quittungs-Stempel ausgeschlossen werden würde.

Hieraus folgt, daß bei Quittungen zu gerichtlichem Protokoll, über 50 Thlr. oder mehr, der Protokoll-Stempel von 15 Sgr. immer genommen werden muß, und nur bei Gegenständen über 600 Thlr. der höhere Quittungs-Stempel eintritt. Es fällt der letztere aber fort, wenn die Quittung unmittelbar unter die mit Stempel von 15 Sgr. und darüber versehene Verhandlnng gesetzt wird und sich auf den Gegenstand dieser Verhandlung bezieht. Dabei ist es gleichgültig, ob die Quittung unter die Urkunde, worauf sie sich bezieht, im Original-Protokolle, oder in der Ausfertigung gesetzt wird. Unzweifelhaft endlich ist es, daß auch die Quittungen über Rückzahlung eines verbrieften Darlehns unter den angegebenen Umständen von dem eigentlichen Quittungs-Stempel frei sind, da der Darlehns-Vertrag einem gleich hohen Stempel unterliegt.

Berlin, den 16. Oktober 1839.

An das Königliche Ober-Landesgericht zu N.

Der Justiz-Minister
Mühler.

I. 5096. Steuer-S. 56. Vol. 3.

79.

Allgemeine Verfügung der Ministerien der Justiz und der Finanzen vom 19. Oktober 1839, — betreffend den Mißbrauch stempelfrei ertheilter Atteste rc. und dessen Bestrafung.

(Stempelgesetz v. 7. März 1822. §§. 21, 22 u. 30.)

Es ist der Fall vorgekommen, daß Inhaber solcher amtlicher Atteste, beglaubigter Abschriften oder Auszüge aus Akten und Verhandlungen, welche zu einem, der Stempelpflichtigkeit nicht unterworfenen Geschäfte oder Zwecke stempelfrei ertheilt worden sind, von diesen Urkunden zu anderen, stempelpflichtigen Geschäften Gebrauch gemacht haben. Die von den Behörden darüber erhobenen Zweifel:

wie bei der Bestrafung der durch diesen Mißbrauch verübten Stempel-Kontraventionen zu verfahren sei,

haben die unterzeichneten Minister veranlaßt, sich über nachstehende Grundsätze zu vereinigen.

1. Alle Behörden und einzelne Beamte sind verpflichtet, bei der Ausstellung von Attesten und bei der Ertheilung von beglaubigten Abschriften oder Ausfertigungen, welche nur ihres besondern Zweckes wegen, dem sonst eintretenden tarifmäßigen Stempel nicht unterliegen, in dem Atteste, in dem Beglaubigungsvermerke oder in der Ausfertigung selbst, den Zweck bestimmt zu bezeichnen, zu welchem das Attest, die beglaubte Abschrift oder die Ausfertigung ertheilt wird. Unterlassen sie dies, so werden sie für jeden Mißbrauch verantwortlich, der mit einer solchen Urkunde gemacht wird.

2. Ist eine Urkunde ohne Angabe ihres Zwecks stempelfrei ausgestellt, beglaubigt oder ausgefertigt worden, und wird dieselbe demnächst bei einer Behörde in einer stempelpflichtigen Angelegenheit zur Begründung irgend eines Antrags produzirt; so hat die Behörde den fehlenden Stempelbetrag von dem Produzenten einzuziehen und nach §. 30 des Stempelgesetzes den Fall der vorgesetzten Behörde des Ausstellers zur Festsetzung der Strafe, nach den Bestimmungen der Allerhöchsten Kabinets-Ordre vom 28. Oktober 1836 anzuzeigen.

3. Ist aber in der stempelfrei ertheilten Urkunde der, die Stempelfreiheit rechtfertigende Zweck bestimmt bezeichnet worden, und wird dieselbe dennoch zu einer stempelpflichtigen Angelegenheit zur Begründung irgend eines Antrags produzirt, ohne daß der Inhaber die Beifügung des tarifmäßigen Stempels vorher bewirkt hat; so haftet derselbe nach §§. 21 und 22 des Stempelgesetzes nicht blos für den Stempel, sondern verfällt auch in den vierfachen Betrag desselben, als Strafe. Es ist von demselben daher, außer dem sofort zu entrichtenden tarifmäßigen Stempelbetrage, auch die festzusetzende Strafe, sobald das Straf-Resolut vollstreckbar ist, einzuziehen.

Nach den vorstehenden Bestimmungen haben sich sämmtliche Gerichts- und Verwaltungsbehörden und einzelne Beamte genau zu achten.

Berlin, den 19. Oktober 1839.

Der Justiz-Minister
Mühler.

Der Finanz-Minister
Graf von Alvensleben.

An
sämmtliche Gerichts- und Verwaltungsbehörden und einzelne Beamte.
I. 5779. Steuers. 32. Vol. 4.

80.

Verfügung vom 22. Oktober 1839, — die Abführung der Strafgelder für Forstfrevel, mit Ausschluß der gesetzlich bestimmten Ausnahmen, an den Polizei-Strafgelder-Kommunal Fond betreffend.

Ew. Hochwohlgeboren erhalten anliegend eine Abschrift der von den Herren Ministern des Innern und der Finanzen unterm 30. v. M. an die Regierungen zu Düsseldorf, Koblenz und Trier erlassenen Verfügung, die Abführung der Strafgelder für Forstfrevel, mit Ausschluß der gesetzlichen Ausnahmen, an den Polizei-Strafgelder-Kommunal-Fond betreffend, nebst Abschrift der darin in Bezug genommenen Allerhöchsten Kabinets-Ordre vom 27. Dezember 1822 und der Cirkular-Verfügung vom 31. Dezember desselben Jahres, zur Kenntnißnahme.

Berlin, den 22. Oktober 1839.

Das Justiz-Ministerium
Ruppenthal.

An
den Königl. General-Prokurator
Herrn Biergans
Hochwohlgeboren
zu Köln.

I. 5010. Rh. Crim. 7. Vol. 4.

Beilagen.

a.

In Gemäßheit der Allerhöchsten Kabinets-Ordre vom 27. Dezember 1822 soll aus sämmtlichen, in einem Westrheinischen Regierungsbezirke aufkommenden polizeilichen und zuchtpolizeilichen Strafgeldern ein für die Verpflegung und Erziehung verlassener Kinder bestimmter Fond gebildet und für Rechnung der Gemeinden verwaltet werden. Diesem Fond fallen mithin auch alle wegen Forstfrevel verhängte polizeiliche Strafen zu, in so fern nicht specielle Gesetze Ausnahmen von der Regel bestimmen. Solche Ausnahmen bestehen:

1. nach dem Gesetze vom 7. Juni 1821 für die Strafen des Holzdiebstahls, welche dem Waldeigenthümer zufallen;

2. nach der Allerhöchsten Kabinets-Ordre vom 4. Mai d. J. (Gesetzs. S. 173) und resp. vom 5. August v. J. (Gesetzs. S. 431), wonach der §. 1 des allegirten Gesetzes vom 7. Juni 1821 auch auf die Entwendung von Gras, Kräutern, Heide, Moos, Laub, Streuwerk und sonstigen Wald-Produkten volle Anwendung findet. Die Strafgelder für derartige Entwendungen fallen mithin gleichfalls jetzt den Waldeigenthümern zu. Andere hierher gehörige Ausnahmen giebt es nicht. Deshalb müssen alle Strafgelder für Forstfrevel, die sich nicht unter die Allerhöchste Kabinets-Ordre vom 4. Mai d. J. subsideriren lassen, dem oberwähnten Polizei-Strafgelder-Kommunal-Fond zufließen. Da aber dessenungeachtet einige Regierungen der

Rheinprovinz die fraglichen Strafgelder für Rechnung des Staates vereinnahmen, dies jedoch mit den bestehenden gesetzlichen Vorschriften nicht zu vereinbaren ist, so wird der Königlichen Regierung, unter Hinweisung auf die Allerhöchste Kabinets-Ordre vom 27. Dezember 1822 und auf den hierauf bezüglichen Cirkular-Erlaß vom 31. Dezember deff. Jahres, hierdurch noch besonders aufgegeben, zur Erreichung eines gleichmäßigen gesetzlichen Verfahrens die in Rede stehenden Strafgelder — wie Seitens der Regierungen zu Köln und Aachen bereits geschieht — an den gedachten Polizei-Strafgelder-Kommunal-Fond abzuführen.

Berlin, den 30. September 1839.

Der Minister des Innern und der Polizei
von Rochow.

Der Finanz-Minister
Graf von Alvensleben.

An
die Königlichen Regierungen zu
Düsseldorf, Koblenz und Trier.

---

b.

Ich genehmige auf Ihren Bericht vom 17. d. M., daß die Bestimmung des französischen Straf-Kodex §. 466 suspendirt bleibe, und mit Verwendung der, in den Regierungsbezirken, wo die französische Gesetzgebung noch gilt, aufkommenden Polizei- und Zuchtpolizei-Strafen den von Ihnen vorgeschlagenen Bestimmungen gemäß verfahren, solches auch durch die Amtsblätter bekannt gemacht werde.

Berlin, den 27. Dezember 1822.

An
den Staatsminister v. Schuckmann.

Friedrich Wilhelm, Kronprinz.

---

c.

Einige Reklamationen gegen die wegen Verwendung der Polizei- und Zuchtpolizei-Strafgelder in den ehemals französischen Provinzen mittelst der Verordnung vom 31. August d. J. ertheilten Anweisungen haben mich veranlaßt, Allerhöchsten Orts darauf anzutragen, daß die vom französischen Minister des Innern und dem General-Direktor der Domainen verfügte Suspension der im §. 466 des Straf-Kodex enthaltenen diesfalsigen Vorschriften ratihabirt, und dabei Folgendes Allergnädigst bestimmt werden möge.

1. Sämmtliche in einem Regierungsbezirke, in so weit darin die französische Gesetzgebung noch gilt, aufkommende Polizei- und Zuchtpolizei-Strafgelder bilden mit der unter 7 bestimmten Ausnahme einen von der Regierung, abgesondert von allen übrigen, zu verwaltenden Fond.

2. Die Hauptbestimmung dieses Fonds ist, die Kosten für die Verpflegung und Erziehung verlassener Kinder, sei es vermittelst ihrer Unterbringung in Hospizien oder in Privathäusern, zu bestreiten.

3. Damit diese Bestimmung desto sicherer und vollständiger erreicht werde, soll, wenn sich auch in einem Jahre ein Ueberschuß ergiebt, solcher nicht sofort für die untergeordneten, unter 4 benannten Zwecke verwandt, sondern immer auf einen zur Deckung etwaiger vermehrter Ausgaben bestimmten Bestand gehalten werden.

4. Ueber die bei Befolgung dieser Vorschriften sich ergebenden Ueberschüsse sollen die Regierungen, unter Genehmigung des Ministeriums des Innern, zur Unterstützung hülfsbedürftiger Gemeinden bei Erfüllung anderer Verbindlichkeiten, oder zu Herstellung gemeinnütziger, allen Gemeinden zu Gute kommender und nicht sonst schon fundirter Anstalten und Einrichtungen disponiren.

5. Die Uebersichten über die Einnahmen und Ausgaben bei diesem Fond sollen am Schlusse jeden Jahres nicht nur dem Ministerium des Innern überreicht, sondern auch durch die Amtsblätter öffentlich bekannt gemacht werden.

6. In derselben Maße ist mit den etwa zeither gesammelten Beständen zu verfahren.

7. Denjenigen größern Gemeinden, welche die zur Unterbringung verlassener Kinder erforderlichen Anstalten besitzen und unterhalten, sollen auf ihr Verlangen sämmtliche von ihren Einsassen zu erlegende Polizei- und Zuchtpolizei-Strafgelder übereignet werden, dieselben aber dann auf den gemeinsamen Fond des Departements keinen Anspruch haben.

8. Sollte jedoch eine solche Gemeinde in Erfüllung derjenigen Verbindlichkeiten, in Hinsicht deren andere Gemeinden aus dem gemeinsamen Fond übertragen werden, sich säumig erweisen, so haben die Regierungen die Befugniß, über die ihr zukommenden Strafgelder direkt zur Erfüllung dieser Verbindlichkeiten der betreffenden Gemeinde zu disponiren.

Diese Vorschläge sind mittelst der abschriftlich beigefügten

Allerhöchsten Kabinetsordre vom 27. d. M. genehmigt worden, daher die Königliche Regierung angewiesen wird, hiernach allenthalben zu verfahren, und durch den Abdruck der Kabinets-Ordre und des gegenwärtigen Reskripts in ihrem Amtsblatte dem Publikum von den getroffenen Bestimmungen Kenntniß zu geben.

Berlin, den 31. Dezember 1822.

An
die Königlichen Regierungen zu
Trier, Koblenz, Köln, Aachen
und Düsseldorf.

Der Minister des Innern
von Schuckmann.

81.

Verfügung vom 7. November 1839, — die Kumulation der Strafen betreffend.

(§§. 245, 365, 379 Rhein. Straf. Proz. Ordn. — Reskripte v. 19. April 1831 und 17. April 1837, Jahrb. Bd. 49. S. 284, Lottner Bd. 6. S. 91.)

Ew. Hochwohlgeboren wird auf den Bericht vom 29. September d. J., die Kumulation der Strafen betreffend, Folgendes eröffnet.

Darüber, daß, wenn gegen einen Angeschuldigten bei der Abfassung des Urtheils mehrere strafbare Handlungen vorliegen, nach Artikel 365 der Straf-Prozeß-Ordnung die härteste Strafe allein ausgesprochen wird, und diese die gelinderen Strafen absorbirt, ist kein Zweifel vorhanden. Eben so wird aber auch, wenn gegen einen Angeschuldigten durch verschiedene Urtheile theils eine Kriminal-, theils eine korrektionelle Strafe erkannt und sämmtliche Verbrechen und Vergehen vor der Abfassung des ersten Urtheils begangen worden, die korrektionelle Freiheitsstrafe durch die Kriminalstrafe absorbirt. Denn wären die Verbrechen und Vergehen gleichzeitig zur Untersuchung gekommen und hätten bei der ersten Abfassung des Urtheils vorgelegen, so würde zufolge des Artikels 365 der Straf-Prozeß-Ordnung, welcher ausdrücklich bestimmt:

En cas de conviction de plusieurs crimes ou delits, la peine la plus forte sera prononcée,

nur eine Kriminalstrafe erkannt sein, wie denn auch, wenn von einem Angeschuldigten mehrere Verbrechen und Vergehen, welche theils vor den Assisenhof, theils vor die Zuchtpolizei-Kammer gehören, verübt sind, die Aburtelung der letzteren stets bis dahin, daß das Urtheil des Assisenhofes abgefaßt worden, ausgesetzt bleibt, und dieselben, wenn der Angeschuldigte zu einer Kriminalstrafe verurtheilt ist, überhaupt nicht weiter verfolgt werden. Dadurch aber, daß die Verbrechen und Vergehen nicht gleichzeitig zur Untersuchung gekommen sind, kann der Angeschuldigte, welcher durch die Gesetzgebung zur Selbstanklage nicht verpflichtet wird, nicht leiden. Der Artikel 379 der Straf-Prozeß-Ordnung bestimmt ausdrücklich: daß der Assisenhof, im Falle bei der öffentlichen Verhandlung anderweitige, bisher unbekannte Verbrechen desselben Angeschuldigten zur Sprache kommen, die weitere Verfolgung derselben nur dann anordnen solle, wenn diese anderweitigen Verbrechen eine härtere Strafe, als die früheren Verbrechen, nach sich ziehen würden. Hiernach kann also der Fall, daß das spätere Urtheil eine gelindere Strafe festsetzt, eigentlich gar nicht vorkommen; und ist er vorgekommen, so darf die später erkannte gelindere Strafe nicht außer der früher erkannten härteren zum Nachtheil des Angeschuldigten vollstreckt werden. Es folgt aber zugleich aus dieser Bestimmung, daß wenn die gelindere Strafe durch das frühere Urtheil festgesetzt worden ist, diese nicht neben der härteren, später erkannten vollstreckt werden kann; weil sonst lediglich der zufällige Umstand, ob das gelindere oder schwerere Verbrechen zuerst untersucht und abgeurtelt worden, die Entscheidung abgeben würde, was in der Absicht des Gesetzgebers nicht gelegen haben kann.

Vorstehende Grundsätze verstehen sich jedoch nur von dem Falle, wenn nicht das Gesetz die kumulative Vollstreckung verwirkter Freiheitsstrafen, wie im Falle des Artikels 245 des Strafgesetzbuchs beim Ausbruch aus dem Gefängnisse, ausdrücklich befiehlt.

Auch ist die zuchtpolizeilich erkannte Geldbuße, so fern der Verurtheilte sie zu erlegen vermögend ist, stets neben der durch ein anderes Urtheil erkannten Kriminalstrafe zu vollstrecken; die für den Unvermögensfall substituirte Gefängnißstrafe ist dagegen als durch die härtere kriminelle Freiheitsstrafe absorbirt, zu betrachten.

Nach diesen Grundsätzen haben Ew. Hochwohlgeboren die Ober-Prokuratoren mit Anweisung zu versehen.

Was die anderweitige, in Ew. Hochwohlgeboren Berichte erörterte Frage betrifft:

> ob einfache Gefängnißstrafen während des wegen eines anderen Vergehens verhängten Untersuchungs-Arrestes vollstreckt werden können?

so ist bereits durch die Reskripte vom 19. April 1831 und 17. Februar 1837 (Jahrb. Bd. 49. S. 284, Lottner Bd. 6. S. 91) bestimmt, daß eine Gefängnißstrafe durch den, wegen eines anderen Vergehens später verhängten Untersuchungs-Arrest nicht unterbrochen werde. Hat andererseits ein in Untersuchungshaft befindlicher Angeschuldigter eine, wegen eines anderen Vergehens erkannte, Gefängnißstrafe abzubüßen, so muß es in jedem speziellen Falle der Beurtheilung der Gerichtsbehörde überlassen bleiben, ob es mit der Untersuchung verträglich ist, daß der Verurtheilte diese Strafe während der Untersuchung abbüße; in welchem Falle die Strafvollstreckung ohne Bedenken zu veranlassen ist, oder ob die Vollstreckung der Strafe während der Dauer der Untersuchung auszusetzen sei.

Berlin, den 7. November 1839.

An den Königl. General-Prokurator Herrn Biergans Hochwohlgeboren zu Köln.

Der Justiz-Minister Mühler.

I. 5147. Rh. Krim. 81.

82.

Allgemeine Verfügung vom 9. November 1839, an sämmtliche Königliche Gerichtsbehörden, Notarien und Justiz-Kommissarien, — über die Form und den Gebrauch der Dienstsiegel.

(§§. III., IV. und X. der Allerh. Verordn. vom 9. Januar 1817 — Gesetzsamml. S. 17.)

Die Irrungen und Mißstände, welche durch die faktisch bestehende große Verschiedenheit der Dienstsiegel der Königlichen Justizbehörden herbeigeführt werden, machen es wünschenswerth, eine größere Gleichmäßigkeit in der Form und im Gebrauch derselben einzuführen. Der Justiz-Minister findet sich dadurch veranlaßt, sämmtlichen Königlichen Justizbehörden, so wie den Notarien und Justiz-Kommissarien über die Anwendung der Dienstsiegel, mit Bezug auf die Allerhöchste Verordnung vom 9. Januar 1817 (Gesetz-Sammlung Seite 17), folgende Vorschriften zu ertheilen.

1.

Die Form der Siegel, welche das Geheime Ober-Tribunal und die Obergerichte bei feierlichen Ausfertigungen anzuwenden haben, ist in der Verordnung vom 9. Januar 1817 Anlage D, und zwar für das Geheime Ober-Tribunal und das Kammergericht §. III., für die Obergerichte in der Provinz Po-

Rhein Samml Bd 7 zu pag 109

Beilage

zur allgemeinen Verfügung des Justiz Ministers. v. 9. Nov. 1839.

Die Form und den Gebrauch der Dienstsiegel betreffend.

I.

II.

III.

sen §. X, und für die übrigen Obergerichte §. IV. bestimmt.

Der Revisions- und Kassationshof zu Berlin wird in dieser Beziehung dem Geheimen Ober-Tribunal, die Rheinischen Landgerichte den Obergerichten gleichgestellt.

2.

Bei minder feierlichen gewöhnlichen Ausfertigungen, so wie in allen übrigen Fällen haben sich das Geheime Ober-Tribunal und die sämmtlichen Obergerichte des im §. VII. ebendaselbst beschriebenen, in der Anlage Num. I. abgedruckten Siegels mit dem kleinen Königlichen Wappen, der Königlichen Krone, den Schildhaltern und der Ordenskette zu bedienen. Dasselbe ist

a. für das Plenum des Geheimen Ober-Tribunals und der Obergerichte, so wie für die einzelnen Senate und Abtheilungen derselben in der Umschrift zu bezeichnen:

Königl. Preuß. Geheimes Ober-Tribunal zu Berlin.
Königl. Preuß. Kammergericht zu Berlin.
Königl. Preuß. Oberlandesgericht zu .....

b. für die in einzelnen Sachen ernannten Kommissarien der Obergerichte, sobald der Auftrag von einem Mitglied des Kollegiums auszurichten ist:

Kommissions-Siegel des Königl. Preuß. Oberlandes (Kammer-) gerichts zu .....

3.

Die Büreaus der Oberlandesgerichte und die Unterbeamten derselben dürfen dieses Siegel nicht gebrauchen, vielmehr müssen sich diese des in der Anlage Num. II. abgedruckten Siegels von $\frac{1}{4}$ Zoll im Durchmesser, welches den schwarzen Adler mit der Königlichen Krone, den Kleestengeln, dem Scepter und dem Reichsapfel ohne das Wappenschild enthält, bedienen. In der Umschrift ist dasselbe nach Verschiedenheit der Fälle zu bezeichnen, als:

Deposital-Kassen-Siegel des Königl. Preuß. Oberlandesgerichts zu .....
Salarien-Kassen-Siegel des u. s. w.
Kommissions-Siegel des u. s. w.

Das letztere ist für die Fälle bestimmt, in welchen die Aufträge des Obergerichts von den Subaltern-Beamten desselben auszuführen sind.

4.

Sämmtliche Königliche Untergerichte, ohne Unterschied, ob

sie kollegialisch eingerichtet sind, oder nur aus einem oder zweien Richtern bestehen, insbesondere auch die Fabrik- und Handelsgerichte, Inquisitoriate und Gerichts-Kommissionen, so wie die Kreis-Justiz-Räthe, Notarien und Justiz-Kommissarien haben bei ihren amtlichen Ausfertigungen das unter Num. 3. beschriebene, in der Anlage Num. II. abgedruckte Siegel anzuwenden. In allen übrigen Fällen und namentlich auch bei amtlichen Korrespondenzen müssen sie sich des kleineren, in der Anlage Num. III. bezeichneten Siegels bedienen.

Bei beiden Siegeln ist der Titel und der Ort der Behörde in der Umschrift zu bezeichnen, und bei den Kreis-Justiz-Räthen, Notarien und Justiz-Kommissarien auch der Name derselben beizufügen.

5.

Die Subaltern-Beamten der Untergerichte dürfen in allen Fällen, in welchen dieselben ein amtliches Siegel zu führen berechtigt sind, nur das in der Anlage Num. III. abgedruckte kleinere Siegel gebrauchen, welches zu diesem Behuf in der Umschrift dem Zwecke gemäß zu bezeichnen ist.

6.

Von den Rheinischen Gerichten sind

a. der Revisions- und Kassationshof in Berlin,
b. der Appellationshof in Köln,
c. die Landgerichte,
d. der General-Prokurator und die Ober-Prokuratoren,

ebenfalls befugt, das in der Anlage Num. I. bezeichnete Siegel zu führen. Bei ihnen finden daher die unter Num. 2 und 3 dieser Verfügung gegebenen Bestimmungen ihre Anwendung. Die übrigen Königlichen Gerichtsbehörden der Rheinprovinz, desgleichen die Notarien daselbst haben sich dagegen nach den unter Num. 4 und 5 enthaltenen Vorschriften zu achten.

Die Advokaten in der Rheinprovinz sind ein Königliches Siegel zu führen, nicht berechtigt.

7.

Damit nicht durch die Verschiedenheit in der Bearbeitung der Siegel eine neue Mannichfaltigkeit in den Formen derselben hervorgerufen werde, hält es der Justiz-Minister für nothwendig, daß die Anfertigung sämmtlicher Königlichen Dienstsiegel von jetzt ab nur von einem und demselben Künstler bewirkt werde. Der General-Wardein und Münzrath Loos hierselbst hat sich unter annehmbaren Bedingungen erboten, die Lieferung derselben zu übernehmen.

Es werden demnach die Königlichen Gerichtsbehörden, mit Einschluß der Kreis-Justiz-Räthe, hierdurch angewiesen, von jetzt ab ihre sämmtlichen Dienstsiegel nur von dem General-Wardein und Münzrath Loos hierselbst zu entnehmen. Die Bestellungen sind durch die Obergerichte zu veranlassen, an welche sich die Untergerichte und Kreis-Justiz-Räthe mit ihren desfallsigen Anträgen zu wenden haben. In der Rheinprovinz hat der General-Prokurator die Bestellung sämmtlicher Königlichen Siegel zu bewirken.

Die Preise für die einzelnen Siegel sind von dem Münzrath Loos

	In Stahl.	In Messing.
1) für das Siegel Num I.		
a) zum Siegeln auf	$12\frac{1}{2}$ Thlr. —	9 Thlr.
b) zum Schwarzdruckstempeln auf	20 "	15 "
2) für das Siegel Num. II.		
a) zum Siegeln auf	5 "	3 "
b) zum Schwarzdruck auf . .	8 "	4 "
3) für das Siegel Num. III.		
a) zum Siegeln auf	$3\frac{1}{2}$ "	2 "
b) zum Schwarzdruck auf . .	5 "	3 "

festgesetzt.

Die in Stahl gearbeiteten Siegel sind ihrer größeren Dauerhaftigkeit wegen denen in Messing vorzuziehen, zum Schwarzdruckstempeln sind die letzteren gänzlich zu widerrathen.

8.

Die Anschaffung der neuen Siegel soll bei den Königlichen Gerichtsbehörden nur nach und nach, je nachdem das Bedürfniß es erheischt, veranlaßt werden.

9.

Was die Notarien und Justiz-Kommissarien betrifft, so können sich auch diese ihrer bisherigen Amtssiegel fernerhin bedienen, so lange sich dieselben in brauchbarem Stande befinden. Sobald aber die Anschaffung neuer Siegel nothwendig wird, haben sie sich in Betreff der Form und des Gebrauchs derselben genau nach den Vorschriften dieser Verfügung zu achten. Bei den neu anzustellenden Beamten dieser Art treten die obigen Bestimmungen sofort in Wirksamkeit. Die Ober- und Untergerichte haben darauf zu wachen, daß von den in ihren Gerichtssprengeln fungirenden Notarien und Justiz-Kommissarien danach verfahren werde.

Um auch bei diesen Beamten die Gleichmäßigkeit in der Form der Dienstsiegel möglichst aufrecht zu erhalten, wird denselben hierdurch dringend empfohlen, ihre Siegel ebenfalls nur von dem General-Wardein und Münzrath Loos hierselbst zu entnehmen, welcher sich bereit erklärt hat, dieselben auch für sie zu den obigen Preisen anfertigen zu lassen.

10.

Bei den übrigen Gerichtsbeamten und Gerichtsbehörden, insbesondere auch bei den standesherrlichen und Patrimonialgerichten muß es für jetzt noch bei den bisher gebrauchten Formen ihrer Dienstsiegel verbleiben.

Berlin, den 9. November 1839.

Der Justiz-Minister
Mühler.

I. 5047. S. 42.

83.

Verfügung vom 9. November 1839, — das Verfahren bei Rückgabe der Amts-Kautionen in der Rheinprovinz betreffend.

(Allerh. Kab. Ordre v. 18. Dezbr. 1836, Ges. Samml. S. 323, und v. 15. April 1837, Num. 2, Ges. Samml. S. 73. — Cirkular v. 2. Dezbr. 1816, Lottner-Bd. 1. S. 426. — Art 5 des Ges. v. 25. Nivose Jahres XIII. — Reskr. v. 29. Januar 1839, Just. Min. Blatt für 1839, S. 64.)

Ew. Hochwohlgeboren sind durch die Verfügung vom 29. Januar d. J. (Justiz-Min. Blatt S. 64) von der, vom Herrn Finanz-Minister an die General-Staats-Kasse erlassenen Verfügung vom 19. desselben Monats, die Rückgabe der Amts-Kautionen betreffend, in Kenntniß gesetzt. Zur nähern Bestimmung des von der vorgesetzten Dienstbehörde des Kautionsstellers, bei Ausstellung der, durch die Allerhöchste Kabinets-Ordre vom 15. April 1837 Num. 2 (Gesetz-Samml. S. 73) vorgeschriebenen Bescheinigung, zu beobachtenden Verfahrens und zur Verminderung der, für die zur Empfangnahme der Kaution Berechtigten, erwachsenden Kosten, wird Folgendes bestimmt.

1) Hat der Beamte, welcher Kaution bestellt hat, sein Amt niedergelegt, oder ist er gestorben, so haben er, oder seine Erben, oder die sonst zur Empfangnahme der Kaution Berechtigten das durch den Artikel 5 des Gesetzes vom 25. Nivose Jahres XIII. vorgeschriebene Verfahren einzuleiten, und das daselbst gedachte

Zeugniß des Landgerichts-Ober-Sekretairs, von dem Langerichts-Präsidenten visirt, nebst dem Original-Kautions-Empfangscheine und den sonstigen, die Legitimation der Empfangsberechtigten betreffenden Papieren der vorgesetzten Dienstbehörde des Beamten, also, wenn es sich um Rückgabe der von einem Gerichtsvollzieher bestellten Kaution handelt, dem Ober-Prokurator des betreffenden Landgerichts vorzulegen.

2) Verlangen die Erben die Rückgabe der Kaution, und ist deren Legitimation dem Ober-Prokurator zweifelhaft, so hat er von denselben einen Notoritäts-Akt zu fordern. In vielen Fällen wird es jedoch eines solchen nicht bedürfen, z. B. wenn der Beamte eine Wittwe und minderjährige Kinder hinterlassen hat, in welchem Falle nur zu prüfen ist, ob die Wittwe auch Vormünderin, oder ob ein Kurator bestellt, und an wen nach Maaßgabe der Allerhöchsten Kabinets-Ordre vom 18. Dezember 1836 (Gesetz-Samml. S. 323.) die Kaution zurückzugeben ist.

3) Auf den Grund des von dem Landgerichts-Ober-Sekretär ausgestellten Attestes, aus welchem hervorgeht, daß der Antrag auf Rückgabe der Kaution vorschriftsmäßig angeheftet gewesen, daß keine Einsprüche gegen die Auszahlung geschehen, oder daß die angemeldeten Einsprüche rechtskräftig beseitigt sind, sowie auf den Grund der, die Legitimation der Empfangsberechtigten feststellenden Papiere, ertheilt der Ober-Prokurator die durch die Allerhöchste Kabinets-Ordre vom 15. April 1837 Num. 2. vorgeschriebene Bescheinigung:

> ob und was aus der Amtsführung noch zu vertreten und wer zur Empfangnahme des Kautions-Kapitals legitimirt sei.

4) Hat Jemand Einspruch erhoben und diesen gehörig begründet, so daß die Auszahlung an diesen und nicht an den Beamten, oder dessen Erben geschehen soll, so muß dem Ober-Prokurator das Urtheil vorgelegt werden, und er bescheinigt dann,

> daß der Auszahlung der Kaution nichts im Wege stehe, daß aber dieselbe nicht an den Beamten selbst, oder dessen Erben, sondern auf Grund des rechtskräftigen Urtheils vom ..... an den N. N. geleistet werden müsse.

5) Eines gerichtlichen Erkenntnisses, durch welches die Dienst-Kaution für erloschen erklärt und ausgesprochen wird, daß die Rückzahlung der Kaution erfolgen solle, bedarf es nicht. Das an den Präsidenten Sethe vigore commissionis erlassene Cirkulare vom 2. Dezember 1816 (Lottner Bd. 1. S. 426.) betrifft nur die damals von Frankreich zurückzuzahlenden Kautionen und fällt mit der Veranlassung fort; es ist vielmehr künftig lediglich nach dem Gesetze vom 25. Nivose Jahres XIII. und dieser Verfügung zu verfahren.

6) Das von dem Ober-Prokurator zu 3 und 4 ausgestellte Attest ist von demselben, nebst dem Original-Kautionsscheine, welcher von dem im Atteste bezeichneten legitimirten Empfänger quittirt seyn muß, ohne daß es der Beifügung der sonstigen Verhandlungen zu 1 und 2 bedarf,

a) im Falle die Kaution durch Schuldpapiere bestellt ist, an das Königliche Finanz-Ministerium,

b) im Falle die Kaution baar bestellt ist, an die Königliche General-Staats-Kasse,

einzusenden.

7) Das Königliche Finanz-Ministerium und die Königliche General-Staats-Kasse werden hiernächst die Kaution den Empfangsberechtigten durch die zunächst gelegene Regierungs-Haupt-Kasse übersenden.

Ew. Hochwohlgeboren haben von dieser Verfügung sämmtlichen Ober-Prokuratoren Kenntniß zu geben.

Berlin, den 9. November 1839.

An den Königl. General-Prokurator Herrn Biergans Hochwohlgeboren zu Köln.

Der Justiz-Minister Mühler.

I. 5335. Rhein. Off. S. 35. Vol. 2.

84.

Allgemeine Verfügung vom 11. November 1839, — über den zu Quittungen über fixirte Diäten anzuwendenden Stempel.

Sämmtlichen Gerichtsbehörden wird nachstehend eine von dem Herrn Finanz-Minister, im Einverständniß mit dem Justiz-Minister erlassene Verfügung über den zu Quittungen über fixirte Diäten anzuwendenden Stempel zur Befolgung mitgetheilt.

Berlin, den 11. November 1839.

An sämmtliche Gerichtsbehörden.

Der Justiz-Minister Mühler.

I. 5284. Steuer-S. 56. Vol. 3.

Beilage.

Zur Erläuterung der bisher nicht gleichförmig angewendeten Stempel-Tarif-Position »Quittungen littr. c.,« wonach Quittungen über unfixirte Diäten für stempelfrei erklärt sind, wird darauf aufmerksam gemacht: daß unter unfixirten Diäten solche, die auf Grund einer Liquidation der Arbeits- oder Reisetage in einem kommissarischen Geschäft nach allgemeinen Diäten-Reglements zur Anweisung gelangen, dagegen unter fixirten Diäten solche, die nach Maaßgabe einer vorherigen speciellen Bewilligung für dergleichen Geschäfte von längerer Dauer, gegen monatliche, viertel- oder ganzjährige Quittungen gezahlt werden, zu verstehen sind.

Hiernach ist zu verfahren und an die Unterbehörden das Röthige zu verfügen.

Berlin, den 18. Oktober 1839.

Der Finanz-Minister
Graf von Alvensleben.

An
sämmtliche Königl. Provinzial-Steuer-Direktoren — und mitgetheilt den Königlichen Regierungen, den Königlichen Ober-Bergämtern ꝛc.

85.

Verfügung vom 13. November 1839, — die Ausübung der Jagd auf dem linken Rheinufer betreffend.

(§§. 5, 6 littr. a, 7, 8, 12 des Gesetzes vom 17. April 1830. — Gesetzsamml. S. 65.)

Auf Ihren Bericht vom 3. Juni v. J., die Ausübung der Jagd auf dem linken Rheinufer betreffend, eröffne ich Ew. Hochwohlgeboren, nach vorgängiger Kommunikation mit dem Herrn Minister des Innern und der Polizei und im Einverständnisse mit demselben, Folgendes:

Durch den §. 12 des Gesetzes vom 17. April 1830, wegen Ausübung der Jagd auf dem linken Rheinufer (Gesetzsamml. S. 65.) ist bestimmt, daß Jedem, welcher sich, als zur Ausübung der Jagd befugt, gehörig ausweiset, von dem Landrathe des Kreises ein Jagd-Legitimations-Schein ertheilt werden soll, welcher bei Ausübung der Jagd mitgeführt werden muß; daß auch die Jäger, in so fern deren Annahme nachgegeben ist, dergleichen Legitimations-Scheine erhalten, daß jedoch Personen, welche nach den §§. 7 und 8 auf ihren Grundstücken jagen, und diejenigen Schützen, welche von den zur Ausübung der Jagd befugten Personen mitgenommen werden, derselben nicht bedürfen.

In einem Urtheile vom 13. September 1834 gegen den Jagdaufseher H. (Rheinisches Archiv Bd. 21. Abtheilung 2. S. 44.) hat der Revisions- und Kassationshof angenommen, daß unter den am Schlusse des §. 12 genannten

„zur Ausübung der Jagd befugten Personen“

nur Jagdberechtigte und Jagdpächter, nicht auch deren Jäger, zu verstehen seien, da in den, nach §. 5 des Gesetzes entworfenen allgemeinen Pachtbedingungen nur den Jagdberechtigten und Jagdpächtern, nicht auch deren Jägern, gestattet sei, Freunde und Bekannte mit auf die Jagd zu nehmen, und es dem Zwecke des Gesetzes, der zweckmäßigen Erhaltung und Behandlung der Jagd, zuwider laufen würde, wenn man dem Jäger, dem das Interesse zur Erhaltung der Jagd nicht so nahe, als dem Jagdpächter und Jagdberechtigten am Herzen liegt, gestatten wolle, durch das Mitnehmen vieler Schützen die Jagd zu beeinträchtigen. Demzufolge hat der Kassationshof den H., welcher von dem Jäger des Jagdpächters mit auf die Jagd genommen war und keinen Legitimations-Schein hatte, als Jagdfrevler bestraft. Mit dieser Entscheidung des Kassationshofes sind sowohl der Herr Minister des Innern und der Polizei, als ich vollkommen einverstanden, zumal da bei verpachteten Jagden auch der Jagdeigenthümer dabei betheiligt ist, daß die Jagd nicht durch zu viele Schützen ruinirt werde, und es gegen den Inhalt des Kontrakts laufen würde, wenn nicht blos dem Jagdpächter, sondern auch dessen Jäger und Jagdaufseher die freie Erlaubniß, Schützen mit auf die Jagd zu nehmen, zugestanden würde.

Was die ferneren, aus dem §. 12 des Gesetzes vom 17. April 1830 entnommenen Zweifel betrifft, so sind

I. von der Lösung und Führung eines Jagd-Legitimations-Scheins folgende Personen befreit:

1) die Königlichen Forstbedienten;

2) diejenigen, welche nach den §§. 7 und 8 des angeführten Gesetzes auf ihren eigenen Grundstücken zu jagen, befugt sind; sowie

3) die von diesen Eigenthümern und von den Jagdpächtern persönlich bei Ausübung der Jagd mitgenommenen Personen;

II. wogegen

1) die Jagdpächter;

2) die Jäger und Jagdaufseher, welche in gemeinschaftlichen Jagdrevieren bestellt (§. 6 littr. a.) oder von den Jagdpächtern, oder von den zur Ausübung der Jagd auf ihren

eigenen Grundstücken, nach den §§. 7 und 8 befugten Grundeigenthümern angenommen sind; sowie

3) alle Individuen, welche von den Jagdeigenthümern und Jagdpächtern die Erlaubniß zu jagen, erhalten haben, und die Jagd nicht in deren Begleitung ausüben wollen,

einen Jagd-Legitimations-Schein bei dem Landrathe des Kreises lösen und auf der Jagd bei sich tragen müssen, widrigenfalls sie als Jagdfrevler bestraft werden.

Hiernach sind von dem Herrn Minister des Innern und der Polizei die Regierungen mit Anweisung versehen, und beauftrage ich Ew. Hochwohlgeboren, diese Bestimmungen zur Kenntniß der Ober-Prokuratoren und Friedensrichter zu bringen.

Berlin, den 13. November 1839.

An den Königl. General-Prokurator Herrn Biergans Hochwohlgeboren zu Köln.

Der Justiz-Minister
Mühler.

I. 5413. Rh. Gen. 48. Vol. 3.

86.

Verfügung vom 16. November 1839, — betreffend den von den Rechtskandidaten vor der Zulassung zur Prüfung bei den Rheinischen Gerichten zu liefernden Nachweis, Vorlesungen über das Rheinische Civilgesetzbuch gehört zu haben.

Da es für diejenigen Rechtskandidaten, welche bei den Rheinischen Gerichten angestellt zu werden beabsichtigen, unbedingt nothwendig ist, eine theoretische Vorbereitung in der, im Bezirke des Appellationsgerichtshofes zu Köln geltenden materiellen französischen Gesetzgebung schon auf der Universität zu machen, und die Gelegenheit hierzu auch dadurch geboten ist, daß namentlich auf der Universität zu Bonn Vorlesungen über das Rheinische Civilgesetzbuch gehalten werden; so wird hierdurch festgesetzt, daß vom Ablaufe des Sommer-Semesters k. J. ab kein Rechtskandidat bei den Rheinischen Gerichten zur Prüfung zugelassen werden darf, der nicht den Nachweis liefert, daß er Vorlesungen über das Rheinische Civilgesetzbuch gehört habe.

Ew. Hochwohlgeboren werden veranlaßt, eine Bekanntmachung hierüber durch die Rheinischen Amtsblätter zu erlassen, und den Königlichen Universitäts-Bevollmächtigten zu Bonn zu ersuchen, diese Anordnung zur Kenntniß der Studirenden und Professoren zu bringen.

Berlin, den 16. November 1839.

An den Königl. General-Prokurator Herrn Biergans Hochwohlgeboren zu Köln.

Der Justiz-Minister Mühler.

I. 5523. Rhein. Offiz. S. 7. Vol. 3.

87.

Verfügung vom 19. November 1839, — betreffend die Befugniß der Steuerbehörden in der Rheinprovinz, von Partheien in gerichtlichen Angelegenheiten einen, denselben von dem Gerichte nicht auferlegten Werthstempel unmittelbar, ohne Dazwischenkunft des Gerichts, einzufordern.

(Allg. Landr. Thl. II. Tit. 14. §§. 4, 5, 9, 78 und 79. — Verord. v. 26. Dezbr. 1808, §§. 36, 37. — Ressort Reglement v. 20. Juli 1818, Lottner's Samml. Bd. 1. S. 594. — Stempelgesetz v. 7. März 1822, §§. 3 littr. i. und 19. — Allerh. Kab. Ordre v. 18. Novbr. 1828, Ges. Samml. v. 1829. S. 16. — Reskr. v. 21. Febr. 1837, Leitner Bd. 6. S. 93.)

Es ist zur Frage gekommen:

in wie fern den Steuerbehörden in der Rheinprovinz die Befugniß zusteht, von Partheien in gerichtlichen Angelegenheiten einen, denselben von dem Gerichte nicht auferlegten Werthstempel unmittelbar, ohne Dazwischenkunft des Gerichts, einzufordern.

Ew. Hochwohlgeboren eröffne ich dieserhalb, nach erfolgter Rücksprache mit dem Herrn Finanz-Minister und im Einverständnisse mit demselben, Folgendes.

Wenn auch nach der Allerhöchsten Kabinets-Ordre vom 18. November 1828 (Ges. Samml. v. 1829. S. 16) über die Verbindlichkeit zur Entrichtung der Stempelsteuer, so fern nicht die in den Gesetzen besonders nachgelassenen Ausnahmen eintreten,

Stempelgesetz vom 7. März 1822 §. 3. littr. i — Verordnung vom 26. Dezember 1808. §§ 36 und 37 — Allg. Landrecht Thl. II. Tit. 14. §§. 4, 5, 9, 78 und 79 — Ressort-Reglement vom 20. Juli 1818 (Lottners Sammlung Bd. I. S. 504.)

der ordentliche Weg Rechtens nicht stattfindet, so ist doch dadurch andererseits der Steuerbehörde nicht die Befugniß beigelegt, Prozeßstempel, welche von den Gerichten den Partheien nicht auferlegt worden sind, die aber die Steuerbehörde von ihnen fordern zu können glaubt, unmittelbar von denselben, ohne Vermittelung des Gerichts einzuziehen. Ein solches Verfahren würde der Vorschrift des §. 19 des Stempelgesetzes vom 7. März 1822 entgegen sein, wonach die Gerichte den Prozeßstempel festzusetzen haben. In den Provinzen, in welchen die Allgemeine Gerichts-Ordnung gilt, waltet hierüber kein Zweifel ob, da in diesen die Gerichte den Werthstempel mit den Gerichtskosten einziehen, und sobald die Steuerbehörde glaubt, daß das Gericht bei Festsetzung des Werthstempels den Gesetzen nicht gemäß verfahren habe, letzteres über das Monitum der Steuerbehörde durch Dekret, mit Vorbehalt des Rekurses im Verwaltungswege, entscheidet. Durch die in der Rheinprovinz bestehende Verfassung, nach welcher die Einziehung der Prozeßstempel der Verwaltungsbehörde überwiesen ist, kann die Mitwirkung des Gerichts bei der Festsetzung des Stempels nicht ausgeschlossen werden. Dies ist auch bereits in dem Reskripte vom 21. Februar 1837 (Leitner Bd. 6. S. 93.) anerkannt, und deshalb vorgeschrieben, daß die Steuerbehörde die Supplirung der bei Stempel-Revisionen nachliquidirten, zu den gerichtlichen Verhandlungen gar nicht, oder nicht vollständig verwendeten Stempel durch Ordonnanzen der Gerichte zu veranlassen habe, gegen welche den Partheien der Rekurs im Verwaltungswege an das Justiz- und Finanz-Ministerium offen bleibt. Ein gleiches Verfahren muß stattfinden, wenn die Steuerbehörde in einzelnen Fällen, abgesehen von den Stempel-Revisionen, in gerichtlichen Angelegenheiten Stempel, welche vom Gericht überhaupt nicht festgesetzt sind, nachfordert, oder sich wegen der Stempel an Personen halten will, welchen dieselben vom Gericht nicht auferlegt sind.

Ich beauftrage Ew. Hochwohlgeboren, von dieser Verfügung die Ober-Prokuratoren zur Mittheilung an die Gerichtsbehörden in Kenntniß zu setzen. Der Provinzial-Steuer-Di-

rektor zu Köln ist in gleicher Weise von dem Herrn Finanz-Minister mit Anweisung versehen worden.

Berlin, den 19. November 1839. Der Justiz-Minister
An Mühler.
den Königl. General-Prokurator
Herrn Biergans
Hochwohlgeboren
zu Köln.
I. 5581. Rhein. Gen. 62. Vol. 4.

88.

Verfügung vom 20. November 1839, — die Höhe der, wegen wiederholter Gewerbesteuer-Defraudation zu erkennenden Strafe betreffend.

(§§. 62, 91—95 der Steuer-Ordn. v. 8. Febr. 1819, §§. 39 b. und 42 a. des Gesetzes v. 30. Mai 1820.)

Wie Ew. Hochwohlgeboren aus den anliegenden Akten ersehen werden, hat das Königliche Landgericht zu N. gegen zwei Personen, welche sich einer wiederholten Gewerbesteuer-Defraudation schuldig gemacht hatten, eine Geldbuße erkannt, welche dem achtfachen Betrage der Jahressteuer gleich ist.

Diese Entscheidung ist nicht begründet, weil das Gesetz vom 30. Mai 1820 wegen Entrichtung der Gewerbesteuer im §. 39 b. keine Verdoppelung der Strafe im Wiederholungsfalle anordnet, die im §. 42 a. enthaltene Verweisung auf die §§. 91—95 der Steuer-Ordnung vom 8. Februar 1819 aber nur in Ansehung des Verfahrens gegen die Uebertreter erfolgt ist, und darum jede materielle Bestimmung der Steuer-Ordnung ausschließt, wozu auch die, in dem §. 94 derselben erwähnte Erhöhung der Strafe im Wiederholungsfalle gehört. Es würde daher diese Verweisung nur dann von Bedeutung seyn können, wenn das Gesetz vom 30. Mai 1820, eben so wie der §. 62 des Gesetzes vom 8. Februar 1819, für den Wiederholungsfall ausdrücklich eine Erhöhung der Strafe verordnet hätte, was der Fall nicht ist.

Um hierüber keine fernere Zweifel bestehen zu lassen, ist das Urtheil des Landgerichts zu N. dem Königlichen Revisionshofe vorgelegt und von diesem durch das Erkenntniß vom 7. September d. J., wegen unrichtiger Anwendung der Gesetze, kassirt worden.

Ew. Hochwohlgeboren werden veranlaßt, darauf zu wachen,

daß künftig nach den, von dem Revisionshofe angenommenen Grundsätzen verfahren werde.

Berlin, den 20. November 1839.

An den Königlichen General-Prokurator Herrn Biergans Hochwohlgeboren zu Köln.

Der Justiz-Minister Mühler.

I. 6355. Rhein. Gen. 8.

89.

Allgemeine Verfügung vom 23. November 1839, — die dienstliche Korrespondenz der Gerichtsbehörden mit der Preußischen Militairbehörde in Mainz betreffend.

Nach einer, schon im Jahre 1830 ausgesprochenen Allerhöchsten Bestimmung sollen alle an die Königlich Preußische Militairbehörde in Mainz ergehende dienstliche Mittheilungen nicht an das dortige Gouvernement oder die Kommandantur, sondern an die Person des Preußischen Gouverneurs (resp. Vice-Gouverneurs) oder Kommandanten adressirt werden, je nachdem der Posten des Gouverneurs oder des Kommandanten von Preußen besetzt ist.

Bei Gelegenheit des jetzt stattgehabten Wechsels des Gouverneurs und des Kommandanten in Mainz wird daher nunmehr die etwa vorkommende dienstliche Korrespondenz mit der diesseitigen Militairbehörde dieser Bundesfestung, an die Person des preußischen Kommandanten, Herrn General-Major von Quadt II., zu richten sein.

Berlin, den 23. November 1839.

An das Königliche Oberlandesgericht zu Hamm.

Der Justiz-Minister Mühler.

Vorstehende Verfügung wird hierdurch zur Kenntniß sämmtlicher Gerichtsbehörden gebracht, um sich danach in vorkommenden Fällen zu achten.

Berlin, den 23. November 1839.

An sämmtliche Gerichtsbehörden.

Der Justiz-Minister Mühler.

I. 5658. M. 100. Vol. 2.

90.

Allerhöchste Kabinets-Ordre vom 24. November 1839, — betreffend die Erledigung von Requisitionen in Strafsachen zwischen Rheinischen und den in den übrigen Provinzen bestehenden Gerichtsbehörden.

Auf Ihren Bericht vom 8. d. Mts. bestimme Ich, daß die Rheinischen und die in den übrigen Provinzen bestehenden Gerichtsbehörden wechselseitig, bei der Erledigung von Requisitionen in Strafsachen die dadurch bei dem requirirten Gerichte entstandenen Kosten zwar in den Remissorialien bemerken, von deren Einforderung aber, der requirirenden Gerichtsbehörde gegenüber, fortan Abstand nehmen und der letztern überlassen sollen, mit den in der Hauptsache entstandenen Kosten auch die durch die Requisitionen erwachsenen, zu seinen Fonds einzuziehen.

Berlin, den 24. November 1839.

An den Staats- und Justiz-Minister Mühler.

Friedrich Wilhelm.

Vorstehende Allerhöchste Kabinets-Ordre wird sämmtlichen Gerichtsbehörden und dem Königlichen Herrn General-Prokurator zu Köln zur Kenntniß und Nachachtung mit dem Bemerken hierdurch mitgetheilt, daß dieselbe nur auf das Verhältniß zwischen Rheinischen Gerichten einerseits, und den Gerichten anderer Provinzen andrerseits, nicht auf das Verhältniß der letztern unter einander, bei Requisitionen in Strafsachen sich bezieht, daß sie übrigens, dem veranlassenden Berichte und ihrer allgemeinen Fassung gemäß, auch auf Privatgerichte, in so weit zwischen ihnen und Rheinischen Gerichten die Erledigung von Requisitionen in Strafsachen eintritt, Anwendung findet, und daß ferner solche Requisitionssachen bezüglich auf die Emolumente, welche in vermögenden Untersuchungssachen gewissen Justizbeamten zukommen, als unvermögende Untersuchungssachen zu behandeln sind.

Berlin, den 29. November 1839.

An sämmtliche Gerichtsbehörden und an den Königlichen General-Prokurator Herrn Biergans, Hochwohlgeboren zu Köln.

Der Justiz-Minister
Mühler.

I. 5778. Rhein. Gen. Num. 76.

91.

Verfügung vom 2. Dezember 1839, — die Reisekosten der Friedensgerichtlichen Beamten betreffend.

(Verordn. v. 28. Juni 1825. §. 9. Buchst. d.)

Ew. Hochwohlgeboren wird auf den, wegen der Reisekosten der Friedensgerichtlichen Beamten, unterm 25. Oktober d. J. erstatteten Bericht eröffnet, daß der Justiz-Minister Bedenken trägt, die in der neuen Taxordnung für den Ostrhein, wegen Berechnung der Reisekosten bei Dienstreisen derjenigen Beamten, welche zur Reise mit Extrapost nicht berechtigt sind, getroffenen Bestimmungen auch bei den Dienstreisen der Rheinischen Friedensrichter zur Anwendung bringen zu lassen; da sie eine Abweichung von den, in der Verordnung vom 28. Juni 1825 §. 9. Buchst. d. aufgestellten Grundsätzen wegen Berechnung der Meilenzahl bei Reisen mit Extrapost, enthalten, und bei den bevorstehenden Berathungen über den Entwurf einer allgemeinen Gebührentaxe für die übrigen Provinzen näher erwogen werden wird, ob eine dergleichen Abweichung von den Grundsätzen, der Verordnung vom 28. Juni 1825 rathsam sei. Inzwischen muß es bei diesen Grundsätzen verbleiben, nach welchen sowohl bei Extrapostreisen, als bei andern Reisen, für welche eine Vergütung von 15 Sgr. für jede Meile zulässig ist, die Reisekosten bei Entfernung unter einer Meile, wie für eine volle Meile, bei Entfernungen über eine Meile aber nach ganzen, halben und Viertel-Meilen zu berechnen sind.

Berlin, den 2. Dezember 1839.

Der Justiz-Minister
Mühler.

An
den Königl. General-Prokurator
Herrn Biergans
Hochwohlgeboren
zu Köln.

I. 5385. Rhein. Off. S. 6. Vol. 2.

92.

Verfügung vom 16. Dezember 1839, — die Paßpflichtigkeit der in- und ausländischen Grenzbewohner, und die polizeiliche Aufsicht über dieselben betreffend.

(Allerh. Regulativ v. 12. Januar 1839, Rhein. Samml. Bd. 7. Num 3. S. 6.)

Das Allerhöchste Regulativ vom 12. Januar d. J., betreffend die Paßpflichtigkeit der in- und ausländischen Grenzbewohner (Just. Min. Blatt S. 318 ff.) hat in einigen Bestimmungen Zweifel erregt, zu deren Lösung Folgendes Ew. Hochwohlgeboren eröffnet wird.

Die in den §§. 3. und 9. bestimmten Strafen übersteigen zwar im Maximum das Maaß der von den einfachen Polizeigerichten, nach den gewöhnlichen Regeln der Kompetenz, festzusetzenden Strafen; dennoch aber sind diese Gerichte für kompetent zu erachten, dieselben, und zwar sowohl im ersten Falle, als in Recidivfällen, auszusprechen. Denn es ergiebt sich aus den Verhandlungen des Staats-Ministeriums, in Gefolge welcher das Regulativ erlassen worden ist, daß grade, um diese Kompetenz und in den übrigen Provinzen die der Polizeibehörden zu begründen, der Ausdruck „Polizeistrafe" gewählt und für genügend befunden worden ist; so daß also in dem Regulative selbst, bei Berücksichtigung dieses Sprachgebrauchs, die Festsetzung der Kompetenz der einfachen Polizeigerichte gefunden werden muß.

Aus eben diesen Verhandlungen ergiebt sich ferner unzweideutig, daß unter der, im §. 9. angeordneten Polizeiaufsicht über bestrafte Schleichhändler und Kontravenienten gegen das Regulativ, eine solche zu verstehen ist, welche lediglich von der Administrativ-Polizeibehörde selbst verfügt und ausgeführt wird. Von einer Festsetzung dieser Maaßregel durch die erkennenden Gerichte kann also um so weniger die Rede sein, als es nach Artikel 11 des Strafgesetzbuchs gar nicht zu den Attributionen der einfachen Polizeigerichte gehört, Jemand unter polizeiliche Aufsicht zu stellen. Diese Polizeiaufsicht des §. 9. bildet nur eine Verschärfung der schon in den §§. 1. und 2. angeordneten polizeilichen Kontrole. Sie wird daher, gleich dieser, auf den Antrag des Hauptzollamtes von dem Landrathe verfügt, und bei Verfolgung von Kontraventionen gegen den §. 9., eben so wie im Falle der §§. 3. flg., dem Gerichte die Verhandlung im Originale oder in beglaubter Abschrift vorgelegt, welche die geschehene Eröffnung der getroffenen Maaßregel an den Beschuldigten beurkundet. Die Eröffnung, von welcher der §. 2. handelt, muß übrigens, wenn auf Grund derselben die §§. 4. und 5. des Regulativs zur Anwendung kommen sollen, sich auch auf den Inhalt dieser Paragraphen mit erstrecken.

Um die betreffenden Hauptzollämter in den Stand zu setzen, die Stellung unter polizeiliche Aufsicht nach Maaßgabe des §. 9. in Antrag zu bringen, ist es nothwendig, daß der Beamte des öffentlichen Ministeriums an jedem, mit Aburtheilung von Kontraventionen gegen das Regulativ befaßten Polizeigerichte von allen bei demselben, wegen solcher Kontraventionen ergangenen rechtskräftigen Verurtheilungen dem nächstbelegenen Hauptzollamte Auszüge mittheile.

Ew. Hochwohlgeboren haben hiervon sowohl den betreffenden Landgerichten und den, an denselben fungirenden Beamten des öffentlichen Ministeriums, als auch durch diese den betreffenden Polizeigerichten Kenntniß zu geben, und auf Befolgung dieser Verfügung zu wachen.

Sollten, ungeachtet der im Eingang gegebenen Aufklärung hinsichtlich der Kompetenz der Polizeigerichte, über Kontraventionen gegen das Regulativ zu erkennen, ferner noch entgegengesetzte Entscheidungen der Gerichte ergehen, und somit das Bedürfniß zu einer Allerhöchsten Deklaration dieserhalb sich herausstellen, so wird Ihrem diesfälligen Berichte alsdann entgegengesehen.

Berlin, den 16. Dezember 1839.

Der Justiz-Minister
Mühler.

An
den Königlichen Herrn Ersten Appellationsgerichts-Präsidenten und den Königlichen Herrn General-Prokurator,
Hochwohlgeboren
zu Köln.

I. 5524. Rhein. Krim. 93.

XXVII.

1840.

Gesetze, Verordnungen, Reskripte.

93.

Allerhöchster Kabinets-Befehl vom 5. Januar 1840, — die Vorsichtsmaaßregeln bei Verladung und Verschiffung von Giftstoffen auf dem Rhein betreffend.

(Koblenzer Amtsblatt für 1840. Num. 14.)

Auf Ihren Antrag vom 21. Dezember v. J. genehmige Ich, daß die Mir von Ihnen vorgelegte Verordnung über die zu beobachtenden Vorsichts-Maaßregeln bei Verladung und Verschiffung von Arsenikalien und anderer Giftstoffe auf dem Rheine, über welche sich sämmtliche Rheinufer-Staaten geeinigt haben, auch für die diesseitigen betreffenden Landestheile gültig erklärt werde. Ich beauftrage Sie, die Publikation durch die Amtsblätter der betheiligten Regierungen zu bewirken, und setze zugleich fest, daß Uebertretungen der darin enthaltenen Vorschriften mit einer Geldstrafe von 5 bis 50 Thlrn. oder verhältnißmäßigem Gefängniß, je nach dem Ermessen des Richters, geahndet werden sollen.

Berlin, den 5. Januar 1840.

An die Staats-Minister von Rochow und Grafen von Alvensleben.

Friedrich Wilhelm.

Regulativ

über die bei der Verladung und Verschiffung von Arsenikalien und anderen Giftstoffen auf dem Rheine zu beobachtenden Vorsichts-Maaßregeln.

§. I. Bei der Versendung von Arsenik, Quecksilber-Präparaten, Bleizucker und Grünspan sollen vom 1. März 1840 an auf dem ganzen Rheinstrome folgende Vorsichts-Maaßregeln angewendet werden.

§. II. Arsenik (nämlich Arsenik-Mehl, gelbes Arsenik, Rauschgelb oder Auripigment, rothes Arsenik, Realgar, Scherben-Kobald) darf nur in Fässern oder Kisten verpackt werden. Die Fässer müssen von gutem Holze sein, mit wenigem Bruche, scharf zusammen gebunden und gänzlich ausgetrocknet; auch muß jedes Faß, wenn es nicht über zwei Zentner faßt, mit vierzehn hölzernen Reifen, bei größerem Gehalte aber verhältnißmäßig mit noch mehreren, desgleichen Boden und Deckel mit Einlage-Reifen gesichert werden. Inwendig sind diese Fässer mit starker Leinwand durch einen aus Schwarzmehl und Tischlerleim gekochten Kleister zu verkleben.

Ist die Verpackung in Kisten geschehen, so müssen diese von starkem Holze völlig dicht gefertigt, mit Reifen versehen und inwendig, gleich den Fässern, mit Leinwand verklebt sein.

§. III. Auf jedem Kollo muß mit leserlichen Buchstaben in schwarzer Oelfarbe das Wort:

ARSENIK (GIFT)

angebracht sein, unter welcher Bezeichnung es auch im Manifeste aufgeführt werden muß.

§. IV. Die Ladung muß von einem Zeugnisse der Polizei-Behörde des Absendungs-Orts,

daß bei der Verpackung die obige Vorschrift (§. II.) befolgt worden,

begleitet sein, und der Schiffer darf sie nur annehmen, wenn sie ihm von der Hafen-Polizei-Behörde des Absendungs-Orts überwiesen wird, die sich vorher genau zu überzeugen hat, daß die Verpackung keine äußerlich erkennbare Beschädigung erlitten hat, auch die Bezeichnung (§. III.) vollständig ist.

§. V. Bei Versendung von Quecksilber-Präparaten (namentlich dem ätzenden Sublimat, dem weißen und rothen Präcipitat), ferner von Bleizucker und Grünspan, sind die Schiffer ebenfalls verpflichtet, die Ladung nur anzunehmen, wenn sie von der Hafen-Polizei-Behörde ihnen übergeben wird, welche zuvor die Beschaffenheit eines jeden Kollos sorgfältig zu untersuchen hat.

Auch sind diese Waaren in den Manifesten unter ihren eigenthümlichen Benennungen aufzuführen, und dürfen nicht unter allgemeinen Rubriken, z. B. Material-Waaren, einbegriffen werden.

§. VI. Größere Transporte der in den §§. II. und V. genannten Waaren, worunter auf dem Ober-Rheine ein Quantum von mindestens 50, auf dem Mittel- und Nieder-Rheine von mindestens 100 Centnern verstanden wird, sollen in besondern Schiffen geführt werden. Kleinere Quantitäten können zwar mit anderen Gütern in das nämliche Fahrzeug aufgenommen werden, jedoch ordnet die Polizei-Behörde des Absendungs-Hafens die Art und Weise der Asonderung dieser Giftstoffe von der übrigen in dem nämlichen Fahrzeuge befindlichen Ladung an, und vermerkt dies im Manifeste. Insbesondere ist hierbei auf Entfernung solcher Gegenstände Rücksicht zu nehmen, welche mittelbar oder unmittelbar als Nahrungsmittel dienen.

§. VII. Bei der Ein- oder Ausladung dürfen die in Rede stehenden Waaren nicht länger als drei Tagesstunden, niemals aber während der Nacht im Freien lagern.

§. VIII. Schiffer, welche eine Ladung annehmen, die ihnen nicht von der Hafen-Polizei-Behörde überwiesen worden (§§. IV. und V.), oder das Manifest nicht richtig abfassen (§§. III. und V.), oder die Vorschriften wegen alleiniger Verladung oder Absonderung bei gemischten Ladungen nicht befolgen (§. VI.), endlich über die gesetzte Zeit hinaus die Waare bei der Einladung liegen lassen (§. VII.), verfallen in die, durch die Gesetze des respektiven Uferstaates für derartige Uebertretungen verhängten Strafen.

§. IX. Den Rhein-Zoll- und Hafen-Polizei-Beamten liegt die Handhabung dieser Verordnung ob. Sie haben die Schiffer, welche solche übertreten, nicht nur den Rhein-Zoll-Gerichten anzuzeigen, sondern auch zur Verhütung von Schaden die sofortige Abstellung des Mangels, bei eigener Verantwortung, für Rechnung des Schuldigen zu bewirken. Gegen Versender, welche die Waaren unter unrichtigen Namen aufgeben, wie gegen Bezieher, welche sie über die gesetzte Zeit (§. VII) am Ufer liegen lassen, haben sie nicht minder gehörigen Orts die Bestrafung einzuleiten.

94.

Allgemeine Verfügung vom 6. Januar 1840, — betreffend die Entbindung der Doktoren der Rechte von der Auskultator-Prüfung.

Des Königs Majestät haben mittelst Allerhöchster Kabinets-Ordre vom 20. v. Mts. den Justiz-Minister autorisirt, solche Doktoren der Rechte, welche den akademischen Doktorgrad auf Grund der auf einer Preußischen Universität abgelegten Prüfung erlangt haben, von der Auskultator-Prüfung, Behufs ihrer Zulassung zur Auskultatur, zu entbinden.

Demgemäß werden sämmtliche Obergerichte und der Königliche General-Prokurator Herr Biergans zu Köln aufgefordert, wenn künftig Doktoren der Rechte auf Grund der Allerhöchsten Kabinets-Ordre bei ihrer Anstellung als Auskultatoren eine Entbindung von der vorschriftsmäßigen Auskultator-Prüfung beantragen, von ihnen den Nachweis zu fordern, daß sie den Doktorgrad auf Grund der auf einer Preußischen Universität abgelegten gesetzmäßigen Prüfung erlangt haben, und demnächst in jedem speziellen Falle die Gesuche derselben, nebst den beigebrachten Dokumenten und Attesten, dem Justiz-Minister zur weitern Beschlußnahme einzureichen.

Berlin, den 6. Januar 1840.

Der Justiz-Minister
Mühler.

An
sämmtliche Obergerichte und den
Königlichen General-Prokurator
Herrn Biergans
Hochwohlgeboren
zu Köln.

I. 6200. D. 9. Vol. 2.

95.

Allgemeine Verfügung vom 13. Januar 1840, — betreffend die Ergänzung der Instruktion vom 7. und 20. April 1838, über das Verfahren bei der Fortschreibung der Besitzveränderungen im Grundsteuer-Kataster, für Westphalen und die Rheinprovinz.

(Instruktion v. 7. u. 20. April 1838, Jahrb. Bd. 51. S. 431 und 465.)

Nach Inhalt der Instruktion, welche über das Verfahren bei der Fortschreibung der Besitzveränderungen im Grundsteuer-Kataster für Westphalen und die Rheinprovinz unterm 7. und 20. April 1838 (Jahrbücher Bd. 51. S. 431 und 465) erlassen worden ist, haben die Gerichte und Notare den von ihnen aufzunehmenden Verhandlungen der freiwilligen Gerichtsbarkeit Kataster-Auszüge der betreffenden Grundstücke zum Grunde zu legen.

Diese Kataster-Auszüge werden den bestehenden administrativen Anordnungen gemäß von den Kataster-Verwaltungs-Beamten, so fern es verlangt wird, in der Art ausgestellt, daß bei jeder einzelnen Parzele die Grenznachbarn der Lage und dem Namen nach bezeichnet werden, wodurch allen Irrthümern und Zweifeln über die Identität am sichersten vorgebeugt wird.

Die Beamten der freiwilligen Gerichtsbarkeit werden auf diese Anordnungen aufmerksam gemacht, mit der Anweisung, darauf zu halten, daß die ihnen nach §. 1. jener Instruktion vorzulegenden oder mitzutheilenden Kataster-Auszüge bei jedem Grundstücke die Namen der Grenznachbarn enthalten.

Berlin, den 13. Januar 1840.

Der Justiz-Minister
Mühler.

An
die Gerichtsbehörden und Notare in Westphalen und der Rheinprovinz.
I. 125. Westph. 48. Vol. 3.

96.

Die bei dem Landgericht zu Trier für die Jahre 1832—1834 abgehaltene Stempel-Revision betreffend.

(Gesetz vom 7. März 1822, Gesetz-Samml. S. 57.)

a.

Ew. Excellenz beehre ich mich auf das verehrliche Schreiben vom 12. v. M., die bei dem Landgerichte zu Trier abgehaltene Stempel-Revision für die Jahre 1832 bis 1834 betreffend, ganz ergebenst Folgendes zu erwiedern:

1) ad punctum I. monita 2, 3, 4, 52 bis 55b, 59b, 60b, 77b und 78 — betreffend den Stempel zu Rathskammerbeschlüssen, durch welche bei vakanten Erbschaften die Abschätzung eines Grundstücks Behufs der Licitation verordnet, die Homologation der Expertise ausgesprochen und die Licitation verfügt, oder der Kurator eines vakanten Nachlasses ernannt worden, haben Ew. Excellenz von dem Monitum, daß zu der Urschrift der Rathskammerbeschlüsse ein Werthstempel verwendet werde, Abstand genommen; dieses Monitum ist daher erledigt. Dagegen ist zu den Ausfertigungen dieser Beschlüsse, worin Ew. Excellenz ich gleichfalls beitrete, allerdings der Ausfertigungs-Stempel von 15 Sgr. erforderlich, welcher ad mon. 52b, 69 und 78

auch von dem Königlichen Landgerichte adhibirt worden ist, da diese Beschlüsse nicht einen eigentlichen Subhastations-Prozeß, sondern eine Nachlaßregulirung betreffen. (Reskript vom 29. Dezember 1823, Jahrb. Bd. 22. S. 202.)

2) ad punctum II, monita 7—33. Die Protokolle, welche der Landgerichts-Präsident über die Vorlegung, die Eröffnung und den Zustand olographischer und mystischer Testamente nach Art. 1007 des Civilgesetzbuchs aufnimmt, sind Protokolle über die Annahme eines Testaments und unterliegen daher nach dem Stempel-Tarif, Position „Testamente" dem Stempel von 15 Sgr. Der Umstand, daß die Ordonnanz des Präsidenten, durch welche die Hinterlegung des Testaments bei einem Notar verordnet wird, besonders mit dem Ausfertigungs-Stempel zu belegen ist, kann eben so wenig, als der Umstand, daß dergleichen Ordonnanzen in den älteren Provinzen nicht vorkommen, die Stempelfreiheit der Protokolle begründen. Die Monita 7—33 sind daher vollkommen begründet.

3) ad punctum III, monita 39—49. Zu den Protokollen über die Deposition von Kauf-Kontrakten und Versteigerungs-Protokollen, in Gemäßheit des Art. 2194 des Civilgesetzbuchs, hat der Provinzial-Steuer-Direktor, welcher, anstatt des adhibirten Stempels von 5 Sgr., anfänglich einen Stempel von 15 Sgr. angesetzt hat, nachher seine Meinung geändert, und fallen daher diese Monita aus.

4) ad punctum IV, monita 80—90. trete Ew. Excellenz ich darin bei, daß zu den Protokollen über die Deposition von Ehekontrakten zwischen Handeltreibenden, in Gemäßheit des Art. 67. und 68 des Handelsgesetzbuchs, ein Stempel von 5 Sgr. nach dem Stempel-Tarif, Position „Protokolle littr. a" erforderlich, und die Monita des Provinzial-Steuer-Direktors, welcher einen Stempel von 15 Sgr. in Ansatz gebracht hat, nicht begründet seien. Die Monita 80—85 fallen daher fort, und ad mon. 86—90 ist annoch ein Stempel von 5 Sgr. zu verwenden.

5) ad punctum V, monita 92—153. Zu den Urtheilen, durch welche die Verklagten durch den Verkauf ihrer Güter bis zu einer Summe von 1000 Thlr. und resp. 719 Thlr. zur Rechnungslegung angehalten werden, kann weder der Prozeßstempel von der Summe von 1000 Thlr. und resp. 719 Thlr., noch ein Werthstempel von 5 bis 20 Thlr., als über einen unschätzbaren Gegenstand verwendet werden, da durch diese Urtheile keinesweges, wie von

dem Provinzial-Steuer-Direktor vorausgesetzt wird, definitiv über die Pflicht zur Rechnungslegung erkannt worden; sondern die Urtheile, welche sich auf den Art. 534 der Civilprozeßordnung gründen, lediglich eine Exekutions-Maaßregel anordnen, nachdem die Verpflichtung zur Rechnungslegung schon vorher rechtskräftig festgestellt worden (vgl. Art. 530 der Civilprozeßordnung). Zu dem Erkenntnisse über die Verpflichtung zur Rechnungslegung ist bereits der Stempel von 5 bis 20 Thlr. adhibirt; zu dem Urtheile nach Maaßgabe des Art. 534 a. a. O. kann er deshalb nicht noch einmal verwendet werden.

6) **ad punctum VI, monita 94, 132, 138, 142—150.** Hinsichtlich der Theilungsklagen haben Ew. Excellenz sich bereits in Veranlassung des Schreibens meines Amtsvorgängers vom 19. April 1837 durch das Schreiben vom 24. Mai dess. J. (Leitners Samml. Bd. 6. S. 228 u. 230) damit einverstanden erklärt, daß zu den Urtheilen, durch welche die Theilung verordnet wird, der Prozeßstempel nur in dem Falle zu verwenden sei, wenn über die Verpflichtung zur Theilung, oder über die, den einzelnen Interessenten gebührenden Antheile Streit ist, nicht aber, wenn es blos darauf ankommt, die Theilung selbst durchzuführen. Nach diesen Grundsätzen kann

ad monit. 94. der Stempel nicht nach Höhe des Erbantheils des Klägers, sondern nur nach dem, was unter den Parteien streitig war, festgesetzt werden. Streitig war aber nur die Summe von 21 Thlr. 29 Sgr. 7 Pf., und wenn das Landgericht zu dem Urtheile einen Stempel von 15 Sgr. verwendet hat, so ist eher ein zu hoher; als ein zu geringer Stempel adhibirt. Der Provinzial-Steuer-Direktor selbst hat dies gewissermaßen anerkannt, und würde daher von diesem Monitum Abstand zu nehmen sein.

ad monit. 132, 138, 142—150. sind dagegen die Kläger mit ihren Ansprüchen zum Theil abgewiesen. Zu diesen Urtheilen wird daher allerdings der Prozeßstempel nach dem Streitgegenstande zu verwenden und das Landgericht anzuweisen sein, nachträglich einen Werthstempel von 5 bis 20 Thlrn. festzusetzen.

7) **ad punctum VII., monita 97, 98, 103, 111, 112** trete Ew. Excellenz ich bei, daß zu den Strafurtheilen in Disziplinarsachen gegen Civilstandsbeamte und Notare, wie in anderen Strafsachen, ohne Rücksicht auf die Höhe der Strafe, ein Werthstempel von mindestens 5 Thlr. erforder-

lich sei, wie dies auch bereits früher in der diesseitigen Verfügung vom 10. Mai v. J. zu 5. (Leitners Samml. Bd. 6. S. 479) angenommen worden ist.

Dagegen kann ad monitum 121. zu dem Urtheile, durch welches der Verklagte, welcher seine Unterschrift abgeleugnet hatte, in dem Civilprozesse nach Art. 213. der Civilprozeß-Ordnung in eine Geldstrafe von 150 Franken verurtheilt worden ist, nur ein Stempel von 15 Sgr. genommen werden, da das Verfahren über die Aechtheit der Urkunde nur einen Incident-Punkt in dem Hauptprozesse bildet, und die Festsetzung des Stempel-Tarifs über den Stempel in Strafsachen auf Strafen, welche gelegentlich in Civilprozessen vorkommen, nicht für anwendbar geachtet werden kann. Daß in dem, dem monit. 121 zum Grunde liegenden Falle über die Strafe ein besonderes Erkenntniß abgefaßt worden, hat lediglich in dem zufälligen Umstande, daß der Hauptprozeß vor dem Friedensgerichte schwebte, und letzteres über die Aechtheit der Urkunde nach Art. 14. der Civilprozeß-Ordnung zu erkennen nicht kompetent ist, seinen Grund. Hätte der Hauptprozeß bei dem Landgericht geschwebt, so würde durch dasselbe Urtheil, sowohl in der Hauptsache, als über die Strafe, erkannt worden sein. Es liegen hier dieselben Verhältnisse vor, als wenn nach Vorschrift der Prozeßordnung Tit. 23. §. 51. ff. in einem Civilprozesse gegen eine Partei besondere Strafen ausgesprochen werden. So wie in diesen Fällen nicht, außer dem zu der Hauptsache zu verwendenden Stempel, ein besonderer Stempel zu der Straffestsetzung gefordert werden kann, so kann auch auf den vorliegenden Fall der in Strafsachen eintretende Stempel nicht angewendet werden. (vgl. Tarif Position,, Erkenntnisse, litt. c.")

8) ad punctum VIII., monitum 124 ist in der That nur die Summe von 118 Thlr. 20 Sgr. 6 Pf. streitig. Der Antrag des Klägers, den mündlichen Kaufvertrag über 200 Thlr. für rechtsbeständig zu erklären, ist nur ein Motiv zu dem ferneren Antrage, den Verklagten zur Zahlung des rückständigen Kaufgeldes von 118 Thlr. 20 Sgr. 6 Pf. zu verurtheilen. Die Zahlung dieser Summe ist der Zweck und Gegenstand des Prozesses; es kann daher auch nur davon, und nicht von der Summe von 200 Thlrn., der Werthstempel berechnet werden.

9) ad punctum IX, monita 140, 151, 155, 157, 163 ist das Monitum, daß Urtheile, durch welche der Kläger

angebrachtermaßen oder zur Zeit abgewiesen worden dem vollen Werthstempel unterliegen, vollkommen begründet; wie dies auch bereits früher angenommen worden ist (Reskript vom 10. Mai v. J. zu 47. Leitners Samml. Bd. 6. S. 480); ad monit. 140 ist daher der Prozentstempel, ad monit. 151, 155, 157 und 163 ein Werthstempel von 5 bis 20 Thlr. anzusetzen.

Eben so ist **ad monitum 164**, nach welchem der Kläger mit der Klage zurückgewiesen ist, der volle Werthstempel von 5 bis 20 Thlr. zu verwenden.

10) **ad punctum X, monitum 156** hat das Landgericht kein Mittel in Händen, wenn die Parteien nnd Anwälte die Akten Behufs Ermittelung des Stempels nicht vorlegen wollen, sie dazu anzuhalten; sondern wird das Landgericht nur, wenn die Parteien und Anwälte der Aufforderung nicht genügen, den Stempel, als von einem unschätzbaren Gegenstande, berechnen können.

11) **ad punctum XI, monita 158, 162 und 166** trete ich dem Monitum, daß Urtheile, wodurch über die, auf Grund eines notariellen Akts eingeleitete Exekution im Oppositions-Verfahren erkannt wird, dem vollen Werthstempel unterliegen, lediglich bei; da, wenn auch notarielle Akte in Beziehung auf die Zulässigkeit der Exekution gerichtlichen Erkenntnissen gleich stehen, hieraus noch nicht die Gleichstellung hinsichtlich des Stempels in dem Oppositions-Verfahren folgt. Bei einer Opposition gegen die Exekution aus einem gerichtlichen Erkenntnisse ist der Stempel bereits zu dem früheren Erkenntnisse verwendet, und ein nochmaliges Erkenntniß in der Exekutions-Instanz über einen vom Exequenden aufgestellten Einwand, ist ein nachträgliches, zu welchem nach dem Stempeltarif Position „Erkenntnisse litt. c" nur ein Stempel von 15 Sgr. erforderlich ist. Hat dagegen ein früherer Prozeß gar nicht statt gefunden, sondern ist sofort aus dem notariellen Akte die Exekution eingeleitet, so ist das über die vom Exequendus eingelegte Exekution ergehende Urtheil kein nachträgliches, sondern das erste Erkenntniß, zu welchem daher der volle Werthstempel zu verwenden ist. Der Werthstempel kann aber nicht von der ganzen Summe, wegen deren die Exekution eingeleitet ist, sondern nur von der Summe, welche der Exequendus bestreitet, da nur diese Gegenstand des Prozesses ist, also ad mon. 158, von der Summe von 360 Thlr. berechnet werden. Ad monit. 162 hat der Exequendus die Zulässigkeit der Exekution überhaupt bestritten, und dieselbe ist gänz-

lich verworfen; in diesem Falle also ist der Stempel von der ganzen Summe der 162 Thlr. 15 Sgr. zu berechnen. Ad monit. 166 konstirt nicht mit Gewißheit, ob der Opponent die ganze Summe oder nur einen Theil nicht hat zahlen wollen. Dies ist daher näher zu ermitteln und danach der Stempel festzusetzen.

Ew. Excellenz geneigter Erwägung gebe ich die vorstehenden Bemerkungen ganz ergebenst anheim; im Falle Dero Einverständnisses werde ich demnächst das Landgericht zu Trier zur Erledigung der begründet gefundenen Monita anweisen, und ersuche Ew. Excellenz ich deshalb ganz ergebenst um Dero gefällige Aeußerung.

Berlin, den 18. Dezember 1839.

Mühler.

An
den Königlichen Wirklichen Geheimen Staats- und Finanz-Minister Herrn Grafen v. Alvensleben,
Excellenz.

---

b.

Auf Ew. Excellenz verehrliches Schreiben vom 18. Dezember v. J., betreffend die bei dem Landgerichte zu Trier für den Zeitraum vom 1. November 1831 bis 1. November 1834 abgehaltene Stempel-Revision, beehre ich mich ganz ergebenst zu erwiedern, daß ich mit Ew. Excellenz Ausführungen überall einverstanden bin. Ich habe daher dem Provinzial-Steuer-Direktor zu Köln eine Abschrift des Schreibens mit der Anweisung übersendet, danach und nach den Bemerkungen in dem diesseitigen Schreiben vom 12. November v. J. diese Stempel-Revision zu erledigen, und ersuche Ew. Excellenz, zu gleichem Zweck an das Landgericht zu Trier die entsprechende Verfügung zu erlassen.

Berlin, den 5. Januar 1840.

Graf von Alvensleben.

An
den Königlichen Wirklichen Geheimen Staats- und Justiz-Minister Herrn Mühler,
Excellenz.

---

c.

Ew. Hochwohlgeboren erhalten Abschriften

1) des Berichts des Provinzial-Steuer-Direktors zu Köln an den General-Steuer-Direktor vom 13. August v. J., die Stempel-Revision bei dem Landgericht zu Trier für die Jahre 1831 bis 1834 betreffend,

des Schreibens des Herrn Finanz-Ministers in dieser Angelegenheit vom 12. November v. J.,

3) meines Antwortschreibens vom 18. v. M.

4) des ferneren Schreibens des Herrn Finanz-Ministers vom 5. d. M.

mit der Anweisung, diese Verhandlungen zur Kenntniß des Königlichen Landgerichts zu bringen, und nach Maßgabe der mit dem Herrn Finanz-Minister stattgehabten Vereinbarung zur Erledigung der begründet befundenen Monita das Weitere zu veranlassen.

Berlin, den 14. Januar 1840.

Der Justiz-Minister
Mühler.

An
den Königlichen Landgerichts-Präsidenten, Herrn Geheimen Justizrath Rive und den Königlichen Ober-Prokurator Herrn Deuster,
Hochwohlgeboren
zu Trier.

I. 143. Rh. Gen. 62. Vol. 4.

97.

Verfügung vom 17. Januar 1840, betreffend die den Rheinischen Sekretairen bewilligte Stempeltantieme.

Um den Sekretairen des Appellationshofes und der Landgerichte, welche die Stempelverwendung und die Restverzeichnisse besorgen, so wie den Handelsgerichtsschreibern eine entsprechende Vergütung für ihre Bemühungen in Betreff der Stempelabgabe zu gewähren, hat der Herr Finanz-Minister die Anordnung getroffen, daß denselben von allen Stempelbeträgen, die im Laufe des Jahres zu Sekretariatsarbeiten bei demjenigen Gerichte, bei welchem sie stehen, verwendet worden sind, zwei Prozent, vom Anfange des Jahres 1840 ab, vergütet werden.

In Uebereinstimmung mit dem Herrn Finanz-Minister wird in dieser Beziehung Folgendes verordnet.

1. Mit der Verwendung des Stempels, Aufstellung der

Stempel-Restverzeichnisse und mit Bearbeitung der sonst etwa vorkommenden, das Stempelwesen betreffenden Sekretariatsarbeiten wird bei dem Appellationsgerichtshofe und bei jedem Landgerichte nur Ein Sekretair, resp. von Ew. Hochwohlgeboren, dem Herrn Ersten Präsidenten, und von dem betreffenden Landgerichts-Präsidenten, unter gleichzeitiger Benachrichtigung des nächst belegenen Haupt-Zollamtes, beauftragt. Dieser Sekretair hat ausschließlich die Vergütung von zwei Prozenten zu beziehen. Der Ober-Sekretair darf dieses Geschäft nicht übernehmen. Bei den Handelsgerichten wird es durch den Handelsgerichtsschreiber besorgt.

2. Der betreffende Sekretair hat ein Register anzulegen, in welchem jede Seite mit sieben Kolumnen versehen ist, deren beide ersten für den Tag und Monat, die dritte für die Quantität, die vierte für die Gattung, die beiden folgenden für den Geldbetrag des Stempelankaufs, die letzte endlich für das Attest des Haupt-Zollamtes über die Richtigkeit des Ankaufs, bestimmt sind.

3. Jeder Ankauf von Stempelpapier muß bei dem nächstbelegenen Haupt-Zollamte, und zwar, wie bisher, gegen baare Bezahlung des Nominalbetrages, geschehen. Es wird dabei von dem Sekretair das zu 2 erwähnte Register in den sechs ersten Kolumnen ausgefüllt und sogleich von dem debitirenden Steuerbeamten, dem es vorzulegen ist, das Attest in die siebente Kolumne eingetragen, unter Beifügung der Nummer, unter welcher der Verkauf in das Debitregister des Hauptamtes eingetragen ist, und unter Beifügung der Unterschrift des Steuerbeamten.

4. Dasjenige Stempelpapier, dessen Ankauf, wie unter Num. 3 bestimmt worden, in das vorgeschriebene Register eingetragen worden ist, darf bei Vermeidung der gesetzlichen Bestrafung und Entziehung der Begünstigung, ausschließlich nur zu den bei dem Gerichte, bei welchem der Sekretair fungirt, vorkommenden gerichtlichen und stempelpflichtigen Verhandlungen verwendet werden.

5. Im Januar jedes Jahres wird das Verzeichniß für das abgelaufene Jahr von dem Sekretair abgeschlossen und mit der Versicherung versehen, daß das darin bezeichnete Stempelpapier nur zu den in Num. 4 erwähnten Verhandlungen verwendet worden sei.

Dieses Verzeichniß wird alsdann bei dem Appellationsgerichtshofe und bei den Landgerichten dem Ober-Sekretair, bei den Handelsgerichten aber dem Präsidenten vorgelegt, welche nach vorgängiger Prüfung und genommener Ueberzeugung, die Richtigkeit der in der eben erwähnten Versicherung angegebenen Verwendungsart darunter attestiren.

6. Auf das so attestirte Verzeichniß wird, wenn auch die Stempel-Restverzeichnisse für das abgelaufene Jahr von dem Sekretär dem Haupt-Zollamte gehörig zugefertigt worden sind, der Betrag der Tantieme von dem Haupt-Zollamte berechnet, und gegen Quittung des Sekretärs demselben ausgezahlt.

Hiernach haben Ew. Hochwohlgeboren das Erforderliche bei dem Sekretariate des Appellationshofes zu veranlassen, und zugleich von der getroffenen Einrichtung, so weit es sie betrifft, die Handelsgerichts-Präsidenten, und durch dieselben die Handelsgerichtsschreiber, in Kenntniß zu setzen. An die Landgerichts-Präsidenten und Ober-Prokuratoren ist direkt von mir verfügt worden.

Im März 1841 ist anzuzeigen, wie viel die Tantieme für das abgelaufene Jahr beim Appellationsgerichtshofe und bei jedem einzelnen Land- und Handelsgericht betragen hat, und wie viel einzelne Restposten in den Restverzeichnissen eines jeden dieser Gerichte in dem abgelaufenen Jahre eingetragen gewesen sind.

Berlin, den 17. Januar 1840.

Der Justiz-Minister
Mühler.

An
den Königlichen Ersten Präsidenten des Appellationsgerichtshofes Herrn Schwarz und den Königlichen General-Prokurator Herrn Biergans,
Hochwohlgeboren
zu Köln.

I. 5672. Rhein. Off. S. 72.

98.

Allerhöchste Kabinets-Ordre vom 18. Januar 1840, — betreffend die Wahrnehmung der Funktionen des öffentlichen Ministeriums bei den Rheinischen Polizeigerichten an solchen Orten, an welchen zugleich ein Landgericht seinen Sitz hat, durch Referendarien.

Auf Ihren Bericht vom 3. d. M. will Ich gestatten, daß die Funktionen des öffentlichen Ministeriums bei den Rheinischen Polizeigerichten an solchen Orten, an welchen zugleich ein Landgericht seinen Sitz hat, durch Referendarien wahrgenommen werden können, und überlasse die Bestimmung hierüber, nach den obwaltenden Umständen, Ihrem Ermessen. Zugleich genehmige Ich die bei den Polizeigerichten zu St. Johann und für den Bezirk Metternich zu Koblenz in dieser Hinsicht bereits getroffenen Einrichtungen.

Berlin, den 18. Januar 1840.

An den Staats- und Justiz-Minister Mühler.

Friedrich Wilhelm.

I. 261. Rh. Off. S. 26.

99.

Allerhöchster Kabinets-Befehl vom 21. Januar 1840, — die Ausleihung von Kirchenkapitalien in der Rheinprovinz betreffend.

Ich sehe Mich durch Ihren Bericht vom 31. v. M. veranlaßt, die auf dem linken Rheinufer wegen der rentbaren Anlegung der Kirchenkapitalien bestehenden Vorschriften zu modifiziren, und bestimme demnach, daß die Kirchen-Fabrik-Verwaltungen einer Genehmigung der Staatsbehörden fortan überall nicht mehr bedürfen, wenn sie die von ihnen zu verwaltenden Gelder bei der Bank belegen, oder zum Ankaufe von Staatsschuldscheinen oder von solchen Obligationen über Provinzial-Schuld-Kapitalien verwenden wollen, welche die Regierungen, als zu diesem Zwecke geeignet, im Allgemeinen zu bezeichnen haben. Kleinere Kapitalien bis zum Betrage von einschließlich 50 Rthlr. sollen diese Verwaltungen gegen eine Verpfändung von Grundstücken oder gegen einen einfachen Schuldschein auch an Privatpersonen ohne vorherige Genehmigung der Staatsbehörden auszuleihen befugt sein, wenn sämmtliche Mitglieder der betheiligten Kirchen-Fabrik-Verwaltung wegen des Kapitals und der Zinsen schriftlich sich verbürgen. Sollen kleinere Kapitalien ohne diese Verbürgung, oder sollen überhaupt Summen über 50 Rthlr. anders, als bei der Bank oder in Staatsschuldscheinen und den obgedachten Obligationen, angelegt werden, so bleibt die Genehmigung der betheiligten Regierung erforderlich, welche diese Genehmigung jederzeit nur bei hypothekarischer Sicherstellung, und überhaupt nur nach vorheriger rechtlicher Prüfung des ganzen Darlehnsgeschäfts, zu ertheilen hat. Einer Berichtserstattung Seitens der Regierungen, Behufs der Einholung einer höhern Genehmigung, soll es fortan überall nicht mehr bedürfen. Ich überlasse Ihnen, für die Ausführung dieser Bestimmungen Sorge zu tragen, und insbesondere auch dahin zu wirken, daß nicht etwa größere Geldbestände in Darlehne von 50 Thalern oder von einem geringeren Betrage aufgelöst werden, um auf diese Weise nach der, oben den Kirchen-Fabrik-Verwaltungen ertheilten Autorisation die Einholung der Genehmigung Seitens der Regierung auch da zu umgehen, wo diese erforderlich bleiben soll.

Berlin, den 21. Januar 1840.

An den Staats-Minister Freiherrn von Altenstein.

Friedrich Wilhelm.

100.

Bekanntmachung des General-Prokurators Biergans zu Köln vom 31. Januar 1840, — betreffend die Gebühren für friedensgerichtliche Amtsverrichtungen.

Nach der Rheinischen Gesetzgebung steht der Grundsatz fest, daß für friedensgerichtliche Amtsverrichtungen keine Gebühren gefordert oder angenommen werden dürfen, wenn die Taxordnung oder sonstige spezielle Bestimmungen solche nicht ausdrücklich bewilligt haben, und ist eine Ueberschreitung der solchergestalt bewilligten Gebühren unter keinem Vorwande gestattet.

Eine Verletzung dieses Grundsatzes kann durch eine aus unrichtigen Ansichten einzelner Beamten entstandene Praxis, wie lange dieselbe auch bestanden haben mag, nicht entschuldigt, viel weniger aber gerechtfertigt werden, indem das Gesetz allein überall zur Richtschnur dienen muß.

So bekannt und unzweifelhaft dies ist, so hat sich doch in Folge einer desfalls eingeleiteten gerichtlichen Untersuchung ergeben, daß von einem Friedensgerichte

1. bei Urtheilen, welche nach dem Art. 7 der Civil-Prozeß-Ordnung auf freiwilliges Erscheinen der Partheien erfolgten, Vakationsgebühren berechnet worden sind, wiewohl weder das Dekret vom 16. Februar 1807, noch eine spätere Verordnung in derartigen Fällen eine Gebührenerhebung gestattet.

2. Sind in Vormundschaftssachen, wo die Vermögens-Einkünfte der Minderjährigen nach Abzug aller bestrittenen oder noch zu bestreitenden Ausgaben einen Ueberschuß nicht gewähren, dennoch Gebühren und Stempel erhoben worden, obschon nach

der Allerhöchsten Kabinets-Ordre vom 4. Juli 1834 und nach den Grundsätzen der Allgemeinen Gebührentaxe vom Jahre 1815 eine Erhebung der Gebühren und Stempel niemals stattfindet, wenn von den jährlichen Einkünften, nach Abzug der Erziehungs- und Verpflegungskosten, nichts übrig bleibt.

3. Ist bei Ertheilung der Ausfertigungen von friedensgerichtlichen Verhandlungen die in dem Art. 9 des Dekrets vom 16. Februar 1807 bestimmte Zeilen- und Silbenzahl nicht beobachtet und hierdurch eine ungesetzliche Anhäufung der Expeditionsgebühren herbei geführt worden.

Meine amtliche Stellung macht es mir zur Pflicht, strenge darauf zu halten, daß derartige ungesetzliche Gebühren-Erhebungen niemals ungeahndet bleiben; und daß auch die Anführung einer, jenen Grundsätzen zuwider sich eingeschlichenen Praxis bei der richterlichen Entscheidung keinen Eingang findet, darüber liefern die Erkenntnisse warnende Beispiele.

So selten nun auch bisher derartige ungesetzliche Gebührenerhebungen vorgekommen sind, so kann es den friedensgerichtlichen Beamten doch nur willkommen sein, wenn dieselben, wie hiermit geschieht, darauf aufmerksam gemacht werden, und veranlasse ich dieselben demnach, die Bestimmungen des Dekrets vom 16. Februar 1807 und der jüngern speziellen Verordnungen bei Berechnung und Erhebung der Gebühren auf das genauste zu befolgen.

Köln, den 31. Januar 1840.

Der General-Prokurator
Biergans.

V. 441. Köln, Friedensger. 3. Vol. 2.

101.

Verfügung vom 18. Februar 1840, — betreffend die Anwendung der Allerhöchsten Kabinets-Ordre vom 10. Februar 1835 auf die Verpflichtung der Justizbeamten.

Ew. Hochwohlgeboren erhalten den Bericht des Landgerichts-Präsidenten N. zu N., über die Anwendung der Allerhöchsten Ordre vom 10. Februar 1835 auf die Verpflichtung der Justizbeamten vom 31. v. Mts. Nach demselben bestehen Zweifel darüber:

1. in welchen Fällen die erwähnte Allerhöchste Ordre vom 10. Februar 1835 Anwendung finde, nach welcher der

Beamte, der in demselben oder in einem andern Ressort eine anderweitige Amtswirksamkeit erhält, statt der neuen Ableistung des Diensteides auf den schon geleisteten verwiesen werden und schriftlich, oder zu Protokoll erklären soll, daß er sich bei Uebernahme des neuen Amtes durch den zuvor abgeleisteten Eid für alle seine neue Amtsverhältnisse eidlich verpflichtet halte;

2. von welcher Behörde die Erklärung zu erheben, und
3. wo die Aufbewahrung der Verhandlungen über diese Art der Verpflichtung zu bewirken sei?

Diese Zweifel lösen sich einfach, wenn man die beiden Sätze festhält:

a. daß die Allerhöchste Kabinets-Ordre vom 10. Februar 1835 allgemein von Personen spricht, welche in einem unmittelbaren Staatsamte stehen und für dasselbe verpflichtet sind, nachher aber in ein anderes unmittelbares Staatsamt desselben oder eines anderen Ressorts übergehen, und
b. daß die Allerhöchste Ordre die darin bestimmte Erklärung der wirklichen Eidesleistung nur substituirt hat, ohne eine weitere Aenderung zu treffen.

Aus diesen Sätzen ergiebt sich, daß in allen Fällen, in welchen nach Rheinischen Gesetzen ein bereits vereideter Justizbeamter, sei es, weil er an ein anderes Kollegium versetzt wird, oder, weil er eine andere Amtswirksamkeit erhält, von Neuem einen Amtseid zu leisten hat, an die Stelle desselben die in der gedachten Allerhöchsten Ordre bestimmte Erklärung tritt; daß dies auch von dem Falle gilt, wo ein Auskultator nach, in Gemäßheit der Allerhöchsten Ordre vom 5. November 1833 geleistetem Diensteide zum Referendariate oder zu einem andern Amte befördert wird, nicht aber von dem Falle, wo ein Parketgehülfe, welcher als solcher gar keine amtliche Qualität hat, in ein Amt einrückt.

Es ergiebt sich aus obigen Sätzen ferner, daß die Verweisung auf den geleisteten Eid nnd die diesfällige Erklärung des Beamten von und vor derselben Behörde geschehen muß, welche nach den Gesetzen den Eid abzunehmen haben würde, wenn ein solcher zu leisten wäre; und daß die Urkunde über jene Verweisung und Erklärung eben da aufbewahrt werden muß, wo die Urkunden über wirkliche Eidesleistungen nach den Gesetzen aufzubewahren sind. Jene Verweisung und Abforderung der Erklärung ist übrigens in der bisher bei Abnahme der Diensteide beobachteten Form zu bewirken, und die Erklärung selbst mündlich in der Sitzung abzugeben und darüber Urkunde zu ertheilen.

Hiernach haben Ew. Hochwohlgeboren den Landgerichts-Präsidenten N. zu N. zu bescheiden. Zugleich sind auch die übrigen Landgerichts-Präsidenten und Ober-Prokuratoren nach Maaßgabe dieses Reskripts mit Anweisung zu versehen.

Berlin, den 18. Februar 1840.

An den Königlichen Ersten Präsidenten des Appellationsgerichtshofes Herrn Schwarz und den Königlichen General-Prokurator Herrn Biergans, Hochwohlgeboren zu Köln.

Das Justiz-Ministerium
Ruppenthal.

I. 599. Rh. Offiz. S. 38.

102.

Verfügung vom 27. Februar 1840, — betreffend die Ausschließung der Oeffentlichkeit der Verhandlungen in gewissen Strafsachen.

Ew. Hochwohlgeboren haben in dem Berichte vom 7. d. M. die Frage aufgeworfen:

ob die durch die Allerhöchsten Kabinets-Ordren vom 31. Januar 1822 und 4. Januar 1836 bestimmte Ausschließung der Oeffentlichkeit der Verhandlungen in gewissen Strafsachen lediglich in dem Falle verordnet werden könne, wenn das öffentliche Ministerium darauf angetragen, oder ob dies durch eine zusammenzuberufende General-Versammlung selbst dann geschehen könne, wenn das öffentliche Ministerium, obwohl darüber gehört, doch nicht darauf angetragen?

Diese Frage ist offenbar eine zum Erkenntnisse der Gerichte selbst gehörige, und kann das Justiz-Ministerium daher nur seine Ansicht darüber mittheilen, welche dahin geht, daß die zweite Alternative die richtige sei.

Denn obwohl in der Allerhöchsten Kabinets-Ordre vom 31. Januar 1822 nur gesagt ist, daß das öffentliche Ministerium in den der Sittlichkeit nachtheiligen Fällen auf Ausschließung der Oeffentlichkeit antragen, und das Gericht auf diesen Antrag entscheiden solle, so ist doch, wie die Allerhöchste Kabinets-Ordre vom 4. Januar 1836 ergiebt, die Absicht gewesen, generell zu bestimmen, daß die Oeffentlichkeit der Verhandlungen in allen Fällen ausgeschlossen werden solle, in welchen sie der Sittlichkeit nachtheilig werden könnte; und es ist der Antrag des öffentlichen Ministeriums nur um deswillen erwähnt, weil das Gericht vor Verhandlung der Sache keine Kenntniß derselben erhält. Eben deshalb ist damit aber nicht ausgeschlossen, daß, wenn das Präsidium bei Empfang der Akten findet, der Fall der Allerhöchsten Bestimmungen sei vorhanden, es eine General-Versammlung berufen. oder veranlassen kann, damit nach Anhörung des öffentlichen Ministeriums darüber entschieden werde, ob die Oeffentlichkeit der Verhandlungen auszuschließen sei; vielmehr entspricht diese Befugniß offenbar eben so sehr der Absicht der gedachten Allerhöchsten Kabinets-Ordren, als, bei einmal im Allgemeinen ausgesprochener Zulässigkeit der Ausschließung der Oeffentlichkeit, den Rheinischen Gesetzen über die wechselseitige Stellung des öffentlichen Ministeriums und des Gerichts.

Berlin, den 27. Februar 1840.

An den Königlichen Landgerichts-Präsidenten Herrn N. zu N.

Der Justiz-Minister
Mühler.

I. 764. Rhein. Krim. 15. Vol. 1.

103.

Allgemeine Verfügung vom 29. Februar 1840, — über die Unzulässigkeit weiterer Benutzung der vor dem Verbrauch verdorbenen Stempelmaterialien. (Stempelgesetz vom 7. März 1822 §. 39.)

Nachstehender Erlaß des Herrn Finanz-Ministers, wonach die vor dem Verbrauch verdorbenen Stempelmaterialien ferner nicht für solche Zwecke, wozu sie noch tauglich sind, namentlich als zu den Akten zu kassirende Stempel, benutzt, vielmehr nur zur Restitution liquidirt werden dürfen,
wird sämmtlichen Gerichtsbehörden und Notarien hierdurch zur Nachachtung mitgetheilt.

Berlin, d. 29. Februar 1840.

An sämmtliche Gerichtsbehörden und Notarien.

Der Justiz-Minister
Mühler.

I. 864. Steuer-S. 23. Vol. 6.

Es ist zur Sprache gekommen, daß hin und wieder verdorbene Stempelbogen für solche Zwecke, wozu sie noch tauglich sind, namentlich als zu den Akten nachzukassirende Stempel, benutzt werden. Zur Rechtfertigung dieses Verfahrens ist ein Reskript des Finanz-Ministeriums vom 28. August 1824 in Bezug genommen, welches jedoch blos an eine einzelne Regierung ergangen ist, und gegen die Absicht nur durch den Abdruck in Handbüchern weiter bekannt geworden ist.

Dieses Verfahren gefährdet, wie die Erfahrung ergeben hat, das Stempelinteresse, und ist deshalb sofort, wo es bestehen sollte, abzustellen; dagegen sind sämmtliche Behörden und Beamte durch eine geeignete Bekanntmachung aufzufordern, verdorbene Stempelbogen zur Restitution zu liquidiren, dagegen zu Verhandlungen und zu den Akten nur unverdorbenes Stempelpapier zu verbrauchen.

Die Stempel-Fiskäle sind hiernach mit entsprechender Anweisung zu versehen.

Berlin, den 23. Februar 1840.

Der Finanz-Minister
Graf v. Alvensleben.

An
sämmtliche Herren Provinzial-Steuer-Direktoren und an die Königlichen Regierungen zu Potsdam und Frankfurt.

104.

Verfügung vom 6. März 1840, — über die Kompetenz der Dienst- und Gerichtsbehörden zur Untersuchung der, von Staatsbeamten im Amte verübten, Ehrenkränkungen.

(§§. 362, 570, 628 ff. u. Abschn. 10 Tit. 20 Thl. II. A. L. R. — Anh. §. 216 A. G. O. — §§. 2. u. 4. a. u. b. des Ges. v. 25. April 1835. — Reskripte vom 18. Juli u. 19. Dezbr. 1836, Jahrb. Bd. 48. S. 288 u. v. Kamptz Annalen Bd. 20 S. 826.)

Ew. Hochwohlgeboren erhalten die mittelst Berichts vom 7. Dezember v. J. eingereichten Untersuchungs-Akten wider den Zolleinnehmer K. hierneben zurück, indem Ihnen Folgendes eröffnet wird.

Unter den Begriff „Ehrenkränkungen", dessen sich das Gesetz vom 25. April 1835 über die Kompetenz der Dienst- und Gerichtsbehörden zur Untersuchung der, von Staatsbeamten im Amte verübten, Ehrenkränkungen bedient, fallen, wie die Materialien zu diesem Gesetze ergeben, alle diejenigen Handlungen, von denen das Allg. Landrecht in dem §. 362 Tit. 20 Thl. II. und in dem 10. Abschnitte desselben Titels „von Beleidigungen der Ehre" handelt, also auch Thätlichkeiten, welche die Ehre kränken (§§. 362, 570, 628 u. ff. a. a. O.).

Das Gesetz legt der Dienstbehörde (§. 2.) ganz im Allgemeinen die Verpflichtung auf: „zu prüfen, ob der Angeschuldigte bei den angezeigten Handlungen oder Aeußerungen innerhalb seiner Amtsbefugnisse geblieben sei, oder dieselben überschritten habe," und ertheilt ihr (§. 4.) im affirmativen Falle das Recht, die Strafe zu bestimmen, wenn die angezeigte Ehrenkränkung nicht von der Beschaffenheit ist, daß sie sich nach §. 216. des Anhangs zur Allg. Gerichts-Ordnung zu einer fiskalischen Untersuchung eignet. Der Anhangs-Paragraph 216 tritt unter andern ein, wenn eine Verwundung erfolgt ist. In diesem Falle soll die Dienstbehörde, wenn sie sich darüber ausgesprochen hat, daß eine Ueberschreitung der Amtsbefugnisse erfolgt sei, die Sache an das betreffende Gericht abgeben, so fern der Beleidigte nicht erklärt hat, daß er die ihm widerfahrene Ehrenkränkung nur von der Dienstbehörde gerügt wissen wolle (§. 4. a. und b. des Gesetzes). Es unterliegt daher keinem Zweifel, daß die, von dem Zolleinnehmer K. gegen den Ackerer N., aus Veranlassung seiner Amtswirksamkeit, ohne eine Verwundung erfolgte Zufügung von flachen Säbelhieben, an sich unter die Bestimmungen des Gesetzes vom 25. April 1835 fällt.

Daß im vorliegenden Falle der Provinzial-Steuer-Direktor die Entscheidung darüber ertheilt hat, „ob der Zoll-Einnehmer K. seine Amtsbefugnisse überschritten habe," obwohl N. nur einer Gewerbesteuer-Kontravention, welche zum Ressort der Regierung gehört, angeschuldiget worden, beruhet darauf, daß nach einer Mittheilung des Herrn Finanz-Ministers nur der Provinzial-Steuer-Direktor die Dienst-Disziplin über Beamte dieser Art führt, und dieser Umstand in vorliegender Beziehung nach den bei der Verwaltung angenommenen Grundsätzen (Cirkular-Reskript vom 19. Dezember 1836, von Kamptz Annalen Bd. 20. S. 826) über die Kompetenz entscheidet.

Was endlich die Frage betrifft, ob die Dienstbehörde im Falle des Gesetzes vom 25. April 1835 allein nur nach der gegen den Beamten aufgestellten Beschuldigung zu beurtheilen habe, inwiefern er seine Amtsbefugnisse überschritten habe, oder ob sie in dieser Beziehung vorgängige Ermittelungen des Sachverhältnisses anzustellen, und mit Rücksicht auf diese zu entscheiden befugt sei; so ergiebt sich die Richtigkeit der letzteren Alternative theils aus dem Grunde, weil es ohne diese Befugniß in der Gewalt eines jeden Anschuldigenden liegen würde, durch eine Uebertreibung seiner Angaben, die Anwendung des Gesetzes auszuschließen, theils daraus, weil im §. 4. des mehrgedachten Gesetzes der Dienstbehörde ein Strafrecht verliehen ist, welches sie ohne Ermittelung des Sachverhältnisses nicht würde ausüben können. Vergl. Reskript vom 18. Juli 1836, Jahrb. Bd. 48 S. 288.

Berlin, den 6. März 1840.

Der Justiz-Minister
Mühler.

An
den Königlichen Ober-Prokurator Herrn N. zu N.
V. 423. Krim. 58. Vol. 2.

105.

Die von den Civilstandsbeamten der rechten Rheinseite, zum Zweck der kirchlichen Trauung auszustellenden Atteste betreffend.

(Gouvernements-Verordn. v. 6. Septbr. 1814.)

a.

Bekanntmachung des General-Prokurators Biergans zu Köln vom 20. Februar 1840.

Nach der Verordnung des Bergischen General-Gouvernements vom 6. September 1814 darf von den Civilstandsbeamten die Ehe erst nach geschehener kirchlicher Trauung vollzogen, diese letztere aber nicht eher vorgenommen werden, bis dem bürgerlichen Aufgebote und überhaupt allen bürgerlich-gesetzlichen Erfordernissen Genüge geleistet worden ist. Damit nun in keinem Falle zur kirchlichen Trauung geschritten werde, wo nach den Civilgesetzen die Ehe noch nicht vollzogen werden kann, muß vor Allem nach dem §. 5. gedachter Verordnung ein amtliches Zeugniß des betreffenden Civilstandsbeamten darüber beigebracht werden, daß die Aufgebote nach Vorschrift des Gesetzes erfolgt sind, und überhaupt der Vollziehung der bürgerlichen Ehe kein Hinderniß entgegen stehe.

Die Erfahrung hat es jedoch bewährt und die eingezogene Erkundigung bestätigt, daß von den Civilstandsbeamten Atteste dieser Art verschiedentlich höchst mangelhaft und unvollständig ertheilt worden sind, indem man bei Ausstellung derselben sich darauf beschränkt hat, über die geschehenen Aufgebote, und daß dagegen keine Einsprüche erfolgt seien, Bescheinigung zu ertheilen.

Daß derartige Atteste weder der Vorschrift der vorgedachten General-Gouvernements-Verordnung entsprechend, noch hinreichend sind, auf den Grund derselben die kirchliche Trauung vorzunehmen, liegt klar am Tage; indem, wenn auch kein Einspruch erfolgt ist, die Aufgebote allein noch keineswegs genügen, um zur Vollziehung der bürgerlichen Ehe schreiten zu können; da immerhin noch sonstige Hindernisse, z. B. Mangel des erforderlichen Alters, Einwilligung der Eltern oder des Familienraths, wo solche erforderlich ist, Vorhandensein zu naher Verwandtschaft, früher statt gehabte Ehescheidung, in so fern hiernach binnen einer bestimmten Zeit, oder mit einer bestimmten Person eine anderweitige Verehelichung nicht statt finden darf u. s. w., gedenkbar sind, welche der Abschließung einer bürgerlichen Ehe entgegen stehen.

Nicht ohne Grund hat daher die vorgedachte General-Gouvernements-Verordnung es vorgesehen, daß die von den Civilstandsbeamten zu ertheilenden Atteste nicht allein enthalten sollen, daß die Aufgebote vorschriftsmäßig geschehen sind, sondern auch, daß überhaupt der Vollziehung der bürgerlichen Ehe kein Hinderniß entgegen stehe.

Vor Ausstellung des Attestes müssen demnach die Civilstandsbeamten hierüber die erforderliche Gewißheit sich verschaffen, und wenn sie diese im vorschriftsmäßigen Wege erlangt haben, befinden sie sich in dem Falle, zum Zweck der kirchlichen Trauung ein amtliches Zeugniß auszustellen, ohne sich der Gefahr einer persönlichen Verantwortlichkeit auszusetzen.

Die Civilstandsbeamten der rechten Rheinseite finde ich mich veranlaßt, hierauf besonders aufmerksam zu machen, und dieselben aufzufordern, bei künftiger Ausstellung derartiger Atteste hiernach zu verfahren.

Zur Beförderung einer größern Einförmigkeit ist hierunter zugleich ein von mir entworfenes Formular zu einem solchen Atteste abgedruckt; wobei es sich jedoch von selbst versteht, daß es den Civilstandsbeamten unbenommen bleibt, demselben nach Verschiedenheit der vorkommenden Fälle die geeigneten Zusätze oder Bemerkungen beizufügen.

Köln, den 20. Februar 1840.

Der General-Prokurator
Biergans.

Formular.

Regierungsbezirk N. . . . . .

Kreis N. . . . . . Bürgermeisterei N. . . . . .

Von dem unterzeichneten Civilstandsbeamten wird hiermit

amtlich bescheinigt, daß die bürgerlichen Aufgebote der Verlobten, nämlich:

1) des N. N. (hier folgt sodann die Bezeichnung des Alters, Standes und Wohnortes des Bräutigams, so wie die Bezeichnung der Namen, des Standes und Wohnortes seiner Eltern),
2) der N. N. (hier folgen die nämlichen Bezeichnungen der persönlichen Verhältnisse der Braut in der nämlichen Art, wie unter Num. 1),

in der gesetzlich vorgeschriebenen Form, und zwar am ..... (die Tage und Orte der Publikation werden eingerückt) erfolgt sind, daß gegen die Verehelichung derselben kein Einspruch eingelegt worden ist, und daß überhaupt kein Hinderniß der Vollziehung der bürgerlichen Ehe entgegen steht, weshalb nunmehr zur kirchlichen Trauung der Verlobten geschritten werden kann.

...... am ..... 184 .

(Amtssiegel) Der Bürgermeister,
in seiner Eigenschaft als Civilstandsbeamter.

---

b.

Verfügung des Justiz-Ministeriums.

Auf Ew. Hochwohlgeboren Bericht vom 20. v. M., die von den Civilstandsbeamten der rechten Rheinseite, zum Zweck der kirchlichen Trauung auszustellenden Atteste betreffend, wird die von Ihnen über den vorerwähnten Gegenstand erlassene Bekanntmachung vom 20. vorigen Monats hierdurch genehmigt, und werden Ew. Hochwohlgeboren beauftragt, nunmehr das Provinzial-Konsistorium zu Koblenz zu ersuchen, mit Hinweisung auf jene für die Civilstandsbeamten ergangene Anweisung, die Prediger in dem Bereiche der Gouvernements-Verordnung vom 6. September 1814 jetzt ebenfalls darauf aufmerksam zu machen, daß nur auf den Grund solcher vorschriftsmäßigen Atteste mit der kirchlichen Trauung vorgeschritten werden dürfe.

Berlin, den 10. März 1840.

Das Justiz-Ministerium.
Ruppenthal.

An
den Königlichen General-Prokurator Herrn Biergans
Hochwohlgeboren
zu Köln.

I. 933. Rhein. Gen. 7. Vol. 2.

106.

Verfügung vom 10. März 1840, — betreffend die Anzahl der Richter bei Abfassung der Urtheile in den korrektionellen Appellationssachen.

(Art. 40 des Organis. Ges. v. 20. April 1810 — §. 27 der Instruktion v. 19. Novbr. 1818).

Ew. Hochwohlgeboren erhalten hierneben die Untersuchungsakten gegen die verehelichte N. und das Urtheil des Königlichen Revisions- und Kassationshofes vom 2. d. Mts. zur Kenntnißnahme und weiteren Veranlassung.

Obwohl der Revisions- und Kassationshof nach diesem Urtheile angenommen hat, daß die Abfassung der Urtheile in den korrektionellen Appellationssachen von mehr als fünf Richtern keinen Grund zur Kassation eines solchen Urtheils abgebe; so erscheint es dennoch zur Vermeidung von Zweifeln wenigstens rathsam, die Vorschrift des Artikels 40 des Organisationsgesetzes vom 20. April 1810, so wie des §. 27 der Instruktion vom 19. November 1818 künftig dahin zu befolgen, daß die Urtheile in den korrektionellen Appellationssachen nur von fünf Richtern gefällt werden. Hiernach haben Ew. Hochwohlgeboren daher die Landgerichte mit näherer Anweisung zu versehen.

Berlin, den 10. März 1840.

Das Justiz-Ministerium
Ruppenthal.

An
den Königlichen Ersten Präsidenten des Appellationsgerichtshofes Herrn Schwarz, und den Königlichen General-Prokurator Herrn Biergans,
Hochwohlgeboren
zu Köln.

I. 1699. Rhein. Krim. 10. Vol. 2.

107.

Allgemeine Verfügung vom 14. März 1840, — die Bestrafung der Disziplinar-Vergehen der Untersuchungsgefangenen in der Rheinprovinz betreffend.

(Art. 613 und 614 der Straf-Proz. Ordn. — Abschn. 7 der Haus-Ordn. v. 23. Oktbr. 1827).

Zur Beseitigung der Zweifel, welche über die Anwendung des siebenten Abschnitts der Hausordnung für die Arrest- und

Korrektionshäuser in der Rheinprovinz vom 23. Oktober 1827 auf die Disziplinar-Vergehen der Untersuchungsgefangenen entstanden sind, wird hierdurch, auf den Grund der durch die Allerhöchste Kabinets-Ordre vom 16. Februar d. J. den unterzeichneten Ministern der Justiz und des Innern und der Polizei ertheilten Allerhöchsten Ermächtigung Folgendes bestimmt.

1. Die Disziplinar-Vergehen der Untersuchungsgefangenen, zu welchen auch die im Art. 614 der Rheinischen Straf-Prozeß-Ordnung gedachten gehören, so weit sie nicht in kriminell oder korrektionell zu bestrafende Verbrechen ausarten, werden von dem Arresthaus-Verwalter und der angeordneten Strafkommission nach Maaßgabe des siebenten Abschnitts der Hausordnung vom 23. Oktober 1827 geahndet; jedoch ist von jeder Disziplinar-Bestrafung eines Untersuchungsgefangenen dem Instruktionsrichter Anzeige zu machen.

2. Körperliche Züchtigung darf gegen Untersuchungsgefangene niemals verhängt werden.

3. Dem Untersuchungsrichter und dem Assisen-Präsidenten verbleibt die ihnen im Art. 613 der Straf-Prozeß-Ordnung beigelegte Befugniß, in Betreff der Untersuchungsgefangenen solche Befehle zu erlassen, welche sie in Hinsicht der Untersuchung oder Entscheidung nothwendig erachten.

4. Ingleichen verbleibt dem Instruktionsrichter die Befugniß, bei allen kriminell oder korrektionell zu bestrafenden Verbrechen, deren Untersuchungsgefangene während der Haft sich schuldig machen, von Amtswegen einzuschreiten.

Berlin, den 14. März 1840.

Der Justiz-Minister
Mühler.

Der Minister des Innern
und der Polizei
von Rochow.

I. 738. Rhein. Krim. 95.

108.

Allgemeine Verfügung vom 21. März 1840, — die angeordnete oder empfohlene Anschaffung von Büchern für die gerichtlichen Bibliotheken betreffend.

Um die Grundsätze festzustellen, welche bei den aus Staatsfonds unterhaltenen Gerichtsbehörden in

Betreff der Anschaffung wissenschaftlicher Werke für die gerichtlichen Bibliotheken zu befolgen sind, wird im Einverständniß mit der Königlichen Ober-Rechnungs-Kammer Folgendes bestimmt.

1. Die allgemeinen Gesetzbücher: Allg. Landrecht, Allg. Gerichts-Ordnung, Kriminal-Ordnung, Hypotheken- und Depositalordnung, Gesetz-Sammlung und Justiz-Ministerial-Blatt müssen alle Gerichte, denen es noch hieran mangeln sollte, jedenfalls anschaffen.

2. Wenn außerdem der Justiz-Minister die Anschaffung neuer wissenschaftlicher Werke für die gerichtlichen Bibliotheken für nothwendig oder zweckmäßig erachtet, so wird die allgemeine Verfügung, durch welche diese Anschaffung angeordnet oder empfohlen wird, in allen Fällen durch das Justiz-Ministerial-Blatt zur öffentlichen Kenntniß gebracht werden, so daß es besonderer Verfügungen an die betreffenden einzelnen Ober- oder Untergerichte nicht weiter bedarf.

3. Bei den Gerichten ist besonders darauf zu sehen, daß Ueberschreitungen der Etats durch die angeordnete oder empfohlene Anschaffung von Büchern möglichst vermieden, und die bei dem Bibliothekenfond entstehenden Mehrausgaben durch zweckmäßige Ersparnisse bei den übrigen etatsmäßigen Fonds zu sächlichen Ausgaben vollständig gedeckt werden.

4. Nur diejenigen Bücher, zu deren Anschaffung die Gerichte von dem Justiz-Minister angewiesen oder autorisirt worden sind, können sofort angeschafft werden, ohne daß es eines besondern Nachweises der Zulänglichkeit der etatsmäßigen Fonds zu sächlichen Ausgaben bedarf.

5. Wird die Anschaffung von Büchern durch den Justiz-Minister nur empfohlen, so kann dieselbe nur dann erfolgen, wenn dies die etatsmäßigen Fonds zu sächlichen Ausgaben, ohne Ueberschreitung derselben, gestatten. Die Anschaffung muß daher in der Regel bis zum Abschluß der Jahresrechnung ausgesetzt, und erst nach deren Resultat in Betreff der sächlichen Ausgaben verfügt werden.

6. Findet ein Obergericht sich veranlaßt, die Anschaffung einzelner Bücher den Untergerichten seines Departements besonders anzuordnen oder zu empfehlen, so muß mit deren An-

schaffung nach den Bestimmungen unter Num. 5 verfahren werden.

7. Sollten durch die unter Num. 1 und 4 erwähnten Anschaffungen von Büchern unvermeidliche Ueberschreitungen der etatsmäßigen Fonds zu sächlichen Ausgaben veranlaßt werden, so behält sich der Justiz-Minister vor, nach Eingang der Jahresabschlüsse bei der Justizverwaltung die Allerhöchste Genehmigung dergleichen Etatsüberschreitungen nachzusuchen.

Nach diesen Grundsätzen haben sich sämmtliche aus Staatsfonds unterhaltene Gerichtsbehörden zu achten.

Berlin, den 21. März 1840.

Der Justiz-Minister
Mühler.

An
die sämmtlichen aus Staatsfonds
unterhaltenen Gerichtsbehörden
und an den Königlichen General-
Prokurator Herrn Biergans,
Hochwohlgeboren
zu Köln.

I. 247. Justizfonds 61. Vol. 2.

109.

Verfügung vom 25. März 1840, — die Matrikel der ritterbürtigen Familien der Rheinischen Ritterschaft betreffend.

Ew. Hochwohlgeboren erhalten die, von Seiner Majestät dem Könige durch die Allerhöchste Urkunde vom 26. März 1839 bestätigte, Matrikel der Mitglieder der Rheinischen Ritterschaft, mit dem Bemerken, daß das Original der Matrikel und der Allerhöchsten Bestätigungs-Urkunde in Gemäßheit des §. 1. der Verordnung vom 21. Januar 1837 (Ges. Samml. S. 1) in dem Archive der Ritterschaft niedergelegt worden ist.

Berlin, den 25. März 1840.

Der Justiz-Minister
Mühler.

An
den Königlichen Ersten Präsidenten
des Appellationsgerichtshofes Herrn
Schwarz und den Königlichen General-Prokurator Herrn Biergans
Hochwohlgeboren
zu Köln.

I. 1149. Rhein. Gen. 178. Vol. 4.

Wir Friedrich Wilhelm, von Gottes Gnaden, König von Preußen ꝛc. ꝛc.

ertheilen der Uns von dem Direktorium der ritterbürtigen Familien der rheinischen Ritterschaft, welchen in Gemäßheit Unserer Verordnung vom 21. Januar 1837, und Unserer landesherrlichen Bestätigung vom 13. Mai eben des Jahres die autonomische Dispositions-Befugniß und die Theilnahme an der ritterschaftlichen Stiftung zusteht, überreichten hier angehefteten Matrikel de dato Düsseldorf, den 7. Februar 1838, und dem Nachtrage zu derselben de dato Düsseldorf, den 4. April eben dieses Jahres, hierdurch Unsere landesherrliche Bestätigung.

Urkundlich unter Unserer Höchsteigenhändigen Unterschrift und beigedrucktem Königlichen Insiegel.

Berlin, den 26. März 1839.

(L. S.) Friedrich Wilhelm.

Friedrich Wilhelm, Kronprinz.

Frh. von Altenstein. von Kamptz. Mühler. von Rochow. von Nagler. Graf von Alvensleben. Freiherr von Werther. von Rauch.

Landesherrliche Bestätigungs-Urkunde der Matrikel der ritterbürtigen Familien der rheinischen Ritterschaft.

Matrikel

Matrikel

über sämmtliche der Genossenschaft des rheinischen ritterbürtigen Adels bis zum 1. Mai 1837 beigetretene und im §. 11. des landesherrlich bestätigten Statuts bezeichnete Mitglieder, unter Angabe der landtagsfähigen Rittersitze, durch deren nachgewiesenen Besitz dem §. 2. der Allerhöchsten Kabinets-Ordre vom 21. Januar 1837, über die Wiederherstellung der autonomischen Dispositions-Befugnisse, und dem §. 20. des Statuts genügt ist,

aufgenommen und nach der Bestimmung des §. 21. des Statuts zur Allerhöchsten Bestätigung ehrerbietigst eingereicht von dem Ritterrath.

№	Namen und Vornamen.	Rittersitze, durch deren nachgewiesenen Besitz der Zutritt zu der Genossenschaft offen steht.		
		Namen des Rittersitzes.	Kreis.	Regierungs-Bezirk.
1	Johann Wilhelm Freiherr von Mirbach . . .	Harff.	Bergheim.	Köln.
2	Franz Graf von Spee .	Heltorf.	Düsseldorf.	Düsseldorf.
3	Maximilian Freiherr von Loë	Allner.	Siegburg.	Köln.
4	Adolph Freiherr Raitz von Frentz . . .	Schlenderhan.	Bergheim.	Köln.
	Ludwig Freiherr von Spies-Büllesheim . .	Hall.	Heinsberg.	Aachen.
6	Felix Graf Droste zu Vischering von Nesselrode-Reichenstein .	Bürgel.	Solingen.	Düsseldorf.
7	Clemens Freiherr von Fürstenberg . . .	Hugenpoet.	Düsseldorf.	Düsseldorf.
8	Clemens Freiherr von Eltz-Rübenach . .	Wahn.	Mühlheim am Rhein.	Köln.
9	Friedrich Freiherr von Loë	Wissen.	Geldern.	Düsseldorf.
10	Clemens Freiherr von Loë	Wissem.	Siegburg.	Köln.
11	Emmerich Freiherr Raitz von Frentz . . .	Garrath.	Düsseldorf.	Düsseldorf.
12	Julius Freiherr von dem Bus-			

No.	Namen und Vornamen.	Rittersitze, durch deren nachgewiesenen Besitz der Zutritt zu der Genossenschaft offen steht.		
		Namen des Rittersitzes.	Kreis.	Regierungs-Bezirk.
	sche-Ippenburg, genannt von Kessel . .	Hackhausen	Solingen.	Düsseldorf.
13	Friedrich Freiherr v. Wenge	Büllesheim.	Rheinbach.	Köln.
14	Friedrich Freiherr von Vittinghof, gen. Schell.	Schellenberg.	Duisburg.	Düsseldorf.
15	Clemens Freiherr Waldbott v. Bassenheim-Bornheim	Bergerhausen.	Bergheim.	Köln.
16	Franz Egon Graf v. Hoensbroech . . .	Buschfeld.	Euskirchen	Köln.
17	Edmund Graf v. Hatzfeldt	Kalkum.	Düsseldorf.	Düsseldorf.
18	Maximilian Graf Wolff Metternich . . .	Gracht.	Euskirchen	Köln.
19	August Freiherr von Nagel-Doornick . . .	Wohnung.	Duisburg.	Düsseldorf.
20	Friedrich Wilhelm Freiherr von Wendt . .	Hardenberg	Elberfeld.	Düsseldorf.
21	Emmerich Joseph Freiherr Raitz v. Frentz .	Kellenberg.	Jülich.	Aachen.
22	Georg Karl Freiherr v. Rolshausen . . .	Türnich.	Bergheim.	Köln.
23	Clemens Graf von Boos-Waldeck . . .	Sain.	Koblenz.	Koblenz.
24	Ferdinand Frh. v. Bongart	Paffendorf	Bergheim.	Köln.
25	Franz Ludwig Graf Beissel von Gymnich . .	Frenz.	Bergheim.	Köln.
26	Karl Freiherr von Dalwigk-Lichtenfels . .	Boisdorff	Düren.	Aachen.
27	Franz Egon Freiherr v. Fürstenberg . . .	Stamheim.	Mühlheim am Rhein.	Köln.
28	Clemens Wenzeslaus Graf von und zu Hoensbroech	Haag.	Geldern,	Düsseldorf.
29	Joseph Freiherr v. Warsberg	Rehlingen-Littdorff.	Saarburg.	Trier.
30	Franz Hugo Graf Beissel v. Gymnich . . .	Schmidtheim.	Schleiden.	Aachen.

№	Namen und Vornamen.	Rittersitze, durch deren nachgewiesenen Besitz der Zutritt zu der Genossenschaft offen steht.		
		Namen des Rittersitzes.	Kreis.	Regierungs-Bezirk.
31	Maximilian Felix Graf Wolff Metternich .	Gymnich.	Euskirchen	Köln.
32	Franz Hugo Frhr. v. Spies-Büllesheim . .	Unter-Maubach.	Düren.	Aachen.
33	Lewin Graf Wolff Metternich	Buir.	Bergheim.	Köln.
34	Jakob Graf und Herr zu Elz, gen. Faust v. Stromberg	Elz.	Mayen.	Koblenz.
35	Rudolph Freiherr von Dorth	Wartenstein.	Kreuznach.	Koblenz.
36	Karl Ludwig Adolph Freiherr von Plettenberg	Mehrum.	Duisburg.	Düsseldorf.
37	Herrmann Theodor Freiherr von Fürstenberg .	Heiligenhoven.	Wipperfürth.	Köln.

Die hier mit ihren Vor- und Familiennamen und ihren landtagsfähigen Rittergütern aufgeführten, sämmtlich zum rheinischen rütterbürtigen Adel gehörigen Stammhäupter sind, mit Erfüllung aller statutenmäßig festgesetzten Bedingungen, vor dem 1. Mai 1837 der Genossenschaft und ihrer Stiftung beigetreten, und ist diese Matrikel von dem unterzeichneten Ritterrath aufgenommen und vollzogen worden.

Düsseldorf, den 7. Februar 1838.

Der Ritterhauptmann:
J. W. Freiherr v. Mirbach.

Die Ritterräthe:
M. Freiherr von Loë.
Ludwig Freiherr v. Spies-Büllesheim.
F. Graf v. Spee.
Freiherr Raitz von Frentz-Schlenderhan.

38	Auguste, verwittwete Gräfin v. Schaesberg, geb. Freiin von Loë zu Wissen . .	Langfeld.	Geldern.	Düsseldorf.
39	Luise, verwittwete Gräfin von Goldstein, geborne Gräfin v. Quadt	Breil.	Geilenkirchen.	Aachen.

Die hier mit ihren Vor- und Familiennamen und ihren landtagsfähigen Rittergütern aufgeführten weiblichen Mitglieder des rheinischen ritterbürtigen Adels sind, mit Erfüllung aller statutenmäßig festgesetzten Bedingungen, vor dem 1. Mai 1837 der genossenschaftlichen Stiftung beigetreten, und von dem unterzeichneten Ritterrath in diese Matrikel aufgenommen worden.

Düsseldorf, den 4. April 1838.

Der Ritterhauptmann:
J. W. Freiherr von Mirbach.

Die Ritterräthe:
Freiherr Raitz von Frentz-Schlenderhan.
Freiherr von Spies-Büllesheim.
F. Graf von Spee.

110.

Verfügung vom 31. März 1840, — betreffend die, bei Auslieferung Preußischer Unterthanen den ausländischen Behörden aus dem Kriminal-Justiz-Fond zu erstattenden Kosten.

Ew. Hochwohlgeboren eröffnet das Justiz-Ministerium auf den Bericht vom 11. d. M., betreffend die, bei Auslieferung Preußischer Unterthanen den ausländischen Behörden aus dem Kriminal-Justiz-Fond zu erstattenden Kosten, daß es nach Art. 2. Num. 2 des Dekrets vom 18. Juni 1811 unzweifelhaft ist, daß Kosten solcher Art, wie sie nach Ihrem Berichte vom 11. d. M. durch die Verhaftung und Auslieferung des nach Holland geflüchteten, wegen Diebstahls verfolgten N. entstanden, von dem Kriminalfond getragen werden müssen; da die Konvention vom 7. Juni 1823 die Erstattung solcher Kosten nicht ausschließt. In so weit nach dieser Konvention Kosten, die dem Kriminalfond zur Last fallen, gefordert werden können, versteht es sich ohne besondere Ermächtigung von selbst, daß sie wie andere Kriminalkosten anzuweisen sind. Dasselbe gilt bei Auslieferungen aus Belgien wegen des Art. 6 der Konvention vom 29. Juli 1836.

Berlin, den 31. März 1840.

An
den Königlichen Ober-Prokurator Herrn N.
Hochwohlgeboren zu N.
I. 1326. Konventionen 11.

Das Justiz-Ministerium.
Ruppenthal.

111.

Verfügung vom 31. März 1840, — die in Interdiktions-Prozeduren den Königlichen Regierungen zu machenden Mittheilungen betreffend.

(Reskripte v. 31. Jan. 1818 und 3. Jan. 1840, Jahrb. Bd. 11. S. 49 u. Just. Min. Blatt v. 1840. S. 23.)

Ew. Hochwohlgeboren wird auf den Bericht vom 17. d. M., die in Interdiktions-Prozeduren den Königlichen Regierungen zu machenden Mittheilungen betreffend, eröffnet, daß die Verfügung vom 3. Januar d. J. (Just. Min. Blatt S. 23) sich ausdrücklich auf die früher wegen desselben Gegenstandes erlassenen Verfügungen, insbesondere auf das Reskript vom 31. Januar 1818 (Jahrb. Bd. 11. S. 49) bezieht, in welchem nur bestimmt ist,

> daß in Fällen, wo der Gemüthszustand eines Menschen ärztlich untersucht worden, die darüber aufgenommenen Protokolle und Gutachten der Verwaltung mitgetheilt werden sollten.

Es ist daher einleuchtend, daß Protokolle über Untersuchungen von Gemüthszuständen, bei deren Aufnahme ärztliche Personen nicht zugezogen worden, der Mittheilung nicht unterliegen.

Berlin, den 31. März 1840.

An
den Königlichen Ober-Prokurator Herrn N.
Hochwohlgeboren zu N.
I. 1379. Rhein. Gen. 153.

Das Justiz-Ministerium.
Ruppenthal.

112.

Verfügung vom 31. März 1840, — die den Advokaten und Advokat-Anwälten zunächst vorgesetzte Dienstbehörde betreffend.

(§. 98. Tit. 35. Thl. I. A. G. O. — Allerh. Kab. Ordre v. 10. April 1833, Lottner Bd. 3. S. 676.)

Ew. Hochwohlgeboren wird auf den in der fiskalischen Untersuchungssache wider den Advokat-Anwalt N. unterm 15. v. Mts. erstatteten Bericht eröffnet, daß als die, den Advokaten, gleich wie den Advokat-Anwälten zunächst vorgesetzte Dienstbehörde, welcher in den gegen selbige eingeleiteten fiskalischen Untersuchungen in Gemäßheit der Allgemeinen Gerichts-Ordnung Thl. I Tit. 35. §. 98 und der Allerhöchsten Kabinets-Ordre vom 10. April 1833 (Lottner Bd. 3. S. 676) das Aggravations-Rechtsmittel zusteht, nach der Vorschrift des zweiten Satzes des Artikels 39 des Dekrets vom 14. Dezember 1810 der Ober-Prokurator anzusehen ist.

Berlin, den 31. März 1840.

Der Justiz-Minister
Mühler.

An
den Königlichen Ober-Prokurator Herrn N.
Hochwohlgeboren zu N.

V. 807. Rhein. Off. S. 42.

113.

Verfügung vom 31. März 1840, — betreffend die nachträgliche Prüfung derjenigen Assessoren, welche die dritte Prüfung bei der Immediat-Justiz-Examinations-Kommission für die altländischen Provinzen gut bestanden haben, und sich später die Qualifikation für Rheinische höhere Justizstellen erwerben wollen.

(§§. 5, 15 und 16 der Instruktion v. 8. Febr. und Reskr. v. 31. März 1834, Lottner Bd. 4. S. 20 ff. und 45 ff.).

Durch den §. 16 der Instruktion für die Immediat-Justiz-Examinations-Kommission vom 8. Februar 1834 (Lottner Bd. 4.

S. 20 ff.) ist denjenigen Rechtskandidaten, welche bei der Prüfung vor der gedachten Kommission ihre Qualifikation nur für die ältern Provinzen nachgewiesen haben, vorbehalten worden, dieselbe für die Rheinprovinz nachträglich darzuthun.

Des Königs Majestät haben zur Erleichterung dieser von Assessoren aus den ältern Provinzen zu bestehenden Prüfung durch die beigefügte Allerhöchste Ordre vom 14. März d. J. zu gestatten geruhet, daß dieselbe vor einer aus Mitgliedern des Appellationshofes und der General-Prokuratur gebildeten Kommission in Köln erfolgen könne. In Gefolge dieser Allerhöchsten Bestimmung und mit Bezug auf §. 5 der erwähnten Instruktion, so wie auf das Reskript vom 31. März 1834 (Lottner Bd. 4. S. 45 ff.) wird Nachfolgendes bestimmt.

1. Um zu der erwähnten nachträglichen Prüfung zugelassen zu werden, ist erforderlich, daß der zu Prüfende wenigstens ein Jahr bei einem Rheinischen Landgerichte sich in Rheinischen Rechtssachen mit Referiren, mündlichen und schriftlichen Vorträgen, Entwerfung von Rangordnungsplänen, Abhaltung von Kommissionsterminen, Führung von Untersuchungen und mit Arbeiten der Staatsbehörde beschäftigt habe, und darüber, daß er dabei vorzügliche, oder gute, oder doch hinreichende Kenntniß des Rheinischen Rechts gezeigt, ein Attest des Präsidenten und Ober-Prokurators beibringe.

2. Auf Grund dieses Attestes erfolgt in der sonst für die dritte Prüfung vorgeschriebenen Weise die Meldung und Präsentation zu der nachträglichen Prüfung, unter Einreichung der Akten, an den Justiz-Minister, zur Bestimmung über die Zulassung und zur Ernennung der Kommission, welche letztere aus einem Senats-Präsidenten, zwei Appellationsgerichts-Räthen und einem General-Advokaten besteht, und für jedes Examen auf Ew. Hochwohlgeboren Vorschlag besonders bestimmt wird.

3. Nach Eingang der Verfügung des Justiz-Ministers theilt der Herr Erste Präsident dem zu Prüfenden eine Rheinische Rechtssache zur Anfertigung der erforderlichen Proberelation zu, und benachrichtigen sodann Ew. Hochwohlgeboren gemeinschaftlich die ernannte Kommission von dem ihr ertheilten Auftrage.

4. Diese hat sich der Prüfung und Censur der Relation, und, wenn diese von ihr genügend befunden wird, der mündlichen Prüfung des betreffenden Assessors über Rheinisches Recht zu unterziehen, demnächst auch ein motivirtes Gutachten über die Qualifikation desselben in diesem Rechte, nach Maaßgabe des §. 15 der Instruktion vom 8. Februar 1834, mit dem Prüfungsprotokolle an Sie abzugeben, worauf Ew. Hochwohlgeboren die sämmtlichen Verhandlungen nebst den Personalakten, Behufs

Ertheilung oder Versagung des Qualifikations-Attestes für den Bezirk des Appellationsgerichtshofes, an den Justiz-Minister mittelst gutachtlichen Berichts einreichen.

Ew Hochwohlgeboren haben von dieser Verfügung dem Appellationsgerichtshofe, sämmtlichen Landgerichts-Präsidenten und Ober-Prokuratoren, den letztern insbesondere mit dem Auftrage Kenntniß zu geben, diejenigen Assessoren davon zu benachrichtigen, auf welche diese Verfügung Anwendung finden würde.

Berlin, den 31. März 1840.

Das Justiz-Ministerium
Ruppenthal.

An
den Königlichen Ersten Präsidenten des Appellationsgerichshofes Herrn Schwarz und den Königlichen General-Prokurator Herrn Biergans
Hochwohlgeboren
zu Köln.

I. 1172. Rhein. Offiz. S. 7. Vol. 3.

B e i l a g e.

Unter den Mir in Ihrem Berichte vom 25 v. Mts. angezeigten Umständen will Ich gestatten, daß diejenigen Assessoren, welche die dritte Prüfung bei der Immediat-Justiz-Examinations-Kommission für die altländischen Provinzen gut bestanden haben, im Falle sie später die Qualifikation für Rheinische höhere Justizstellen erwerben wollen, die erforderliche nachträgliche Prüfung vor einer aus Mitgliedern des Appellationshofes und der General-Prokuratur zu Köln gebildeten Prüfungs-Kommission ablegen können.

Berlin, den 14. März 1840.

Friedrich Wilhelm.

An
den Staats- und Justiz-Minister
Mühler.

114.

Allerhöchste Kabinets-Ordre vom 5. April 1840, — betreffend den bei Zwangsverkäufen in der Rheinprovinz zu verwendenden Stempel.

(Art. 2181—2192 des Rhein. Civilgesetzbuchs.)

Die Bestimmung des Rheinischen Civilgesetzbuches in den Artikeln 2181 und folgd., nach welchen im Falle des freiwilligen Verkaufes eines mit Hypotheken belasteten Grundstücks die Hypothekengläubiger, wenn sie aus dem Kaufpreise nicht vollständig befriedigt werden, den nochmaligen öffentlichen Verkauf des Grundstücks begehren können, hat zu der Frage Veranlassung gegeben:

> ob im Falle eines solchen zweiten Verkaufs die Stempelsteuer, auch wenn sie bei dem ersten Verkaufe schon entrichtet worden, nochmals von dem vollen Kaufpreise bezahlt werden müsse, oder ob sie nur in so weit zu entrichten sei, als der gebotene Preis den in dem ersten Vertrage festgesetzten übersteigt?

Des Königs Majestät haben in der nachfolgenden Allerhöchsten Kabinets-Ordre vom 5. April d. J. für die letztere Alternative entschieden.

Ew. Hochwohlgeboren werden veranlaßt, den Ober-Prokuratoren hiervon Mittheilung zu machen.

Berlin, den 30. April 1840.

Das Justiz-Ministerium
Ruppenthal.

An
den Königlichen General-Prokurator Herrn Biergans
Hochwohlgeboren
zu Köln.

I. 1934. Rhein. Gen. 62. Vol. 4.

Ich genehmige nach Ihrem gemeinschaftlichen Antrage vom 24. Februar d. J., daß bei den nach Artikel 2181—2192 des Rheinischen Civilgesetzbuchs eintretenden Zwangsverkäufen, insofern der unmittelbar vorangegangene Erwerb auf einem Kaufvertrage beruhet, und dazu der tarifmäßige Stempel verwendet ist, nur ein Zusatzstempel nach dem bei der Versteigerung erzielten Mehrgebot verwendet werden darf.

Berlin, den 5. April 1840.

Friedrich Wilhelm.

An
die Staats-Minister Mühler
und Grafen von Alvensleben.

115.

Allgemeine Verfügung vom 7. April 1840, — wegen der, in den Fällen wo mehrere Kommissarien bei einem Geschäft konkurriren, den Mit-Kommissarien zu bewilligenden Reisekosten.

(Verordn. v. 28. Juni 1825, Ges. S. S. 163, — Allg. Verf. v. 7. März 1839, Just. Min. Blatt für 1839 S. 115.)

Unter Num. 3 und 4 der in dem Justiz-Ministerial-Blatt für das Jahr 1839 S. 115 abgedruckten allgemeinen Verfügung vom 7. März 1839 — betreffend die Feststellung eines gleichmäßigen Verfahrens bei Aufstellung und Justifikation der aus Staatsfonds zu berichtigenden Diäten- und Fuhrkosten-Liquidationen — ist auf den Grund früherer Allerhöchster Bestimmungen angeordnet worden:

> daß, wo mehrere Beamte bei einem und demselben Geschäft konkurriren, die nicht statt gefundene Mitnahme der Mit-Kommissarien in dem Wagen des Haupt-Kommissarius durch dessen Angabe der Gründe und durch die Bescheinigung der vorgesetzten Behörde, daß diese Gründe die Ausnahme rechtfertigen, und die von besonders gereis'ten Mit-Kommissarien liquidirten Reisekosten durch die Quittungen der Postämter oder resp. der Fuhrleute besonders justifizirt werden sollen.

Des Königs Majestät haben jedoch durch die beifolgende Allerhöchste Kabinets-Ordre vom 31. März d. J. nach dem Antrage des Königlichen Staats-Ministeriums zu genehmigen geruht,

> daß in den Fällen, wo mehrere Kommissarien bei einem Geschäfte konkurriren, und die Mit-Kommissarien nach der schriftlichen Erklärung des Haupt-Kommissarius mit diesem gemeinschaftlich zu reisen behindert worden sind, den ersteren, ohne weitere Bescheinigung des wirklich vorgekommenen Reise-Aufwandes, die vorschriftsmäßige Reisevergütigung, und zwar, wenn sie zur Reise mit Extrapost berechtigt sind, nach dem Regulativ vom 28. Juni 1825, sonst aber mit einem Pauschquantum von — 15 Sgr. — für die Meile gewährt werden kann.

Die hierdurch entstandene Modifikation der allgemeinen Verfügung vom 7. März v. J. ist von den Gerichtsbehörden bei

Aufstellung, Festsetzung und Anweisung der aus öffentlichen Fonds zu zahlenden Reisekosten-Liquidationen zu berücksichtigen.

Berlin, den 7. April 1840.

An
die sämmtlichen Königlichen Gerichtsbehörden und den Königlichen
General-Prokurator
Herrn Biergans
Hochwohlgeboren
zu Köln.

Der Justiz-Minister
Mühler.

I. 1502. D. 18. Vol. 6.

Beilage.

Ich genehmige nach dem Antrage des Staats-Ministeriums vom 13. v. Mts., daß in den Fällen, wo mehrere Kommissarien bei einem Geschäfte konkurriren und die Mit-Kommissarien nach der schriftlichen Erklärung des Haupt-Kommissarius mit diesem gemeinschaftlich zu reisen behindert worden sind, den ersteren, ohne weitere Bescheinigung des wirklich vorgekommenen Reiseaufwandes, die vorschriftsmäßige Reisevergütigung und zwar, wenn sie zur Reise mit Extrapost berechtigt sind, nach dem Regulativ vom 28. Juni 1825, sonst aber mit einem Pauschquantum von — 15 Sgr. — für die Meile gewährt werden kann. Ich überlasse dem Staats-Ministerium, diese Bestimmung zur Kenntniß der Behörden zu bringen, wozu es jedoch einer Publikation durch die Gesetzsammlung nicht bedarf.

Berlin, den 31. März 1840.

An
das Staats-Ministerium.

Friedrich Wilhelm.

116.

Erlaß des Königlichen Kriegs-Ministeriums vom 14. April 1840, — wegen der Seitens der Militair-Befehlshaber der resp. Disziplinar-Amtsbehörde zu gebenden Benachrichtigung, bei disziplinarischer Bestrafung rc. eines Civil- oder Militairbeamten in der gleichzeitigen Eigenschaft als Landwehr-Offizier.

Vor kurzer Zeit hat sich der Fall ereignet, daß mehrere Civilbeamte wegen eines Vergehens, welches sie in ihrer gleichzeitigen Eigenschaft als Landwehr-Offiziere gegen die militairische Disziplin begangen, mit Arreststrafe belegt worden sind, ohne daß wegen der angeordneten Strafvollstreckung der vorgesetzten Civil-Disziplinarbehörde eine amtliche Benachrichtigung Seitens der Militairbehörde zugegangen ist.

Zur Vermeidung von Nachtheilen, welche für den Königlichen Dienst daraus entstehen könnten, wenn solche militairische Bestrafungen von Beamten erfolgen, ohne daß deren vorgesetzte Behörde davon Kenntniß erhält, erscheint es nothwendig,

daß jeder Militair-Befehlshaber, welcher einen Civil- oder Militairbeamten in der gleichzeitigen Eigenschaft als Landwehr-Offizier disziplinarisch bestraft, oder eine gerichtliche oder ehrengerichtliche Untersuchung wider denselben veranlaßt, die vorgesetzte Disziplinar-Amtsbehörde dieses Beamten von der deshalb getroffenen Verfügung zeitig benachrichtigt, der gedachten Behörde bei gerichtlichen Untersuchungen Abschrift, und bei ehrengerichtlichen Untersuchungen das Resultat des Erkenntnisses mittheilt, auch bei der Vollstreckung von Freiheitsstrafen mit derselben diejenige Verabredung trifft, welche im Interesse des Dienstes erforderlich sein dürfte.

Mit Rücksicht darauf, daß bei der Seltenheit solcher Fälle für die Militair-Befehlshaber durch diese Benachrichtigungen keine besondere Belästigung entstehen wird, und daß gegenseitig nach §. 22 der Instruktion für die Inspekteure der Landwehr vom 10. Dezember 1816, nach der Verfügung des Justiz-Ministeriums vom 21. Juni 1836 (S. 12 der Militair-Gesetz-Sammlung) und nach dem Notifikatorium des Kriegs-Ministeriums vom 9. März 1839 den Civilbehörden eine gleichmäßige Verpflichtung obliegt, wird Ein Königliches Hochlöbliches General-Kommando ergebenst ersucht, an die Wohldemselben untergeordneten Militair-Befehlshaber die hiernach erforderliche Anweisung zu erlassen, und das Kriegs-Ministerium von dem Verfügten gefälligst in Kenntniß zu setzen, auch der Korps-Intendantur von dieser Anordnung Nachricht zu geben.

Berlin, den 14. April 1840.

Kriegs-Ministerium.
In Vertretung des Kriegs-Ministers
von Cosel.

An
Ein Königliches Hochlöbliches
General-Kommando des 1. — 8.
und Garde-Korps.

Vorstehender Erlaß des Königlichen Kriegs-Ministeriums wird den Gerichtsbehörden zur Kenntnißnahme und Beachtung mitgetheilt.

Berlin, den 24. April 1840.

Der Justiz-Minister
Mühler.

An
sämmtliche Gerichtsbehörden.
I. 1773. L. 10. Vol. 12.

117.

Verfügung vom 2. Mai 1840, — betreffend die Frage, ob ein Privatverkaufs-Akt, der nur in einfacher Ausfertigung gemacht worden, in der Rheinprovinz als stempelpflichtig zu erachten sei, obgleich nach Art. 1325 des Civilgesetzbuchs ein solcher Akt als ungültig angefochten werden kann.

(Stempelgesetz vom 7. März 1822. §. 12. Gesetzsamml. S. 57 ff.).

Ew. Hochwohlgeboren erhalten die mittelst Berichts vom 6. v. M. eingereichten Anlagen und Untersuchungsakten wider den N. beifolgend zurück. Bei Beurtheilung der von Ihnen in diesem Berichte über die Provinzial-Steuer-Direktion zu Köln geführte Beschwerde kommt zunächst und hauptsächlich die Frage zur Sprache:

> ob ein Privatverkaufsakt, der nur in einfacher Ausfertigung gemacht worden, in der Rheinprovinz als stempelpflichtig zu erachten sei, obgleich nach Artikel 1325 des Civilgesetzbuchs ein solcher Akt als ungültig angefochten werden kann?

Der Justiz-Minister nimmt keinen Anstand, sich für die Bejahung dieser Frage auszusprechen. Denn ein solcher Akt ist keinesweges wie ein nicht unterschriebener Privatakt an und für sich absolut nichtig und wirkungslos, sondern er ist an sich einem in doppelter Ausfertigung gemachten seiner Wirkung nach so lange völlig gleich, als er nicht von den berechtigten Parteien angefochten wird. Selbst dieses Anfechtungsrecht fällt nach der über den Schlußsatz des Artikels 1325 a. a. O. bestehenden Jurisprudenz in Bezug auf diejenige Partei hinweg, welche den Akt vollzieht. Ist nun aber ein solcher Akt auch nur einen

Augenblick ein an sich gültiger Kaufakt, so muß er dem §. 12 des Stempelgesetzes gemäß auf Stempelpapier geschrieben, d. h. sofort versteuert, oder doch die Steuer bei Strafe binnen vierzehn Tagen in dem Stempelpapiere nachgebracht werden.

Diese Ansicht ist auch der französischen Jurisprudenz völlig entsprechend, wie sich aus Merlin Repert. Verb. double écrit Num. 9 und aus dem dort angeführten Urtheile des Kassationshofes vom 24. Juni 1806 ergiebt, worin es in Bezug auf einen, nicht mit der Erwähnung der doppelten Ausfertigung versehenen Akt und in Bezug auf dessen Versteuerung heißt:

> Attendu que l'acte etc. constitue une veritable vente etc.; qu'à la vérité la circonstance que cet acte n'est pas dit fait double, donnait le droit aux parties contractantes, d'en faire prononcer la nullité, mais qu'à l'epoque de la contrainte (wegen der Einregistrirungsabgabe) cette nullité n'etait pas prononcée et que par conséquent à cette époque il existait une vente à la vérité resoluble, mais qui n'était pas résolue, ce qui suffisait pour justifier la contrainte.

Hiernach hat also der Akt vom 4. September 1838, durch welchen der N. den Hufenhof für 5300 Thlr. verkauft, ungeachtet er nur in einfacher Ausfertigung gemacht worden, dennoch der Stempelsteuer unterlegen.

Berlin, den 2. Mai 1840.

An
den Königlichen Ober-Prokurator
Herrn Bessel,
Hochwohlgeboren
zu Kleve.

Das Justiz-Ministerium.
Ruppenthal.

I. 1776. Rh. Gen. 62. Vol. 5.

118.

Verfügung vom 5. Mai 1840, — den zu den einregistrirten Urkunden nachträglich beizubringenden Stempel betreffend.

(Gesetz vom 7. März 1822. Gesetz-Samml. S. 57, Allerh. Kab. Befehl vom 19. Juni 1834.)

Ew. Hochwohlgeboren erhalten den Bericht des Ober-Prokurators zu Koblenz, wegen des zu den einregistrirten Urkunden nachträglich beizubringenden Stempels vom 4. Oktober v. J., nebst Anlagen, in Folge dessen Ihnen im Einverständnisse mit dem Herrn Finanz-Minister Excellenz Folgendes eröffnet wird.

Was zuvörderst die Mitwirkung der Friedensrichter bei der weitern Verfolgung der von dem Stempel-Fiskal bei der Revision der Einregistrements-Register gezogenen Stempel-Defekte anlangt, so tritt hier das besondere Verhältniß ein, daß sich der Friedensrichter nicht mehr im Besitz der stempelpflichtigen Urkunde befindet, und der Stempel-Fiskal selbst bei der Monitur die stempelpflichtige Urkunde nicht hat einsehen können, welches beides bei der Defektirung von Stempeln zu eigentlich gerichtlichen Verhandlungen der Regel nach der Fall sein wird. Hiernach erscheint es allerdings bedenklich, dasselbe, was unter dieser Voraussetzung bei den gerichtlichen Verhandlungen hinsichts der gezogenen Stempeldefekte in dem Reskripte vom 25. März 1836, und in Ihrem darin allegirten Erlasse an die Friedensgerichte vom 22. Juni 1834 angeordnet worden ist, unbedingt auf die hier in Rede stehenden Erinnerungen des Stempel-Fiskals anzuwenden, insonderheit die sofortige Einziehung der defektirten Beträge mittelst Ordonanz der Friedensrichter von den Interessenten auch hier vorzuschreiben. Da indessen die Erinnerungen des Stempel-Fiskals nach der getroffenen Einrichtung auf die friedensgerichtlichen Vermerke in die Einregistrirungs-Register gegründet werden, so erscheint es gleichwohl angemessen, daß die Friedensgerichte, welche die betreffenden Privat-Urkunden, als mit dem gesetzlichen Stempel versehen, haben passiren lassen, ihrerseits auch zunächst zur Erledigung der aufgestellten Erinnerungen mitwirken. Zu dem Ende haben die Friedensrichter daher die Stempelpflichtigen zur Nachbringung der Stempel, unter Vorbehalt etwaiger von ihnen zu machender Erinnerungen, insofern aufzufordern, als die Eintragung in die Einregistrements-Register vollständig genug ist, um ihnen die Ueberzeugung von der Verpflichtung der Debenten zur Nachbringung der defektirten Stempel zu gewähren. So fern hierbei aber Bedenken entstehen, haben sie nach Unterschied der Fälle entweder ihren Vermerk in die Einregistrements-Register näher zu erläutern, oder die Stempelpflichtigen zur Einreichung der betreffenden Urkunden, Behufs genauerer Festsetzung des dazu erforderlichen Stempels, vorab aufzufordern, oder endlich ihre Bedenken gegen die Richtigkeit der gemachten Stempel-Erinnerungen vorzustellen. Der Verpflichtung, die definitive Feststellung oder die Erledigung der in Rede stehenden Stempeldefekte auf solche Art herbeizuführen, können sich die Friedensrichter um so weniger entziehen, als sie dazu nach §. 34 des Stempelgesetzes

v. 7. März 1822 ohnehin mitzuwirken haben. In Ansehung der Folgen, welche die Friedensrichter trifft, wenn sie die ihnen übertragene Sorge für den Stempelverbrauch bei einzuregistrirenden Urkunden verabsäumen, oder die Vermerke über die wirklich verbrauchten Stempel nicht eintragen, können Stempelstrafen oder Stempelordnungs-Strafen gegen die Friedensrichter zwar nicht angewendet werden, wohl aber Rügen oder Strafen im Disziplinarwege eintreten. Auch läßt sich eine persönliche Verhaftung der Friedensrichter für die Stempel der Privat-Urkunden, welche von ihnen einregistrirt werden, in gleicher Weise, wie bei gerichtlich aufgenommenen Verhandlungen, aus dem §. 22 des Stempelgesetzes vom 7. März 1822 und Num. 4 des Allerhöchsten Kabinets-Befehls vom 19. Juni 1834, allerdings nicht herleiten, und ist solche daher in den Reskripten vom 7. März 1831 und 12. April 1837 auch nicht ausgesprochen. Dagegen unterliegt es keinem Bedenken, daß die Friedensrichter der Staatskasse für jene Stempel in so fern verantwortlich sind, als der Regreßanspruch gegen sie, wegen Verabsäumung der ihnen vorgeschriebenen Sorge für den Stempelverbrauch, in Folge allgemeiner gesetzlicher Vorschriften schon begründet ist.

Hiernach haben Ew. Hochwohlgeboren den Ober-Prokurator zu Koblenz mit näherer Anweisung zur weiteren Bescheidung des Friedensrichters zu N. zu versehen. Letzterem ist zugleich eine baldige Erledigung der in Rede stehenden Stempeldefekte in der vorgedachten Weise, und eine um so sorgfältigere Wahrung des Stempel-Interesses bei Einregistrirung der Privat-Urkunden anzuempfehlen, als die Defekten-Tabelle v. 28. Juli 1838 darlegt, daß in vielen Fällen der Friedensrichter zu N. sogar die Vermerke über den Stempel-Verbrauch in dem Einregistrements-Register ganz unterlassen hat.

Berlin, den 5. Mai 1840.

Der Justiz-Minister
Mühler.

An
den Königlichen General-Prokurator
Herrn Biergans
Hochwohlgeboren
zu Köln.

I. 1963. Rhein. Gen. 62. Vol. 5.

119.

Verfügung vom 13. Mai 1840, — die Kontrolirung der vollständigen Ueberweisung der wieder einzuziehenden Kosten in Strafsachen betreffend.

Ew. Hochwohlgeboren werden mit Bezug auf Ihren Bericht vom 29. Januar d. J., die Kontrolirung der vollständigen Ueberweisung der wiedereinzuziehenden Kosten in Strafsachen betreffend, hierdurch benachrichtigt, daß die Königliche Ober-Rechnungskammer nach einem jetzt eingegangenen Schreiben erklärt hat, im Interesse der vorschriftsmäßigen Revision der Rechnungen der Regierungs-Hauptkassen der Rhein-Provinz über die Kriminalfonds von dem Verlangen einer Vervollständigung der Justifikation derselben durch ein Attest der betreffenden Justizbehörde darüber nicht abgehen zu können, daß den Regierungen ein Mehreres an Kriminalkosten zur Wiedereinziehung nicht überwiesen sei, als was in dieser Hinsicht in ihren Rechnungen notirt worden.

Es wird daher nothwendig, in dieser Beziehung eine entsprechende Anordnung zu treffen, rücksichtlich deren das Justiz-Ministerium mit Ew. Hochwohlgeboren zwar darüber einverstanden ist, daß das Attest von dem öffentlichen Ministerium bei den verschiedenen Strafgerichten ausgestellt werden müsse, dagegen aber die Rücksendung der theilweise erst einzuführenden Begleitungsschreiben Seitens der Regierungen Behufs Ausstellung der Atteste, schon um deswillen dem Zwecke nicht für ganz entsprechend erachten kann, weil, wie z. B. in Steuersachen, nicht alle Urtheilsauszüge an die Regierungen gelangen. Ueberdies ist aber auch jetzt, wo nach dem Reskripte vom 24. Mai 1822 alle den Regierungen mitzutheilende Urtheilsauszüge in korrektionellen und Kriminal-Sachen von dem öffentlichen Ministerium visirt werden, jener Anhaltspunkt der Begleitungsschreiben füglich in anderer Weise zu ersetzen. Es wird daher Folgendes bestimmt.

1) Alle Urtheils-Auszüge, welche zum Zwecke der Wiedereinziehung von Kosten, die aus dem Kriminalfond bestritten worden, den Verwaltungsbehörden mitzutheilen sind, müssen den letztern künftig durch das öffentliche Ministerium desjenigen Gerichtes zugesendet werden, bei welchem die Verurtheilung zu den Kosten erfolgt ist.

2) Ueber diese Kosten-Ueberweisungen sind bei den Polizeigerichten in der Gerichtsschreiberei, bei den Landgerichten und dem Appellationsgerichtshofe aber in den Parketten des öffentlichen Ministeriums Verzeichnisse anzulegen, in welche nach fortlaufenden Nummern alle bei dem Gericht vorkommende Urtheile, welche eine Erstattung von Kosten an den Kriminalfond begründen, ihrem Datum nach, unter Angabe der Namen der Verurtheilten, der strafbaren Handlung, deren sie schuldig erklärt worden, des Betrages der Kosten und des Datums der Ueberweisung der letztern an die Verwaltung kurz eingetragen werden.

In so fern die jetzt schon gehaltenen Exekutions- oder Urtheils-Register übersichtlich obige Data ergeben, oder eine solche Einrichtung erhalten können, daß sie es thun, steht nichts im Wege, sie obigen Verzeichnissen zu substituiren. Ein Gleiches gilt von den tabellarischen Forststraf-Protokollen.

3) In den ersten vierzehn Tagen nach dem Schlusse eines jeden Kalenderjahres sendet das öffentliche Ministerium an die, nach Num. 2. bezeichneten, Gerichte der betreffenden Regierung, auf Grund der erwähnten Verzeichnisse, ein von ihm unterzeichnetes, bei den Polizeigerichten jedoch von dem Gerichtsschreiber zu entwerfendes Attest, in welchem in chronologischer Ordnung die einzelnen Urtheilsauszüge, die der Verwaltungsbehörde, Behufs der Einziehung von Kriminalkosten im Laufe des Jahres übersendet worden sind, unter jedesmaliger Angabe des Gesammtbetrages der letztern, aufgeführt werden, und sodann die Bescheinigung beigefügt wird:

> daß außer diesen, im Laufe des verflossenen Jahres den betreffenden Verwaltungsbehörden zur Wiedereinziehung von Kriminalkosten übersendeten Auszügen von Urtheilen und Beschlüssen, keine andere Urtheile und Beschlüsse, welche die Wiedereinziehung von Kriminalkosten begründen könnten, bei dem .... Gerichte zu .... ergangen sind.

Diese Bestimmung tritt vom 1. Januar 1841 dergestalt in Kraft, daß die Uebersendung des unter 3 erwähnten Attestes in den ersten vierzehn Tagen des Januars 1842 unfehlbar zu bewirken ist.

Demgemäß sind die Ober-Prokuratoren, und durch diese die Gerichtsschreibereien der Landgerichte, so wie die Polizeigerichte, mit Anweisung zu versehen, und darauf zu wachen, daß dieser Vorschrift pünktlich genügt werde.

Berlin, den 13. Mai 1840.

Der Justiz-Minister
Mühler.

An
den Königlichen General-Prokurator
Herrn Biergans
Hochwohlgeboren
zu Köln.

V. 1222. Rh. Kassen-S. Num. 36.

120.

Verfügung vom 16. Mai 1840, — über die Befugniß der Ober-Prokuratoren zur Einlegung des Rechtsmittels der Aggravation in fiskalischen Untersuchungen gegen Friedensrichter, oder wegen der gegen sie verübten Widersetzlichkeiten und Beleidigungen.

(§. 98. Tit. 35. Thl. I. A. G. O. — Allerh. Kab. Ordres v. 10. April 1833, Jahrb. Bd. 41. S. 585, v. 25. März u. 20. Dezbr. 1834, Ges. Samml. v. 1834 S. 63 u. v. 1835 S. 2, u. v. 3. Septbr. 1835, Jahrb. Bd. 46. S. 167 — Art. 8. u. 9. des Ges. v. 28. Floreal und Art. 81 des Senatus consults v. 16. Thermidor Jahres X. — §. 57. des Ges. v. 20. April 1810.)

Durch die Allg. Gerichts-Ordnung Thl. I. Tit. 35. §. 98. ist in fiskalischen Untersuchungen der fiskalischen Behörde, in deren Ressort die Sache einschlägt, gegen das Urtel erster Instanz das Rechtsmittel der Aggravation beigelegt. Diese fiskalische Behörde ist in Untersuchungen

1) wegen der gegen Beamte in Ausübung ihres Dienstes verübten Widersetzlichkeiten und Beleidigungen,

2) wegen der von Beamten begangenen Dienstvergehen und solchen gemeinen Vergehen, welche im fiskalischen Untersuchungsverfahren nach Preußischem Rechte zu verfolgen sind, nach den Allerhöchsten Kabinets-Ordren vom 10. April 1833 und 3. September 1835 (Jahrbücher Bd. 41 S. 585 u. Bd. 46 S. 167) die zunächst vorgesetzte Dienstbehörde des Beamten.

Eben so ist in Untersuchungen wegen Beleidigungen, welche öffentlichen Behörden oder Beamten in Ausübung ihres Dienstes oder in Beziehung auf denselben zugefügt sind, nach der Allerhöchsten Kabinets-Ordre vom 20. Dezember 1834 (Ges. Sammlung von 1835 S. 2) die Verzichtleistung auf die Bestrafung des Angeschuldigten nur mit Genehmigung der vorgesetzten Dienstbehörde des Beleidigten zulässig.

Es ist die Frage entstanden: welche Behörde in obigen Beziehungen als die vorgesetzte Behörde der Friedensrichter anzusehen sei, und daher in den entweder gegen dieselben, oder wegen der gegen sie verübten Widersetzlichkeiten und Beleidigungen eingeleiteten fiskalischen Untersuchungen das Rechtsmittel der Aggravation einzulegen und in den zulässigen Fällen die Genehmigung zu der Verzichtleistung auf die Bestrafung des Angeschuldigten zu ertheilen habe? Das Justiz-Ministerium hat bereits in mehreren früheren Verfügungen angenommen, daß nach der, in der Rheinprovinz bestehenden, Gerichtsverfassung, namentlich mit Rücksicht auf die Vorschrift der Artikel 8. u. 9. des Gesetzes vom 28. Floreal Jahres X, der Ober-Prokurator die vorgesetzte Dienstbehörde der Friedensrichter sei, und von demselben die oben bezeichneten Befugnisse ausgeübt werden müssen. Da jedoch gegenwärtig von einem Gerichtshofe die Ansicht aufgestellt worden, daß nach dem Artikel 81. des Senatusconsults vom 16. Thermidor Jahres X und dem Artikel 57. des Gesetzes vom 20. April 1810 jene Befugnisse nur dem Justiz-Minister zuständen, so wird hierdurch, zur Vermeidung aller ferneren Zweifel, für den Fall, daß nicht schon die bestehenden Gesetze jene Befugnisse den Ober-Prokuratoren beilegen sollten, die Ausübung jener Befugnisse in Beziehung auf die Friedensrichter von dem Justiz-Minister ausdrücklich den Ober-Prokuratoren delegirt.

In den gegen die Friedensrichter wegen Dienstvergehen, oder wegen solcher gemeinen Verbrechen, welche nach Preußischem Rechte zu bestrafen sind, eingeleiteten Kriminal-Untersuchungen dagegen kann das Rechtsmittel der Aggravation nach der ausdrücklichen Vorschrift der Allerhöchsten Kabinets-Ordre vom 25. März 1834 (Ges. Samml. S. 63) nur von dem Justiz-Minister eingelegt werden.

Diese Verfügung ist durch die Amtsblätter der Rheinischen Regierungen zur allgemeinen Kenntniß zu bringen.

Berlin, den 16. Mai 1840.

An
den Königlichen General-Prokurator Herrn Biergans
Hochwohlgeboren
zu Köln.

Der Justiz-Minister
Mühler.

V. 1434. Rhein. Gen. 104.

121.

Verfügung vom 22. Mai 1840, — die Berechnung der Strafzeit betreffend.

(Art. 165, 197, 203 u. 373 — 376 Straf-Proz. Ordn.)

Ew. Hochwohlgeboren wird auf den, über die Berechnung der Strafzeit unterm 1. d. M. erstatteten Bericht eröffnet, daß, wenn der W. und der J. bis zu der Entscheidung des Revisions- und Kassationshofes in dem Arresthause zu Düsseldorf verblieben wären, ihre Strafe unbedenklich erst vom Tage des Urtheils des Revisions- und Kassationshofes berechnet werden könnte. Da dieselben jedoch zum Zwecke der Evakuirung des Arresthauses vor der Entscheidung des Revisions- und Kassationshofes an die Strafanstalt zu Werden abgeführt worden, also in der That die Strafe, gleichviel ob mit ihrem oder wider ihren Willen, vorläufig angetreten haben, so muß dieselbe von dem Tage der Ankunft in die Strafanstalt berechnet werden. Das Reskript vom 4. März v. J. kann auf die genannten beiden Angeschuldigten nicht bezogen werden, da diese bereits am 10. November 1838 zur Strafanstalt abgeliefert sind, und das Reskript vom 4. März v. J. ausdrücklich bestimmt, daß es hinsichtlich derjenigen Individuen, welche ihre Strafe nach den früheren Vorschriften bereits vorläufig angetreten haben, keine Anwendung finde. Uebrigens dürfen nach den Artikeln 203 und 373 — 375 der Straf-Prozeß-Ordnung Strafurtheile vor der Rechtskraft unter keinen Umständen vollstreckt werden. Die Ablieferung von Untersuchungsgefangenen, welche gegen das Urtheil früherer Instanz ein Rechtsmittel eingelegt haben, zur Strafanstalt, darf daher künftig auch nicht mehr Behufs Evakuirung des Untersuchungsgefängnisses erfolgen, und haben die Ober-Prokuratoren, denen die Vollstreckung der Erkenntnisse nach Artikel 165, 197 und 376 der Straf-Prozeß-Ordnung obliegt, die Abführung zur Strafanstalt nicht eher, als bis das Urtheil die Rechtskraft erlangt hat, zu veranlassen.

Berlin, den 22. Mai 1840.

Das Justiz-Ministerium.
Ruppenthal.

An
den Königlichen General-Prokurator
Herrn Biergans
Hochwohlgeboren
zu Köln.

I. 2162. Rhein. Krim. 81.

122.

Verfügung vom 26. Mai 1840, — betreffend das Verbot der Ueberladung der Rheinschiffe.

Ew. Hochwohlgeboren erhalten Abschrift der Allerhöchsten Kabinets-Ordre vom 5. Januar d. J., durch welche des Königs Majestät den von der Central-Kommission der Rheinschiffahrt verabredeten Zusatz-Artikel zur Rheinschiffahrts-Akte, wegen des Verbots der Ueberladung der Rheinschiffe, zu genehmigen geruhet haben, so wie Abschrift der Cirkular-Verfügung des Herrn Finanz-Ministers vom 11. d. Mts., zur Kenntnißnahme und mit dem Bemerken, daß die Publikation der vorgedachten Allerhöchsten Kabinets-Ordre durch die Amtsblätter der Regierungen zu Koblenz, Köln, Düsseldorf und Trier verfügt worden ist.

Berlin, den 26. Mai 1840.

Das Justiz-Ministerium.
Ruppenthal.

An
den Königlichen General-Prokurator Herrn Biergans
Hochwohlgeboren
zu Köln.

I. 2280. Rhein. Gen. 89. Vol. 4.

Beilagen.

1.

Auf Ihren gemeinschaftlichen Antrag vom 26. v. M. und J. will Ich das von sämmtlichen Bevollmächtigten der Rhein-Uferstaaten als Supplementar-Artikel zur Rheinschiffahrts-Ordnung vom 31. März 1831 vorgeschlagene Verbot gegen Ueberladung der Fahrzeuge auch für den preußischen Rhein in nachstehender Fassung hiermit gültig erklären:

„Schiffer, deren Fahrzeuge tiefer gehen, als die Linie, durch „welche von der kompetenten Behörde die größte zulässige „Einsenkung derselben bezeichnet worden ist, verfallen in „die, durch die Gesetze des Staats, in dessen Gebiete die „Uebertretung entdeckt worden, gegen Ueberladung der Schiffe „verhängten Strafen. Es bleibt aber jeder Regierung unbenommen, den Artikel 64 der Rheinschiffahrts-Ordnung für „anwendbar zu erklären, jedoch mit der Maaßgabe, daß die „darin festgesetzte Geldbuße nach Umständen bis auf 20 „Franks ermäßigt werden kann. Zugleich sind solche Schif-„fer anzuhalten, in dem ersten Hafen die Ladung bis zur „erlaubten Einsenkung zu vermindern."

Dabei setze Ich fest, daß bei Uebertretung dieses Verbots die diesseitigen Gerichte auf eine Geldbuße von 5 bis 80 Thlr. (20 bis 300 Franks) oder verhältnißmäßige Gefängnißstrafe, für den Fall des Unvermögens, zu erkennen haben. Ich trage Ihnen auf, die Publikation dieser Bestimmung zu veranlassen, und erwarte, daß Sie, der Minister der auswärtigen Angelegenheiten, die im Archiv der Rheinschiffahrts-Central-Kommission niederzulegende Genehmigungs-Urkunde jenes Zusatz-Artikels zu Meiner Vollziehung vorlegen werden.

Berlin, den 5. Januar 1840.

Friedrich Wilhelm.

An
die Staats-Minister Mühler,
Graf von Alvensleben und Freiherrn von Werther.

2.

Da das durch die Allerhöchste Ordre vom 5. Januar d. J. ergehende Verbot gegen Ueberladung sich auf alle, den Preußischen Rhein befahrende, Schiffe erstreckt, nach den bisher getroffenen Anordnungen aber nicht alle Fahrzeuge zur Aichung verpflichtet sind, und dabei von den Aichämtern mit der äußern Bezeichnung der größten zulässigen Einsenkung versehen werden, so ist es für nöthig erachtet worden, um die Handhabung des Verbots zu sichern, mit Rücksicht auf die Instruktionen für die Schiffs-Untersuchungs-Kommissionen vom 27. September 1834 für den Rhein, so wie vom 12. Juni 1838 für die Mosel und Saar, desgleichen in Bezug auf die Bekanntmachung über das Verfahren bei Aichung der Schiffe des Preußischen Rheins und seiner Nebenflüsse vom 25. April 1839 hiermit Folgendes für die Bezeichnung derjenigen Rheinschiffe festzusetzen, welche der Aichung nicht unterworfen sind.

§. 1. Schiffe, welche den Rhein befahren, jedoch nur für die Binnenfahrt, zwischen den Rheinzollämtern von Koblenz und Emmerich und der Landesgrenze auf der Mosel bei Igel, bestimmt sind, folglich nicht geaicht zu werden brauchen, sollen von den Schiffs-Untersuchungs-Kommissionen, so bald sie ihnen, gleichviel, ob zur ersten oder zu einer ferneren Revision, vorgestellt werden, mit der Bezeichnung ihrer größten zulässigen Einsenkung versehen werden.

§. 2. Schiffe, die zum Transport von Eigengut dienen, und diejenigen von fünf Last und geringerer Trächtigkeit, wenn sie zum Gütertransporte und nicht blos zur Ueberfahrt zwischen beiden Ufern benutzt werden, sollen künftig auch den Schiffs-Untersuchungs-Kommissionen vorgestellt und von ihnen mit der Bezeichnung ihrer größten zulässigen Einsenkung versehen werden. Haben sie diese Bezeichnung einmal erhalten, so brauchen sie nur nach einer vollzogenen Haupt-Reparatur, oder wenn die

Bezeichnung zufällig verändert oder verloren wäre, von Neuem zur Revision gestellt zu werden. Von der jährlichen Revision bleiben solche Schiffe auch ferner entbunden.

§. 3. Die Bezeichnung der größten zulässigen Einsenkung bewirkt die Kommission in gleicher Art, wie es den Aichämtern vorgeschrieben ist, nämlich durch Einschlagung einer fünf Centimeter langen und zwei Centimeter breiten eisernen Klammer auf drei Punkten jeder Seite des Schiffs in der als höchste Ladungsfähigkeit zu bestimmenden Linie. Das Einbrennen eines Stempels ist nicht erforderlich.

§. 4. Die Kommission hat die Bezeichnung zu bewirken, ohne, außer den bisherigen reglementsmäßig feststehenden Gebühren, eine weitere Vergütung zu verlangen. Jedoch hat der Eigenthümer des Fahrzeugs den Preis der verwendeten Klammern, welchen der Vorstand der Kommission ein für allemal zu bestimmen hat, zu berichtigen.

§. 5. Die übrigen Bestimmungen der für die Schiffs-Untersuchungs-Kommissionen ergangenen Instruktionen bleiben in Kraft, namentlich auch diejenige, wonach die Höhe des Bordes, welche das Fahrzeug im beladenen Zustande haben muß, nach Zollen in dem Revisionsprotokolle anzugeben ist.

§. 6. Den Polizeibehörden aller Preußischen Rheinhäfen, einschließlich der Häfen von Ruhrort und Duisburg, ist es untersagt, v. 1. Oktober laufenden Jahres an zu gestatten, daß zur Rheinfahrt gehörige Schiffe, die mit der Bezeichnung ihrer größten zulässigen Einsenkung nicht vorschriftsmäßig versehen sind, Ladung einnehmen, oder wenn sie beladen angekommen, nach erfolgter Löschung den Hafen verlassen, bevor sie diese Bezeichnung erlangt haben. Zu dem Ende sind solche Schiffe der Schiffs-Untersuchungs-Kommission des Orts zu überweisen und, wenn keine daselbst besteht, entweder der nächsten, auf Kosten des Schiffers, zuzuführen, oder der Schiffer ist, wenn er hinlängliche Sicherheit zu stellen im Stande ist, aufzufordern, sich mit seinem Fahrzeuge dahin zu begeben.

Berlin, den 11. Mai 1840.

Der Finanz-Minister
Graf von Alvensleben.

123.

Allgemeine Verfügung vom 27. Mai 1840, — betreffend die Ablieferung der Ordens-Insignien beim Ableben der Besitzer an die Königliche General-Ordens-Kommission.

Bekanntmachung.

Da sich oft der Fall ereignet, daß inländische Besitzer Königlich Preußischer oder ausländischer Orden versterben, ohne daß die Ordens-Insignien, die ihnen verliehen gewesen, an die General-Ordens-Kommission zurückgeliefert werden, so wird die deshalb schon bisher immer bestandene Verfassung hiedurch wieder in Erinnerung gebracht, wonach alle, sowohl Königlich Preußische als fremde Orden, ingleichen die Königlich Preußischen Ehrenzeichen, beim Ableben ihrer inländischen Besitzer, von deren Hinterbliebenen, oder vorgesetzten Behörden, oder von den Landräthen und Magisträten, mit Anzeige des Todestages der Verstorbenen, unmittelbar an die General-Ordens-Kommission einzusenden sind.

Diese Bestimmung gilt von jetzt ab auch für die Insignien des Eisernen Kreuzes und des Kaiserlich Russischen St. Georgen-Ordens 5. Klasse, welche nach der bisherigen Verordnung, Behufs der Vererbung, die nunmehr geschlossen ist, an denjenigen Truppentheil der Armee, bei welchem sie erworben worden waren, zurückgegeben werden mußten. In Rücksicht der Kriegs-Denkmünzen von 1813, 14 und 15 wird bei dieser Gelegenheit die bestehende Verfassung ebenfalls in Erinnerung gebracht, daß dieselben nach dem Tode der Besitzer an dasjenige Kirchspiel zur Aufbewahrung abzuliefern sind, zu welchem der Besitzer zuletzt gehört hat.

Berlin, den 20. Mai 1840.

Königlich Preußische General-Ordens-Kommission.

v. Thile.

Auf die vorstehende Bekanntmachung werden die sämmtlichen Gerichtsbehörden zur genauen Befolgung bei der Regulirung von Verlassenschaften hierdurch aufmerksam gemacht.

Berlin, den 27. Mai 1840.

An sämmtliche Gerichtsbehörden.

Der Justiz-Minister Mühler.

I. 2403. D. 49. Vol. 3.

124.

Verfügung vom 2. Juni 1840, — betreffend 1. die Frage: ob die Auskultatoren bei den Advokat-Anwälten stagiren können? und 2. die fernere Anwendbarkeit des Reskripts vom 28. Juli 1833 (Lottner Bd. 3. S. 659).

(§. 26 des Regulativs v. 16. Febr. 1832 — Reskr. v. 28. Juli 1833, Lottner Bd. 3 S. 659 — Ergänz. Regulativ v. 31. März 1834, Lottner Bd. 4 S. 45 — Beschäftgs. Regulativ v. 5. Dezbr. 1834, Lottner Bd. 4 S. 211, Lott. Leitner Bd. 6 S. 363.)

Ew. Hochwohlgeboren erhalten Abschrift des Berichts des Königlichen Landgerichts-Präsidenten zu N. vom 16. v. Mts., betreffend die Frage: ob die Auskultatoren bei den Advokat-Anwälten stagiren können? mit dem Eröffnen, daß der Ansicht der Vorzug gegeben werden muß, nach welcher dem Kandidaten zur dritten Prüfung nur diejenige Zeit, welche er als Referendar bei einem Advokat-Anwalte stagirt hat, auf die vorgeschriebene einjährige Advokatenstage angerechnet werden kann. In dem Regulative vom 16. Februar 1832 ist unter den Beschäftigungen eines Auskultators diejenige bei einem Advokat-Anwalte überhaupt nicht aufgeführt, und kann daher dem §. 26 dieses Regulativs, wenn darin von der Beschäftigung als Auskultator und Referendar auf die vorher gedachte Art die Rede ist, nicht wohl der Sinn beigelegt werden, daß der Kandidat auch diejenige Zeit, welche er als Auskultator bei einem Advokat-Anwalte gearbeitet hat, sich auf die Advokatenstage, welche noch außer jener, als Auskultator und Referendarius erfolgten, einjährigen Beschäftigung erfordert wird, sollte anrechnen lassen können. Wenn der §. 4 des Cirkulars vom 16. Februar 1832 hierüber Zweifel erweckt hat, so ist doch in dem Regulative, die Beschäftigungen der Referendarien und Auskultatoren bei dem Landgerichte zu Köln betreffend, vom 5. Dezember 1834, welches nach dem Reskripte vom 6. Dezember 1837 auch den übrigen Landgerichten zur Richtschnur dient, jener Zweifel durch den §. 3. dahin entschieden, daß der Kandidat erst, nachdem er die übrige vorgeschriebene Stage absolvirt hat, mithin als Referendarius, zur Advokatenstage übergehen und darin ein Jahr zubringen solle. Da es nun überdies ganz angemessen erscheint, daß die zur dritten Prüfung erforderte einjährige Advokatenstage, um für die höhere Ausbildung des Kandidaten ersprießlich zu sein, erst von dem Referendarius, und nicht auch schon von einem Auskultator absolvirt werde, so ist dieser Grundsatz für die Zukunft als Regel zu befolgen.

In Betreff der zweiten Anfrage, über die fernere Anwendbarkeit des Reskripts vom 28. Juli 1833 (Lottner Bd. 3. S. 659) ist bereits auf eine ähnliche Anfrage des Landgerichts-Präsidenten N. mittelst des Ihnen mitgetheilten Reskripts vom 15. Februar v. J. eine Verfügung getroffen, nach welcher jenes Reskript nicht mehr für anwendbar zu halten ist.

Hiernach haben Ew. Hochwohlgeboren daher sowohl den Landgerichts-Präsidenten und Ober-Prokurator zu N., als auch die übrigen Landgerichts-Präsidenten und Ober-Prokuratoren mit Anweisung zu versehen.

Berlin, den 2. Juni 1840.

Das Justiz-Ministerium.
Ruppenthal.

An
den Königlichen Ersten Appellationsgerichts-Präsidenten Herrn Schwarz und den Königlichen General-Prokurator Herrn Biergans
Hochwohlgeboren
zu Köln.

I. 2416. Rhein. Off. 7. Vol. 3.

Beilage.

Ew. Excellenz beehre ich mich, Folgendes ganz gehorsamst vorzutragen.

Der Referendarius N. meldete sich beim Herrn Ober-Prokurator und mir mit dem Gesuche um Präsentation zur dritten Prüfung.

In der Verfügung vom 1. Februar d. J. eröffneten wir ihm, daß wir Anstand nehmen müßten, ihn zu präsentiren, weil er nur sieben Monate als Referendar bei einem Advokat-

Anwalte stagirt habe, und wir die fünfmonatliche Stage als Auskultator ihm nicht anrechnen könnten, daß wir aber bei seiner Individualität uns sehr gern für Ertheilung einer Dispensation verwenden würden.

Die Herren Erster Präsident und General-Prokurator haben indessen in dem Reskripte vom 4. März d J die Ansicht ausgesprochen, daß der §. 26 des Regulativs v. 16. Februar 1832 dem Auskultator gestatte, bei einem Advokat-Anwalte zu stagiren.

Mir scheint indessen diese Ansicht in der Fassung des allegirten §. 26 nicht begründet zu sein, indem es im Eingange desselben nicht heißt „der Kandidat," sondern „der Referendar muß" rc., und nun zwei Sätze folgen, nämlich einer für die Beschäftigung bei den Gerichten als Auskultator und Referendar, und der andere für die Beschäftigung bei einem Advokat-Anwalte.

Den zweiten Satz habe ich auf den Eingang des Paragraphen zurückbezogen, und daraus die Folge abgeleitet, daß der Auskultator nicht bei einem Anwalte stagiren dürfe.

Ich glaube jedenfalls behaupten zu können, daß nach dem jetzt allen Landgerichten zur Norm vorgeschriebenen Beschäftigungs-Regulative vom 5. Dezember 1834 (Lottner Bd. 4 S. 211 — Lott. Leitner Bd. 6 S. 363) die Stagirung der Auskultatoren bei einem Advokat-Anwalt für unzulässig erachtet werden muß.

Ew. Excellenz reiferem Ermessen stelle ich, da mir die Sorge für die zweckmäßige Beschäftigung und praktische Ausbildung der Auskultatoren obliegt, ehrerbietigst die Entscheidung anheim, ob ich zugeben darf, daß sie bei einem Advokat-Anwalte stagiren.

Bei dieser Gelegenheit glaube ich noch eine Frage über die fortbestehende Anwendbarkeit des Reskripts vom 28. Juli 1833 (Lottner Bd. 3 S. 659 Num. 1116) mir erlauben zu dürfen.

Dieses Reskript gestattet den Auskultatoren, welche vom Kollegium auf die Prüfungs-Verhandlungen für referendariatsfähig erachtet werden, sogleich nach dem desfallsigen Beschlusse und noch vor Eingang der Bestallung als Referendar die zum dritten Examen erforderlichen praktischen Vorbereitungen und Stagen zu machen.

Nachdem aber den Landgerichten die eigentliche Prüfung der Auskultatoren zum Referendariate durch §. 2 des Ergänzungs-Regulativs vom 31. März 1834 (Lottner Bd. 4 S. 45) entzogen und dem Appellationsgerichtshofe übertragen worden ist, kann nun der Fall, daß ein Auskultator durch einen Beschluß des Landgerichts auf die Prüfungsverhandlungen für referendariatsfähig erachtet wird, nicht mehr vorkommen, weshalb bei mir der Zweifel entstanden ist, ob nicht jetzt die Stagen zur dritten Prüfung, besonders aber die, bei einem Friedensgerichte und einem Untersuchungsamte, erst nach Bestellung und Verpflichtung als Referendar angetreten werden dürfen.

Ein beim Landgerichte kürzlich vorgekommener Fall, daß die Proberelation eines Auskultators, welcher, wie er versicherte, die zweite Prüfung zur Zufriedenheit der Herren Examinatoren, nach deren mündlicher Mittheilung, bestanden hatte, nicht für genügend angenommen und ihm die Anfertigung einer anderen auferlegt worden ist, macht es mir besonders wünschenswerth, von Ew. Excellenz mit näherer Anweisung versehen zu werden, ob und unter welchen Voraussetzungen ich den Antritt der Stagen zum dritten Examen den geprüften Auskultatoren verstatten dürfe.

N., den 16. Mai 1840.

Der Landgerichts-Präsident
N.

125.

Verfügung vom 12. Juni 1840, — eine Gewerbe-Polizei-Kontravention der Musiker betreffend.

(Hausir-Regulativ vom 28. April 1824 §. $\frac{18}{30}$, Allerhöchster Kab. Befehl vom 14. Oktober 1833, Straf-Prozeß-Ordn. Art. 640.)

Der dem Justiz-Ministerium von Sr. Excellenz dem Herrn Minister des Innern und der Polizei mitgetheilte Bericht der Königlichen Regierung v. 22. April d. J., betreffend eine Gewerbe-Polizei-Kontravention der Musiker N. N., geht von der Voraussetzung aus, daß die Kontravenienten, welche nach dem Allerhöchsten Kabinets-Befehl vom 14. Oktober 1833 nur einer polizeilichen Legitimation zum Betrieb ihres Gewerbes innerhalb der nächsten zwei Meilen bedurften, diese aber so wenig als einen Gewerbeschein besessen haben, nach §. 30 des Hausir-Regulativs vom 28. April 1824 zu bestrafen gewesen seien, und folgert aus dieser, eine Geldbuße von 10 Sgr. bis 10 Thlr. anordnenden, Strafbestimmung die Inkompetenz des Polizeigerichts zu N., so wie die Unstatthaftigkeit der von demselben in dem Urtheile vom 6. Februar d. J. nach Artikel 640 der Straf-Prozeß-Ordnung angenommenen Verjährung. Auf den Antrag des öffentlichen Ministeriums vom 25. Oktober v. J. hat hiergegen die Rathskammer des Königlichen Landgerichts angenommen, daß, da hier blos gegen die Vorschrift des Allerhöchsten Kabinets-Befehls vom 14. Oktober 1833 gefehlt worden, nicht der §. 30 des Hausir-Regulativs, sondern die Strafe der Polizeiübertretung von 1 bis 5 Thlr. nach §. 33 des Ressort-Reglements vom 20. Juli 1818 zur Anwendung zu bringen sei, und ist demgemäß auch von dem gedachten Polizeigerichte die Verjährung, als eingetreten nach Artikel 640 der Strafprozeß-Ordnung, angesehen worden. Für die entgegengesetzte Ansicht spricht jedoch, daß die Vorschrift des Allerhöchsten Kabinets-Befehls vom 14. Oktober 1833 als eine zusätzliche Bestimmung zu dem §. 18 des Hausir-Regulativs, mithin als ein integrirender Theil desselben anzusehen ist, und die Uebertretungen gegen diese zusätzliche Vorschrift daher auch unter die Strafbestimmung des §. 30 des Hausir-Regulativs, da sich diese auf alle, nicht mit besonderen Strafen bedroheten, Uebertretungen gegen das Regulativ erstreckt, fallen. Ew. Hochwohlgeboren werden veranlaßt, bei einer vorkommenden Kontravention von gleicher Art, diesen Gesichtspunkt, nach welchem die Kompetenz des Zuchtpolizeigerichts von selbst eintritt, dem Landgericht ebenfalls zu entwickeln, und hat das Justiz-Ministerium daher von der Einlegung des Kassations-Rekurses im Interesse des Gesetzes gegen das Urtheil des Polizeigerichts zu N. in dem vorliegenden Falle Abstand genommen.

Berlin, den 12. Juni 1840.

An
den Königlichen Ober-Prokurator Herrn N.
Hochwohlgeboren
zu N.

Der Justiz-Minister
Mühler.

I. 4558. Rh. Gen. 134.

126.

Verfügung vom 4. Juli 1840, — die Stempelpflichtigkeit polizeigerichtlicher Urtheile betreffend.

(Art 55 des Strafges. Buchs — Art. 56 des Dekr. v. 18. Juni 1811 — Reskripte v. 4. April 1823 u. 4. Juni 1824, Lottner Bd. 5 S. 11.)

Ew. Hochwohlgeboren eröffne ich auf den Bericht v. 21. Febr. d. J., die Stempelpflichtigkeit polizeigerichtlicher Urtheile betreffend, nach vorgängiger Kommunikation mit dem Herrn Finanz-Minister, „daß, da nach Art. 55 des Strafgesetzbuchs die solidarische Haftbarkeit mehrerer Theilnehmer einer strafbaren Handlung für die erkannten Geldbußen nur bei eigentlichen Verbrechen und Vergehen (crimes et délits), nicht aber bei Polizei-Kontraventionen eintritt, ich mit Ew. Hochwohlgeboren und dem dortigen Ober-Prokurator einverstanden bin, daß Urtheile der Polizeigerichte, durch welche mehrere Individuen, jedes zu einer Strafe von fünf Thalern oder weniger nicht solidarisch verurtheilt werden, mit Rücksicht auf den Staats-Ministerial-Beschluß vom 22. Januar 1823 und die Reskripte vom 4. April 1823 und 4. Juni 1824 (Lottner Bd. 5 S. 11) einem Werthstempel nicht unterliegen, wenn auch der Gesammt-Betrag der sämmtlichen Strafen zusammen gerechnet die Summe von 5 Thalern übersteigt.

Der Werthstempel soll mit der Strafe im Verhältnisse stehen; die Strafe bezieht sich immer nur auf eine bestimmte Person, der Werthstempel kann daher auch nur mit Rücksicht auf die von einem jeden Verurtheilten zu erleidende Strafe festgesetzt, und dadurch, daß Mehrere zufällig durch dasselbe Urtheil zu einer Strafe nicht solidarisch verurtheilt sind, nicht erhöhet werden.

In Gemäßheit des von dem Herrn Finanz-Minister geäußerten Wunsches werden Ew. Hochwohlgeboren jedoch beauftragt, darauf zu halten und die Friedensrichter anzuweisen, daß die gemeinschaftliche Verurtheilung mehrerer Polizei-Kontravenienten in einem Straferkenntnisse auf den Fall wirklicher Komplizität an demselben Polizeivergehen beschränkt werde.

Wenn übrigens der dortige Ober-Prokurator von der Ansicht ausgeht, daß im Falle einer Stempelpflichtigkeit der polizeigerichtlichen Urtheile die Verurtheilten auch für den Stempel nicht solidarisch verurtheilt seien, so ist dieses unrichtig. Die Stempel gehören zu den Kosten, und für diese sind, abweichend von den Grundsätzen, welche über die Kosten in Civilprozessen gelten, in Untersuchungen jeder Art, also auch in polizeigerichtlichen, sämmtliche Mitschuldige solidarisch verhaftet.

Art. 156. des Dekrets vom 18. Juni 1811.

Wenn daher, wie es nach der Verfügung des dortigen Ober-Prokurators vom 29. Januar v. J. den Anschein hat, einige Polizeigerichte hinsichtlich der Kosten eine solidarische Verpflichtung der mehreren Angeschuldigten nicht ausgesprochen haben, so ist dieses nicht den Gesetzen gemäß, und haben Ew.

Hochwohlgeboren hierauf gleichfalls die Friedensrichter aufmerksam zu machen.

Berlin, den 4. Juli 1840.

An
den Königlichen General-Prokurator
Herrn Biergans
Hochwohlgeboren
zu Köln.

Der Justiz-Minister
Mühler.

I. 2898. Rhein. Gen. 62. Vol. 5.

127.

Verfügung vom 4. Juli 1840, — betreffend die Gebühren der Notarien in der Rheinprovinz.

(Art 957 u. 958 der bürg. Proz. Ordn. — Art. 1917 des bürg. Ges. Buchs. — Art. 19 und 60 der Notariats-Ordn. — Publik. v. 20. Febr. 1834 und Reskr. v. 17. November 1836, Lottner Bd. 4 S. 27 u. Bd. 5 S. 496.)

a.

Cirkular des Ober-Prokurators zu Düsseldorf vom 4. Juli 1839.

Mehrere Beschwerden, welche in neuerer Zeit über die Höhe der Kosten bei freiwilligen Subhastationen vorgekommen sind, veranlassen mich, die Herren Notarien des Departements auf einige Punkte aufmerksam zu machen, in Bezug auf welche jene Beschwerden für begründet angenommen worden sind. Ich finde mich um so mehr veranlaßt, dieselben zur Kenntniß der genannten Herren Beamten zu bringen, als mehrere der nachstehend gerügten Kostenansätze durch eine mißbräuchliche Praxis herkömmlich geworden und daher irrige Ansichten über deren Statthaftigkeit entstanden sind, welche einer Berichtigung zu bedürfen scheinen.

1. Nach Art. 958 der bürgerlichen Prozeß-Ordnung soll das Verzeichniß der Bedingungen (cahier de charges) bei dem Notar niedergelegt werden. Ein, über diese Niederlegung aufgenommener Akt (acte de dépôt) ist indessen nicht zu verwechseln mit einem contrat de dépôt (Art. 1917 des bürgerlichen Gesetzbuchs), und kann daher auch nicht nach dem für Depositions-Kontrakte im Tarife gegebenen Gebührensatze taxirt werden.

2. Auch der Ansatz für den Ausrufer erscheint oft mißbräuchlich. So weit mit den notariellen Verrichtungen baare Auslagen verbunden sind, deren Vergütung der Tarif nicht besonders erlaubt (wie z. B. an mehreren Stellen des Portos und Botenlohns), muß der Notar den Ersatz dafür in den ihm zugewiesenen Emolumenten suchen, und kann ein Mehreres, als letzteren, nicht verlangen. Zudem erscheinen bei Immobiliar-Verkäufen die Funktionen eines besondern Ausrufers in der Regel überflüssig. Bei Mobiliar-Verkäufen kann es zuweilen im Interesse des Verkäufers liegen, daß der Notar sich eines Ausrufers bediene, indem durch einen solchen die Arbeit erleichtert und dadurch der Zeitverlauf und die Zahl der Vakationen verringert wird. Es muß dann aber ein besonderes Abkommen über die Höhe der Gebühren des Ausrufers zum Grunde liegen, und dürfen diese keineswegs wie eine dem Notar zufließende Gebühr behandelt werden.

3. Die zu dem Subhastationstermine verwendete Zeit ist im Kontexte des Aktes und zwar, wie dieses in der Verfügung des Herrn General-Prokurators vom 13. Mai c. vorgeschrieben worden, nicht blos nach Anzahl der Stunden, sondern mit genauer Bezeichnung des Anfangs- und Endpunktes, zu vermerken.

4. Die Ausfertigungen sind häufig auf eine ungebührliche Weise dadurch vergrößert und vertheuert worden, daß ein Theil der dem Notar übergebenen Aktenstücke, namentlich die Urtheile des Landgerichts in Theilungssachen, die Gutachten der Experten u. s. w. mit ausgefertigt worden sind. Die Artikel 972 und 958 führen speziell dasjenige auf, was das cahier de charges enthalten soll. Hierunter sind aber weder die Erkenntnisse noch andere Aktenstücke begriffen, sondern es genügt die Angabe (l'anonciation) des das Gutachten des Familienraths bestätigenden Erkenntnisses, so wie der Namen, der Wohnung und der Profession der betreibenden Parthei, endlich der Namen und der Wohnung des Anwalts. Es scheint nicht einmal erforderlich, daß der Notar die ihm zur Information übergebenen Prozeßaktenstücke bei den Minuten zurück behalte, vielmehr ist es angemessen, nach abgemachter Sache jene Stücke dem Produzenten wieder auszuhändigen.

5. Neben den Ausfertigungsgebühren werden sehr häufig noch besondere Entschädigungen für Papier, Heften, Seide, Aktendeckel rc. verlangt. Solche Ansätze sind unzulässig, indem nach Art. 60 der Notariats-Ordnung und bei den einzelnen, auf bestimmte Summen im Ganzen lautenden Sätzen der Taxordnung ein Mehreres, als darin festgesetzt ist, unter der Rubrik

„Auslage" nicht entnommen werden darf (vergl. Urtheil des Rheinischen Appellationsgerichtshofes vom 13. Juni 1834, Archiv XXI, 1, 135).

6. Rücksichtlich der Verpflichtung der Notarien, über die sogenannten Höhe- oder Schlaggelder, als einen Theil des Kaufpreises, Rechnung zu legen und den nach Abzug der gesetzlichen Gebühren übrig bleibenden Theil den Partheien auszuhändigen, wird auf das Publikandum des Herrn General-Prokurators vom 20. Februar 1834 (Lottner Bd. 4 S. 27) verwiesen und die strengste Befolgung in Erinnerung gebracht. Der Notar darf hierbei nicht warten, bis die Parthei jene Berechnung von ihm verlangen werde, sondern hat rücksichtlich der Auszahlung der Schlaggelder gerade so zu verfahren, wie rücksichtlich des Kaufpreises selbst.

7. Für Garantie des richtigen Eingangs der Kaufgelder (welche besonders bei Mobiliarverkäufen mitunter vorzukommen pflegt) darf der Notar sich keine Gebühren stipuliren lassen, da der Tarif dafür keine Taxe enthält. Die Uebernahme einer solchen Garantie, in so fern der Notar dadurch gegen baare Zahlung des ganzen Kaufpreises die etwa entstehenden Ausfälle übernimmt, würde sogar denselben zur Aufnahme des Aktes resp. zur fernern Aufbewahrung der Minute unfähig machen (Art. 19 der Notariats-Ordnung).

8. Für den Empfang der Kaufgelder beziehen die Notarien die im Tarife zugebilligten Prozentgelder. Es ist jedoch unstatthaft, die Empfangsgelder nach einzelnen Terminen, in denen die Kaufschillinge von den Ankäufern entrichtet werden, zu berechnen; vielmehr sind dieselben ohne Rücksicht auf die Zahlungstermine nur nach dem ganzen Kaufpreise zu berechnen, wie dieses aus den Worten des Tarifs deutlich genug erhellt.

9. Bei Löschung der auf den verkauften Immobilien haftenden Hypotheken ist darauf Bedacht zu nehmen, daß die Kreditoren wo möglich gleichzeitig und in demselben Akte die Einwilligung zur Löschung ertheilen, damit nicht durch Vervielfältigung solcher Löschungskonsens-Akte die Kosten unnöthigerweise vermehrt werden.

10. Auch mache ich bei dieser Gelegenheit darauf aufmerksam, daß bei allen Akten, welche in der Taxordnung besonders taxirt sind und nicht nach Vakationen berechnet werden, keine Konferenzgebühren in Ansatz gebracht werden dürfen (vgl. Rh. Archiv XIII, 1, S. 217).

Ich hege zu den Herren Notarien des hiesigen Departements das Zutrauen, daß sie sich beeifern werden, durch genaue

Beachtung vorstehender Bemerkungen künftigen Beschwerden vorzubeugen; ich bemerke aber zugleich, daß Verstöße gegen dieselben künftig auf das strengste gerügt werden müssen, ohne daß auf die Entschuldigung von bisheriger Ueblichkeit oder Herkömmlichkeit irgend eine Rücksicht genommen werden wird.

Düsseldorf, den 4. Juli 1839.

An sämmtliche Herren Notarien des Bezirks Düsseldorf.

Der Ober-Prokurator Schnaase.

b.

Verfügung des Justiz-Ministers.

Ew. Hochwohlgeboren erhalten das mit dem Berichte vom 1. Mai d. J. eingereichte, von dem Ober-Prokurator zu Düsseldorf an die Notarien seines Departements erlassene Cirkular vom 4. Juli v. J., mit dem Eröffnen zurück, daß der Justiz-Minister mit den meisten darin aufgestellten, auch von Ew. Hochwohlgeboren gebilligten Grundsätzen einverstanden ist.

1. Für einen acte de dépôt, welchen die Notarien über die Niederlegung des Verzeichnisses der bei einer Subhastation von Immobilien aufgestellten Bedingungen (cahier de charges) aufnehmen, können die Notarien überhaupt keine Gebühren fordern. Diese Hinterlegung geschieht nach Art. 957 und 958 der bürgerlichen Prozeß-Ordnung, je nachdem ein Mitglied des Tribunals oder ein Notarius mit Annahme der Gebote beauftragt worden, entweder auf dem Sekretariat oder bei dem beauftragten Notar. Im ersteren Falle gehört die Niederlegung des Verzeichnisses der Bedingungen auf dem Sekretariate überhaupt nicht zu den Geschäften eines Notars, im zweiten Falle legt der Notar das Verzeichniß der Bedingungen bei sich selbst nieder, und es ist einleuchtend, daß diese Niederlegung von einem Depositions-Kontrakte ganz verschieden ist. Die in der Notariatstaxe für Depositions-Kontrakte festgesetzten Gebühren können daher für dergleichen actes de dépôt nicht gefordert werden, auch folgt daraus, daß die Notariatstaxe sub voce „Hinterlegung" auf die Depositions-Kontrakte verweiset, nicht, daß für jede Hinterlegung die Gebühren wie bei Depositions-Kontrakten statt finden sollen; es wird vielmehr, da Hinterlegung und Deposition gleich bedeutend ist und hierin lediglich jene Verweisung ihren Grund hat, ein Hinterlegungs-Vertrag vorausgesetzt. Eben so wenig können die sub voce „Protokoll über die Hinterlegung einer von einem anderen Notar ex brevet aus-

gefertigten Urkunde" festgesetzten Gebühren, selbst nicht einmal analogisch Anwendung finden, da es sich hier nicht von einer Deposition bei einem andern Notar, sondern von einer Deposition bei sich selbst handelt.

2. Für einen Ausrufer können weder bei Immobiliar- noch bei Mobiliarverkäufen Gebühren, sondern höchstens nur Auslagen liquidirt werden. Es kann aber auch dem Notar nicht gestattet werden, ohne Weiteres bei jedem Verkaufe ohne vorheriges Befragen der Parteien einen Ausrufer zuzuziehen, diesen beliebig zu remuneriren und von den Parteien die Erstattung der Auslagen zu fordern. Wenn der Notar den Verkauf ohne Zuziehung eines Ausrufers nicht vornehmen will, worüber lediglich seinem Ermessen die Entscheidung zusteht, so muß er die Parteien auffordern, einen Ausrufer mit zur Stelle zu bringen, und nur in dem Falle, wenn die Parteien dieser Aufforderung nicht nachkommen, oder dem Notar die Auswahl des Ausrufers überlassen, ist er einen solchen zu bestellen befugt, und kann dessen Remuneration, nachdem er deren Zahlung durch die Quittung des Ausrufers bescheinigt hat, den Parteien in Rechnung stellen (Num. 13 der allgemeinen Anmerkungen zur Taxordnung).

3. Daß die zu den Subhastationsterminen verwendete Zeit mit genauer Bezeichnung des Anfanges und des Endpunktes vermerkt werde, ist zur Kontrole der Notarien durchaus erforderlich und auch bereits durch das Reskript vom 2. Mai v. J. vorgeschrieben.

4. Wegen ungebührlicher Anhäufung der Ausfertigungsgebühren durch Beifügung unnöthiger Aktenstücke läßt sich zwar im Allgemeinen nichts bestimmen, indem hiebei jeder einzelne Fall und das Verlangen der Parteien berücksichtigt werden muß: die von dem Ober-Prokurator zu Düsseldorf erlassenen speziellen Punkte sind indessen ganz den Verhältnissen und der Natur der Sache angemessen, und sind einzelne Notarien, welche in den Verdacht kommen, ihrer Gebühren wegen die Ausfertigungen zu vergrößern, dieserhalb besonders zu verwarnen und eventualiter disziplinarisch zu verfolgen.

5. Für Papier, Heften, Seide, Aktendeckel u. dgl. können keine besondere Auslagen liquidirt werden; diese sind vielmehr unter den Ausfertigungsgebühren und unter den Kopialien, welche letztern nach der ausdrücklichen Bestimmung der Taxordnung sub voce „Ausfertigung" nicht besonders angesetzt werden können, mit begriffen.

6. Darauf, daß die Notarien die sogenannten Höhe-, Schlag- oder Unrathsgelder den Partheien von Amtswegen be-

rechnen, ist strenge zu halten und Zuwiderhandlungen gegen das Publikandum vom 20. Februar 1834 (Lottner Bd. 4 S. 27) sind im Disziplinarwege zu verfolgen.

7. Durch das Reskript vom 17. November 1836 (Lottner Bd. 5 S. 496) ist bereits darauf aufmerksam gemacht, daß die Cession der aus einer Versteigerung gelöseten Kaufgelder an den Notar, welcher die Versteigerung abgehalten hat, mit der amtlichen Eigenschaft des Notars, als solcher, nicht vereinbar sei; und daß der Notar, welcher dennoch die Kaufgelder sich cediren lasse, ein Interessent des Kaufaktes werde und das Versteigerungs-Protokoll nicht ferner aufbewahren, auch keine Ausfertigungen ertheilen könne. Noch weniger ist es zuläßig, daß der Notar die Garantie für den richtigen Eingang der Kaufgelder dem Verkäufer gegenüber übernimmt und sich dafür Gebühren bedingt. In der Uebernahme einer solchen Garantie gegen Gebühren und in der gleichzeitigen Ueberweisung der Kaufgelder an den Notar zur Einziehung liegt in der That nichts anders als eine Cession; sie hat denselben Erfolg als letztere; das Kaufgeld nach Abzug der Gebühren ist die Valuta cessionis und der Notar wird dem Verkäufer persönlich verpflichtet, und gegen die Käufer tritt er, wenn auch unter dem Titel eines Bevollmächtigten des Verkäufers, doch in der That als persönlich Betheiligter auf. Diese Verwandlung eines amtlichen Geschäfts in ein Privatgeschäft kann nicht geduldet werden; sie schwächt das Vertrauen zu dem Beamten und die Glaubwürdigkeit der von dem Letzteren aufgenommenen amtlichen Verhandlungen. Wo Jemand als Beamter auftritt, darf er nicht als Privatmann handeln; beide Eigenschaften sind mit einander unverträglich, und es ist dem amtlichen Ansehen durchaus zuwider, amtliche Geschäfte zu Privatzwecken zu benutzen oder gar in Privatgeschäfte zu verwandeln. Nach Art. 60 der Notariats-Ordnung sind auch die Notarien nicht befugt, mehr als in dem Gebührentarife ihnen zugebilligt ist, von den Parteien anzunehmen, und da in dem Tarife Gebühren für die Garantie des Eingangs der in einer Versteigerung gelöseten Kaufgelder nicht vorkommen, so folgt von selbst, daß die Notarien, wenn sie dergleichen Gebühren sich bedingen, sich der Gebührenüberhebung schuldig machen und die darauf gesetzten Strafen verwirkt haben. Der Einwand, daß der Notar bei der Uebernahme einer solchen Garantie nicht mehr als Notar, sondern als Privatmann handle, ist unzuläßig, da die Einziehung der Kaufgelder, wenn sie von dem Verkäufer dem Notar übertragen wird, nach den Bestimmungen der Taxordnung sub voce

„Auktion" und „Subhastation" allerdings mit zu den amtlichen Handlungen des Notars gehört.

Aus diesen Gründen kann ich mich nicht veranlaßt finden, auf den Antrag des Ober-Prokurators zu Düsseldorf, eine Abänderung der bestehenden Gesetze im legislativen Wege herbeizuführen und die Uebernahme einer solchen Garantie Seitens des Notars gegen Gebühren für zulässig zu erklären, einzugehen, vielmehr sind die Notarien, welche ihr Amt zu dergleichen Privatgeschäften mißbrauchen, strenge zu verfolgen.

8. Die Prozentgelder für den Empfang und die Auszahlung der Kaufgelder sowohl bei Auktionen, als bei Subhastationen können nur, wie in dem Cirkular des Ober-Prokurators von Düsseldorf und auch in Ew. Hochwohlgeboren Berichte richtig bemerkt ist, von dem Totalbetrage der dem Verkäufer gebührenden Kaufgelder, und nicht von den von jedem einzelnen Ankäufer zu zahlenden Kaufpreisen berechnet werden. Eben so wenig macht es einen Unterschied, ob das Kaufgeld auf einmal oder in mehreren Terminen bezahlt wird; nicht von den einzelnen Terminalzahlungen, sondern von der Summe aller Terminalzahlungen sind die Prozente zu berechnen. Dies wird auf das Unzweifelhafteste durch die Taxordnung bestimmt, indem daselbst s. v. „Auktion" Buchst. a und b von dem „ganzen Empfange" und s. v. „Subhastation" Buchst. b von dem Kaufpreise die Rede ist, hierunter aber nicht einzelne, dem Verkäufer gebührende Summen, sondern nur der Total-Erlös aus der Auktion oder Subhastation verstanden werden kann.

9. Von der gleichzeitigen Ertheilung des Konsenses zur Löschung der auf den verkauften Immobilien haftenden mehreren Hypotheken in einem und demselben Akte gilt das, was oben zu Num. 3 von der Anhäufung der Ausfertigungsgebühren gesagt worden.

10. Für Akte, welche nicht nach Vakationen berechnet werden, kann für die mündlichen Verhandlungen, welche der aufzunehmenden Urkunde vorangehen, nichts in Anrechnung gebracht werden. Dies folgt e contrario aus der vierten allgemeinen Anmerkung zur Taxordnung. Eben so wenig kann aber auch die für schriftliche Entwürfe, welche die Notarien vorher anfertigen, verwendete Zeit bei Akten, welche nicht nach Vakationen berechnet werden, in Anschlag gebracht werden. Denn die sechste allgemeine Anmerkung zur Taxordnung vergütet, wenn der Akt länger als drei Stunden dauert, nur die nach den drei Stunden erforderliche Zeit, welche auf die Aufnahme der Urkunde verwendet wird.

Ew. Hochwohlgeboren beauftrage ich, die vorstehenden Bestimmungen zur Kenntniß der sämmtlichen Notarien zu bringen und die Ober-Prokuratoren anzuweisen, daß sie gegen diejenigen, welche diesen Bestimmungen entgegen handeln, im Disziplinarwege sofort einschreiten.

Berlin, den 4. Juli 1840.

An den Königlichen General-Prokurator Herrn Biergans Hochwohlgeboren zu Köln.

Der Justiz-Minister Mühler.

I. 2735. Rh. Offiz. S. 30 Vol. 2.

128.

Verfügung vom 28. Juli 1840, — betreffend die Genehmigung der Verzichtleistungen der Notarien auf die Bestrafung der ihnen widerfahrenen Injurien.

Ew Hochwohlgeboren wird in Folge des Präsidial-Jahresberichts für $18\frac{38}{39}$ hierdurch eröffnet, daß das Justiz-Ministerium damit einverstanden ist, daß bei etwa vorkommenden Verzichtleistungen der Notarien auf die Bestrafung der ihnen widerfahrenen Injurien die Genehmigung im Sinne der Allerh. Kabinets-Ordre vom 20. Dezember 1834 von dem betreffenden Ober-Prokurator ausgehen muß.

Berlin, den 28. Juli 1840.

An den Königlichen Ersten Präsidenten des Appellationsgerichtshofes Herrn Schwarz und den Königlichen General-Prokurator Herrn Biergans Hochwohlgeboren zu Köln.

Das Justiz-Ministerium Ruppenthal.

I. 3395. Rhein. Krim. 52. Vol. 2.

129.

Verfügung vom 29. Juli 1840, — die Zuziehung der Friedensgerichtsschreiber bei Präsentation und Niederlegung olographischer Testamente betreffend.

(Art. 1007 bürg. Ges. Buch. — Art. 916 Civ. Ger. Ordn. — Art. 2 u. 16 Kost. Tarif v. 16. Febr. 1807).

Ew Hochwohlgeboren wird, mit Beziehung auf den Präsidial-Jahresbericht für $18\frac{38}{39}$, hiermit eröffnet, daß allerdings bei der Uebergabe eines bei Siegel-Anlagen gefundenen olographischen Testaments durch den Friedensrichter an den Landgerichts-Präsidenten es nicht erforderlich ist, daß der Friedensgerichtsschreiber den Friedensrichter begleite, indem der Art. 1007 des bürgerlichen Gesetzbuchs und der Art. 916 der Civil-Gerichts-Ordnung der Zuziehung des Friedensgerichtsschreibers dabei nicht erwähnen, vielmehr nur den Friedensrichter als denjenigen aufführen, welcher dem Präsidenten des Landgerichts das Testament zu überliefern hat; auch kann hierbei von keinem durch den Friedensrichter aufzunehmenden Akte oder Protokolle, sondern nur von einem Protokolle die Rede sein, welches der Landgerichts-Präsident über die geschehene Uebergabe des Testaments durch den Friedensrichter, unter Zuziehung des Sekretairs des Landgerichts, aufzunehmen hat. Hiernach ist die Begleitung des Friedensrichters bei der gedachten Uebergabe der vorgefundenen Testamente durch den Friedensgerichtsschreiber, da solche bei einigen Landgerichten üblich sein soll, fernerhin um so mehr zu untersagen, als dadurch unnöthige Kosten entstehen, und der Kosten-Tarif vom 16. Februar 1807 wirklich auch nur dem Friedensrichter für jene Präsentation (Art. 916 der Civil-Gerichts-Ordnung) in dem Art. 2, nicht aber auch dem Friedensgerichtsschreiber in dem Art. 16 eine Vergütung zubilligt.

Berlin, den 29. Juli 1840.

Das Justiz-Ministerium.
Ruppenthal.

An
den Königlichen Ersten Präsidenten des Appellationsgerichtshofes Herrn Schwarz und den Königlichen General-Prokurator Herrn Biergans
Hochwohlgeboren
zu Köln.

I. 3404 Rh. Gen. 180.

130.

Verfügung vom 29. Juli 1840, — betreffend die Anheftungen bei Versteigerung der Mündelgüter.

Ew. Hochwohlgeboren wird auf die in dem Jahresberichte vom 26. Dezember v. J. gemachte Bemerkung über die Allerh. Kabinets-Ordre vom 4. Juli 1834, die Versteigerung der Mündelgüter betreffend, eröffnet, daß der Bestimmung im §. 5 Buchst. a, wonach die Ankündigung der Versteigerung durch

Anheftung an der Hauptthüre desjenigen Gebäudes, worin die Versteigerung stattfinden soll, bekannt zu machen ist, kein Schreib- oder Druckfehler zum Grunde liegt, daß auch diese Bestimmung mit den Vorschriften unter Buchst. c und d nicht zusammentrifft, da die Versteigerung nicht immer in dem Gerichtslokale oder in der Wohnung des damit beauftragten Notars, sondern oft an einem dritten Orte stattfindet.

Berlin, den 29. Juli 1840.

Das Justiz-Ministerium.
Ruppenthal.

An
den Königlichen Landgerichts-
Präsidenten Herrn N.
Hochwohlgeboren
zu N.

I. 3405. Rhein. Gen. 125.

131.

Verfügung vom 30. Juli 1840, — betreffend die Zeugengebühren der Militairpersonen in Kriminalsachen in der Rheinprovinz.

(Art. 27, 28, 31, 32, 91 u. 96 Num. 2 Dekr. v. 18. Juni 1811. — Art. 2 u. 3 Dekret v. 7. April 1813. — Reskr. v. 15. Novbr. 1822, Lottner Bd. 2 S. 320.)

Aus Veranlassung des von dem dortigen Landgerichts-Präsidenten in dem Jahresberichte vom 26. Dezember v. J., in Betreff der Zeugengebühren der Militairpersonen in Kriminalsachen, gemachten Antrages wird Ew. Hochwohlgeboren eröffnet, daß das Reskript vom 15. November 1822 (Lottner Bd. 2 S. 320) und der Artikel 3 des Dekrets vom 7. April 1813 sich keinesweges auf die in den Artikeln 27 und 28 des Dekrets vom 18. Juni 1811 bestimmten Versäumnißkosten beziehen, daß vielmehr nach der klaren Vorschrift der Art. 31 und 32 des Dekrets v. 18. Juni 1811 die in wirklichen Diensten stehenden Militairpersonen, gleich allen besoldeten Beamten, auf Versäumnißkosten keinen Anspruch machen können. Militairpersonen, welche an dem Orte ihres Aufenthalts oder nur in einer Entfernung von einem Myriameter von ihrem Wohnorte als Zeugen vernommen werden sollen, können daher überhaupt keine Gebühren oder Vergütigung fordern. Müssen sie dagegen zum Behuf ihrer Vernehmung eine Reise von mehr als einem Myriameter unternehmen, so erhalten sie die im Art. 2 des Dekrets vom 7. April 1813 bestimmten Reisekosten, und, wenn sie an dem Orte ihrer Vernehmung zu einem Aufenthalte außer den Reisetagen gezwungen werden, die in den Artikeln 31 u. 96 Num. 2 des Dekrets vom 18. Juni 1811 bestimmten Aufenthaltskosten.

Diese Verfügung ist zur Kenntniß der sämmtlichen Landgerichts-Präsidenten und Ober-Prokuratoren zu bringen.

Berlin, den 30. Juli 1840.

An
den Königlichen Ersten Präsidenten des Appellationsgerichtshofes Herrn Schwarz und den Königlichen General-Prokurator Herrn Biergans
Hochwohlgeboren
zu Köln.

Der Justiz-Minister
Mühler.

I. 3399. Rh. Krim. 16.

132.

Verfügung vom 4. August 1840, — betreffend die Kompetenz der Friedensrichter.

(§§. 50 Num. 1 und 59 Proz. Ordn.)

Die von Ew. Hochwohlgeboren in dem Bericht vom 20. v. M., in der Rechtssache des F. wider die S schen Erben vorgetragene Ansicht über den Zweck des §. 2 der Verordnung vom 7. Juni 1821, betreffend die Kompetenz der Friedensrichter, ist unzweifelhaft richtig. Auch aus den, bei Vorlegung des Entwurfs der gedachten Verordnung, gepflogenen Verhandlungen ergiebt es sich mit völliger Bestimmtheit, daß es nicht beabsichtigt worden ist, den Friedensrichtern die Befugniß zu ertheilen, die cédule zu versagen, und dadurch die Klage gleich bei deren Anmeldung abzuweisen. Im vorliegenden Falle würde aber, mit Rücksicht auf die Artikel 50 Num. 1 und 59 der Prozeß-Ordnung, selbst wenn dem interimistischen Friedensrichter zu N. die Befugniß zur Versagung an sich zugestanden hätte, dieselbe nicht haben geübt werden dürfen, da es danach auch rücksichtlich der Friedensrichter Grundsatz ist, daß in persönlichen Sachen mehrere Verklagte, die in verschiedenen Gerichtsbezirken wohnen, bei einem der mehreren Gerichte nach der Wahl des Klägers belangt werden können. Es kommt hinzu, daß in der vorliegenden Sache es sich nur von einer relativen Inkompetenz handeln könnte, welche von Amtswegen niemals, sondern nur auf den Antrag der Partei ein Gegenstand der Entscheidung sein kann, während die Partei durch ihr Stillschweigen auf die Einrede der Inkompetenz verzichtet und die Jurisdiktion alsdann prorogirt, was bei den Friedensrichtern eben so unbedenklich, wie bei andern Gerichten gestattet ist. Eine Zurechtweisung des interimistischen Friedensrichters durch das Landgerichts-Präsidium zu N. erscheint indessen, da er als Richter gehandelt hat, nicht angemessen, vielmehr wird es zweckmäßiger sein, den F. zu veranlassen, dem Friedensrichter ein schriftliches Gesuch um die cédule zu überreichen, worauf dieser schriftlich zu verfügen sich nicht entbrechen kann. Erfolgt dann eine Abweisung des Gesuchs, so ist dieselbe Behufs ihrer Kassation einzureichen. Mit der an den F. zu erlassenden Bescheidung wird aber zugleich zweckmäßig eine Belehrung des Friedensrichters von Seiten Ew. Hochwohlgeboren zu verbinden sein, wobei auf den Inhalt der gegenwärtigen Verfügung Bezug genommen werden kann.

Berlin, den 4. August 1840.

Das Justiz-Ministerium.
Ruppenthal.

An
den Königlichen General-Prokurator Herrn Biergans
Hochwohlgeboren
zu Köln.

I. 3553. Rhein. Gen. 47. Vol. 2.

133.

Verfügung vom 4. August 1840, — die auf den Steuerfuß ausgeschriebenen Beiträge zu einem Vicinalwegebau betreffend.

(Ruralgesetz vom $\frac{\text{28. September}}{\text{6. Oktober}}$ 1791 Art. 2 und 3 Sect. VI Tit. I, Ressort-Reglement v. 20. Juli 1818 §§. 8 und 10.)

Ew. Hochwohlgeboren sende ich, nachdem gegenwärtig der Herr Finanz-Minister sein einschlägliches Votum hinsichtlich des von der Regierung zu Trier in Sachen N. wider N. erhobenen Kompetenzkonflikts abgegeben hat, die Anlagen des Berichts vom 2. Juni 1837 mit dem Bemerken zurück, daß sowohl der genannte Herr Minister, als auch der Herr Minister des Innern und der Polizei mit mir über das Begründetsein des erhobenen Konflikts einverstanden sind. Es handelt sich in der gedachten Oppositionssache von, auf den Steuerfuß ausgeschriebenen Beiträgen zu einem Vicinalwegebau, welche einzelne Einwohner zu N. zu leisten sich weigern, und gegen deren Beitreibung sie daher Opposition eingelegt haben.

Nach Artikel 2 und 3 Sect. VI, Tit. I. des Ruralgesetzes vom $\frac{28.\ \text{September}}{6.\ \text{Oktober}}$ 1791 gehört es aber unzweifelhaft zu den ausschließlichen Attributionen der Verwaltung, wegen der vorzunehmenden Vicinalwegebauten Bestimmung zu treffen, und die Vertheilung der Kosten auf die Beitragspflichtigen anzuordnen, und nach §§. 8 und 10 des Ressort-Reglements vom 20. Juli 1818 muß derjenige, welcher behauptet, bei den auf den Steuerfuß ausgeschriebenen Beiträgen gesetzwidrig oder zu hoch in Anschlag gebracht zu sein, seine diesfällige Beschwerde bei der Regierung, oder, nach §. 19, bei der, dieser vorgesetzten Verwaltungsbehörde anbringen. Der Rechtsweg kann daher in solchen Fällen nie stattfinden.

Ew. Hochwohlgeboren haben daher die definitive Einstellung des Rechtsverfahrens zu veranlassen und zu dem Ende die Parteien von dieser Verfügung in Kenntniß zu setzen.

Die Regierung ist dem entsprechend von dem Herrn Verwaltungs-Minister mit Anweisung versehen worden.

Uebrigens ist gegen das in dieser Sache hinsichtlich des erhobenen Kompetenzkonfliktes von dem Landgerichte beobachtete Verfahren nichts zu erinnern.

Berlin, den 4. August 1840.

Der Justiz-Minister
Mühler.

An
den Königlichen Ober-Prokurator Herrn Deuster
Hochwohlgeboren
zu Trier.

I. 3372. Rhein. Gen. 132. Vol. 2.

134.

Verfügung vom 5. August 1840, — das Verfahren in Disziplinar-Untersuchungen gegen Beamte in der Rheinprovinz betreffend.

(A. K. O. v. 21. Juli 1826, Ges. Samml. S. 71 — Reskripte v. 15. Aug. 1838, Lottner Bd. 6 S. 570 u. v. 18. April 1839, Just. Min. Blatt S. 154.)

Die in dem Jahresberichte des Ober-Prokurators zu N. vom 30. November v. J. gemachten Anfragen, das Disziplinar-Verfahren gegen Gerichtsschreiber und Gerichtsvollzieher nach der Allerhöchsten Kabinets-Ordre vom 21. Juli 1826 (Gesetz-Samml. S. 71) betreffend, sind zum Theil schon durch das Reskript vom 18. April v. J. (Just. Min. Blatt S. 154), durch welches die Verfügung vom 15. August 1838 (Lottner Bd. 6 S. 570) abgeändert worden, erledigt. Was jedoch die Frage betrifft,

ob der zur Disziplinar-Untersuchung gezogene Beamte sich durch einen Anwalt vertreten lassen könne?

so muß diese verneint werden. Die Allerhöchste Kabinets-Ordre vom 21. Juli 1826 hat Num. 2 bestimmt,

daß der Beschuldigte geladen und, wenn er persönlich erschienen ist, in seiner Vertheidigung gehört werden soll.

Aus diesen Worten ergiebt sich unzweifelhaft, daß, wenn er nicht persönlich erscheint, gegen ihn in contumaciam zu verfahren, und daß es auf das Kontumazial-Verfahren völlig ohne Einfluß ist, ob er statt seiner einen Bevollmächtigten geschickt hat oder nicht. Das Ansehen des Gerichts und das Verhältniß, in welchem der angeschuldigte Beamte zu seiner vorgesetzten Behörde steht, erfordern es, daß derselbe auf die an ihn ergangene Ladung, sich über eine Handlung zu rechtfertigen, sofern er nicht etwa durch sein Ausbleiben die angeschuldigte Handlung von Anfang an zugestehen will, persönlich erscheine. Diese Grundsätze sind um so mehr aufrecht zu erhalten, als auch der Appellhof in der Untersuchungssache wider den Gerichtsschreiber N. sich mit denselben einverstanden erklärt hat.

Die fernere Frage,

ob dem durch ein Kontumazial-Erkenntniß verurtheilten Beamten gegen dasselbe das Rechtsmittel der Opposition zustehe?

beantwortet sich aus den Bestimmungen unter Num. 4 und 7 der Allerhöchsten Kabinets-Ordre vom 21. Juli 1826. Nach diesen ist gegen alle Entscheidungen, welche unter Num. 2 und 3 ebendaselbst erwähnt sind, die Berufung an den Appellhof zugelassen. Nur dieses Rechtsmittel kann daher auch gegen Kontumazial-Urtel stattfinden, und die Opposition, von welcher in der Allerhöchsten Kabinets-Ordre gar nicht die Rede ist, nicht nachgelassen werden. Das Staatsraths-Gutachten vom 18. Februar 1806, welches sich über die Zulässigkeit der Opposition in korrektionellen Sachen in Vergleich zu den einfachen Polizeisachen ausspricht, und demnächst in die Strafprozeß-Ordnung aufgenommen ist, kann auf das Verfahren in Disziplinar-Untersuchungen gegen Beamte, welches durch ein Spezialgesetz geregelt ist, nicht angewendet werden.

Von dieser Verfügung sind die sämmtlichen Ober-Prokuratoren in Kenntniß zu setzen.

Berlin, den 5. August 1840.

An den Königlichen General-Prokurator Herrn Biergans Hochwohlgeboren zu Köln.

Der Justiz-Minister Mühler.

I. 3615. Rhein. Off. S. 41. Vol. 2.

135.

Verfügung vom 15. August 1840, — die Beschäftigung der Landgerichts-Assessoren bei dem öffentlichen Ministerium betreffend.

In seinem Jahresbericht hat der dortige Ober-Prokurator darauf angetragen, eine feste Bestimmung dahin zu treffen,

daß fortwährend einer der überzähligen, beim Landgericht beschäftigten Assessoren dem öffentlichen Ministerium zur Dienstleistung zugetheilt werden solle.

Schon durch das Reskript vom 26. Juli 1826 ist bestimmt worden, daß, so oft das öffentliche Ministerium bei einem Landgerichte das Bedürfniß einer Aushülfe habe, ihm auf seinen Antrag von dem Landgerichts-Präsidenten ein Hülfsarbeiter aus der Zahl der Assessoren zugewiesen werden müsse. Ich erweitere einstweilen diese Bestimmung dahin, daß alle überzählige Assessoren zunächst im Parquet gearbeitet haben müssen, ehe sie zu den richterlichen Geschäften zugelassen werden dürfen, und weise Sie an, das Weitere hiernach zu veranlassen, allenfalls ein Regulativ zu entwerfen und mir dasselbe zur Prüfung und Genehmigung vorzulegen.

Berlin, den 15. August 1840.

An den Königlichen Ersten Präsidenten des Appellationsgerichtshofes Herrn Schwarz und den Königlichen General-Prokurator Herrn Biergans Hochwohlgeboren zu Köln.

Der Justiz-Minister Mühler.

I. 4946. Rh. Gen. 104.

136.

Verfügung vom 15. August 1840, — betreffend die Hütergebühren bei Mobiliar- und Früchtepfändungen.

(Art. 26 des Tarifs v. 16. Februar 1807 — Gerichtsvollzieher-Taxe v. 10. Juni 1833.)

Der Ober-Prokurator N. zu N. hat in seinem Jahresberichte den Zweifel angeregt,

ob die in der Gerichtsvollzieher-Taxe vom 10. Juni 1833 und in der Allerhöchsten Kabinets-Ordre vom 4. Dezember 1838 erfolgte Herabsetzung der Hütergebühren bei Mobiliar- und Früchtepfändungen auch auf die Gebühren derjenigen Hüter Anwendung finde, welche der Friedensrichter in einigen Fällen, insbesondere bei Siegelungen, anordnet?

Mit Ew. Hochwohlgeboren ist das Justiz-Ministerium über die verneinende Beantwortung dieser Frage vollkommen einverstanden.

Denn abgesehen davon, daß die Gründe der Ermäßigung jener Gebühren bei Früchte- und Mobiliarpfändungen, die in der Regel lange bestehen bleiben, nicht auf Siegelhütungen passen, die nur kurze Zeit anzudauern pflegen, haben die angeführten Bestimmungen ausdrücklich nur für Hütungen bei jenen Pfändungen, nicht für diese Hütungen disponirt, und eine Ausdehnung der so beschränkten Bestimmungen ist, da der Art. 26 des Tarifs vom 16. Februar 1807 selbstständig die Gebühren bestimmt, ohne auf die bei Mobiliar- und Früchtepfändungen anwendbaren Sätze Bezug zu nehmen, nicht zulässig.

Das Justiz-Ministerium überläßt Ew. Hochwohlgeboren, demgemäß den Ober-Prokurator zu N. zu bescheiden.

Berlin, den 15. August 1840.

An den Königlichen General-Prokurator Herrn Biergans Hochwohlgeboren zu Köln.

Das Justiz-Ministerium.
Ruppenthal.

I. 3656. Rhein. Offiz. S. 27. Vol. 1.

137.

Verfügung vom 19. August 1840, — betreffend die Form der nach Frankreich zu richtenden Auslieferungs-Requisitionen.

(Art. 169 — 171 Code pénal — Reskr. v. 16. Okt. 1826, Lottner Bd. 3 S. 70. — Verfg. v. 18. u. 26. Novbr. 1836, Lottner, Bd. 5 S. 499, Jahrb. Bd. 48 S. 501, 502 u. 506.)

Nach einer Mittheilung des Königlichen Ministeriums der auswärtigen Angelegenheiten hat der Ober-Prokurator zu Koblenz, mit Bezugnahme auf einen wider den, wegen Kassendefekts zur Untersuchung gezogenen und entwichenen, Steuer- und Kommunalempfänger N. aus N. erlassenen gerichtlichen Verhaftsbefehl, die Königlichen Gesandschaften in Frankreich, Belgien und Holland ersucht, bei den dortigen Behörden, sofern der N. sich nach diesen Ländern begeben haben sollte, dessen Auslieferung zu bewirken. Das Königliche französische Ministerium hat hierauf dem diesseitigen Königlichen Gesandten erwiedert, daß, da nach den Vorschriften der Art. 169 — 171 des Code pénal die von Beamten verübten Unterschlagungen nur dann eine Kriminalstrafe nach sich ziehen, wenn entweder die unterschlagene Summe den Betrag von 3000 Franken übersteige, oder die Bedingungen des Art. 170 vorhanden seien, die Auslieferung nur dann geschehen könne, wenn durch den Verhaftsbefehl, oder durch einen, demselben beizufügenden gerichtlichen Akt der Betrag des Defekts direkt, oder mit Bezug auf die im Art. 170 a. a. O. aufgestellten Voraussetzungen konstatirt worden.

Wenn nun gleich für den vorliegenden Fall, da der N. in Frankreich nicht betroffen, sondern wahrscheinlich nach Amerika gegangen ist, eine Ergänzung des Verhaftbefehls nicht erforderlich ist, so werden Ew. Hochwohlgeboren doch auf das Reskript vom 16. Oktober 1826 (Lottner Bd. 3. S. 70) aufmerksam gemacht, wonach die französischen Behörden nur solche Individuen ausliefern, welche ein Verbrechen begangen haben, das, in Frankreich verübt, eine peine afflictive ou infamante nach sich ziehen würde. Mit Rücksicht hierauf müssen daher die Verhaftsbefehle, auf deren Grund die Auslieferung der nach Frankreich entwichenen Individuen verlangt wird, so gefaßt werden, daß darin die Bedingungen, von welchen die französische Gesetzgebung den Eintritt einer peine afflictive ou infamante abhängig macht, angegeben werden. In den nach der Allg. Kriminal-Ordnung zu führenden Untersuchungen und bei Verbrechen, welche nach dem Allg. Landrechte bestraft werden, ist das Ihnen durch Verfügung vom 18. November 1836 und den Obergerichten durch Verfügung vom 26. desselb. Mts. mitgetheilte Formular (vergl. Lottner Bd. 5 S. 499, Jahrb. Bd. 48 S. 501, 502 und 506) zu benutzen und mit Rücksicht auf die vorstehenden Bemerkungen in den einzelnen Fällen auszufüllen.

Hiernach wollen Ew. Hochwohlgeboren die Ober-Prokuratoren mit Anweisung versehen.

Berlin, den 19. August 1840.

An
den Königlichen General-Prokurator
Herrn Biergans
Hochwohlgeboren
zu Köln.

Der Justiz-Minister
Mühler.

I. 3800. Auslief. Num. 8.

138.

Verfügung vom 19. August 1840, — betreffend das Verfahren bei Vollstreckung von Exekutionen und Anlegung von Arresten in dem Bereiche des Rheinischen Rechtes, auf den Antrag altländischer Gerichte.

(Art. 557 Rhein. Proz. Ordn.)

Die in dem Jahresberichte des Ober-Prokurators zu N. bemerklich gemachten Schwierigkeiten, welche sich darstellen, wenn auf den Antrag altländischer Gerichte in dem Bereiche des Rheinischen Rechtes eine Exekution stattfinden oder ein Arrest angelegt werden soll, lassen sich leicht beseitigen, wenn man nur den Grundsatz fest im Auge behält, daß keine Gesetzgebung über die Grenzen ihres geographischen Gebietes ausgedehnt werden soll, und daß beide Gesetzgebungen, die Preußische wie die Rheinische, in gleichem Maaße beachtet werden müssen.

Nach der Allg. Gerichts-Ordnung hat der Richter für die Vollstreckung seiner Erkenntnisse zu sorgen, aber nicht weiter, als er solches zu thun vermag; soll daher das Erkenntniß außerhalb des Gebietes des Preußischen Rechtes vollstreckt werden, so muß diese Vollstreckung nach den Gesetzen des Ortes, wo sie geschehen soll, stattfinden; die Selbstthätigkeit des Richters hört auf, weil er an dem Orte der Vollstreckung kein imperium mehr hat.

Derjenige, welcher gegen einen Bewohner des Gebietes des Rheinischen Rechtes ein Erkenntniß eines altländischen Gerichtes vollstreckt wissen will, muß daher den nämlichen Weg einschlagen, den auch die Bewohner dieses Gebietes gegen einander zu betreten haben, wenn das Judikat eines Rheinischen Gerichtes vollstreckt werden soll. Er hat dem Rheinischen Gerichte, in dessen Sprengel die Vollstreckung geschehen soll, das Erkenntniß des altländischen Gerichtes, mit der Bescheinigung, daß dasselbe die Rechtskraft beschritten hat, vorzulegen, um es exekutorisch zu erklären, und, wenn dieses geschehen ist, nach den Vorschriften der Rheinischen Prozeß-Ordnung zu verfahren.

In gleicher Art muß auch verfahren werden, wenn in Gefolge eines Erkenntnisses eines altländischen Gerichtes in dem Bereiche des Rheinischen Rechtes ein Arrest angelegt werden soll. Wenn auch die Preußischen Gesetze dem Richter die Befugniß geben, die Arrestanlage zu verordnen, so ist doch auch diese Befugniß auf das Gebiet der Allg. Gerichts-Ordnung beschränkt; ein Richter in diesem Gebiete kann daher eine Arrestanlage in dem Gebiete des Rheinischen Rechtes nicht verordnen, ohne seine Befugniß zu überschreiten und eine offenbar wirkungslose Handlung vorzunehmen, da der in dem Bereiche des Rheinischen Rechtes wohnende Arrestat die Verfügungen eines ihm ganz fremden Gerichtes nicht anzuerkennen hat.

Nach der Rheinischen Prozeß-Ordnung Art. 557 kann, ohne alle Mitwirkung des Richters, auf Betreiben jedes Gläubigers ein Arrest angelegt werden, sobald dieser einen authentischen oder einen Titel unter Privatunterschrift, hat. Das Erkenntniß eines altländischen Gerichtes ist nun ganz unbestreitbar ein gültiger Titel, es kann daher auch auf den Grund desselben ein Arrest angelegt werden; es müssen aber dabei, wie sich von selbst versteht, die Vorschriften des Rheinischen Rechtes eben so befolgt werden, wie im entgegengesetzten Falle geschehen würde.

Auf diesem Wege werden alle bisher bemerkbar gewordenen Schwierigkeiten beseitigt.

Ew. Hochwohlgeboren haben daher die Ober-Prokuratoren hiernach zu bescheiden und sich selbst danach zu achten.

Berlin, den 19. August 1840.

Der Justiz-Minister
Mühler.

An
den Königlichen General-Prokurator
Herrn Biergans
Hochwohlgeboren
zu Köln.

I. 3666. Rhein. Gen. 76.

139.

Bekanntmachung vom 21. August 1840, — betreffend die Modifikation des Art. 14 des in dem Landgräflich Hessen-Homburgischen Ober-Amte Meisenheim geltenden französischen Civilgesetzbuchs.

Nachstehende, von Seiner Durchlaucht dem souverainen Herrn Landgrafen zu Hessen-Homburg erlassene Verordnung, wodurch die Bestimmung des Artikels 14 des im Landgräflich Hessenschen Ober-Amte Meisenheim gültigen französischen Civilgesetzbuches, in Bezug auf die Staaten des deutschen Bundes nach Maaßgabe der Königlichen Verordnung vom 2. Mai 1823 (Ges. Samml. S. 106) beschränkt wird, wird hierdurch den Gerichtsbehörden zur Beachtung bekannt gemacht.

Berlin, den 21. August 1840.

An sämmtliche Gerichts-Behörden.

Der Justiz-Minister
Mühler.

I. 3888. F. 5. Vol. 3.

Verordnung.

Wir Philipp von Gottes Gnaden souverainer Landgraf zu Hessen rc. rc.

haben nach dem Vorgange anderer deutschen Bundesstaaten eine Modifikation der Vorschriften, welche der Artikel 14 des in Unserm Oberamte Meisenheim geltenden Civilgesetzbuches enthält, für nothwendig erachtet, und verordnen demnach, wie folgt.

Gegen die Unterthanen derjenigen deutschen Bundesstaaten oder Provinzen derselben, in welchen der Grundsatz, den der angeführte Gesetzes-Artikel aufstellt, zu Gunsten der diesseitigen Unterthanen in gleicher Weise gemildert ist, soll bei persönlichen Ansprüchen, welche nach der in gedachtem Landestheile bestehenden Prozeß-Ordnung vor den gewöhnlichen Gerichtsstand des Wohnsitzes des Verpflichteten gehören, der angeführte Artikel nicht mehr zur Anwendung kommen und daher kein Unterthan jener Staaten oder Provinzen aus Klagen solcher Art vor die diesseitigen Gerichtsbehörden mehr gezogen werden; es sei denn

1. daß aus einem Vertrag geklagt wird, der im Oberamt Meisenheim abgeschlossen worden, oder dort die Erfüllung nach Inhalt desselben verlangt werden kann, und der Ausländer zur Zeit der Klage daselbst anwesend ist, so daß

ihm die Ladung, wenn auch nur zum Sühneversuch, durch einen inländischen Gerichtsvollzieher zugestellt werden kann;

2. daß der Ausländer unter dem Gerichtsstande des Oberamts fremdes Gut oder Vermögen bewirthschaftet oder verwaltet hat, in welchem Falle er mit Klagen, wegen solcher Verwaltung, gleichfalls daselbst belangt werden kann; selbst, wenn er nicht von Gerichts wegen als Verwalter bestellt oder Vormund wäre.

Dieser Gerichtsstand der Verwaltung hört aber auf, wenn die letztere völlig beendigt und dem Verwalter über die abgelegte Rechnung quittirt ist.

Wenn daher nur ein aus der quittirten Rechnung verbleibender Rückstand gefordert, oder eine ertheilte Quittung angefochten wird, so kann dies nicht bei dem vormaligen Gerichtsstande der geführten Verwaltung geschehen.

3. Wenn ein Real- oder Personalarrest nach den bestehenden gesetzlichen Vorschriften angelegt ist, so kann auch die Hauptsache vor dem Arrest anlegenden Gerichte gegen den Ausländer verhandelt werden.

4. Wird ein Inländer von einem Ausländer belangt, so muß letzterer in Ansehung der Gegenforderungen des ersteren auch bei dem diesseitigen Gerichte Recht nehmen, wenn auch dasselbe in der Materie nicht kompetent sein sollte.

5. Provokationsklagen können gegen Ausländer bei dem inländischen Gerichte angestellt werden, wenn vor dasselbe die provozirte Hauptklage gehört.

Gegenwärtige Verordnung kommt bei allen Klagen zur Anwendung, welche nach dem Erscheinen dieser Verordnung angebracht werden, wenn auch die in Anspruch genommene Verpflichtung schon früher entstanden wäre.

Homburg, den 7. Juli 1840.

(L. S.) Philipp.

140.

Allerhöchste Kabinets-Ordre vom 6. September 1840, — betreffend die Ergänzung der Bestimmung wegen der Breite des Freiufers und des Leinpfades für die Landestheile des linken Rheinufers.

Da nach Ihrem Berichte vom 21. Juli d. J. die in der Französischen Ordonnanz vom Monat August 1669, in Betreff der Gewässer und Wälder, Tit. XXVIII Art. 7 enthaltene, für die Landestheile des linken Rheinufers unter dem 22. Januar 1808 für gültig erklärte nachfolgende Bestimmung: „Die Eigenthümer, deren Grundstücke an einen schiffbaren Fluß grenzen, haben längs des Ufers auf der Seite, wo der Schiffszug statt findet, eine Breite von wenigstens vier und zwanzig Fuß als Freiufer und für den Leinpfad liegen zu lassen. Das Pflanzen von Bäumen, so wie die Anlage von Wänden und Hecken ist ihnen auf dieser Seite erst in einer Entfernung von dreißig Fuß, auf der entgegengesetzten aber von zehn Fuß, gestattet. Die Uebertreter trifft eine Geldstrafe von fünfhundert Franken (Livres) nebst Konfiskation der Bäume. Außerdem haben sie den Leinpfad wieder herzustellen und auf ihre Kosten in Stand zu setzen." nicht überall gleichmäßig angewendet wird, weil der Punkt des Uferrandes, von welchem die Breite zu berechnen, bisher nicht regulirt ist, so bestimme Ich, um diesem Mangel für das linke Rheinufer abzuhelfen, hierdurch, daß im Regierungsbezirke Koblenz der Wasserstand von Num. 18 des Hauptpegels zu Koblenz, im Regierungsbezirke Köln von Num. 16 des Hauptpegels zu Köln, im Regierungsbezirke Düsseldorf von Num. 14 des Hauptpegels zu Düsseldorf den Punkt des Ufers bildet, welcher bei Berechnung der gesetzlichen Breite des Freiufers zum Anhalte dienen soll, und beauftrage Sie, diese Meine Ordre durch die betreffenden Amtsblätter bekannt machen zu lassen.

Königsberg, den 6. September 1840.

An Friedrich Wilhelm.

die Staats-Minister Mühler und
Graf von Alvensleben.

I. 4465. Rh. Gen. 167.

141.

Verfügung vom 9. September 1840, — betreffend die Zeugengebühren der Forst- und Feldhüter in Strafsachen.

(Art. 27, 28 u. 96 Num. 2 des Dekr. v. 18. Juni 1811. — Art. 2 u. 3 des Dekr. v. 11. April 1813 — Reskripte vom 28. Septbr. 1836 u. 30. Juli 1840, Rhein. Samml. Bd. 5 S. 459 u. Just. Min. Blatt v. 1840 S. 275.)

Ew. Hochwohlgeboren wird, in Folge des Jahresberichts des Herrn General-Prokurators vom 1. Mai d. J., in Betreff der Zeugengebühren der Forst- und Feldhüter in Strafsachen, eröffnet, daß, wenn den Forst- und Feldhütern, nach dem zweiten Absatze des Art. 3 des Dekrets vom 11. April 1813, überhaupt ein Anspruch auf Zeugengebühren zusteht, in Ansehung dieser Gebühren dieselben Grundsätze in Anwendung zu bringen sind, welche in Hinsicht der Zeugengebühren der Militairpersonen, einschließlich der Gensd'armen, nach dem Reskripte vom 30. Juli d. J. (Just. Min. Blatt S. 275) zur Anwendung kommen. Den Forst- und Feldhütern können daher, wie schon in dem Reskripte vom 28. September 1836 (Rhein. Samml. Bd. 5 S. 459) ausgeführt worden ist, die in den Art. 27 und 28 des Dekrets vom 18. Juni 1811 gedachten Versäumnißkosten nicht bewilligt werden, und können dieselben auf irgend eine Vergütung überhaupt keinen Anspruch machen, wenn sie an dem Orte ihres Aufenthalts, oder nur in einer Entfernung von einem Myriameter von ihrem Wohnorte, als Zeugen vernommen werden. Müssen sie hingegen, Behufs ihrer in dem zweiten Absatze des Art. 3 des Dekrets vom 11. April 1813 gedachten gerichtlichen Vernehmung, eine Reise von mehr als einem Myriameter unternehmen, so erhalten sie ebenfalls die im Art. 2 des Dekrets vom 11. April 1813 bestimmten Reisekosten, und, wenn sie an dem Orte ihrer Vernehmung zu einem Aufenthalte außer den Reisetagen gezwungen werden, die in dem Art. 96 Num. 2 des Dekrets vom 18. Juni 1811 bestimmten Aufenthaltskosten, indem die in diesem Art. 96 getroffene Bestimmung, nach welcher die Forst- und Feldhüter von dem Anspruche auf die Aufenthaltskosten ausgeschlossen waren, durch den Schlußsatz des Art. 3 des Dekrets vom 11. April 1813 für aufgehoben anzusehen ist, und diese Beamten hiernach, in Ansehung der Reise- und Aufenthaltskosten, den gewöhnlichen Zeugen gleich gestellt sind.

Berlin, den 9. September 1840.

Das Justiz-Ministerium.
Ruppenthal.

An
den Königlichen Ersten Präsidenten des Appellationsgerichtshofes Herrn Schwarz und den Königlichen General-Prokurator Herrn Biergans
Hochwohlgeboren
zu Köln.

I. 4427. Rh. Offiz. S. 6 Vol. 2.

142

Allerhöchster Kabinets-Befehl vom 17. September 1840, — die Versendung von entzündlichen oder ätzenden Stoffen auf dem Rhein betreffend.

(Rheinschiffahrts-Ordnung vom 31. März 1831 §. 65, Gesetz-Samml. S. 113.)

Auf Ihren gemeinschaftlichen Antrag vom 18. Juli d. J. will Ich die von sämmtlichen Bevollmächtigten der Rheinufer-Staaten als Zusatz zum §. 65 der Rheinschiffahrts-Ordnung vom 31. März 1831 vorgeschriebene Anordnung, hinsichtlich der bei der Versendung von entzündlichen oder ätzenden Stoffen auf dem Rhein zu beobachtenden Vorsichtsmaßregeln, hiermit auch für den preußischen Rhein in nachstehender Fassung gültig erklären:

„Bei andern entzündlichen oder ätzenden Stoffen, als: Schwefel-, Salpeter-, Salzsäure, Streichfeuerzeugen, Zündhölzern u. s. w., hat die Hafen-Polizeibehörde des Einladungsorts zu bestimmen, ob sie in abgesonderten Fahrzeugen geführt werden müssen, oder mit andern Gütern verladen werden dürfen. Im letztern Falle hat sie die erforderlichen Vorsichtsmaßregeln, denen sich der Schiffer zu unterwerfen hat, anzuordnen und im Manifeste zu bemerken. Zuwiderhandlungen werden nach den Landesgesetzen des betreffenden Uferstaats bestraft; es bleibt aber jeder Regierung unbenommen, den Art. 64 der Konvention für anwendbar zu erklären, jedoch mit der Maßgabe, daß nur der geringste Satz der darin vorgesehenen Geldbuße mit 100 Franks erkannt und auch dieser nach Umständen auf 10 Franks ermäßigt werden kann."

Zugleich setze Ich für die diesseitigen Gerichte fest, daß selbige, bei Uebertretungen, diese Anordnung auf eine Geldbuße von 5 bis 50 Thalern, oder im Fall des Unvermögens auf verhältnißmäßige Gefängnißstrafe zu erkennen haben.

Ich trage Ihnen auf, die Publikation dieser Meiner Bestimmung zu veranlassen und erwarte von Ihnen, dem Minister der auswärtigen Angelegenheiten, daß Sie die im Archive der Rheinschiffahrts-Central-Kommission niederzulegende Genehmigungs-Urkunde jenes Zusatz-Artikels zu Meiner Vollziehung Mir einreichen.

Stargard, den 17. September 1840.

An

die Staats-Minister Mühler, von Rochow, Grafen von Alvensleben und Freiherrn von Werther.

Friedrich Wilhelm.

I. 4683. Rh. Gen. 89 Vol. 4.

143.

Verfügung vom 23. September 1840, — die Diäten der bei den Friedensgerichten kommissarisch beschäftigten Gerichtsschreiber betreffend.

(Allerh. Kab. Befehl vom 15. April 1836. Lottner Bd. 5. S. 366.)

Auf Ew. Hochwohlgeboren Bericht vom 31. v. Mts. wird, mit Rücksicht auf den Allerhöchsten Kabinets-Befehl vom 15. April 1836 (Lottner Bd. 5. S. 366), genehmigt, daß bei der kommissarischen Verwaltung der Gerichtsschreiberstellen an den Friedensgerichten gegen Diäten ein Drittheil der Emolumente den kommissarischen Vertretern für Dienstunkosten überwiesen und nur die beiden anderen Drittheile auf die Diäten in Anrechnung gebracht werden.

Ew. Hochwohlgeboren werden autorisirt, hiernach den, dem Gerichtsschreiber-Kandidaten N. gebührenden Diätenbetrag auf das ersparte Gehalt der Gerichtsschreiberstelle in N. anzuweisen, und nach diesen Grundsätzen künftig zu verfahren.

Berlin, den 23. September 1840.

An

den Königlichen General-Prokurator Herrn Biergans Hochwohlgeboren zu Köln.

Das Justiz-Ministerium.
Ruppenthal.

I. 5305. Rh. Off. Sachen 59.

144.

Verfügung vom 29. September 1840, — betreffend einen von der Regierung zu Trier erhobenen Kompetenz-Konflikt.

(Gesetz v. 9. Ventose XIII. Art. 6, Dekret vom 16. Oktober 1813 sub Num. 3. — Ressort-Reglement vom 20. Juli 1818 §. 2. Num. 2.)

Ew. Hochwohlgeboren wird auf den Bericht vom 8. Juli d. J., betreffend den von der dortigen Regierung erhobenen Kompetenz-Konflikt, in Uebereinstimmung mit den Herren Ministern des Innern und der Finanzen, Folgendes eröffnet:

Nach Artikel 6 des Gesetzes vom 9. Ventose XIII., in Verbindung mit dem Dekrete vom 16. Oktober 1813, welches Letztere sub 3 bestimmt:

„Que l'arrêté d'un préfet, qui déclare un chemin vi-„cinal, ne fait pas obstacle à ce que la question con-„cernant la propriété du terrain soit soumise aux tri-„bunaux; car tout ce qui résulte de l'arrêté, c'est „que le chemin est reconnu nécessaire et doit être „maintenu, sauf à indemniser le tiers qui serait ju-„diciairement reconnu propriétaire du terrain."

ist es keinem Zweifel unterworfen, daß es nur der Administration zusteht, zu bestimmen, ob ein vorhandener Weg Vicinalweg sei, und als solcher beibehalten werden müsse; daß ferner demjenigen, welcher das Eigenthum an dem Boden dieses Weges behauptet, jene Bestimmung der Administration entgegen steht, und er nur befugt bleibt, sein Eigenthum zum Zwecke der Erlangung der ihm gebührenden Entschädigung geltend zu machen. Durch Num. 2 §. 2. des Ressort-Reglements vom 20. Juli 1818 ist zwar bestimmt:

„die Regierungen entscheiden zwischen den Gemeinden und „Eigenthümern über die Streitigkeiten, wozu die von der „Verwaltung gut gefundenen Anordnungen über die Rich-„tung, Ausdehnung und Erweiterung der Gemeinde- und „Nachbarwege Anlaß gegeben hat, insofern hierbei „nicht über das Eigenthum gestritten wird."

Indessen kann hierbei nicht beabsichtigt sein, die Bestimmung der Regierung über die Vicinalwege in allen Fällen auszuschließen, wo Jemand an dem Boden des Weges Eigenthum behauptet, indem durch eine solche Ausnahme eines Theils die Regel ganz aufgehoben würde, weil Jeder sie elidiren könnte, und andern Theils die Gerichte nicht wohl darüber entscheiden können, ob ein Vizinalweg, und in welcher Ausdehnung, administratives Bedürfniß sei, was sie doch thun müßten, wenn die Ausnahme in jener Ausdehnung zu verstehen wäre. Der Schlußsatz der angeführten Num. 2. kann also nur das sagen, was nach den oben allegirten französischen Gesetzen Rechtens ist,

> daß nämlich die Entscheidung der Regierung unantastbar für die Gerichte sei, daß aber letztere über die Eigenthumsfrage zu dem Ende zu entscheiden haben, damit eventuell die Entschädigung des Eigenthümers regulirt werde.

Hieraus folgt denn von selbst, daß gegen die Entscheidung der Regierung Besitzklagen nicht zulässig sind, und daß mithin die im vorliegenden Falle erhobene keinen Fortgang erhalten kann, der Konflikt also begründet ist. Ew. Hochwohlgeboren werden daher veranlaßt, das zum Zweck der definitiven Sistirung des Prozeßverfahrens in dieser Sache Erforderliche einzuleiten.

Berlin, den 29. September 1840.

Der Justiz-Minister
Mühler.

An
den Königlichen Ober-Prokurator Herrn Deuster
Hochwohlgeboren
zu Trier.

I. 5506. Rh. Gen. 111. Vol. 2.

145.

Verfügung vom 7. Oktober 1840, — das Gesetz über die Fischerei-Kontraventionen vom 23. Juni 1833 (Lottner Bd. 3 S. 653) betreffend.

(Art. 1, 465, 466 u. 483 Strafgesetzbuch — Art. 137, 639 u. 640 Krim. Proz. Ordn.)

Ew. Hochwohlgeboren haben in Ihrem Jahresberichte die Ansicht geäußert, daß das Gesetz über die Fischerei-Kontraventionen vom 23. Juni 1833 (Lottner Bd. 3 S. 653) zu mehrern Bedenken Anlaß gebe, da dasselbe über die rechtliche Natur dieser Kontraventionen keine nähere Bestimmung enthalte, und hiernach es zweifelhaft sei, nach welchen Grundsätzen man die Fragen über die Dauer der Verjährungszeit, über das Recidiv, über die Kompetenzverhältnisse der richterlichen Behörden und über die Zulässigkeit der Appellation entscheiden solle.

Indessen erscheinen diese Bedenken bei näherer Erwägung

nicht begründet, wie dies auch in dem Jahresberichte des Königlichen General-Prokurators am Appellationshofe dargethan ist.

Im Allgemeinen ist es nämlich nicht zweifelhaft, daß, da die Fischerei-Kontraventionen durch das Gesetz vom 23. Juni 1833 mit einer Strafe bedrohet sind, welche über den Umfang der Polizeistrafen weit hinausgeht, dieselben nach Maaßgabe der Art. 1, 465 und 466 des Strafgesetzbuchs und des Art. 137 der Kriminal-Prozeß-Ordnung den Karakter der Vergehen fortwährend beibehalten haben, ohnerachtet die Untersuchung und Bestrafung derselben durch das Gesetz vom 7. Juni 1821 theilweise den Polizeigerichten überwiesen ist, — ein Grundsatz, welcher von dem Königlichen Revisions- und Kassationshofe in Ansehung der auf gleicher Linie stehenden Jagd-Kontraventionen längst anerkannt worden ist.

Aus diesem allgemeinen Grundsatze folgt nun aber von selbst, daß rücksichtlich der Verjährungsfrist und des Wiederholungsfalls keinesweges die Bestimmungen der Art. 639 und 640 der Kriminal-Ordnung, so wie des Art. 483 des Strafgesetzbuchs zur Anwendung kommen können, sondern in dieser Beziehung die Vorschriften eintreten müssen, welche in Ansehung der gewöhnlichen Vergehen gegeben sind.

Was demnächst die Kompetenzverhältnisse betrifft, so ist es klar, daß die Untersuchung und Bestrafung des zweiten und fernern Wiederholungsfalls eines nach dem Gesetze vom 23. Juni 1833 zu bestrafenden Deliktes zur Kompetenz der Zuchtpolizeigerichte gehört, da nach dem §. 2 des eben genannten Gesetzes in einem solchen Falle außer der Geldbuße zugleich eine Gefängnißstrafe von vierzehn Tagen bis drei Monaten ausgesprochen werden kann, und nach §§. 4 und 11 der Verordnung vom 7. Juni 1821 die Polizeigerichte nur über solche Fischerei-Kontraventionen zu erkennen befugt sind, welche nur eine Geldbuße oder eine Gefängnißstrafe von höchstens fünf Tagen nach sich ziehen.

Was endlich das Rechtsmittel der Appellation anbelangt, so ergiebt sich schon aus dem Karakter des Vergehens, daß von den Urtheilen der Polizeigerichte in Fischerei-Kontraventionssachen die Berufung immer zulässig ist, indem, ohne den Instanzeuzug zu beschränken, die Polizeigerichte in den dazu geeigneten Fällen nur an die Stelle der Zuchtpolizeigerichte getreten sind.

Berlin, den 7. Oktober 1840.

An den Königlichen Ober-Prokurator Herrn N. Hochwohlgeboren zu N.

Das Justiz-Ministerium
Ruppenthal.

I. 3660. Rhein. Krim. 10. Vol. 2.

146.

Verfügung vom 10. Oktober 1840, — das Theilnahmerecht an den Geldstrafen für Defraudationen des Rheinzolls auf gemeinschaftlichen Stromstrecken betreffend.

Ew. Hochwohlgeboren erhalten Abschrift des Beschlusses der Central-Kommission für die Rheinschiffahrt d. d. Mainz, den 28. August 1840, das Theilnahmerecht an den Geldstrafen für Defraudationen des Rheinzolls auf gemeinschaftlichen Stromstrecken betreffend, mit dem Auftrage, denselben zur Kenntniß der sämmtlichen Rheinzollgerichte zu bringen.

Berlin, den 10. Oktober 1840.

An den Königlichen General-Prokurator Herrn Biergans Hochwohlgeboren zu Köln.

Der Justiz-Minister
Mühler.

I. 4921. Rhein. Gen. 89. Vol. 4.

Beilage.

Beschluß der Central-Kommission für die Rheinschiffahrt, das Theilnahmerecht an den Geldstrafen für Defraudationen des Rheinzolls auf gemeinschaftlichen Stromstrecken betreffend.

Die Central-Kommission erkennt einstimmig als Grundsatz an, daß die Geldstrafen wegen Defraudirung des Rheinzolls auf gemeinschaftlichen Stromstrecken ausschließlich derjenigen Landesherrschaft zustehen, in deren Namen die Strafe auferlegt wird.

Die Bevollmächtigten übernehmen es, bei ihren respektiven Regierungen die geeigneten Schritte zu thun, damit die betreffenden Behörden in obigem Sinne gleichmäßig instruirt und zugleich darauf aufmerksam gemacht werden, daß, in Folge des aufgestellten Grundsatzes, auch die wegen früherer Defraudirungen des Rheinzolls, auf den Grund des letzten Absatzes des Art. 71 und des zweiten Absatzes des durch den 8. Supplementar-Artikel berichtigten Art. 83 der Rheinschiffahrts-Akte miterhobenen Geldstrafen ausschließlich derjenigen fremden Landesherrschaft gehören, auf deren Gebiete das beeinträchtigte Rheinzollamt gelegen ist, auch wenn das Vergehen auf einer gemeinschaftlichen Stromstrecke begaugen worden ist.

von Rau, Engelhardt, Verdier, für Hessen und Baden.
von Zwierlein, Ruhr, Westphal.

147.

Regulativ vom 31. Oktober 1840, — über die Errichtung und Verwaltung des Fabrikengerichts für die Gemeinde Barmen.

§. 1.

Auf Grund des für das Herzogthum Berg geltenden französischen Dekrets vom 17. Dezember 1811 soll ein Fabrikengericht für die Gemeide Barmen errichtet werden, dessen Wirksamkeit sich auf sämmtliche Fabrikationszweige und Handwerke und auf alle im ganzen Umfange der Gemeinde Barmen ansässige Fabrikanten und Handwerker, so wie auf die von denselben beschäftigten Aufseher, Arbeiter und Lehrlinge, wenn solche auch außerhalb dieser Gemeinde ihren Wohnsitz haben, sich erstreckt.

§. 2.

Das Fabrikengericht soll aus neun Mitgliedern bestehen, und zwar aus fünf Fabrik-Kaufleuten und vier Mitgliedern aus der Klasse der Werkmeister (Fabrikaufseher), gewerbesteuerpflichtigen Fabrikarbeiter, Färber, Drucker und Handwerker, welche mindestens vier Thaler Klassensteuer zahlen, und die durch das Dekret vom 17. Dezember 1811 vorgeschriebenen Eigenschaften haben. Sie werden nach den Vorschriften des obengedachten Dekrets gewählt und von der Regierung zu Düsseldorf bestätigt.

§. 3.

Außer den ordentlichen Mitgliedern werden neun Stellvertreter, und zwar aus den nämlichen Klassen und in der nämlichen Anzahl, wie die ordentlichen Mitglieder, gewählt und bestätigt. Für die Wählbarkeit der Stellvertreter gelten dieselben Bestimmungen, wie sie im §. 2 für die Mitglieder enthalten sind.

§. 4.

Alle diejenigen, welche nach §. 2 des gegenwärtigen Regulativs wählbar sind, sind zugleich stimmberechtigt.

§. 5.

Bei allen vorzunehmenden Wahlen, sowohl der Mitglieder, als auch der Stellvertreter des Fabrikengerichts, fertigt die Ortsbehörde die Liste der Stimmenden an, welche ausschließlich zur Wahlversammlung zugelassen werden.

§. 6.

Damit die verschiedenen Fabrikationszweige und Handwerke in dem Fabrikengericht angemessen vertreten werden, wird das betreffende Ministerium die Gewerbeklassen, aus welchen die Mitglieder desselben und deren Stellvertreter zu wählen sind, sowie die Zahl der aus jeder Klasse zu wählenden Mitglieder, bei der ersten Wahl auf den Vorschlag der Handelskammer, und später auf den Vorschlag des Fabrikengerichts von drei zu drei Jahren bestimmen.

§. 7.

Jeder Stimmberechtigte kann nur in Person und nicht durch einen Bevollmächtigten bei der Wahl mitwirken, bei welcher der Landrath des Kreises den Vorsitz führt.

§. 8.

Jeder Stimmberechtigte hat die Befugniß, einen Kandidaten in Vorschlag zu bringen. Der von dem Vorsitzenden zu bestellende Protokollführer trägt diese Vorschläge in ein Verzeichniß zusammen, welches, zur Einsicht der Anwesenden, vor der Wahl auf den Tisch des Wahlvorstandes niedergelegt wird.

§. 9.

Die Wahl wird sodann von den anwesenden Stimmberechtigten durch Geheimstimmung auf Stimmzetteln nach absoluter Stimmenmehrheit vollzogen.

§. 10.

Ergiebt die Wahl nicht für alle zu besetzende Stellen eine absolute Stimmenmehrheit, so werden für jede noch zu besetzende Stelle die beiden Kandidaten, welche die meisten Stimmen erhalten haben, zur neuen Wahl gebracht, so lange, bis sämmtliche Mitglieder und Stellvertreter mit absoluter Stimmenmehrheit gewählt sind.

§. 11.

Nach erfolgter Bestätigung werden die Gewählten durch die Regierung zu Düsseldorf, welche dazu den Kreislandrath delegiren kann, in Gemäßheit der Vorschrift der Kabinets-Ordre vom 5. November 1833 (Gesetz-Sammlung für 1833 Seite 291) eidlich verpflichtet und in ihre Verrichtungen eingeführt.

§. 12.

Ueber die Einsetzung des Fabrikengerichts wird eine Verhandlung aufgenommen, und eine Ausfertigung derselben in der Kreis-Registratur hinterlegt; eine zweite an die Regierung zu Düsseldorf, eine dritte an das Handelsgericht zu Elberfeld und eine vierte an den General-Prokurator des Appellationshofes zu Köln eingesandt.

§. 13.

Der von dem Fabrikengerichte in Gemäßheit des Dekrets vom 17. Dezember 1811 zu ernennende Sekretair muß die nöthige Geschäftskenntniß besitzen, zum Civil-Staatsdienst berechtigt sein, und vorzugsweise aus den geprüften Gerichtsschreiber-Kandidaten gewählt werden. Er wird, nachdem seine Wahl von der Regierung zu Düsseldorf bestätigt worden ist, in Gemäßheit der Kabinets-Ordre vom 5. November 1833 beeidet.

§. 14.

Geräth ein Mitglied oder ein Stellvertreter in den Fallit-Zustand, so hört vom Tage des Falliments-Urtheils sein diesfälliges Amt von selbst auf.

§. 15.

Rücksichtlich der Suspension und Amtsentsetzung der Mitglieder und Stellvertreter finden die allgemeinen, wegen der richterlichen Beamten bestehenden Gesetze Anwendung.

Das vor einer Civilkammer des Landgerichts einzuleitende Disziplinar-Verfahren findet bei verschlossenen Thüren, unter Beachtung der, für das Disziplinar-Verfahren gegen richterliche Beamte vorgeschriebenen Formen, statt.

§. 16.

Das Lokal für die Sitzungen nnd die Geschäftsführung des Fabrikengerichts und die Kosten der ersten Einrichtung, sowohl für das Haupt-Büreau, Art. 45 ff. des Dekrets vom 17. Dezember 1811, als auch die Vergleichskammer, Art. 42 a. a. O., sind nebst Heizung von der Gemeinde Barmen zu beschaffen.

§. 17.

Die Kosten für Erleuchtung, Bedienung ꝛc. des Fabrikengerichts, sowohl in seinem Haupt-, als auch Vergleichs-Büreau, so wie die dem Sekretair außer den Gebühren etwa zu bewilligen bleibende Remuneration sind von den Gewerbetreibenden selbst aufzubringen. Ueber die Art der Vertheilung des aufzubringenden Bedarfs auf die einzelnen Interessenten bleibt die weitere Bestimmung dem betreffenden Ministerium vorbehalten.

§. 18.

Dem Ermessen des Fabrikengerichts ist es überlassen, die gesetzlich vorgeschriebene Zahl der Sitzungen nach Bedürfniß zu vermehren.

§. 19.

Die Ordnung der Sitzungen und der Geschäftsführung im Haupt-Büreau, so wie in der Vergleichskammer, ist durch ein Regulativ näher zu bestimmen, welches von dem Fabrikengericht nach seiner Einsetzung zu entwerfen und der Regierung zu Düsseldorf zur Bestätigung einzusenden ist.

§. 20.

Die Stempel zu den betreffenden Verhandlungen sind nach den Vorschriften des Stempelgesetzes vom 7. März 1822 und den dasselbe erläuternden und ergänzenden Verordnungen zu verwenden.

§. 21.

Die bei dem Fabrikengericht eingehenden Strafgelder sollen zu Belohnungen und Ermunterungen des Gewerbefleißes in der Gemeinde Barmen vertheilt werden. Das Fabrikengericht hat jährlich einen Nachweis über dieselben, nebst seinem Gutachten über deren Verwendung bei der Regierung zu Düsseldorf einzureichen, auf deren Vorschlag die weitere Verfügung durch das betreffende Ministerium erfolgen wird.

Urkundlich unter Unserer Allerhöchsteigenhändigen Unterschrift und beigedrucktem Königlichen Insiegel.

So geschehen Sanssouci, den 31. Oktober 1840.

(L. S.) Friedrich Wilhelm.

Für den Justiz-Minister Mühler Graf v. Alvensleben.
Ruppenthal.

I. 5512. Rh. Gen. 52. Vol. 2.

148.

Regulativ vom 31. Oktober 1840, — über die Errichtung und Verwaltung des Fabrikengerichts für die Gemeinde Elberfeld.

§. 1.

Auf Grund des für das Herzogthum Berg geltenden französischen Dekrets vom 17. Dezember 1811 soll ein Fabrikengericht für die Gemeinde Elberfeld errichtet werden, dessen Wirksamkeit auf sämmtliche Fabrikationszweige und Handwerke und auf alle im ganzen Umfange der Gemeinde Elberfeld ansässige Fabrikanten und Handwerker, so wie auf die, von denselben beschäftigten Aufseher, Arbeiter und Lehrlinge, wenn solche auch außerhalb dieser Gemeinde ihren Wohnsitz haben, sich erstreckt.

§. 2.

Das Fabrikengericht soll aus 9 Mitgliedern bestehen, und zwar aus 5 Fabrik-Kaufleuten und 4 Mitgliedern aus der Klasse der Werkmeister (Fabrikaufseher), gewerbesteuerpflichtigen Fabrikarbeiter, Färber, Drucker und Handwerker, welche mindestens 4 Thaler Klassensteuer zahlen, und die durch das Dekret vom 17. Dezember 1811 vorgeschriebenen Eigenschaften haben. Sie werden nach den gesetzlichen Vorschriften des eben gedachten Dekrets gewählt und von der Regierung zu Düsseldorf bestätigt.

§. 3.

Außer den ordentlichen Mitgliedern werden 9 Stellvertreter und zwar aus den nämlichen Klassen und in der nämlichen Anzahl, wie die ordentlichen Mitglieder, gewählt und bestätigt. Für die Wählbarkeit der Stellvertreter gelten dieselben Bestimmungen, wie sie im §. 2 für die Mitglieder enthalten sind.

§. 4.

Alle diejenigen, welche nach §. 2 des gegenwärtigen Regulativs wählbar sind, sind zugleich stimmberechtigt.

§. 5.

Bei allen vorzunehmenden Wahlen, sowohl der Mitglieder, als auch der Stellvertreter des Fabrikengerichts, fertigt die Ortsbehörde die Liste der Stimmenden an, welche ausschließlich zur Wahlversammlung zugelassen werden.

§. 6.

Damit die verschiedenen Fabrikationszweige und Handwerke in dem Fabrikengericht angemessen vertreten werden, wird das betreffende Ministerium die Gewerbeklassen, aus welchen die Mitglieder desselben und deren Stellvertreter zu wählen sind, so wie die Zahl der aus jeder Klasse zu wählenden Mitglieder bei der ersten Wahl auf den Vorschlag der Handelskammer, und später auf den Vorschlag des Fabrikengerichts von drei zu drei Jahren bestimmen.

§. 7.

Jeder Stimmberechtigte kann nur in Person und nicht durch einen Bevollmächtigten bei der Wahl mitwirken, bei welcher der Landrath des Kreises den Vorsitz führt.

§. 8.

Jeder Stimmberechtigte hat die Befugniß, einen Kandidaten in Vorschlag zu bringen.

Der von dem Vorsitzenden zu bestellende Protokollführer trägt diese Vorschläge in ein Verzeichniß zusammen, welches, zur Einsicht der Anwesenden, vor der Wahl auf den Tisch des Wahlvorstandes niedergelegt wird.

§. 9.

Die Wahl wird sodann von den anwesenden Stimmberechtigten durch Geheimstimmung auf Stimmzetteln nach absoluter Stimmenmehrzahl vollzogen.

§. 10.

Ergiebt die Wahl nicht für alle zu besetzende Stellen eine absolute Stimmenmehrheit, so werden für jede noch zu besetzende Stelle die beiden Kandidaten, welche die meisten Stimmen erhalten haben, zur neuen Wahl gebracht, so lange, bis sämmtliche Mitglieder und Stellvertreter mit absoluter Stimmenmehrheit gewählt sind.

§. 11.

Nach erfolgter Bestätigung werden die Gewählten durch die Regierung zu Düsseldorf, welche dazu den Kreis-Landrath delegiren kann, in Gemäßheit der Vorschrift vom 5. November 1833 (Ges. Samml. für 1833 S. 291) eidlich verpflichtet und in ihre Verrichtungen eingeführt.

§. 12.

Ueber die Einsetzung des Fabrikengerichts wird eine Verhandlung aufgenommen, und eine Ausfertigung derselben in der Kreis-Registratur hinterlegt; eine zweite an die Regierung zu Düsseldorf, eine dritte an das Handelsgericht zu Elberfeld, und eine vierte an den General-Prokurator des Appellationshofes zu Köln eingesandt.

§. 13.

Der von dem Fabrikengerichte in Gemäßheit des Dekrets vom 17. Dezember 1811 zu ernennende Sekretair muß die nöthige Geschäftskenntniß besitzen, zum Civil-Staatsdienste berechtigt sein, und vorzugsweise aus den geprüften Gerichtsschreiber-Kandidaten gewählt werden. Er wird, nachdem seine Wahl von der Regierung zu Düsseldorf bestätigt worden ist, in Gemäßheit der Kabinets-Ordre vom 5. November 1833 beeidet.

§. 14.

Geräth ein Mitglied oder ein Stellvertreter in den Fallit-Zustand, so hört vom Tage des Falliments-Urtheils sein diesfälliges Amt von selbst auf.

§. 15.

Rücksichtlich der Suspension und Amtsentsetzung der Mitglieder und Stellvertreter finden die allgemeinen, wegen der richterlichen Beamten bestehenden Gesetze Anwendung. Das von einer Civilkammer des Landgerichts einzuleitende Disziplinarverfahren findet bei verschlossenen Thüren, unter Beachtung der, für das Disziplinarverfahren gegen richterliche Beamte vorgeschriebenen Formen, statt.

§. 16.

Das Lokal für die Sitzungen und die Geschäftsführung des Fabrikengerichts, sowohl für das Hauptbüreau, Art. 45 ff. des Dekrets vom 17. Dezember 1811, als auch die Vergleichskammer, Art. 42 a. a. O., ist von der Gemeinde Elberfeld zu beschaffen.

§. 17.

Alle übrige Kosten, welche das Fabrikengericht erfordert, sind von den Gewerbetreibenden selbst aufzubringen.

Ueber die Art der Vertheilung des aufzubringenden Bedarfs auf die einzelnen Interessenten bleibt die weitere Bestimmung dem betreffenden Ministerium vorbehalten.

§. 18.

Dem Ermessen des Fabrikengerichts ist es überlassen, die gesetzlich vorgeschriebene Zahl der Sitzungen nach Bedürfniß zu vermehren.

§. 19.

Die Ordnung der Sitzungen und der Geschäftsführung im Hauptbüreau, so wie in der Vergleichskammer ist durch ein Regulativ näher zu bestimmen, welches von dem Fabrikengericht nach seiner Einsetzung zu entwerfen, und der Regierung zu Düsseldorf zur Bestätigung einzusenden ist.

§. 20.

Die Stempel zu den betreffenden Verhandlungen sind nach den Vorschriften des Stempelgesetzes vom 7. März 1822 und den, dasselbe erläuternden und ergänzenden Verordnungen zu verwenden.

§. 21.

Die bei dem Fabrikengerichte eingehenden Strafgelder follen zu Belohnungen und Ermunterungen des Gewerbefleißes in der Gemeinde Elberfeld verwendet werden.

Das Fabrikengericht hat jährlich einen Nachweis über dieselben nebst seinem Gutachten über deren Verwendung bei der Regierung zu Düsseldorf einzureichen, auf deren Vorschlag die weitere Verfügung durch das betreffende Ministerium erfolgen wird.

Urkundlich unter Unserer Allerhöchsteigenhändigen Unterschrift und beigedrucktem Königlichen Insiegel.

So geschehen, Sanssouci, den 31. Oktober 1840.

(L. S.) Friedrich Wilhelm.

Für den Justiz-Minister Mühler Graf v. Alvensleben.
Ruppenthal.

I. 5941. Rhein. Gen. 52. Vol. 2.

149.

Regulativ vom 31. Oktober 1840, — über die Errichtung und Verwaltung des Fabrikengerichts für den Friedensgerichtsbezirk Solingen.

§. 1.

Auf den Grund des, für das Großherzogthum Berg geltenden, Dekrets vom 17. Dezember 1811 soll ein Fabrikengericht in der Stadt Solingen errichtet werden, dessen Wirksamkeit auf sämmtliche Fabrikationszweige und Handwerke und auf alle im ganzen Umfange des Friedensgerichtsbezirks Solingen ansässige Fabrikanten und Handwerker, so wie auf die von denselben beschäftigten Aufseher, Arbeiter und Lehrlinge, wenn solche auch außerhalb dieses Bezirks ihren Wohnsitz haben, sich erstreckt.

§. 2.

Es sollen Vergleichskammern in Solingen und Wald gebildet werden, deren Bezirke dahin bestimmt sind, daß zum Bezirke der Vergleichskammer

zu Solingen die Bürgermeistereien Solingen, Dorp und Höhscheid, zu Wald die Bürgermeistereien Wald, Merscheid und Gräfrath gehören.

§. 3.

Das Fabrikengericht besteht aus 9 Mitgliedern, und zwar aus fünf Fabrik-Kaufleuten und vier Mitgliedern aus der Klasse der Werkmeister, Fabrikarbeiter und Handwerker, welche mindestens drei Thaler Klassensteuer zahlen und die durch das Dekret vom 17. Dezember 1811 vorgeschriebenen Eigenschaften haben. Sie werden nach den bestehenden gesetzlichen Vorschriften, so wie sie im Dekret vom 17. Dezember 1811 enthalten sind, gewählt und von der Regierung zu Düsseldorf bestätigt, mit der Maaßgabe, daß

A. aus dem Bezirk der Vergleichskammer zu Solingen fünf Mitglieder, nämlich drei Fabrik-Kaufleute und zwei Werkmeister, Fabrikarbeiter oder Handwerker;

B. aus dem Bezirk der Vergleichskammer zu Wald vier Mitglieder, nämlich zwei Fabrik-Kaufleute und zwei Werkmeister, Fabrikarbeiter oder Handwerker erwählt werden müssen.

§. 4.

Die Mitglieder des Fabrikengerichts bilden zugleich die Vergleichskammern, dergestalt, daß die aus jedem einzelnen Bezirk erwählten Mitglieder die Verrichtungen der Vergleichskammern für diesen Bezirk abwechselnd zu versehen haben.

§. 5.

Außer den ordentlichen Mitgliedern werden 9 Stellvertreter, und zwar aus den nämlichen Klassen und in der nämlichen Anzahl, wie die ordentlichen Mitglieder, gewählt und bestätigt. Für die Wählbarkeit der Stellvertreter gelten die für die Mitglieder vorgeschriebenen Bedingungen.

§. 6.

Die Wahl der Mitglieder und Stellvertreter geschieht in jedem der beiden Bezirke (§. 2) besonders, dergestalt, daß die daraus zu wählende Anzahl (§§. 3 und 5) von den jedem einzelnen Bezirke angehörigen Stimmberechtigten gewählt wird.

§. 7.

Alle diejenigen, welche nach §. 3 des gegenwärtigen Regulativs wählbar sind, sind zugleich stimmberechtigt.

§. 8.

Bei allen vorzunehmenden Wahlen, sowohl der Mitglieder,

als der Stellvertreter des Fabrikengerichts, fertigt der Landrath auf Grund der von den Ortsbehörden zu erfordernden Nachweisungen die Liste der Stimmenden an, welche ausschließlich zur Wahlversammlung zugelassen werden.

§. 9.

Damit die verschiedenen Fabrikationszweige und Handwerke in dem Fabrikengerichte angemessen vertreten werden, wird das betreffende Ministerium die Gewerbe-Klassen, aus welchen die Mitglieder desselben und deren Stellvertreter zu wählen sind, so wie die Zahl der aus jeder Klasse zu wählenden Mitglieder bei der ersten Wahl auf den Vorschlag des Landraths, und später auf den Vorschlag des Fabrikengerichts von drei zu drei Jahren bestimmen.

§. 10.

Jeder Stimmberechtigte kann nur in Person und nicht durch einen Bevollmächtigten bei der Wahl, bei welcher der Landrath des Kreises den Vorsitz führt, mitwirken.

§. 11.

Jeder Stimmberechtigte hat die Befugniß, einen Kandidaten in Vorschlag zu bringen. Der von dem Vorsitzer zu bestellende Protokollführer trägt diese Vorschläge in ein Verzeichniß zusammen, welches, zur Einsicht der Anwesenden, vor der Wahl auf den Tisch des Wahlvorstandes niedergelegt wird.

§. 12.

Die Wahl wird sodann von den anwesenden Stimmberechtigten durch Geheimstimmung auf Stimmzetteln nach absoluter Stimmenmehrheit vollzogen.

§. 13.

Ergiebt die Wahl nicht für alle zu besetzende Stellen eine absolute Stimmenmehrheit, so werden für jede noch zu besetzende Stelle die beiden Kandidaten, welche die meisten Stimmen erhalten haben, zur neuen Wahl gebracht, so lange, bis sämmtliche Mitglieder und Stellvertreter mit absoluter Stimmenmehrheit gewählt sind.

§. 14.

Jeder Stimmberechtigte kann nur in demjenigen Wahlbezirk stimmen, in welchem er seinen Wohnsitz hat, wenn er auch in mehreren Bezirken gewerkliche Anlagen besitzen möchte.

§. 15.

Nach erfolgter Bestätigung werden die Gewählten nach Vorschrift der Kabinets-Ordre vom 5. November 1833 mittelst Ableistung des darin normirten Diensteides durch einen Kommissar der Regierung zu Düsseldorf, wozu der Landrath bestimmt werden kann, verpflichtet und in ihre Verrichtungen eingewiesen.

§. 16.

Ueber die Einsetzung des Fabrikengerichts wird eine Verhandlung aufgenommen, und eine Ausfertigung derselben in der Kreis-Registratur, eine zweite an die Regierung zu Düsseldorf, eine dritte an das Handelsgericht zu Elberfeld, und eine vierte an den General-Prokurator des Appellationsgerichtshofes zu Köln eingesandt.

§. 17.

Der von dem Fabrikengerichte in Gemäßheit des Dekrets vom 17. Dezember 1811 zu ernennende Sekretär muß zum Civil-Staatsdienste berechtigt sein, die nöthigen Geschäftskenntnisse besitzen, und soll vorzugsweise aus den geprüften Gerichtsschreiber-Kandidaten gewählt werden. Er wird, nachdem seine Wahl von der Regierung zu Düsseldorf bestätigt worden ist, in Gemäßheit der Kabinets-Ordre vom 5. November 1833 beeidet.

§. 18.

Die Amtsdauer der ordentlichen Mitglieder des Gerichts beschränkt sich auf drei Jahre; nach Ablauf des

A. ersten Jahres treten aus:
ein Fabrik-Kaufmann aus dem Bezirke Solingen und ein Mitglied aus der Klasse der Werkmeister 2c. aus jedem der beiden Wahlbezirke; nach dem

B. zweiten Jahre ein Fabrik-Kaufmann aus jedem der beiden Wahlbezirke und ein Werkmeister 2c. aus dem Bezirke Wald;

C. nach dem dritten Jahre ein Fabrik-Kaufmann aus jedem der beiden Wahlbezirke und ein Werkmeister aus dem Bezirke Solingen.

Die Personen, welche ausscheiden sollen, bestimmt das Loos. In ähnlicher Weise wechseln die Stellvertreter.

§. 19.

Geräth ein Mitglied oder ein Stellvertrete in den Fallit-Zustand, so hört vom Tage des Falliments-Urtheils sein diesfälliges Amt von selbst auf.

§. 20.

Rücksichtlich der Suspension und Amtsentsetzung der Mitglieder und Stellvertreter finden die allgemeinen, wegen der richterlichen Beamten bestehenden Gesetze Anwendung. Das vor einer Civil-Kammer des Landgerichts einzuleitende Disziplinar-Verfahren findet bei verschlossenen Thüren, unter Beachtung der für das Disziplinar-Verfahren gegen richterliche Beamte vorgeschriebenen Formen, statt.

§. 21.

Das Lokal für die Sitzung und die Geschäftsführung des Fabrikengerichts und die Kosten der ersten Einrichtung, nebst Heizung, sind für das Haupt-Büreau und die Vergleichskammer zu Solingen, von der Gemeinde Solingen, für die Vergleichskammer zu Wald, von der Gemeinde Wald zu beschaffen.

§. 22.

Die Kosten für Erleuchtung, Bedienung des Fabrikengerichts, sowohl in seinem Haupt-, als auch in den Vergleichs-Büreaux, so wie die dem Sekretair außer den Gebühren etwa zu bewilligende Remuneration, sind von den Gewerbetreibenden selbst aufzubringen.

Ueber die Art der Vertheilung des aufzubringenden Bedarfs auf die einzelnen Interessenten bleibt die weitere Bestimmung dem betreffenden Ministerium vorbehalten.

§. 23.

Die Ordnung der Sitzungen und der Geschäftsführung im Haupt-Büreau, so wie in den Vergleichskammern, ist durch ein Regulativ näher zu bestimmen, welches von dem Fabrikengericht nach seiner Einsetzung zu entwerfen und der Regierung zu Düsseldorf zur Bestätigung einzureichen ist.

§. 24.

Die Stempel zu den betreffenden Verhandlungen sind nach

den Vorschriften des Stempelgesetzes vom 7. März 1822 und den dasselbe erläuternden und ergänzenden Verordnungen zu verwenden.

§. 25.

Die bei dem Fabrikengericht eingehenden Strafgelder sollen zu Belohnungen und Ermunterungen des Gewerbefleißes in dem Bezirke des Gerichts vertheilt werden. Das Fabrikengericht hat jährlich eine Nachweisung über dieselben nebst seinem Gutachten über deren Verwendung bei der Regierung zu Düsseldorf einzureichen, auf deren Vorschlag die weitere Verfügung durch das betreffende Ministerium erfolgen wird.

Urkundlich unter Unserer Allerhöchsteigenhändigen Unterschrift und beigedrucktem Königlichen Insiegel.

Sanssouci, den 31. Oktober 1840.

(L. S.) Friedrich Wilhelm.

Für den Justiz-Minister Mühler Graf v. Alvensleben.
Ruppenthal.

I. 5511. Rh. Gen. 52. Vol. 2.

150.

Verfügung vom 4. November 1840, — die Bestimmung des Anfangs der nach französischem Recht erkannten Zuchthaus- und Zwangsarbeits-Strafen betreffend.

Da die Bestimmung, von welchem Tage eine gerichtlich erkannte Strafe zu berechnen ist, zum Ressort der Justiz-Behörde gehört, so werden Ew. Hochwohlgeboren auf den Wunsch des Herrn Ministers des Innern und der Polizei beauftragt, die Ober-Prokuratoren anzuweisen, daß sie, so fern dies nicht etwa bereits geschehen ist, in jedem Falle bei der Ablieferung eines Sträflings zur Strafanstalt den Tag, von welchem ab der Anfang der Strafzeit zu rechnen ist, in ihren Aufnahme-Scheinen oder Requisitionen ausdrücklich bemerken.

Berlin, den 4. November 1840.

Der Justiz-Minister
Mühler.

An
den Königlichen General-Prokurator Herrn Biergans
Hochwohlgeboren
zu Köln.

I. 5452. Rh. Krim. 81.

151.

Verfügung vom 4. November 1840, — betreffend die Frage, ob ein bei einem Friedensgericht stagirender Referendar zur Stellvertretung des Friedensrichters in Prozessen, in welchen dieser betheiligt ist, berechtigt sei oder dazu designirt werden könne?

(Reskript vom 15. November 1822, Lottner Bd. 2 S. 320, Regulativ vom 16. Februar 1832 §. 25.)

Ew. Hochwohlgeboren erhalten die Vorstellung des N. vom 26. September dieses Jahres mit dem Bemerken, daß die dadurch angeregte Frage: ob ein bei einem Friedensgericht stagirender Referendar zur Stellvertretung des Friedensrichters in Prozessen, in welchen dieser betheiligt ist, berechtigt sei, oder dazu designirt werden könne? offenbar zu verneinen ist.

Denn nach Num. 6 des Reskripts vom 15. November 1822 (Lottner Bd. 2 S. 320) gebührt jene Stellvertretung dem ein für allemal dazu designirten benachbarten Friedensrichter, und der §. 25 des Regulativs vom 16. Februar 1832, welcher es gestattet, Referendarien damit zu beauftragen, kann damit selbstredend nicht solche Referendarien gemeint haben, die erst durch die Stage beim Friedensgericht unter Aufsicht des Friedensrichters sich zu den friedensgerichtlichen Diensten qualifiziren sollten; sondern solche, welche diese Qualifikation schon besitzen, weil sonst in der Anordnung der Stage und in der vorgängigen Zulassung zur selbstständigen Vertretung des Friedensrichters ein innerer Widerspruch liegen würde. Es leuchtet überdies ein, daß ein Referendar, welcher die Stage bei einem Friedensgericht absolvirt, wegen des ihm erforderlichen Zeugnisses des Friedensrichters über seine Leistungen bei der Stellvertretung desselben in dessen Prozessen den Verdacht der Gegenpartei auf sich ziehe, daß er nicht die Unbefangenheit habe, die zu den richterlichen Funktionen unerläßlich ist; weshalb er denn auch noch aus diesem Grunde mit einer solchen Stellvertretung nicht beauftragt werden darf.

Hiernach sind die Landgerichts-Präsidenten und Ober-Prokuratoren, und durch dieselben die Friedensrichter mit Anweisung zu versehen.

Berlin, den 4. November 1840.

Das Justiz-Ministerium.
Ruppenthal.

An
den Königlichen Ersten Präsidenten des Appellationsgerichtshofes Herrn Schwarz und den Königlichen General-Prokurator Herrn Biergans
Hochwohlgeboren
zu Köln.

I. 6444. Rh. Gen. 47. Vol. 2.

152.

Allgemeine Verfügung vom 4. November 1840, — über das künftige Verfahren zwischen der K. K. Oesterreichischen und der Königlich Preußischen Regierung, in Betreff der Vollstreckung ergangener Erkenntnisse.

Das nachstehende Cirkular der K. K. Oesterreichischen Landesregierung im Erzherzogthume Oesterreich unter der Enns:

Die Königlich Preußische Regierung hat nach Inhalt eines hohen Hofkanzlei-Dekretes vom 24. August 1840, Zahl 26636, über die Vollziehung der in Oesterreich geschöpften Urtheile folgende Erklärung abgegeben: „Von Seite der Preußischen Gerichte werde den Requisitionen der Oesterreichischen Gerichte um Vollziehung der von ihnen geschöpften Urtheile auch ferner wie bisher genügt werden, falls nicht etwa nach den Vorschriften der Preußischen Gesetze Bedenken gegen die Kompetenz der Oesterreichischen Gerichte, von denen die Urtheile geschöpft worden sind, eintreten.

Die Zusicherung erstrecke sich jedoch nicht auf Rheinpreußen. Nach der in der Preußischen Rheinprovinz bestehenden Gesetzgebung könne dort nur eine Vollstreckung derjenigen Erkenntnisse stattfinden, welche von einem Rheinischen Gerichte mit der exekutorischen Klausel versehen worden sind.

Letztere Klausel dürfe nur ertheilt werden, nachdem von demjenigen Richter, in dessen Sprengel die Partei wohnt, gegen welche das Urtheil vollzogen werden soll, über die

Zulässigkeit der beantragten Vollstreckung unter Zuziehung der Partei verhandelt, und über diejenigen Einwendungen, welche etwa von der betreffenden Partei gegen die Vollstreckung erhoben werden, erkannt worden ist.

Die Oesterreichischen Gerichte haben daher zufolge Allerhöchster Entschließung Sr. K. K. Majestät vom 16. Junius l. J. auch ihrerseits in Ansehung der Exekution der sowohl in Rheinpreußen, als den übrigen Preußischen Staaten, geschöpften Urtheile eben die Grundsätze, welche nach der angeführten Erklärung in einem und dem anderen Theile der Preußischen Monarchie befolgt werden, zur Anwendung zu bringen; mithin auf das Urtheil eines Rheinpreußischen Gerichtes nur, wenn vorher bei einem Oesterreichischen Gerichte über die Exekution verhandelt und erkannt worden ist; auf die in anderen Staaten geschöpften Urtheile aber nur, wenn das erkennende Gericht nach Oesterreichischen Gesetzen kompetent gewesen ist, die Exekution zu bewilligen.

Wien, den 9. September 1840.

Johann Talatzko Freiherr v. Gestieticz,
Ni. Oest. Regierungs-Präsident.
Anton Taulow Ritter v. Rosenthal,
Ni. Oest. Regierungsrath und Kanzleidirektor.

wird hierdurch zur Kenntniß der Königlichen Gerichtsbehörden gebracht, mit der Anweisung, sich nach dem Inhalte der darin aufgenommenen Erklärung der Königlich Preußischen Regierung ferner zu achten.

Berlin, den 4. November 1840.

An sämmtliche Gerichtsbehördrn.

Der Justiz-Minister
Mühler.

I. 5214. Gen. 72. Vol. 3.

153.

Verfügung vom 11. November 1840, — die Auslegung des Artikels 6 der Notariats-Ordnung in der Rheinprovinz, wegen der Prüfung vor dem 25sten Jahre, betreffend.

Aus den hierbei zurückerfolgenden Akten ist die Meinungs-Verschiedenheit zwischen Ihnen und dem Ober-Prokurator zu N. über den Artikel 6 der Notariats-Ordnung ersehen. Das

Reskript vom 11. April 1834 an den Notariats-Kandidaten N. geht zwar von der Ansicht aus, daß die Zulassung zur Notariats-Prüfung erst nach dem vollendeten 25. Lebensjahre des Kandidaten stattfinden dürfe. Diese Ansicht ist jedoch bei abermaliger Erwägung nicht gerechtfertigt gefunden, vielmehr im Artikel 6 nur die Ernennung zum Notar vor dem vollendeten 25. Lebensjahre untersagt. Das Justiz-Ministerium tritt daher ganz der von Ew. Hochwohlgeboren in der Verfügung vom 30. April d. J. geäußerten Meinung bei.

Berlin, den 11. November 1840.

Das Justiz-Ministerium.
Ruppenthal.

An
den Königlichen General-
Prokurator
Herrn Biergans
Hochwohlgeboren
zu Köln.

I. 5919. Rh. Gen. 30. Vol. 2.

154.

Allgemeine Verfügung vom 12. November 1840, — wegen Erhebung des Goldantheils bei den Besoldungen in natura.

Mit Rücksicht auf die den Königlichen Obergerichten in den sämmtlichen Provinzen, mit Ausschluß der Rheinprovinz und Neuvorpommern, durch die Cirkular-Verfügung vom 29. November 1832, und den Königlichen Obergerichten in der Rheinprovinz durch die Verfügung vom 26. November 1832 mitgetheilte Allerhöchste Kabinets-Ordre vom 10. desselben Monats, hat das Königliche Finanz-Ministerium die Anordnung getroffen, daß vom 1. Januar 1841 ab die Goldantheile bei den Besoldungen wieder allgemein in Friedrichsd'or's gezahlt werden sollen.

Demzufolge werden die zum Genuß der Goldrate berechtigten Beamten des Königlichen Geheimen-Ober-Tribunals, des Königlichen Rheinischen Revisions- und Kassationshofes, der sämmtlichen übrigen Königlichen Obergerichte (mit Ausschluß der in Neuvorpommern) und die Beamten der Königlich Rheinischen Landgerichte hierdurch angewiesen, von dem gedachten Zeitpunkte ab die Goldrate wieder in natura zu erheben.

Insoweit die Zahlung der Besoldungen aus der General-Staats-Kasse und den Hauptkassen der Regierungen in der

Rheinprovinz an die betreffenden Justizbeamten unmittelbar erfolgt, sind diese Kassen Seitens des Königlichen Finanz-Ministeriums wegen Zahlung des Goldantheils bereits mit Anweisung versehen worden.

Was dagegen die Seitens der Salarien-Kassen des Königlichen Kammergerichts, des Königlichen Kurmärkischen Pupillen-Kollegiums und der sämmtlichen Königlichen Oberlandesgerichte zu leistenden Besoldungszahlungen betrifft, so haben diese Kassen den Betrag des erforderlichen Goldes, vom 1. Januar 1841 ab, bei den in den Salarien-Kassen-Etats benannten Staatskassen als einen Theil des etatsmäßigen fixirten Zuschusses zu erheben und an die Beamten zu zahlen.

Die Summe des erforderlichen Zuschusses in Golde besteht in dem 30fachen Betrage des in dem Besoldungstitel der Salarien-Kassen-Etats mit $3\frac{1}{3}$ Prozent als zahlbar aufgerechneten Agio's von der Goldrate, so daß, wenn z. B. der etatsmäßige fixirte Zuschuß für ein Oberlandesgericht in . 20000 Thlrn. und die Agio-Vergütigung von der Goldrate zu $3\frac{1}{3}$ Prozent im Ganzen in 200 Thlrn. besteht, an Zuschuß zu erheben sind

a) in Golde 6000 Thlr. zu $13\frac{1}{3}$ Prozent Agio . 6800 Thlr.
in Kourant betragend, und

b) in Kourant der Ueberrest mit . . . . . 13200 Thlrn.

Die Goldrate des betreffenden einzelnen Beamten besteht ebenfalls in dem 30fachen Betrage der für ihn mit $3\frac{1}{3}$ Prozent in den Salarien-Kassen-Etats berechneten Gold-Agio-Vergütigung. Hiernach haben die gedachten Salarien-Kassen sich daher resp. mit der General-Staats-Kasse und mit den Regierungs-Haupt-Kassen bei der Erhebung der etatsmäßigen Zuschüsse zu berechnen. Auf diejenigen Beamten der Landgerichte zu Torgau und Wittenberg, welche noch Anspruch auf theilweisen Genuß ihrer Besoldung in Golde haben, findet die vorstehende Anordnung gleichfalls Anwendung, und hat das Königliche Oberlandesgericht zu Naumburg demgemäß das Weitere wegen des den Salarien-Kassen beider Gerichte in Golde zu gewährenden Theils ihrer etatsmäßigen Zuschüsse zu verfügen.

Einer förmlichen Deklaration der Salarien-Kassen-Etats wegen der vorstehenden Bestimmungen bedarf es nicht, und eben so werden die Besoldungs-Quittungen der zum Goldempfange berechtigten Beamten, mit Rücksicht auf die Allerhöchste Kabinets-Ordre vom 19. Juni 1836 (Jahrb. Bd. 47 S. 576) wie bisher, über den Betrag der Besoldung in Kourant und ohne Erwähnung der Goldzahlung ausgestellt.

Auch wird durch die Zahlung der Goldrate in der durch die oben gedachte Cirkular-Verfügung vom 29. November 1832 angeordneten Art der Vereinnahmung und Verausgabung des Goldes in den Büchern der Salarien-Kassen nichts geändert.

Bemerkt wird noch, daß das Königliche Finanz-Ministerium die Königlichen Regierungen zugleich angewiesen hat, daß auch bei allen anderen Zahlungen in Silbergeld von jetzt ab Friedrichsd'ors zu 5 Rthlr. 20 Sgr. verwendet werden können, wenn die Empfänger solches verlangen; so wie auch bis auf Weiteres den Regierungs-Haupt-Kassen gestattet worden ist, denjenigen, die es verlangen, Friedrichsd'ors zu 5 Rthlr. 20 Sgr. gegen Einzahlung von Kourant zu verabfolgen.

Berlin, den 12. November 1840.

Der Justiz-Minister
Mühler.

An
das Königliche Geheime Ober-Tribunal, den Königlichen Rheinischen Revisions- und Kassationshof, die Königlichen Obergerichte sämmtlicher Provinzen, mit Ausschluß der in Neuvorpommern, und an die Königlichen Rheinischen Landgerichte.

I. 5582. Gen. 21.

155.

Regulativ vom 18. November 1840, — über die Errichtung und Verwaltung des Fabrikengerichts zu Lennep.

§. 1.

Auf den Grund des für das Herzogthum Berg geltenden Dekrets vom 17. Dezember 1811 soll in der Stadt Lennep ein Fabrikengericht errichtet werden, dessen Wirksamkeit sich auf sämmtliche Fabrikationszweige und Handwerke erstreckt, welche im Bezirke der Bürgermeistereien Lennep, Ronsdorf, Radevormwald, Hückeswagen und Lüttringhausen, letztere Gemeinde jedoch nur in Bezug auf die Wollfabrikation, während die übrigen Gewerbe von dem Fabrikengerichte zu Remscheid ressortiren, betrieben werder.

Der Gerichtsbarkeit desselben sind unterworfen alle Fabrik-Kaufleute, Werkmeister, Fabrikarbeiter und Lehrlinge, welche innerhalb des Gerichtsbezirks eine Fabrik besitzen oder für dieselbe arbeiten, wenn auch ihr Wohnort nicht in diesem Gerichtsbezirke sein möchte.

§. 2.

Das Haupt-Büreau des Fabrikengerichts hat seinen Sitz zu Lennep. Außerdem werden drei Vergleichskammern zu Lennep, Ronsdorf und Hückeswagen gebildet, deren Bezirke dahin bestimmt sind, daß zu der Vergleichskammer

zu Lennep die Bürgermeistereien Lennep, Radevormwald und Lüttringhausen, letztere in Bezug auf die Wollfabrikation;

zu Ronsdorf die Bürgermeisterei Ronsdorf;

zu Hückeswagen die Bürgermeisterei Hückeswagen,

gehören.

Die Kompetenz der Vergleichskammer erstreckt sich ebenfalls über alle Fabrik-Kaufleute, Werkmeister, Fabrikarbeiter und Lehrlinge, welche innerhalb des Bezirks der Vergleichskammer eine Fabrik besitzen oder für dieselbe arbeiten, wenn auch deren Wohnort nicht in dem Bezirke dieser Vergleichskammer sein möchte.

§. 3.

Das Fabrikengericht besteht aus dreizehn Mitgliedern, und zwar aus sieben Fabrik-Kaufleuten und sechs Mitgliedern aus der Klasse der Werkmeister, Fabrikarbeiter und Handwerker, welche mindestens drei Thaler Klassensteuer bezahlen und die durch das Dekret vom 17. Dezember 1811 vorgeschriebenen Eigenschaften haben Sie werden nach den bestehenden gesetzlichen Vorschriften, so wie sie im Dekret vom 17. Dezember 1811 enthalten sind, gewählt und von der Regierung zu Düsseldorf bestätigt, mit der Maßgabe, daß

a. aus dem Bezirk der Vergleichskammer zu Lennep fünf Mitglieder, nämlich drei Fabrik-Kaufleute und zwei Werkmeister, Fabrikarbeiter oder Handwerker,

b. aus dem Bezirk der Vergleichskammer zu Ronsdorf vier Mitglieder, nämlich zwei Fabrik-Kaufleute und zwei Werkmeister, Fabrikarbeiter oder Handwerker, und

c. aus dem Bezirk der Vergleichskammer zu Hückeswagen vier Mitglieder, nämlich zwei Fabrik-Kaufleute und zwei Werkmeister, Fabrikarbeiter oder Handwerker,

erwählt werden müssen.

§. 4.

Außer den ordentlichen Mitgliedern werden acht Stellvertreter in gleicher Weise wie die Mitglieder gewählt und bestätigt, und zwar:

a. im Bezirke der Vergleichskammer zu Lennep zwei Fabrik-Kaufleute und zwei Werkmeister, Fabrikarbeiter oder Handwerker;

b. im Bezirk der Vergleichskammer zu Ronsdorf ein Fabrik-Kaufmann und ein Werkmeister, Fabrikarbeiter oder Handwerker;

c. im Bezirk der Vergleichskammer zu Hückeswagen ein Fabrik-Kaufmann und ein Werkmeister, Fabrikarbeiter oder Handwerker.

Für die Wählbarkeit der Stellvertreter gelten die für die Mitglieder vorgeschriebenen Bedingungen.

§. 5.

Die Wahl der Mitglieder und Stellvertreter geschieht in jedem der drei Bezirke (§. 2.) besonders, dergestalt, daß die daraus zu erwählende Anzahl von den in jedem einzelnen Bezirk vorhandenen Stimmberechtigten gewählt wird.

§. 6.

Alle diejenigen, welche nach §. 3 des gegenwärtigen Regulativs wählbar sind, sind zugleich stimmberechtigt.

§. 7.

Bei allen vorzunehmenden Wahlen, sowohl der Mitglieder, als der Stellvertreter des Fabrikengerichts fertigt der Landrath auf Grund der, von den Ortsbehörden einzufordernden Nachweisungen die Liste der Stimmenden an, welche ausschließlich zur Wahlversammlung zugelassen werden.

§. 8.

Jeder Stimmberechtigte kann nur in Person und nicht durch einen Bevollmächtigten bei der Wahl, bei welcher der Landrath des Kreises den Vorsitz hat, mitwirken.

§. 9.

Damit die verschiedenen Fabrikationszweige und Handwerke in dem Fabrikengericht angemessen vertreten werden, so wird das betreffende Ministerium die Gewerbeklassen, aus welchen die Mitglieder desselben und die Stellvertreter zu wählen sind, so wie die Zahl der aus jeder Klasse zu wählenden Mitglieder bei der ersten Wahl auf den Vorschlag des Landraths, und später auf den Vorschlag des Fabrikengerichts, von drei zu drei Jahren bestimmen.

§. 10.

Jeder Stimmberechtigte hat die Befugniß, einen Kandidaten in Vorschlag zu bringen. Der von dem Vorsitzer zu bestellende Protokollführer trägt diese Vorschläge in ein Verzeichniß zusammen, welches den Anwesenden zur Einsicht vor der Wahl auf den Tisch des Wahlvorstandes niedergelegt wird.

§. 11.

Die Wahl wird sodann von den anwesenden Stimmberechtigten durch Geheimstimmung auf Stimmzetteln nach absoluter Stimmenmehrheit vollzogen.

§. 12.

Ergiebt die Wahl nicht für alle zu besetzende Stellen eine absolute Stimmenmehrheit, so werden für jede noch zu besetzende Stelle die beiden Kandidaten, welche die meisten Stimmen erhalten haben, zur neuen Wahl gebracht, so lange, bis sämmtliche Mitglieder und Stellvertreter mit absoluter Stimmenmehrheit gewählt sind.

§. 13.

Jeder Stimmberechtigte kann nur in demjenigen Wahlbezirke stimmen, in welchem er seinen Wohnsitz hat, wenn er auch in mehreren Bezirken gewerkliche Anlagen besitzen möchte.

§. 14.

Nach erfolgter Bestätigung werden die Gewählten nach Vorschrift der Kabinets-Ordre vom 5. November 1833 mittelst Ableistung des darin normirten Diensteides durch einen Kommissar der Regierung zu Düsseldorf, wozu auch der Landrath bestimmt werden kann, verpflichtet und in ihre Verrichtungen eingewiesen.

§. 15.

Ueber die Einsetzung des Fabrikengerichts wird eine Verhandlung aufgenommen und eine Ausfertigung derselben in die Kreis-Registratur hinterlegt; eine zweite an die Regierung zu Düsseldorf, eine dritte an das Handelsgericht zu Elberfeld und eine vierte an den General-Prokurator des Appellationsgerichtshofes zu Köln eingesandt.

§. 16.

Der von dem Fabrikengerichte in Gemäßheit des Dekrets vom 17. Dezember 1811 zu ernennende Sekretair muß zum Civil-Staatsdienste berechtigt sein, die nöthigen Geschäfts-Kenntnisse besitzen, und ist vorzugsweise aus der Zahl der Gerichtsschreiber-Kandidaten zu wählen. Er wird, nachdem seine Wahl von der Regierung zu Düsseldorf bestätigt worden ist, in Gemäßheit der Kabinets-Ordre vom 5. November 1833, beeidet.

§. 17.

Nach Ablauf eines jeden Jahres wird ein Theil der Mitglieder des Fabrikengerichts durch neu eintretende ersetzt, so daß nach Ablauf von drei Jahren alle Mitglieder ersetzt sind.

Nach Ablauf des ersten Jahres treten aus:

im Bezirk Lennep zwei Fabrik-Kaufleute und ein Mitglied aus der Klasse der Werkmeister;

im Bezirk Ronsdorf ein Fabrik-Kaufmann und ein Mitglied aus der Klasse der Werkmeister;

nach dem zweiten Jahre:

im Bezirk Lennep ein Fabrik-Kaufmann und ein Mitglied aus der Klasse der Werkmeister;

im Bezirk Hückeswagen ein Fabrik-Kaufmann und ein Mitglied aus der Klasse der Werkmeister;

nach dem dritten Jahre:

im Bezirk Ronsdorf ein Fabrik-Kaufmann und ein Mitglied aus der Klasse der Werkmeister;

im Bezirk Hückeswagen ein Fabrik-Kaufmann und ein Mitglied aus der Klasse der Werkmeister.

In jedem der drei Wahlbezirke bestimmt das Loos die Ausscheidenden für das erste und zweite Jahr.

§. 18.

Geräth ein Mitglied oder Stellvertreter in den Fallit-Zustand, so hört vom Tage des Falliments-Urtheils sein diesfälliges Amt von selbst auf.

§. 19.

Rücksichtlich der Suspension und der Amtsentsetzung der Mitglieder und Stellvertreter finden die allgemeinen, wegen der richterlichen Beamten bestehenden Gesetze Anwendung.

Das vor einer Civilkammer des Landgerichts einzuleitende Disziplinar-Verfahren findet bei verschlossenen Thüren, unter Beachtung der für das Disziplinar-Verfahren gegen richterliche Beamte vorgeschriebenen Formen, statt.

§. 20.

Das Lokal für die Sitzung und Geschäftsführung des Fabrikengerichts und die Kosten der ersten Einrichtung nebst Heizung sind für das Haupt-Büreau und für die Vergleichskammer zu Lennep von der Gemeinde Lennep, für die Vergleichskammern zu Ronsdorf und Hückeswagen von den Gemeinden zu Ronsdorf und Hückeswagen zu beschaffen.

§. 21.

Die Kosten für Erleuchtung und Bedienung des Fabrikengerichts sowohl in seinem Haupt-, als in den Vergleichs-Büreaux, so wie die dem Sekretair außer den Gebühren etwa zu bewilligende Remuneration sind von den betheiligten Gewerbetreibenden selbst aufzubringen. Ueber die Art der Vertheilung des aufzubringenden Bedarfs auf die einzelnen Interessenten bleibt die weitere Bestimmung dem betreffenden Ministerium vorbehalten.

§. 22.

Die Ordnung der Sitzungen und der Geschäftsführung im Haupt-Büreau, so wie in den einzelnen Vergleichskammern, ist durch ein Regulativ näher zu bestimmen, welches von dem Fabrikengericht nach seiner Einsetzung zu entwerfen und der Regierung zu Düsseldorf zur Bestätigung einzureichen ist.

§. 23.

Die Stempel sind zu den betreffenden Verhandlungen nach den Bestimmungen des Stempelgesetzes vom 7. März 1822 und den dasselbe erläuternden und ergänzenden Verordnungen zu verwenden.

§. 24.

Die bei den Fabrikengerichten eingehenden Strafgelder sollen zur Belohnung und Ermunterung des Gewerbefleißes in dem Bezirke des Gerichts vertheilt werden. Das Fabrikengericht hat jährlich eine Nachweisung über dieselben nebst seinem Gutachten über deren Verwendung bei der Regierung zu Düsseldorf einzureichen, auf deren Vorschlag die weitere Verfügung durch das betreffende Ministerium erfolgen wird.

Urkundlich unter Unserer Allerhöchst eigenhändigen Unterschrift und beigedrucktem Königlichen Insiegel.

Charlottenburg, den 18. November 1840.

(L. S.) Friedrich Wilhelm.

Mühler. Graf von Alvensleben.

I. 5821. Rh. Gen. 52. Vol. 2.

156.

Regulativ vom 18. November 1840, — über die Errichtung und Verwaltung des Fabrikengerichts zu Remscheid.

§. 1.

Auf Grund des, für das Herzogthum Berg geltenden Dekrets vom 17. Dezember 1811 soll zu Remscheid ein Fabrikengericht errichtet werden, dessen Wirksamkeit sich auf sämmtliche Fabrikationszweige und Handwerke erstreckt, welche im Bezirk der Bürgermeistereien Remscheid und Lüttringhausen, — mit Ausnahme der Wollfabrikation in letzterer Gemeinde, welche vom Fabrikengericht zu Lennep ressortirt — betrieben werden.

Der Gerichtsbarkeit desselben sind unterworfen alle Fabrik-Kaufleute, Werkmeister, Fabrikarbeiter und Lehrlinge, welche innerhalb des Gerichtsbezirks eine Fabrik besitzen oder für dieselbe arbeiten, wenn auch ihr Wohnort nicht in diesem Gerichtsbezirk sein möchte.

§. 2.

Das Fabrikengericht besteht aus sieben Mitgliedern, und zwar aus vier Fabrik-Kaufleuten und drei Mitgliedern aus der Klasse der Werkmeister und Fabrikarbeiter, welche in der Bürgermeisterei Remscheid mindestens vier Thaler, in der Bürgermeisterei Lüttringhausen mindestens drei Thaler Klassensteuer bezahlen und die, durch das Dekret vom 17. Dezember 1811 vorgeschriebenen Eigenschaften haben. Sie werden nach den bestehenden gesetzlichen Vorschriften, so wie sie in dem Dekret vom 17. Dezember 1811 enthalten sind, gewählt und von der Regierung zu Düsseldorf bestätigt, mit der Maßgabe, daß:

a. aus der Bürgermeisterei Remscheid fünf Mitglieder, nämlich drei Fabrik-Kaufleute und zwei Werkmeister oder Fabrikarbeiter,

b. aus der Bürgermeisterei Lüttringhausen zwei Mitglieder, nämlich ein Fabrik-Kaufmann und ein Werkmeister oder Fabrikarbeiter,

erwählt werden müssen.

§. 3.

Außer den ordentlichen Mitgliedern werden vier Stellvertreter, und zwar in jeder der beiden betheiligten Bürgermeistereien ein Fabrik-Kaufmann und ein Werkmeister oder Fabrikarbeiter in gleicher Weise wie die Mitglieder gewählt und bestätigt werden. Für die Wählbarkeit der Stellvertreter gelten die für die Mitglieder vorgeschriebenen Bedingungen.

§. 4.

Die Wahl der Mitglieder und der Stellvertreter geschieht in jedem der Bezirke (§. 2) besonders, dergestalt, daß die daraus zu wählende Anzahl von den in jedem einzelnen Bezirke vorhandenen Stimmberechtigten gewählt wird.

§. 5.

Alle diejenigen, welche nach §. 2 des gegenwärtigen Regulativs wählbar sind, sind zugleich stimmberechtigt.

§. 6.

Bei allen vorzunehmenden Wahlen, sowohl der Mitglieder als der Stellvertreter des Fabrikengerichts, fertigt die Ortsbehörde die Liste der Stimmenden an, welche ausschließlich zur Wahlversammlung zugelassen werden.

§. 7.

Jeder Stimmberechtigte kann nur in Person und nicht durch einen Bevollmächtigten, bei der Wahl, bei welcher der Landrath des Kreises den Vorsitz hat, mitwirken.

§. 8.

Damit die verschiedenen Fabrikationszweige und Handwerke in dem Fabrikengerichte angemessen vertreten werden, so wird das betreffende Ministerium die Gewerbeklassen, aus welchen die Mitglieder desselben und die Stellvertreter zu wählen sind, so wie die Zahl der aus jeder Klasse zu wählenden Mitglieder, bei der ersten Wahl auf den Vorschlag des Landraths, und später auf den Vorschlag des Fabrikengerichts von drei zu drei Jahren bestimmen.

§. 9.

Jeder Stimmberechtigte hat die Befugniß, einen Kandidaten in Vorschlag zu bringen. Der von dem Vorsitzer zu bestellende Protokollführer trägt diese Vorschläge in ein Verzeichniß zusammen, welches, den Anwesenden zur Einsicht, vor der Wahl auf den Tisch des Wahlvorstandes niedergelegt wird.

§. 10.

Die Wahl wird sodann von den anwesenden Stimmberechtigten durch Geheimstimmung auf Stimmzetteln nach absoluter Stimmenmehrheit vollzogen.

§. 11.

Ergiebt die Wahl nicht für alle zu besetzende Stellen eine absolute Stimmenmehrheit, so werden für jede noch zu besetzende Stelle die beiden Kandidaten, welche die meisten Stimmen erhalten haben, zur neuen Wahl gebracht, so lange, bis sämmtliche Mitglieder und Stellvertreter mit absoluter Stimmenmehrheit gewählt sind.

§. 12.

Jeder Stimmberechtigte kann nur in demjenigen Wahlbezirk stimmen, in welchem er seinen Wohnsitz hat, wenn er auch in mehreren Bezirken gewerbliche Anlagen besitzen möchte.

§. 13.

Nach erfolgter Bestätigung werden die Gewählten nach Vorschrift der Kabinets-Ordre vom 5. November 1833 mittelst Ableistung des darin normirten Diensteides durch einen Kommissar der Königlichen Regierung zu Düsseldorf, wozu auch der Landrath kommittirt werden kann, verpflichtet und in ihre Verrichtungen eingewiesen.

§. 14.

Ueber die Einsetzung des Fabrikengerichts wird eine Verhandlung aufgenommen, und eine Ausfertigung derselben in die Kreis-Registratur hinterlegt; eine zweite an die Regierung zu Düsseldorf, eine dritte an das Handelsgericht zu Elberfeld und eine vierte an den General-Prokurator des Appellationsgerichtshofes zu Köln eingesandt.

§. 15.

Der von dem Fabrikengericht, in Gemäßheit des Dekrets vom 17. Dezember 1811, zu ernennende Sekretair muß die nöthigen Geschäfts-Kenntnisse besitzen, zum Civil-Staatsdienste berechtigt sein und ist vorzugsweise aus der Zahl der Gerichtsschreiber-Kandidaten zu wählen. Er wird, nachdem seine Wahl von der Regierung in Düsseldorf bestätigt worden ist, in Gemäßheit der Kabinets-Ordre vom 5. November 1833 beeidigt.

§. 16.

Nach Ablauf eines jeden Jahres wird ein Theil der Mitglieder des Fabrikengerichts durch neu eintretende ersetzt, so daß nach Ablauf von drei Jahren alle Mitglieder ersetzt sind.

Nach Ablauf des ersten Jahres treten aus:
- im Bezirk Remscheid ein Fabrik-Kaufmann;
- im Bezirk Lüttringhausen ein Mitglied aus der Klasse der Werkmeister ꝛc.,

nach dem zweiten Jahre:
- im Bezirk Remscheid ein Mitglied aus der Klasse der Werkmeister ꝛc.,
- im Bezirk Lüttringhausen ein Fabrik-Kaufmann;

nach dem dritten Jahre:
- im Bezirk Remscheid zwei Fabrik-Kaufleute und ein Mitglied aus der Klasse der Werkmeister ꝛc.

In Beziehung auf Remscheid bestimmt das Loos die Ausscheidenden für das erste und zweite Jahr.

§. 17.

Geräth ein Mitglied oder ein Stellvertreter in den Fallit-Zustand, so hört vom Tage des Falliments-Urtheils sein diesfälliges Amt von selbst auf.

§. 18.

Rücksichtlich der Suspension und Amtsentsetzung der Mitglieder und Stellvertreter finden die allgemeinen, wegen der richterlichen Beamten bestehenden Gesetze Anwendung. Das vor einer Civil-Kammer des Landgerichts einzuleitende Verfahren findet bei verschlossenen Thüren, unter Beachtung der, für das Disziplinar-Verfahren gegen richterliche Beamte vorgeschriebenen Formen, statt.

§. 19.

Das Lokal für die Sitzungen und die Geschäftsführung des Fabrikengerichts und die Kosten der ersten Einrichtung, sowohl für das Haupt-Büreau, Art. 45 ff. des Dekrets vom 17. Dezember 1811, als auch für die Vergleichs-Kammer, Art. 42 a. a. O. sind, nebst Heizung, von der Gemeinde Remscheid zu beschaffen.

§. 20.

Die Kosten für Erleuchtung, Bedienung des Fabrikengerichts, sowohl in seinem Haupt- als in dem Vergleichs-Büreau, so wie die dem Sekretair außer den Gebühren etwa zu bewilligende Remuneration sind von den Gewerbetreibenden selbst aufzubringen. Ueber die Art der Vertheilung des aufzubringenden Bedarfs auf die einzelnen Interessenten bleibt die weitere Bestimmung dem betreffenden Ministerium vorbehalten.

§. 21.

Die Ordnung der Sitzungen und der Geschäftsführung im Haupt-Büreau, so wie in der Vergleichs-Kammer, ist durch ein Regulativ näher zu bestimmen, welches von dem Fabrikengericht nach seiner Einsetzung zu entwerfen und der Regierung zu Düsseldorf zur Bestätigung einzureichen ist.

§. 22.

Die Stempel sind zu den betreffenden Verhandlungen nach den Bestimmungen des Stempelgesetzes vom 7. März 1822 und den dasselbe erläuternden und abändernden Verordnungen zu verwenden.

§. 23.

Die bei dem Fabrikengericht eingehenden Strafgelder sollen zu Belohnungen und Ermunterungen des Gewerbefleißes in dem Bezirke des Gerichts vertheilt werden.

Das Fabrikengericht hat jährlich eine Nachweisung über dieselben, nebst seinem Gutachten über deren Verwendung bei der Regierung zu Düsseldorf einzureichen, auf deren Vorschlag die weitere Verfügung durch das betreffende Ministerium erfolgen wird.

Urkundlich unter Unserer Allerhöchst eigenhändigen Unterschrift und beigedrucktem Königlichen Insiegel.

Charlottenburg, den 18. November 1840.

(L. S.) Friedrich Wilhelm.

Mühler. Graf von Alvensleben.

I. 5821. Rh. Gen. 52. Vol. 2.

157.

Verfügung vom 24. November 1840, — die Erstattung baarer Auslagen bei wechselseitigen Requisitionen rheinischer und altländischer Gerichtsbehörden in Strafsachen betreffend.

(Allerh. Kabinets-Befehl vom 24. November 1839, J. M. Bl. S. 400.)

Auf den Bericht vom 13. d. M. wird dem Königlichen Oberlandesgericht eröffnet, daß der Allerhöchste Kabinets-Befehl vom 24. November v. J. auch die Erstattung baarer Auslagen bei wechselseitigen Requisitionen rheinischer und altländischer Gerichtsbehörden in Strafsachen ausschließt, diese baaren Auslagen also bei dem Kriminalfond des requirirten Gerichts definitiv in Ausgabe kommen, und die Justifikation hierbei durch das am Schlusse des Berichts erwähnte Attest zu bewirken ist. Privatgerichte, denen Strafgerichtsbarkeit zusteht, haben dergleichen Auslagen aus ihren Sportelkassen zu tragen.

Berlin, den 24. November 1840.

An das Königliche Oberlandesgericht zu Paderborn.

Der Justiz-Minister Mühler.

I. 5888. Rh. Gen. 76. Vol. 1.

158.

Verfügung vom 28. November 1840, — die Gebühren der bei den Eidesleistungen der Juden zu adhibirenden Zeugen betreffend.

Auf die von dem Ober-Prokurator zu N. in dem Jahresbericht vom 8. Dezember v. J. und von Ew. Hochwohlgeboren in Ihrem Bericht vom 1. Mai d. J. angeregte Frage über die Auslegung der Verfügung der vormaligen Immediat-Justiz-Kommission zu Köln vom 15. März 1818, betreffend die Gebühren der bei Eidesleistungen der Juden zu adhibirenden Zeugen (Lottner Bd. 1 S. 496), wird Ew. Hochwohlgeboren nach Einsicht der Akten der gedachten Kommission und der, der Verfügung vom 15. März 1818 zum Grunde liegenden Anfrage des General-Advokaten N. vom 19. Februar dess. J. eröffnet,

1. daß den bei den Eidesleistungen zu adhibirenden jüdischen Zeugen die Gebühren, wie den sonstigen Zeugen in Civilsachen, nach dem Tarife vom 16. Februar 1807, in Strafsachen nach den Dekreten vom 18. Juni 1811 und 7. April 1813,
2. daß dagegen die Gebühren der Rabbiner, Assessoren oder Gelehrten in allen Fällen, sowohl in Civilsachen, als in Strafsachen, nach den Art. 22 und 91 Num. 1 des Dekrets vom 18. Juni 1811 zu berechnen sind.

Hieran ist durch den Allerhöchsten Kabinets-Befehl vom 30. April 1837 (Leitner Bd. 6 S. 182) nichts geändert.

Hiernach haben Ew. Hochwohlgeboren den Ober-Prokurator zu N. zu bescheiden.

Berlin, den 28. November 1840.

An
den Königlichen General-Prokurator Herrn Biergans
Hochwohlgeboren
zu Köln.

Das Justiz-Ministerium.
Ruppenthal.

I. 5807. Rh. Gen. 13.

159.

Allerhöchster Kabinets-Befehl vom 10. Dezember 1840, — betreffend die Gebühren der Rheinischen Gerichtsschreiber und Gerichtsvollzieher in Untersuchungen wegen einfachen Holzdiebstahls und wegen Entwendungen von Waldprodukten.

(Gesetz vom 7. Juni 1821, Gesetz-Samml. S. 89.)

Auf den Bericht vom 30. Oktober d. J. will Ich gestatten, daß die Gerichtsschreiber und Gerichtsvollzieher im Bezirke des Appellationsgerichtshofes zu Köln zu ihrer Schadloshaltung, wegen der Auslagen bei Wahrnehmung ihres Dienstes, in Untersuchungen wegen einfachen Holzdiebstahls und wegen Entwendungen von Waldprodukten, bei denen in Gemäßheit der Ordres vom 5. August 1838 und 4. Mai 1839 das Gesetz vom 7. Juni 1821 zur Anwendung kommt, folgende Gebühren in derselben Weise beziehen, welche bei andern Gebühren in Strafsachen in der Rheinprovinz stattfindet, nämlich:

		Sgr.	Pf.
die Gerichtsschreiber	für jedes Blatt einer Ausfertigung	1 Sgr.	— Pf.
	für jeden Urtheilsauszug . .	—	8
die Gerichtsvollzieher	für jede Vorladung oder andere Zustellung .	1	6
	für jede Abschrift derselben . .	1	6
	für jedes Blatt mitzutheilender, sonstiger Abschriften, mit Ausschluß des ersten Blattes	—	8

Von den Gebühren der Gerichtsvollzieher wird jedoch nur die Hälfte vorschußweise aus dem Kriminalfond entrichtet. Zugleich sollen die Gerichtsvollzieher befugt sein, nach Maaßgabe der Nummern 17 und 18 des fünften Abschnitts der unterm 9. Juni 1833 genehmigten Gebührentaxe auch Reisekosten in den erwähnten Untersuchungssachen in Ansatz zu bringen. Sie haben diese Bestimmung durch die Gesetz-Sammlung zur öffentlichen Kenntniß zu bringen.

Charlottenburg, den 10. Dezember 1840.

Friedrich Wilhelm.

An
die Staats-Minister Mühler und
Grafen von Alvensleben.

I. 698. Rh. Krim. 7. Vol. 5.

XXVIII.

1841.

Gesetze, Verordnungen, Reskripte.

160.

Verfügung vom 5. Januar 1841, — betreffend die Festsetzung der im §. 16 der Verordnung vom 17. März 1839, über den Verkehr auf den Kunststraßen (Ges. Samml. S. 84), angedrohten Ordnungsstrafen durch die Polizeigerichte in der Rheinprovinz.

Von der Königlichen Regierung zu Aachen ist bei dem Herrn Finanz-Minister darüber angefragt worden, von welcher Behörde die im §. 16 der Verordnung vom 17. März 1839, den Verkehr auf den Kunststraßen betreffend (Gesetz-Samml. S. 84), angedroheten Ordnungsstrafen festzusetzen seien. Der Herr Finanz-Minister hat hierauf, im Einverständnisse mit dem Justiz-Minister, die Regierung durch die anliegende Verfügung vom 31. v. M. dahin beschieden, daß die Festsetzung sowohl der Ordnungsstrafen, als der in der gedachten Verordnung bestimmten polizeilichen Strafen in der Rheinprovinz den Polizeigerichten zustehe.

Ew. Hochwohlgeboren haben hiervon durch die Ober-Prokuratoren die Polizeigerichte in Kenntniß zu setzen.

Berlin, den 5. Januar 1841.

Der Justiz-Minister
Mühler.

An
den Königlichen General-Prokurator
Herrn Berghaus
Hochwohlgeboren
zu Köln.

I. 17. C. 10. Vol. 2.

Beilage.

Der Königlichen Regierung wird auf den Bericht vom 26. August d. J. eröffnet, daß durch den Ausdruck „Ordnungsstrafen" in der, den Verkehr auf den Kunststraßen betreffenden Verordnung vom 17. März v. J., im Gegensatze zu den darin angedroheten „polizeilichen Strafen", hinsichtlich der Kompetenz zu deren Festsetzung, eine Verschiedenheit nicht grade hat angedeutet werden sollen.

Jener Ausdruck ist nur deshalb gewählt, weil in den Fällen, für welche die Ordnungsstrafen angedrohet sind, es sich nicht um eine verbotwidrige Einrichtung der Fuhrwerke, sondern davon handelt, daß die zur Kontrole dienenden Anordnungen unerfüllt geblieben, was ohne Rücksicht darauf, ob eine Kontravention vorliegt oder nicht, mit einer mäßigen Strafe zu rügen ist.

Da in Ansehung der Kompetenz, die Ordnungsstrafen festzusetzen, etwas besonderes nicht vorgeschrieben worden, so bestimmt sich solche eben so, wie bei den polizeilichen Strafen. Es steht mithin die Festsetzung der einen, wie der anderen, in dortiger Provinz den Polizeigerichten zu.

Berlin, den 31. Dezember 1840.

Der Finanz-Minister
Graf von Alvensleben.

An
die Königliche Regierung zu
Aachen.

161.

Verfügung vom 12. Januar 1841, — die Stempelpflichtigkeit der Immobiliar-Versteigerungen in armen Vormundschaftssachen betreffend.

(Gesetz vom 7. März 1822. Gesetz-Samml. S. 57.)

Ew. Hochwohlgeboren wird auf den, über die Stempelpflichtigkeit der Immobiliar-Versteigerungen in armen Vormundschaftssachen unterm 24. v. M. erstatteten Bericht eröffnet, daß das Justiz-Ministerium damit einverstanden ist, daß es bei der Verfügung des General-Prokurators vom 17. August 1825 auch fernerhin bewenden müsse, wodurch nämlich den Ober-Prokuratoren eröffnet worden ist, daß die in dem §. 3 Buchst. c des Stempelgesetzes bedingungsweise ausgesprochene Stempelfreiheit nur auf die vormundschaftlichen Verhandlungen im engeren Sinne sich beziehe, d. h. auf solche Verhandlungen, welche unmittelbar aus dem vormundschaftlichen Verhältnisse entspringen und nicht vorkommen würden, wenn der Bevormundete die Verwaltung seines Vermögens selbst führen könnte.

Ungeachtet der den vormundschaftlichen Verhandlungen bewilligten Stempelfreiheit sind daher alle übrige Verhandlungen stempelpflichtig, welche derjenige, für welchen die Vormundschaft angeordnet ist, selbst veranlassen würde, wenn er nicht bevormundet wäre und die mit dem vormundschaftlichen Verhältnisse in keiner Beziehung stehen; z. B. Veräußerungen, Verpachtungen, Schuldverschreibungen über aufgenommene Kapitalien 2c.

In demselben Sinne haben Ew. Hochwohlgeboren auch den Notar N. zu bescheiden.

Berlin, den 12. Januar 1841.

Das Justiz-Ministerium.
Ruppenthal.

An
den Königlichen General-Prokurator Herrn Berghaus
Hochwohlgeboren
zu Köln.

I. 54. Rh. Gen. 62. Vol. 5.

162.

Allerhöchst vollzogenes Reglement vom 16. Januar 1841, — über das Vorbeifahren der Dampf- und Segelschiffe auf dem Rheine.

I.

Ich sende Ihnen das mit Ihrem Bericht vom 29. November v. J. eingereichte Reglement über das Vorbeifahren der Dampf- und Segelschiffe auf dem Rheine von Mir vollzogen zur vorgeschriebenen Bekanntmachung zurück.

Berlin, den 16. Januar 1841.

Friedrich Wilhelm.

An
die Staats-Minister Mühler, Graf von Alvensleben und Freiherrn von Werther.

II.

Wir Friedrich Wilhelm von Gottes Gnaden König von Preußen 2c.

Nachdem die Erfahrung der letzten Jahre das Bedürfniß einiger Abänderungen des Reglements vom 11. September 1838 dargethan hat, haben Wir für nöthig erachtet, unter Aufhebung desselben, nachstehende Bestimmungen zu erlassen.

§. 1.

Wenn Dampfschiffe sich begegnen, so soll das stromaufwärts fahrende Dampfschiff überall, so weit es das Fahrwasser zuläßt, das linke Rheinufer, das stromabwärts fahrende Dampfschiff aber, so viel es thunlich, das rechte Rheinufer halten.

§. 2.

Wenn ein Dampfschiff stromaufwärts einem andern, ebenfalls stromaufwärts fahrenden Dampfschiffe vorbeifahren will, so soll das Schiff, welches vorbeizufahren beabsichtigt, durch Aufhissen einer blauen Flagge bis halben Mast und durch fünf Schläge auf die Glocke dem vorfahrenden Dampfschiffe ein Zeichen geben, worauf das letztere Schiff auf derjenigen Seite, wo es sich befindet, sich dem Lande so viel nähert, als es das Fahrwasser zuläßt. Das vorbeifahrende Schiff hingegen nimmt die entgegengesetzte Wasserseite in möglichster Entfernung vom anderen Schiffe.

Befindet sich aber das vorfahrende Schiff in der Mitte des Stroms, dann weicht dieses so viel als möglich nach dem linken Ufer, Steuerbordseite, aus, und das vorbeifahrende Schiff richtet seinen Lauf nach dem rechten Ufer, Backbordseite, ebenfalls so viel als möglich ist.

§. 3.

Wenn ein Dampfschiff stromabwärts einem ebenfalls stromabwärts fahrenden Dampfschiffe vorbeifahren will, so soll es die nämlichen, im vorstehenden §. vorgeschriebenen Zeichen geben; worauf das vorfahrende Dampfschiff, so viel es das Fahrwasser zuläßt, das linke Ufer, Backbordseite, halten muß, um das vorbeiwollende Dampfschiff zwischen sich und dem rechten Ufer vorbeizulassen.

§. 4.

Beide in den §§. 2 und 3 vorgesehene Fälle können dann nur stattfinden, wenn das Schiff, welches vorbeifahren will, unbezweifelt schneller als das vorfahrende Schiff fahren kann und fahren will.

§. 5.

Alle stromaufwärts fahrende Dampfschiffe müssen den

ebenfalls stromaufwärts fahrenden Segelschiffen an der entgegengesetzten Seite der Leinpfade vorbeifahren. Wenn diese Vorbeifahrt an einer Stelle geschehen soll, wo das Fahrwasser so enge ist, daß, um die Vorbeifahrt zu bewerkstelligen, das Segelschiff ausweichen muß, so soll das Dampfschiff seine Absicht vorbeizufahren, dadurch zu erkennen geben, daß es eine blaue Flagge bis halben Mast aufzieht und fünf Schläge auf die Glocke giebt. Auf dieses Zeichen soll das Segelschiff so viel auf die Leinpfadseite beilegen, als das Fahrwasser es zuläßt; das Dampfschiff aber soll so viel als möglich an der entgegengesetzten Seite vorbeifahren.

§. 6.

Wenn die stromabwärts fahrenden Segelschiffe ohne Gebrauch der Segel sich der Strömung überlassen, und das Thal-Fahrwasser inne halten, und es dann an den erforderlichen Mitteln fehlt, gehörig ausweichen zu könuen, so soll es den Dampfschiffen, sowohl bei ihrer Thalfahrt, als bei ihrer Bergfahrt überlassen sein, diejenige Uferseite zu wählen, welche sie am geeignetsten erachten, um an den zu Thal fahrenden Segelschiffen vorbeizufahren, mit Ausnahme jedoch der Stellen, für welche hierunter besondere Bestimmungen erlassen sind.

§. 7.

Wenn aber ein Segelschiff mit angeschlagenen Segeln zu Thal fährt, so soll es den zu Berg fahrenden Dampfschiffen überall nach dem rechten Ufer hin ausweichen, und zwar so viel, als es das Fahrwasser zuläßt. Muß aber das Damfschiff das rechte Ufer inne halten, so soll es durch Aufziehen der blauen Flagge auf halben Mast und durch fünf Schläge an die Glocke dem Segelschiff ein Zeichen geben, worauf dieses gehalten ist, so nahe als möglich dem linken Ufer zuzufahren.

§. 8.

Wenn die zu Thal fahrenden Dampfschiffe zu Berg fahrenden Segelschiffen begegnen, so sollen die Dampfschiffe immer so viel, als das Fahrwasser es zuläßt, die entgegengesetzte Seite des Leinpfads-Ufers halten; die Segelschiffe dagegen sollen, wo es nöthig ist, so viel als möglich auf dem Leinpfads-Ufer beilegen.

§. 9.

Wenn bei der Fahrt zu Berg ein Segelschiff vor dem Engersschen Grunde und bevor es die Leine gelängt hat, um diesen Grund zu umfahren, ein Dampfschiff gewahrt, welches entweder zu Berg oder zu Thal den Grund ebenfalls passiren will, so soll das Segelschiff so lange halten bleiben, bis das Dampfschiff vorbei ist. Zu dem Ende soll das Dampfschiff die im §. 3 vorgeschriebenen Zeichen geben.

Wenn aber das Segelschiff, bevor es das Dampfschiff gewahren kann, wirklich schon im Begriffe ist, den Grund zu umfahren, so soll das Dampfschiff bei der Bergfahrt so lange stopfen, bei der Thalfahrt aber so lange aufschlagen, bis das Segelschiff den Grund umfahren hat.

§. 10.

Bei der Bergfahrt sowohl, als bei der Thalfahrt müssen die Dampfschiffe so lange stopfen oder so lange aufschlagen, bis ein zu Thal fahrendes, ihnen begegnendes, oder vor ihnen fahrendes Segelschiff den Engersschen Grund passirt ist, weil es dem Segelschiff bei der Thalfahrt an Mitteln gebricht, dem Dampfschiffe auszuweichen.

Wenn aber ein zu Berg fahrendes Dampfschiff schon wirklich im Begriffe ist, den Engersschen Grund zu umfahren, und mithin das zu Thal kommende Segelschiff noch weit genug oberhalb des Grundes sich befindet, um ohne Gefahr halten zu können, so muß letzteres sofort aufschlagen und vor Anker gehen, bis das Dampfschiff passirt sein wird.

§. 11.

Vorstehende Verfügungen in Bezug auf den Engersschen Grund haben nur Anwendung bei niedrigem Wasserstande, wenn die Schiffe den Grund umfahren müssen, und gelten in ganz gleicher Weise für die eben so beschaffene Stelle, bekannt unter der Benennung: „Schollel bei Spay.“ — Tritt aber der Fall ein, daß an dieser letzteren Stelle ein Segelschiff Seile nach beiden Ufern hin ausgespannt hat, dann muß dasjenige, was nach dem rechten Ufer hin gebracht ist, so lange fallen gelassen werden, bis das Dampfschiff vorbei ist.

§. 12.

Bevor ein zu Berg fahrendes Dampfschiff von St. Goar abfährt, muß dasselbe eine Wahrschau vorausschicken, bis auf den Punkt, wo die Passage der Bank übersehen werden kann. Erblickt diese Wahrschau ein zu Thal kommendes Schiff, so muß sie ein Zeichen mit der rothen Flagge geben, damit das Dampfschiff so lange zurückbleibt, bis das Thalschiff passirt ist.

§. 13.

Gleiche Verpflichtung, eine Wahrschau vorauszuschicken, wird den zu Berg fahrenden Segelschiffen auferlegt, die auf gleiche Zeichen so lange halten bleiben müssen, bis die zu Thal kommenden Dampfschiffe oder Segelschiffe passirt sein werden.

§. 14.

Die Dampfschiffe geben an denjenigen Orten ihrer Vorüberfahrt, resp. ihrer Ankunft, wo sie an die Landebrücke anzulegen oder im Strome anzuhalten gedenken, oder es zu thun bereit sind, ihre Annäherung durch Läuten mit der Schiffsglocke zu erkennen. Ohne ein solches Zeichen giebt das Dampfschiff zu verstehen, daß es gesonnen ist, sich nicht aufzuhalten.

§. 15.

An den Orten, wo für die Dampfschiffe eigends angestellte Kahnführer sind, wird vom ankommenden Dampfschiffe sehr zeitig und sobald es des Ortes ansichtig wird, die Signalflagge aufgehißt, wenn es im Falle ist, dort Personen oder Güter an den Kahnführer zu überliefern. Dies gilt als Aufforderung an den Kahnführer, sich an das Dampfschiff zu begeben.

Eben so müssen die Kahnführer, welche Personen oder Güter an das Dampfschiff zu bringen haben, dieses sehr zeitig und sobald sie des Dampfschiffes ansichtig werden, durch das Aufstecken der Signalflagge, die ihnen bei ihrer Anstellung und für die Dauer ihrer Bediensiung von der betreffenden Dampfschifffahrts-Direktion zugestellt wird, zu erkennen geben.

Ist das Dampfschiff Willens, den Kahn an sich herankommen zu lassen, dann stellt es seine Räder stille und läßt den Dampf abblasen. Nicht eher, als bis die Räder stille gestellt und der Dampf abbläßt, darf der Kahn sich dem Schiffe nähern und nicht eher, als bis der Kahn wieder zehn Schritte weit seitwärts vom Schiffe entfernt ist, dürfen die Räder wieder in Bewegung gesetzt und der Dampf wieder eingesperrt werden. Jeder dieser Kähne muß von wenigstens zwei schiffskundigen und starken Männern geführt und mit allen Vorrichtungen zu diesem Dienste wohl versehen sein. Die eingestiegenen Personen müssen sich sogleich niedersetzen. Die Dampfschiffahrts-Direktionen dürfen nur solche Kähne und Kahnführer in ihren Dienst nehmen oder darin behalten, denen ein Attest von der Orts-Obrigkeit ausgestellt ist, woraus hervorgeht, erstlich: daß der Kahn für den Dienst vollkommen tauglich und mit allen Vorrichtungen vollständig versehen ist, und zweitens: daß die Kahnführer schiffskundige, kräftige und nüchterne Leute sind. Dieses Attest muß alljährlich aufs Neue beigebracht werden.

§. 16.

Jedes zu Berg fahrende Schiff, ohne Ausnahme, ob es ein Dampf- oder ein Segelschiff ist, soll von Asmannshausen aus eine Wahrschau vorausschicken, um durch ähnliche Zeichen, wie im §. 12 vorgeschrieben ist, das zu Berg fahrende Schiff zu warnen, wenn ein Thalschiff von Bingen abgefahren ist, um das Bingerloch zu passiren; und in diesem Fall soll das zu Berg fahrende Schiff so lange stopfen resp. beilegen, bis das Thalschiff das Loch passirt hat.

§. 17.

Bevor ein zu Thal fahrendes Dampfschiff von Bingen abfährt, soll es auf dem linken Rheinufer eine Wahrschau stehen haben, um ein Zeichen durch eine schwarze Flagge zu geben, wenn ein Bergschiff im Begriffe ist, das Loch zu passiren, und soll alsdann das Thalschiff halten bleiben, bis die Wahrschau das Zeichen niederlegt.

§. 18.

Jedes Schiff, welches beim Dunkel fährt, sei es ein Dampfschiff oder ein Segelschiff, soll von Sonnenuntergang bis Sonnenaufgang bei der Bergfahrt mit zwei hellbrennenden Laternen seitwärts am Maste und übereinander versehen sein; bei der Thalfahrt aber noch eine dritte hellbrennende Laterne unterm Bogspriet führen.

§. 19.

Jedes Schiff, welches bei Nacht auf dem Strome an irgend einer Stelle vom Ufer entfernt, oder wo gewöhnlich keine Schiffe am Ufer zu halten pflegen, oder in der Nähe der Brücken, wo die Dampfschiffe anfahren, vor Anker liegt, soll, ohne Ausnahme, ob es ein Segelschiff oder ein Dampfschiff ist, mit einer hellbrennenden Laterne am Mast, oder in Ermangelung eines Mastes, auf einer sichtbaren Stelle des Verdecks versehen sein. Floße müssen, wo sie bei Nacht halten, auf jeder der beiden Ecken, welche vom Ufer abgekehrt sind, eine hellbrennende Laterne unterhalten.

§. 20.

Jedes Dampfschiff, welches bei Nebel auf dem Strome an irgend einer Stelle vor Anker liegt, soll von 5 Minuten zu 5 Minuten Zeichen durch sieben Schläge auf der Glocke geben.

§. 21.

Wenn einem Dampfschiffe in der Fahrt kleine Fahrzeuge bis zu 10 Lasten Ladungsfähigkeit begegnen, die entweder zu Thal oder zu Berg, oder von einem Ufer zum andern fahren, so soll das zu Thal fahrende Dampfschiff in der Nähe derselben nur mit halber Maschinenkraft fahren, und sich so weit entfernt halten, als es örtlich zulässig ist, damit Unglücksfällen, welche auch durch Wellenschlag veranlaßt werden können, möglichst vorgebeugt werde.

Sollte indessen aus irgend einer Ursache das Dampfschiff dem kleinen Fahrzeuge so nahe gekommen sein, daß der Wellenschlag bei Ausübung halber Maschinenkraft für dasselbe gefährlich werden könnte, so soll das Dampfschiff die Räder so lange stille halten, bis das andere Fahrzeug sich weit genug davon entfernt haben wird, wenn solches thunlich ist, ohne das Dampfschiff selbst in Gefahr zu bringen.

§. 22.

Wenn ein Dampfschiff zu Berg oder Thal ankommt, sollen

a. die fliegenden Brücken zu Neuwied und Mülheim und die fliegenden Ponten zu Linz, Kaiserswerth, Uerdingen, Orsoy, Rees und Emmerich auf das linke Rheinufer, und
b. die fliegende Brücke zu Bonn, so wie die fliegenden Ponten zu Hamm und an der Beeck bei Xanten auf das rechte Rheinufer

ausweichen. Zu dem Ende sollen die Dampfschiffe bei allen vorgedachten Ueberfahrtsplätzen sieben Schläge auf die Glocke geben.

Bei Nacht sollen alle unter a vorgenannte Brücken und Ponten stets an dem linken Rheinufer, die unter b genannten aber an dem rechten Rheinufer halten; und sollen sie eine hellbrennende Laterne am Maste haben, wenn besondere Umstände eine Abweichung von dieser Bestimmung nöthig machen möchten.

§. 23.

Die stehenden Brücken dürfen die Dampfschiffe nicht anders, als höchstens nur mit halber Maschinenkraft passiren.

§. 24.

Die Anwendbarkeit des gegenwärtigen Reglements erstreckt sich auf die Stromstrecke von der Mündung der Nahe bis zu der Fähre am Spyk. Auf der Stromstrecke unterhalb derselben bis zur Landesgrenze sollen bis auf weitere Verfügung, hinsichtlich des Ausweichens und Vorbeifahrens, auch für die den Preußischen Stromtheil befahrenden Schiffe die für den gegenüber liegenden Königlich Niederländischen geltenden Bestimmungen maaßgebend sein.

§. 25.

Uebertretungen der in gegenwärtigem Reglement gegebenen Vorschriften werden durch eine Strafe von zwei bis funfzig Thalern geahndet, die im Wiederholungsfalle verdoppelt und gegen den schuldigen Schiffsführer bis zur Entziehung der Gewerbe-Befugniß verschärft werden kann. Neben diesen Strafen bleibt die Verpflichtung zum Schadenersatze nach den allgemeinen gesetzlichen Bestimmungen vorbehalten.

§. 26.

Die Untersuchung und Bestrafung der Kontraventionen gegen dieses Reglement steht dem Gerichte zu, in dessen Bezirke die Stromstrecke, auf welcher die Kontravention begangen wurde, liegt. Auf dem Theile des Rheins, dessen beide Ufer Preußisch sind, soll die Kontravention von dem Gerichte desjenigen der gegenüberliegenden beiden Ufer untersucht und abgeurtelt werden, bei welchem die Sache zuerst anhängig gemacht werden wird.

So weit hiernach die Gerichte des linken Rheinufers konkurriren, wird die Untersuchung und Aburtelung aller Kontraventionen gegen dieses Reglement den Friedens- und Polizei-Gerichten übertragen.

§. 27.

Dies Reglement soll durch die Amtsblätter der Regierungen in der Rheinprovinz bekannt gemacht und auf den Dampfschiffen in allen Kajüten angeheftet werden.

Gegeben Berlin den 16. Januar 1841.

(L. S.) Friedrich Wilhelm.

Mühler. Graf von Alvensleben. Frh. v. Werther.

Reglement, das Vorbeifahren der Dampfschiffe und anderer Schiffe betreffend, nebst sonstigen Vorschriften, die sowohl von den Dampfschiffen als Segelschiffen bei der Fahrt auf dem Rheine zu beachten sind.

I. 761. Rh. Gen. 150.

163.

A.

Die bei dem Landgericht zu Saarbrücken im Jahre 1838 abgehaltene Stempel-Revision betreffend.

(Gesetz vom 7. März 1822, Gesetz-Samml. S. 57.)

a.

Auszug aus dem Erlaß des Provinzial-Steuer-Direktors zu Köln vom 10. Dezember 1838 an den Stempelfiskal zu Trier.

Auf den Bericht vom 10. Oktober, die Stempeldefekte bei dem Königlichen Landgericht zu Saarbrücken betreffend, erwiedere ich Ihnen Folgendes:

ad monita 1 und 2

der Defekten-Tabelle müssen die gezogenen Defekte von zweimal 4 Thlr. 15 Sgr. für begründet anerkannt werden.

Durch die Urtheile vom 15. März und vom 10. Juni 1836 sind, abgesehen von dem Instanzenzuge, zwei schwebende Prozesse beendigt und erledigt worden. Kann auch über den Gegenstand der Prozesse, B. wider B. und F. wider H., neue Klage erhoben, so kann doch der Streitgegenstand nicht mehr in den in Rede stehenden Prozessen verhandelt werden. Der Grundsatz, daß jedes über Klageanträge entscheidende Erkenntniß dem Erkenntnißstempel zu unterziehen sei, gleichviel, ob über den Streitgegenstand selbst entschieden, oder ob die Klage nur als unvollständig oder unzeitig zurückgewiesen wird, ist bei den übrigen Gerichtshöfen eingeführt und durch das Stempelgesetz gerechtfertigt, da letzteres jeden Prozeß für sich besteuert. Die Bezeichnung „prozeßleitendes Dekret" für die Erkenntnisse vom 15. März und 10. Juni 1836 paßt nicht, weil dadurch die angestellten Prozesse nicht weiter geführt, sondern beseitigt werden. Soll durch jene Bezeichnung nur eine Vergleichung mit den prozeßleitenden Dekreten der Prozeß-Ordnung gezogen werden, so würde hierauf zu bemerken sein, daß unvollständige Klagen nach der altländischen Gerichtsverfassung durch Dekrete vervollständigt und nicht zurückgewiesen werden, sich mithin in dieser Beziehung eine Parallele nicht ziehen läßt. Dagegen findet eine Gleichheit statt, wenn Klagen, die in ungehöriger Form oder zur ungehörigen Zeit angebracht sind, bis zum Erkenntnisse gelangen und, wie hier geschehen ist, durch Erkenntniß erledigt werden. In solchem Falle wird ein altländischer Prozeß, der angebrachtermaßen, oder als unzeitig zurückgewiesen wird, dem gewöhnlichen Erkenntniß-Stempel aus eben denselben Gründen unterworfen, als oben für die Besteuerung der in Rede stehenden Prozesse angeführt sind.

ad monitum 5.

Interventions-Prozesse sind besondere, vom Haupt-Prozesse materiell verschiedene Rechtsstreitigkeiten. Es findet nämlich bei Interventions- und Haupt-Prozessen nicht nur eine Verschiedenheit der streitenden Parteien, sondern auch eine Verschiedenheit des streitigen Gegenstandes statt, so fern man unter Letzterem das Rechts-Verhältniß, worüber gestritten wird, und nicht blos die Sache, auf welche der Rechtsanspruch geltend gemacht wird, zu verstehen hat. Das Eigenthumsrecht, welches der Intervenient, im Gegensatze der Hauptparteien, an einer Sache geltend zu machen sucht, bildet ein abgesondertes Rechts-Verhältniß. Wegen dieser materiellen Verschiedenheit des Interventions-Prozesses von dem Haupt-Prozesse ist daher auch jeder Prozeß besonders zu besteuern; auch wenn beide formell in ein und demselben Erkenntnisse verbunden werden, was nach dem code de procedure geschehen kann, aber nicht nothwendig geschehen muß.

Diese Grundsätze über die Besteuerung der Interventions-Prozesse müssen um so mehr verfolgt werden, als sie höheren Orts längst für die richtigen anerkannt sind.

Ein Ministerial-Reskript vom 1. Oktober 1823 macht zwar eine Unterscheidung zwischen interventio principalis und interventio accessoria; diese Unterscheidung gründet sich jedoch auf die altländische Gerichtsverfassung. Nach der Prozeß-Ordnung läßt sich der accessorische Intervenient im Haupt-Prozesse nicht als Gegner der beiden Hauptparteien, sondern als ein bloßer Streitgenosse der einen Hauptpartei darstellen. Da hier mithin eine materielle Trennung der Intervention an dem Haupt-Prozesse nicht zu machen ist, so müßte auch für die interventio accessoria eine gemeinschaftliche Besteuerung mit dem Haupt-Prozesse anerkannt werden.

Der Prozeß ad monitum 5 läßt sich nicht mit einer interventio accessoria vergleichen, und es ist deshalb der gezogene Defekt von 3 Thlr. 25 Sgr. für gerechtfertigt zu halten.

Köln, den 10. Dezember 1838.

An den Königlichen Stempel-Fiskal, Herrn Steuer-Rath Rosbach zu Trier.

Der Geheime Finanz-Rath und Provinzial-Steuer-Direktor Helmentag.

---

b.

Auszug aus dem Schreiben an den Herrn Finanz-Minister vom 20. April 1839.

ad monita 1 und 2

trete ich den Erinnerungen des Provinzial-Steuer-Direktors gleichfalls bei, und werde dieserhalb die erforderliche Verfügung an das Landgericht erlassen.

Dagegen erscheint mir das **monitum ad 5** nicht begründet zu sein. Das Landgericht hat zu einem Urtheile, durch welches der Verklagte nach dem Antrage des Klägers verurtheilt worden ist, die verkauften Immobilien zu räumen, und die aufgetretenen Intervenienten mit ihren Ansprüchen auf das Eigenthum der Grundstücke, eventualiter auf Erstattung des Kaufpreises zurückgewiesen sind, den einfachen gesetzlichen Werthstempel verwandt. Der Provinzial-Steuer-Direktor gründet seinen Antrag auf Festsetzung eines doppelten Werthstempels darauf, daß durch das Urtheil über zwei verschiedene Anträge entschieden und Interventions-Prozesse besondere, vom Hauptprozesse verschiedene Rechtsstreitigkeiten seien, deshalb auch zu jeder Entscheidung, sowohl in dem Hauptprozesse, als in dem Interventions-Prozesse der volle Werthstempel zu nehmen sei, und der Umstand, daß der Haupt- und Interventions-Prozeß in *einem* Prozesse verhandelt und in *einem* Urtheile entschieden seien, ohne Einfluß sei. Der letztern Ansicht vermag ich nicht beizutreten. Nach dem Stempelgesetze wird das *Erkenntniß* besteuert, und zwar nach dem Werthe des Gegenstandes, über welchen gestritten wird. Im vorliegenden Falle ist das Immobile, event. dessen Werth, Gegenstand sowohl des Haupt-, als des Interventions-Prozesses gewesen; über beide ist in *einem* Urtheile entschieden. Derselbe Gegenstand ist zwischen mehreren streitenden Theilen Einem zuerkannt. Es kann daher auch nur einmal der Stempel erhoben werden. Wären verschiedene Erkenntnisse abgefaßt, so waltete kein Bedenken ob, zu jedem Erkenntnisse den vollen Werthstempel zu verwenden; eben so kann aber auch im umgekehrten Falle, da nur ein Erkenntniß vorliegt, welches einen und denselben Gegenstand betrifft, nur der einfache Stempel erhoben werden. Nach den Vorschriften der Prozeß-Ordnung kann über den Werthstempel bei Interventions-Prozessen kein Zweifel entstehen, da eine interventio principalis stets in besonderen Akten verhandelt und durch ein besonderes Urtheil entschieden werden muß; deshalb finden auch wegen der Gerichtskosten dieselben Bestimmungen auf dieselbe, wie auf jeden anderen Prozeß, Anwendung.

Geb. Taxe vom Jahre 1815 Abschn. I. Num. 6 Anmerk. 1. Nach dem Code de procedure civile Art. 339 — 341 wird über die Interventions-Klage in einigen Fällen durch ein besonderes Erkenntniß, in anderen zugleich durch das Haupt-Erkenntniß entschieden. Hierauf kommt es m. E. auch bei der Festsetzung des Werthstempels an. Wollte man, wenn dasselbe Urtheil über die Anträge der Haupt-Parteien und des Intervenienten entscheidet, den doppelten Werthstempel erfordern, so müßte, im Falle die Intervenienten siegen, und auch der Anspruch des Klägers gegen die Verklagten als unbegründet erachtet würde, also die Verklagten jedenfalls nur die Hälfte des Stempels für den Interventions-Prozeß zu entrichten verpflichtet sind, der Kläger den vollen Stempel des Haupt-Prozesses und die Hälfte des Stempels des Interventions-Prozesses tragen, also in einem Prozesse über denselben Gegenstand einen höheren Stempel entrichten müssen, als der Werth des Gegenstandes gesetzlich erfordert.

Ew. Excellenz stelle ich daher ganz ergebenst anheim, von dem monitum ad 5 Abstand nehmen zu wollen.

Berlin, den 20. April 1839.

Mühler.

An
den Königlichen Wirklichen Geheimen
Staats- und Finanz-Minister Herrn
Grafen von Alvensleben
Excellenz.

---

c.

Mit dem Inhalte Ew. Excellenz geehrten Schreibens vom 20. v. M., die beim Landgerichte zu Saarbrücken im April v.

J. abgehaltene Stempel-Revision betreffend, bin ich einverstanden, und will von dem monitum 5 aus den angeführten Umständen Abstand nehmen. Indem ich die Anlagen wieder beifüge, ersuche ich Ew. Excellenz ganz ergebenst, die erforderliche Verfügung zur Erledigung dieser Angelegenheit zu erlassen und eine Abschrift davon mir mitzutheilen, um demnächst den Provinzial-Steuer-Direktor zu Köln mit entsprechender Anweisung zu versehen.

Berlin, den 26. Mai 1839.

An
den Königlichen Wirklichen Geheimen Staats- und Justiz-Minister Herrn Mühler
Excellenz.

Graf von Alvensleben.

---

d.

Der Herr Finanz-Minister hat die, von dem Stempel-Fiskal über die bei dem dortigen Königlichen Landgerichte im April v. J. stattgehabte Stempe-Revision, aufgenommene Defekten-Tabelle nebst den darauf bezüglichen Verhandlungen und den Rathskammerbeschlüssen vom 6. August und 31. Dezember v. J. mir mitgetheilt. Zur Erledigung der übrig gebliebenen Differenzpunkte, auf welche sich das Schreiben des Provinzial-Steuer-Direktors zu Köln vom 10. Dezember v. J. bezieht, wird im Einverständnisse mit dem Herrn Finanz-Minister Folgendes bestimmt:

zu 1 und 2, muß aus den von dem Provinzial-Steuer-Direktor angeführten Gründen zu dem Urtheile, welches die Theilungs-Klage als unvollständig zurückgewiesen hat, der volle Werthstempel verwendet werden; das Monitum 5 hat der Herr Finanz-Minister fallen lassen rc.

Berlin, den 6. Juni 1839.

An
den Königlichen Landgerichts-Präsidenten Herrn Bessel und den Königlichen Ober-Prokurator Herrn Leue
Hochwohlgeboren
zu Saarbrücken.

Der Justiz Minister
Mühler.

I. 2865. Rh. Gen. 62. Vol. 4.

B.

Verfügung vom 16. Januar 1841, — die bei dem Landgerichte zu Köln im Jahre 1839 vorgenommene Stempel-Revision betreffend.

(Gesetz vom 7. März 1822, Gesetz-Samml. S. 57. Reskript vom 10. Mai 1838 zu 47 — Lottner Bd. 6. S, 480.)

Ew. Hochwohlgeboren erhalten

1) den Auszug aus der Stempel-Defekten-Tabelle über die, bei der dortigen Civilkammer im September 1839 vorgenommene Stempel-Revision, und
2) Abschrift des Berichts des Provinzial-Steuer-Direktors zu Köln vom 16. November v. J. an den General-Steuer-Direktor,

mit dem Eröffnen, daß die Monita des Provinzial-Steuer-Direktors zu 33, 37, 50, 53, 45 und 56 des Auszuges für begründet erachtet werden müssen.

Zu 33, 37, 50 und 53 ist von dem Schuldner gegen den wider ihn, auf den Grund eines autentischen Akts, erlassenen Zahlungsbefehl Einspruch erhoben, und die Zahlungsverbindlichkeit zur Zeit in Abrede gestellt. Die Ansicht des Landgerichts, daß in diesen Fällen der Gegenstand des Prozesses einer Schätzung nach Gelde nicht fähig, und daher ohne Rücksicht auf die Höhe der Forderung ein Stempel von 5 bis 20 Thalern zu berechnen sei, kann nicht für richtig erachtet werden. In dem vorliegenden Prozesse ist die ganze Forderung streitig; von dieser muß daher auch der Prozent-Stempel berechnet werden. Dieser Grundsatz ist bereits durch das Reskript vom 10. Mai 1838 zu 47 (Lottner Bd. 6 S. 480) und noch neuerdings bei Gelegenheit der in Trier abgehaltenen Stempel-Revision durch Reskript vom 18. Dezember 1839 anerkannt.

Zu Monitum 45 ist, wie das anliegende Urtheil vom 16. März 1838, und die dazu gehörigen Qualitäten ergeben, das Eigenthum von zwei Drittheilen des N. N.schen Waldes, nach Abzug der den Verklagten daran zustehenden Nutzungsrechte, Gegenstand des Prozesses. Dieser Gegenstand ist gleichfalls nicht unschätzbar, sondern der Werth des Waldes, nach Abzug des Werths der Nutzungsrechte, giebt den Maaßstab ab, von welchem der Prozeßstempel zu berechnen ist. Die in dem Beschlusse des Königlichen Landgerichts angeführte vermeintliche Inkonvenienz, daß in einem Prozesse über die Ermittelung des

Stempels prozessualische Verhandlungen entstehen könnten, wird durch das Stempelgesetz §. 4 Buchstab f. gerechtfertigt, nach welcher Bestimmung die Steuerbehörde, im Fall sie Bedenken trägt, die Angaben der Steuerpflichtigen über den Werth der stempelpflichtigen Gegenstände für richtig anzunehmen, befugt ist, die Aufnahme einer gerichtlichen Taxe zu veranlassen. Dagegen ist es richtig, daß die auf den Antrag der Steuerbehörde von dem Oberförster N. nach den beifolgenden Anlagen aufgenommene Taxe für die Parteien nicht verbindlich ist; sondern wenn dieselben die Taxe nicht anerkennen, muß der Werth des Streitgegenstandes nach §. 4 Buchst. f. des Stempelgesetzes festgestellt werden Da die Steuerbehörde die Taxe des rc. N. gegen sich gelten lassen will, so ist diese mit dem Monitum des Stempel-Fiskals aus der Defekten-Tabelle zu 47 und der Erklärung des Provinzial-Steuer-Direktors aus dem Schreiben vom 13. Juli v. J. zu 7 den Parteien mitzutheilen, und sind dieselben, unter Bestimmung einer Frist, zur Erklärung aufzufordern, ob sie den Werth des streitigen Waldes, nach Abzug der Nutzungsrechte, auf Höhe von 200,000 Thlrn. anerkennen. Erklären sich dieselben innerhalb der bestimmten Frist nicht, so müssen sie als konsentirend erachtet werden, und es ist alsdann danach der Stempel zu berechnen. Erkennen sie dagegen den Werth nicht an, so ist es ihre Sache, den angeblich geringeren Werth anzugeben, und es muß dann erforderlichen Falls, wenn eine Einigung der Parteien mit dem Steuer-Fiskus nicht erfolgt, der Werth in contradictorio festgestellt werden.

Zu Monitum 56 ist, so fern der Verklagte zur Rechnungslegung verurtheilt ist, und kein Kontumazial-Urtheil vorliegt, der Stempel nicht in debet zu notiren, sondern von dem Verklagten zu entrichten; der Umstand, daß der Kläger zum Armenrecht verstattet worden, ist alsdann ohne Einfluß.

Berlin, den 16. Januar 1841.

Der Justiz-Minister
Mühler.

An
den Königlichen Landgerichts-Präsidenten, Herrn Geheimen Justizrath Heintzmann und den Königlichen Ober-Prokurator Herrn Grundschöttel
Hochwohlgeboren
zu Köln.

I. 35. Rhein. Gen. 62. Vol. 5.

164.

Verfügung vom 19. Januar 1841, — betreffend die Befugniß des General-Prokurators, den vor Emanation der Instruktion vom 10. Juni 1833 angestellten Gerichtsvollziehern auf ihr Ansuchen das Dimissoriale zu ertheilen.

Ew. Hochwohlgeboren werden auf den Bericht vom. 5. d. M. autorisirt, sowohl dem Gerichtsvollzieher N., als den sonstigen vor der Instruktion vom 10. Juni 1833 angestellten Gerichtsvollziehern, auf deren Ansuchen das Dimissoriale zu ertheilen.

Berlin, den 19. Januar 1841.

An den Königlichen General-Prokurator Herrn Berghaus Hochwohlgeboren zu Köln.

Das Justiz-Ministerium.
Ruppenthal.

I. 489. Rh. Off. Sachen 27. Vol. 4.

165.

Allerhöchste Kabinets-Ordre vom 28. Dezember 1840, — betreffend die Befreiung des Arbeitsverdienstes der Sträflinge und Gefangenen von der Beschlagnahme im Wege des Arrestes oder der Exekution.

Ich bestimme nach dem Antrage des Staats-Ministeriums v. 22. Oktober d. J., daß derjenige Antheil am Arbeitsverdienst, welcher in den Straf- und Gefängniß-Anstalten grundsätzlich den Sträflingen und Gefangenen während der Dauer ihrer Strafzeit oder Haft zufließt, niemals für deren Gläubiger ein Gegenstand des Arrestschlages oder der Beschlagnahme im Wege der Exekution sein soll.

Berlin den 28. Dezember 1840.

An das Staats-Ministerium.

Friedrich Wilhelm.

Vorstehende Allerhöchste Ordre wird hierdurch den sämmtlichen Gerichtsbehörden zur Nachachtung bekannt gemacht.

Berlin, den 28. Januar 1841.

An sämmtliche Gerichtsbehörden.

Der Justiz-Minister Mühler.

I. 340. Krim. 109.

166.

Verfügung vom 29. Januar 1841, — betreffend die Verpflichtung der Notare, die Gesetz-Sammlung bei der nächsten Postanstalt zu beziehen.

Ew. Hochwohlgeboren erhalten das Schreiben des Herrn Geheimen Staats-Ministers und General-Postmeisters von Nagler vom 23. d. M. in Abschrift mit dem Auftrage, den Notar N. über seine Verpflichtung zur Haltung der Gesetz-Sammlung nach der Verordnung vom 9. Juni 1819 zu belehren. Da die Versendung der Gesetz-Sammlung nach §§. 7 und 8 der Verordnung vom 27. Oktober 1810 durch die Postämter geschieht, und dem Königlichen General-Postamte die Kontrole darüber zusteht, daß die Gesetz-Sammlung von den dazu verpflichteten Personen gehalten werde, so erfordert eine ordnungsmäßige Geschäftsführung, daß jeder Beamte, welcher zur Haltung der Gesetz-Sammlung verpflichtet ist, dieselbe durch die Postanstalt seines Wohnorts, oder, falls daselbst keine Postanstalt sich befindet, durch die zunächst gelegene Postanstalt beziehe.

Berlin, den 29. Januar 1841.

An den Königlichen Ober-Prokurator Herrn Wingender Hochwohlgeboren zu Elberfeld.

Der Justiz-Minister Mühler.

I. 439. G. 4. Vol. 3.

167.

Verfügung vom 26. Februar 1841, — betreffend die Gebühren der rheinischen Gerichtsschreiber und Gerichtsvollzieher in Untersuchungen wegen einfachen Holzdiebstahls und Entwendungen von Waldprodukten.

(Gesetz vom 7. Juni 1821, Gesetz-Samml. S. 89; Allerhöchster Kab. Befehl v. 10. Dezember 1840, Gesetz-Samml. von 1841 S. 14.)

Da des Königs Majestät durch den Allerhöchsten Befehl

vom 10. Dezember v. J. den Gerichtsschreibern und Gerichtsvollziehern der Rheinprovinz in den nach dem Holzdiebstahlsgesetze vom 7. Juni 1821 zu behandelnden Untersuchungssachen Gebühren zu bewilligen geruhet haben, so können die durch die Verfügungen vom 9. Dezember 1835, 12. April 1837 und durch die, der Verfügung vom 14. dess. Mts. beigefügten Formulare B, C, E, F vorgeschriebenen, später durch die Verfügung vom 21. Mai 1838 modifizirten Atteste, insoweit sie enthalten:

„daß in den betreffenden Kriminalkosten-Liquidationen keine „Gebühren in einfachen Holzdiebstahlssachen enthalten seien,"

selbstredend nicht mehr ertheilt werden. In Uebereinstimmung mit der Königlichen Ober-Rechnungs-Kammer werden Ew. Hochwohlgeboren daher veranlaßt, wegen Weglassung obiger Atteste das Erforderliche anzuordnen; so wie denn auch die Königliche Ober-Rechnungs-Kammer dieserhalb das Nöthige an die Regierungen der Rheinprovinz erlassen wird.

Berlin, den 26. Februar 1841.

An
den Königlichen General-Prokurator
Herrn Berghaus
Hochwohlgeboren
zu Köln.

Der Justiz-Minister
Mühler.

I. 1494. Rh. Krim. 7. Vol. 5.

168.

Verfügung vom 10. März 1841, — die Verpflichtung der Handelsgerichte zur Anschaffung der Gesetz-Sammlung und des Justiz-Ministerial-Blatts aus den Büreau-Fonds betreffend.

Ew. Hochwohlgeboren wird auf den Bericht vom 27. v. M. eröffnet, daß der Büreau-Fond des dortigen Königlichen Handelsgerichts dazu mitbestimmt ist, die dem Gerichte obliegende Anschaffung der Gesetz-Sammlung und des Justiz-Ministerial-Blatts zu bestreiten. Sie haben daher daraus die unstatthafter Weise bisher unterlassene Anschaffung derselben bewirken zu lassen, auch darauf zu wachen, daß diese Anschaffung alljährlich regelmäßig erfolgt.

Berlin, den 10. März 1841.

An
den Königlichen Handelsgerichts-Präsidenten Herrn N.
Hochwohlgeboren
zu N.

Das Justiz-Ministerium.
Ruppenthal.

I. 2029. Rh. Gen. R. 9. Vol. 2.

169.

Verfügung vom 11. März 1841, — die richterliche Festsetzung der von den Anwälten in den summarischen Sachen eingereichten Kostenrechnungen betreffend.

In der von Ew. Hochwohlgeboren, dem Herrn Ersten Präsidenten, eingereichten Konduitenliste pro $18\frac{39}{40}$ ist von einem der Landgerichts-Präsidenten beiläufig vorgetragen worden, daß in summarischen Sachen die von den Anwälten eingereichten Kostenrechnungen richterlich gar nicht festgesetzt würden. — Worauf diese Ansicht und dieses Verfahren beruht, ist nicht angegeben, gewiß aber, daß beide offenbar gesetzwidrig sind. Das die Liquidation der Kosten betreffende Dekret vom 16. Februar 1807 Num. 2241 sagt im Art. 1:

„La liquidation des dépens en matière sommaire sera faite par les arrêts & les jugements qui les auront adjugés; à cet effet, l'avoué qui aura obtenu la condamnation remettra dans le jour au greffier tenant la plume à l'audience l'état des dépens adjugés & la liquidation en sera insérée dans le dispositif de l'arrêt ou jugement."

Die Ausdrücke „liquidation" und „liquider" heißen, wie auch die Art. 2, 4 und 6 desselben Dekrets ganz unzweideutig ergeben, „Festsetzung" und „festsetzen", und der Artikel 1 sagt also, daß die Festsetzung der Kosten in summarischen Sachen gleich in den Urtheilen selbst geschehen müsse, und daß der obsiegende Anwalt daher noch an demselben Sitzungstage dem Gerichtsschreiber sein Kostenverzeichniß übergeben und die Festsetzung dieses Verzeichnisses in das Dispositiv des Urtheils aufgenommen werden solle. Da nun das Urtheil, insbesondere das Dispositiv desselben, nicht vom Gerichtsschreiber zu machen ist, so kann auch die nach dem Gesetze nothwendige Festsetzung der Kosten nicht vom Gerichtsschreiber, sondern nur richterlich geschehen; wie dies auch der im Art 67 des Tarifs vom 16. Februar 1807 enthaltene, gerade die summarischen Sachen betreffende Satz ergiebt:

„Si la valeur de l'objet de la contestation est indéterminée le juge allouera l'une des sommes ci dessus indiquées."

Ew. Hochwohlgeboren wollen hiervon die Landgerichts-Präsidenten und Ober-Prokuratoren zur Nachricht und Achtung in

Kenntniß setzen und die gesetzmäßige Ausführung des Art. 1 des angeführten Dekrets von 1807 überwachen.

Berlin, den 11. März 1841.

An
den Ersten Präsidenten des Königlichen Appellationsgerichtshofes Herrn Schwarz und den Königlichen General-Prokurator Herrn Berghaus Hochwohlgeboren zu Köln.

Das Justiz-Ministerium.
Ruppenthal.

I. 1512. Rh. Gen. 156.

170.

Verfügung vom 13. März 1841, — den unerlaubten Handel mit Steinkohlen im Kreise St. Wendel betreffend.

Durch die Vereinigung des ehemaligen Fürstenthums Lichtenberg, jetzigen Kreises St. Wendel, mit der Krone Preußen hat sich die Nothwendigkeit herausgestellt, die Allerhöchste Kabinets-Ordre vom 14. Juli 1835, den unerlaubten Handel mit Steinkohlen betreffend, welche den ehemals Saarbrückschen Unterthanen aus den landesherrlichen Gruben zum Selbstverbrauch gegen Erstattung der bloßen Förderungskosten abgegeben werden, auch auf den Kreis St. Wendel auszudehnen, da auch in diesem sich mehrere Gemeinden befinden, welche, vor der Revolution zum Fürstenthum Nassau-Saarbrücken gehörig, an der fraglichen Begünstigung partizipiren.

Ew. Hochwohlgeboren erhalten anliegend die deshalb erlassene Allerhöchste Kabinets-Ordre vom 6. d. M. in beglaubter Abschrift, mit der Aufforderung, die Vollstreckung derselben zu überwachen und die betreffenden Gerichte darnach anzuweisen.

Berlin, den 13. März 1841.

An
den Königlichen General-Prokurator Herrn Berghaus Hochwohlgeboren zu Köln.

Das Justiz-Ministerium.
Ruppenthal.

I. 1236. Rhein. Gen. 119. Vol. 2.

Beilage.

Da auch im Kreise St. Wendel Gemeinen vorhanden sind, welche, als ehemals zum Fürstenthum Nassau-Saarbrücken gehörig, an der Vergünstigung Theil nehmen, Steinkohlen zum eigenen Verbrauch aus den landesherrlichen Gruben gegen Erstattung der Förderungskosten zu beziehen; so will Ich nach Ihrem Antrage vom 25. Januar d. J., Behufs der Verhütung des unerlaubten Handels mit solchen Steinkohlen, die Verordnung vom 14. Juli 1835 auch auf den Kreis St. Wendel für anwendbar und gültig erklären.

Berlin, den 6. März 1841.

An die Staats-Minister Mühler und Graf von Alvensleben.

Friedrich Wilhelm.

171.

Verfügungen vom 12. Dezember 1840 und 17. März 1841, — betreffend die Unzulässigkeit des Rechtsweges gegen die Beitreibung von direkten Steuern auf den vom Schuldner gemachten Einwand der Zahlung — und die Zulässigkeit des Rechtsweges gegen die Beitreibung von indirekten Steuern, auf den vom Schuldner erhobenen Einwand der Verjährung.

(§§. 5 u. 79 Tit. 14 Thl. II. A. L. R. — Dekr. v. 23. April 1807, Merlin Repertoire Vto Contrainte — §§. 2 Num. 1, 8—10, 16 u. 17 Ressort-Reglement v. 20. Juli 1818.)

Ew. Hochwohlgeboren erhalten die Anlage Ihres Berichts vom 14. Oktober d. J., betreffend den von der dortigen Königlichen Regierung zur Oppositionssache des B. wider die Kommunalkasse zu N. erhobenen Kompetenzkonflikt, mit dem Eröffnen zurück, daß dieser Konflikt, in Uebereinstimmung mit dem Wirklichen Geheimen Staats-Minister und Minister des Innern und der Polizei Herrn von Rochow Excellenz, für begründet erachtet worden ist.

Es handelt sich im vorliegenden Falle von der Beitreibung steuermäßig ausgeschriebener Gemeindeauflagen, gegen welche der B. gerichtliche Opposition, der Gemeindekasse gegenüber, unter dem Vorwande eingelegt hat, daß er sie bereits bezahlt habe.

Grundsatz des Rheinischen Rechts ist es, daß gegen die Beitreibung von direkten Steuern und steuermäßig ausgeschriebenen Beiträgen der Rechtsweg nur in Ansehung der Form des Exekutionsverfahrens stattfindet, dagegen rücksichtlich der Frage, ob etwas verschuldet werde, ausgeschlossen ist (Dekret vom 23. April 1807, Merlin Repertoire Vto Contrainte). Der Einwand der Zahlung gehört mithin auch zur Kognition der Verwaltung. Dieser Grundsatz ist, wie die §§. 8—10 des Ressort-Reglements vom 20. Juli 1818 ergeben, beibehalten worden; und daß man auch den Einwand der Zahlung hier von dem Rechtswege hat ausschließen wollen, geht aus §. 2 Num. 1 a. a. O. hervor, wonach die Regierungen zwischen Steuerpflichtigen und Steuereinnehmern zu entscheiden haben, wenn über ihre gegenseitigen Berechnungen Zweifel entstehen.

Ein Gleiches folgt aus Buchst. b Absatz 2 Num. XII. D der Allerhöchsten Kabinets-Order vom 31. Dezember 1825, worin ausgesprochen ist, daß in solchen Fällen die Verwaltungsbehörden das Recht und die Liquidität des beizutreibenden Objektes allein zu beurtheilen vermögen.

Ew. Hochwohlgeboren werden aus diesen Gründen beauftragt, die definitive Sistirung des Rechtsverfahrens zu veranlassen.

Berlin, den 12. Dezember 1840.

An den Königlichen Ober-Prokurator Herrn Deuster Hochwohlgeboren zu Trier.

Der Justiz-Minister Mühler.

I. 6246.

Ew. Hochwohlgeboren wird auf den Bericht vom 20. November v. J., die Opposition des N. bei dem Landgerichte daselbst gegen die Einziehung eines von ihm erforderten Erbschaftsstempels betreffend, in Uebereinstimmung mit dem Herrn Finanz-Minister, eröffnet, daß zwar derjenige Oppositionsgrund des N., welcher in seine Nichterbenqualität gesetzt wird, zur gerichtlichen Erörterung nicht geeignet ist, wohl aber, vorbehaltlich des Rechts der Verwaltung, einstweilen die Exekution fortzusetzen, der Einwand der Verjährung.

Denn nur in Ansehung der direkten Steuern und auf den Steuerfuß ausgeschriebenen Beiträge schließt mit den französischen Gesetzen auch das Ressort-Reglement vom 20. Juli 1818 §§. 8. ff. den Rechtsweg unbedingt aus, so daß auch die Einwendungen der Zahlung, Verjährung 2c. in diesem nicht erörtert werden können. Anders verhält es sich dagegen mit den indirekten Steuern, rücksichtlich deren im Allgemeinen eine solche Vorschrift nicht besteht, auf welche daher der §. 15 des Ressort-Reglements und die darin allegirten Bestimmungen der Verordnung vom 26. Dezember 1808 Anwendung finden. Nach diesen findet zwar der Rechtsweg über die Verbindlichkeit zur Entrichtung allgemeiner Abgaben in der Regel nicht statt; wohl aber, und zwar dem §. 79 Tit. 14 Thl. II. des Allg. Landrechts gemäß, dann, wenn Jemand aus einem besonderen Titel seine Befreiung von der Abgabe behauptet. Unter diese Spezialtitel gehört nach dem im §. 79 angezogenen §. 5 das. auch die Verjährung; und wenn gleich zunächst hierbei nur von Verjährung der Abgabenpflicht im Allgemeinen die Rede ist, so muß doch wegen Gleichheit des Verhältnisses, rücksichtlich der Verjährung einer einzelnen Leistung derselbe Grundsatz gelten. Die Allerhöchste Kabinets-Order vom 18. November 1828, indem sie nur das allgemeine Prinzip aufrecht erhält, hat, da sie ein anderes nicht ausdrücklich bestimmt, die Vorschrift des erwähnten §. 79 nicht aufgehoben. Hiernach ist also im vorliegenden Falle der in der Oppositionsladung vom 27. Juli v. J. formirte erste Antrag,

die Zahlungs-Aufforderung vom 24. Juli v. J. zu vernichten,

nicht zur gerichtlichen Erörterung geeignet, und daher insoweit der Konflikt gegründet: theils weil dieser Antrag sich an die zum Rechtswege nicht gehörige Behauptung anschließt, daß der Opponent nicht schuldig sei, die Erbschafts-Stempelsteuer zu bezahlen, theils weil auch nach §§. 16 und 17 des Ressort-Reglements die wegen Abgaben verfügte Exekution nicht durch gerichtliche Klage gehemmt werden darf. Ew. Hochwohlgeboren haben demgemäß wegen definitiver Sistirung des Rechtsverfahrens in dieser Beziehung das Erforderliche zu veranlassen.

Dagegen ist aber der Antrag,

die Stempelgebühr-Forderung für verjährt zu erklären und den Steuerfiskus zu den Kosten zu verurtheilen,

zum Rechtswege geeignet, und daher insoweit der Konflikt nicht gegründet.

Der Herr Finanz-Minister hat demgemäß den Provinzial-Steuer-Direktor zu Köln beschieden und ihm aufgegeben, hinsichtlich des von dem N. gemachten Einwandes der Verjährung den Kompetenzkonflikt fallen zu lassen; sodann aber sowohl diesen Einwand, als den der Richterbenqualität gehörig zu prüfen, und wenn er auch den Einwand der Verjährung für rechtlich unbegründet halten sollte, zwar die Einziehung der Stempelabgabe zu verfügen, sich aber auf den Prozeß über diesen Einwand einzulassen.

Von dieser, auf Uebereinstimmung des Justiz- und Finanz-Ministers beruhenden Entscheidung sind die Parteien in Kenntniß zu setzen.

Berlin, den 17. März 1841.

An
den Königlichen Ober-Prokurator
Herrn Deuster
Hochwohlgeboren
zu Trier.

Der Justiz-Minister
Mühler.

V. 858. Rhein. Gen. 74. Vol. 2.

172.

Verfügung vom 7. April 1841, — die Berechnung der den Gerichtsvollziehern gebührenden Reisekosten betreffend.

Es ist allerdings, wie Ew. Hochwohlgeboren in dem Berichte vom 26. v. M., betreffend die Berechnung der den Gerichtsvollziehern gebührenden Reisekosten, aufstellen, gegründet, daß bei der Redaktion der Num. 9 und bei den Bezugnahmen der Num. 73 des Civiltarifs und Num. 17 des Tarifs in Untersuchungssachen für Gerichtsvollzieher vom $\frac{9}{10}$ Juni 1833 der regelmäßige Fall ins Auge gefaßt ist, daß nämlich die Gerichtsvollzieher an einem Friedensgerichtssitze ihren Wohnort haben. Keinesweges wurde beabsichtigt, auch in Ansehung der nicht Friedensgerichtssitze wohnenden Gerichtsvollzieher zu bestimmen, daß sie, wo ihnen Reisegebühren zukommen, dieselben nach Maaßgabe der Entfernung des Orts, wo sie instrumentiren, von dem Friedensgerichtssitze zu berechnen hätten. Diese Gerichtsvollzieher haben vielmehr, wie dies auch die frühere Gesetzgebung mit sich gebracht, bei Berechnung ihrer Reisegebühren die Entfernung zwischen ihrem wirklichen Amtssitze und dem Orte der Zustellung zum Grunde zu legen.

Ew. Hochwohlgeboren haben hiervon die Ober-Prokuratoren in Kenntniß zu setzen, und dieselben anzuweisen, demgemäß die Gerichtsvollzieher, die es angeht, und insbesondere auch diejenigen seiner Zeit zu belehren, denen künftig ein anderer als ein Friedensgerichtssitz zum Wohnorte angewiesen wird.

Wegen Anfertigung der in Bezug auf die in Rede stehenden Gerichtsvollzieher erforderlichen Distanz-Tabellen sind die betreffenden Administrativ-Behörden zu requiriren.

Berlin, den 7. April 1841.

An den Königlichen General-Prokurator Herrn Berghaus Hochwohlgeboren zu Köln.

Das Justiz-Ministerium. Ruppenthal.

I. 1656. Rh. Off. Sachen 27. Vol. 4.

173.

Regulativ vom 7. April 1841, — über das Ausweichen der Dampfschiffe auf der Mosel.

(Regul. vom 18. Februar 1836 und Reskript vom 28. Oktober 1836, Jahrb. Bd. 47 S. 423 u. Bd. 48 S. 568.)

Wir Friedrich Wilhelm, von Gottes Gnaden König von Preußen rc.

Bei Einführung der Dampfschiffahrt auf der Mosel haben Wir für nöthig erachtet, anstatt des bisher bestandenen Regulativs vom 18. Februar 1836, über das Ausweichen der Schiffe auf diesem Flusse nachstehende Bestimmungen zu erlassen.

§. 1.

Wenn zwei Dampfschiffe sich begegnen, so soll das stromaufwärts fahrende Dampfschiff überall, so weit es das Fahrwasser zuläßt, das linke Moselufer, das stromabwärts fahrende Dampfschiff aber, so viel es thunlich, das rechte Moselufer halten.

§. 2.

Wenn ein Dampfschiff stromaufwärts einem andern ebenfalls stromaufwärts fahrenden Dampfschiffe vorbeifahren will, so soll das Dampfschiff, welches vorbeizufahren gedenkt, durch Aufhissen einer blauen Flagge bis halben Mast und durch fünf Schläge auf die Glocke dem vorfahrenden Dampfschiffe ein Zeichen geben, worauf dies letztere Schiff auf derjenigen Seite, wo es sich befindet, sich dem Lande so viel nähert, als es das Fahrwasser zuläßt. Das vorbeifahrende Schiff hingegen nimmt die entgegengesetzte Wasserseite in möglichster Entfernung vom andern Schiffe.

Befindet sich aber das vorfahrende Schiff in der Mitte des Stromes, dann weicht dieses so viel als möglich nach dem linken Ufer, Steuerbordseite, aus, und das vorbeifahrende Schiff richtet seinen Lauf nach dem rechten Ufer, Backbordseite, ebenfalls so viel als möglich ist.

§. 3.

Wenn ein Dampfschiff stromabwärts einem ebenfalls stromabwärts fahrenden Dampfschiffe vorbeifahren will, so soll es die nämlichen, im vorstehenden Paragraph vorgeschriebenen Zeichen geben, worauf das vorfahrende Schiff, so viel es das Fahrwasser zuläßt, das rechte Ufer halten muß, um das vorbei wollende Dampfschiff zwischen sich und dem linken Ufer vorbeizulassen.

§. 4.

Beide, in den §§. 2 und 3 vorgesehene Fälle können dann nur stattfinden, wenn das vorbei wollende Schiff unbezweifelt schneller, als das vorfahrende Schiff fährt, und schneller fahren will.

§. 5.

Alle stromaufwärts fahrende Dampfschiffe müssen den ebenfalls stromaufwärts fahrenden Segelschiffen an der entgegengesetzten Seite der Leinpfade vorbeifahren. Wenn diese Vorbeifahrt an einer Stelle geschehen soll, wo das Fahrwasser so enge ist, daß, um die Vorbeifahrt zu bewerkstelligen, das Segelschiff ausweichen muß; so soll das Dampfschiff seine Absicht, vorbei zu fahren, dadurch zu erkennnen geben, daß es eine blaue Flagge bis halben Mast aufzieht und fünf Schläge auf die Glocke giebt. Auf dieses Zeichen soll das Segelschiff so viel auf die Leinpfadseite beilegen, als das Fahrwasser es zuläßt; das Dampfschiff aber soll, so viel als möglich, an der entgegengesetzten Seite vorbeifahren.

§. 6.

Wenn die stromabwärts fahrenden Segelschiffe ohne Gebrauch der Segel sich der Strömung überlassen und das Thalfahrwasser inne halten, und es dann an den erforderlichen Mitteln fehlt, gehörig ausweichen zu können; so soll es den Dampfschiffen sowohl bei ihrer Thalfahrt, als bei ihrer Bergfahrt, überlassen sein, diejenige Uferseite zu wählen, welche sie am geeignetsten erachten, um an den zu Thal fahrenden Segelschiffen vorbei zu fahren; mit Ausnahme jedoch der Stellen, für welche unten besondere Bestimmungen erlassen sind.

§. 7.

Wenn aber ein Segelschiff mit angeschlagenen Segeln zu Thal fährt, so soll es den zu Berg fahrenden Dampfschiffen überall nach dem rechten Ufer hin ausweichen, und zwar so viel, als es das Fahrwasser zuläßt. Muß aber das Dampfschiff das rechte Ufer inne halten, so soll es durch Aufziehen der blauen Flagge auf halben Mast und durch fünf Schläge an die Glocke dem Segelschiffe ein Zeichen geben, worauf dieses gehalten ist, so nahe als möglich dem linken Ufer zuzufahren.

§. 8.

Wenn die zu Thal fahrenden Dampfschiffe zu Berg fahrenden Segelschiffen begegnen, sollen die Dampfschiffe immer so viel, als das Fahrwasser zuläßt, die entgegengesetzte Seite der Leinpfadsufer halten; die Segelschiffe dagegen sollen, wo es nöthig ist, so viel als möglich auf dem Leinpfadsufer beilegen.

§. 9.

Wenn zwei Schiffe zugleich einer Stelle sich nähern, wo wegen der Lage des Flußbettes, oder wegen seichten Wassers, beide nicht neben einander fahren können; so sind die hierunter folgenden Bestimmungen zu beobachten:

a) wenn zwei Dampfschiffe oder zwei Segelschiffe einander begegnen, so muß, wenn eins dieser Schiffe sich schon in der engen Fahrstelle befindet, das andere so lange anhalten und warten, bis das erstere diese Stelle verlassen hat; wenn sich aber die Schiffsführer ansichtig werden, ehe eins der beiden Schiffe sich innerhalb der engen Fahrstelle befindet, so muß das zu Berg gehende so lange anhalten und warten, bis das entgegenkommende aus dieser Stelle gelangt ist;

b) wenn bei der Fahrt zu Berg ein Segelschiff an einer der engen Stellen ankommt und ein zu Thal oder Berg fahrendes Dampfschiff gewahrt, bevor es in diese enge Stelle eingefahren ist; so soll das Bergschiff an der Leinpfadseite so lange beilegen, bis das Dampfschiff an ihm vorbei passirt ist. Zu diesem Ende soll das Dampfschiff die in §. 3 vorgeschriebenen Zeichen geben. Wenn aber das Segelschiff, bevor es das Dampfschiff gewahren kann, wirklich schon im Begriffe ist, in eine der genannten Stellen einzufahren; so soll das Dampfschiff bei der Bergfahrt so lange stopfen, bei der Thalfahrt aber so lange aufschlagen, bis das Segelschiff die Stelle passirt hat;

c) bei der Bergfahrt sowohl, als bei der Thalfahrt, müssen die Dampfschiffe an allen diesen Stellen so lange stopfen oder aufschlagen, bis ein zu Thal fahrendes Segelschiff, welches ihnen hier begegnet oder vorfährt, die enge Stelle passirt hat, weil es dem Segelschiffe bei der Thalfahrt an Mitteln gebricht, dem Dampfschiffe auszuweichen;

d) wenn aber ein zu Berg fahrendes Dampfschiff schon wirklich im Begriffe ist, eine dieser Stellen zu passiren, und mithin das zu Thal kommende Segelschiff noch weit genug oberhalb derselben sich befindet, um ohne Gefahr halten zu können; so muß letzteres sofort aufschlagen und so lange vor Anker gehen, bis das Dampfschiff passirt sein wird.

Die Regierungen zu Koblenz und Trier haben mittelst Bekanntmachung durch die Amtsblätter unverzüglich diejenigen Stromstellen und Wasserstände der Mosel namhaft zu machen, für welche diese Bestimmungen in Wirksamkeit treten sollen. In gleicher Art haben dieselben alljährlich vor der Eröffnung der Schiffahrt etwaige Ergänzungen und Abänderungen des ersten Verzeichnisses zur allgemeinen Kenntniß zu bringen.

§. 10.

An allen, nach dem vorigen Paragraph zu bezeichnenden Stellen sollen überdies die gleichzeitig zu Thal oder zu Berg fahrenden Schiffe wenigstens in einer Entfernung von 100 Ruthen hinter einander fahren, damit bei etwa entstehenden Unglücksfällen an dem vorfahrenden Schiffe, sei es durch Auffahren, durch Zerreissen der Zugleinen, durch Brechen von Maschinentheilen und dergleichen, wodurch dasselbe in seiner Fahrt plötzlich gehindert wird, oder ins Rückwärtstreiben geräth, das nachfolgende Schiff noch Zeit habe, seinen Kours zu ändern, um das Zusammenstoßen beider Schiffe zu vermeiden.

§. 11.

Die Dampfschiffe geben an denjenigen Orten ihrer Vorüberfahrt resp. ihrer Ankunft, wo sie an die Landebrücke anzulegen, oder im Strome anzuhalten gedenken, oder es zu thun bereit sind, ihre Annäherung durch Läuten mit der Schiffsglocke zu erkennen. Ohne ein solches Zeichen giebt das Dampfschiff zu verstehen, daß es gesonnen ist, sich nicht aufzuhalten.

§. 12.

An den Orten, wo für die Dampfschiffe eigens angestellte Kahnführer sind, wird vom aukommenden Dampfschiffe sehr zeitig und sobald es des Ortes ansichtig wird, die Signalflagge aufgehißt, wenn es im Falle ist, dort Personen oder Güter an den Kahnführer zu überliefern.

Dies gilt als Aufforderung an den Kahnführer, sich an das Dampfschiff zu begeben.

Eben so müssen die Kahnführer, welche Personen oder Güter an das Dampfschiff zu bringen haben, dieses sehr zeitig und so bald sie des Dampfschiffs ansichtig werden, durch das Aufstecken der Signalflagge, die ihnen bei ihrer Anstellung und für die Dauer ihrer Bedienstung von der betreffenden Dampfschiffs-Direktion zugestellt wird, zu erkennen geben. Ist das Dampfschiff willens, den Kahn an sich herankommen zu lassen, dann stellt es seine Räder stille und läßt den Dampf abblasen. Nicht eher, als bis die Räder stille gestellt und der Dampf abbläst, darf der Kahn sich dem Schiffe nähern, und nicht eher, als bis der Kahn wieder zehn Schritte weit seitwärts vom Schiffe entfernt ist, dürfen die Räder wieder in Bewegung gesetzt und der Dampf wieder eingesperrt werden. Jeder dieser Kähne muß von wenigstens zwei schiffskundigen und starken Männern geführt und mit allen Vorrichtungen zu diesem Dienste wohl versehen sein. Die darin geführt werdenden Personen müssen alle sitzend sein. Die Dampfschiffs-Direktionen dürfen keine Kähne und Kahnführer in ihren Dienst nehmen oder darin behalten, insofern ihnen kein Attest von der Ortsobrigkeit zugestellt ist, woraus hervorgeht, erstlich: daß der Kahn für den Dienst vollkommen tauglich und mit allen Vorrichtungen vollständig versehen ist, und zweitens: daß die Kahnführer schiffskundige, kräftige und nüchterne Leute sind. Dieses Attest muß alljährlich aufs neue beigebracht werden.

§. 13.

Jedes Schiff, welches beim Dunkel fährt, sei es ein Dampfschiff oder Segelschiff, soll von Sonnenuntergang bis Sonnenaufgang bei der Bergfahrt mit zwei hellbrennenden Laternen seitwärts am Maste und über einander versehen sein, bei der Thalfahrt aber noch eine dritte hellbrennende Laterne unterm Bugspriet führen.

§. 14.

Jedes Schiff, welches bei Nacht auf dem Strome an irgend einer Stelle vom Ufer entfernt, oder wo gewöhnlich keine Schiffe am Ufer zu halten pflegen, oder in der Nähe der Brükken, wo die Dampfschiffe anfahren, vor Anker liegt, soll, ohne Ausnahme, ob es ein Segelschiff oder Dampfschiff ist, mit einer hellbrennenden Laterne am Mast, oder, in Ermangelung eines Mastes, auf einer sichtbaren Stelle des Verdecks, versehen sein. Flosse müssen, wo sie bei Nacht halten, auf jeder der beiden Ecken, welche vom Ufer abgekehrt sind, eine hellbrennende Laterne unterhalten.

§. 15.

Jedes Dampfschiff, welches bei Nebel auf dem Strome an irgend einer Stelle vor Anker liegt, soll von fünf Minuten zu fünf Minuten Zeichen durch sieben Schläge auf die Glocke geben.

§. 16.

Wenn einem Dampfschiffe in der Fahrt kleine Fahrzeuge bis zu zehn Lasten Ladungsfähigkeit begegnen, die entweder zu Thal, oder zu Berg, oder von einem Ufer zum andern fahren; so soll das zu Thal fahrende Dampfschiff in der Nähe derselben nur mit halber Maschinenkraft fahren und sich so weit entfernt halten, als es örtlich zuläßig ist, damit möglichst Unglücksfällen, welche auch durch Wellenschlag veranlaßt werden können, vorgebeugt werde.

Sollte indessen aus irgend einer Ursache das Dampfschiff dem kleinen Fahrzeuge so nahe gekommen sein, daß der Wellenschlag bei Ausübung halber Maschinenkraft für dasselbe gefährlich werden könnte; so soll das Dampfschiff die Räder so lange stille halten, bis das andere Fahrzeug sich weit genug davon entfernt haben wird; wenn solches thunlich ist, ohne das Dampfschiff selbst in Gefahr zu bringen.

§. 17.

In Betreff der zulässigen Belastung der Schiffe und der erforderlichen Bordhöhe behält es sein Bewenden bei der Bekanntmachung Unsers Finanz-Ministers vom 12. Juni 1838, und sind Kontraventionen gegen die Feststellung der nöthigen Bordhöhe mit einer Geldbuße von 5 bis 80 Thalern, oder verhältnißmäßiger Gefängnißstrafe für den Fall des Unvermögens, zu bestrafen.

§. 18.

Wenn ein Dampfschiff zu Berg oder zu Thal aukommt, sollen

a) die fliegenden Ponten bei Bernkastel, Trarbach und Burgen auf das rechte Moselufer,

b) die fliegenden Ponten zu Lösenig, Kinheim und Winningen auf das linke Ufer

ausweichen. Zu dem Ende sollen die Dampfschiffe bei allen vorgedachten Ueberfahrtsplätzen sieben Schläge auf die Glocke geben.

Bei Nacht sollen alle unter a vorgenannte Ponten an dem rechten Moselufer, die unter b genannten aber an dem linken Moselufer halten; und sollen sie eine hellbrennende Laterne am Maste haben, wenn besondere Umstände eine Abweichung von dieser Bestimmung nöthig machen möchten.

§. 19.

Der Führer eines Segelschiffes, welches schneller stromaufwärts fährt, als das ihm vorangehende, hat das Recht, von dem Führer des letztern, wenn er es erreicht hat, zu verlangen, daß dieser auf ein gegebenes Zeichen das Nöthige veranstaltet, damit das schneller fahrende Schiff neben ihm vorbei gezogen werden könne, namentlich die Leinen fallen lasse und die vom Ufer entferntere Bahn suche.

Der Führer des schnellern Schiffes darf jedoch dieses Recht nicht an solchen Stellen in Ausübung bringen, wo das Flußbett, in welchem sich das langsamer fahrende Schiff befindet, zu enge, oder die Trift zu stark ist, und das Ausweichen weder ohne Gefahr, noch ohne einen bedeutenden Zeitverlust bewerkstelligt werden kann. In diesem Falle hat der vorfahrende Schiffer sich zu beeilen, die enge Stelle zu passiren und das stille Wasser zu gewinnen.

§. 20.

Wenn stromabwärts fahrende Schiffe in die Lage kommen, sich ausweichen zu müssen, weil das eine schneller geht, als das andere; so ist der Führer des langsamer fahrenden Schiffes verbunden, Platz zu machen; es sei denn, daß das Flußbett zu enge, oder sonst eine Gefahr zu besorgen ist, welchen Falls der Führer des geschwinder gehenden Schiffes gehalten ist, dessen Lauf aufzuhalten und die Gelegenheit zum gefahrlosen Vorbeifahren abzuwarten.

§. 21.

Für die Krümmung bei Seuhals wird besonders festgesetzt, daß, bevor ein Bergschiffer in dieselbe einfährt, er einen zuverlässigen Boten zeitig voranschicken muß, welcher eine rothe Flagge am Ufer oberhalb der Krümmung aufstellen soll, um das jenseits der Krümmung etwa ankommende Thalschiff zu benachrichtigen. Dieses ist gehalten, sogleich und so lange am Ufer anzuhalten, bis das zu Berg fahrende Schiff vorüber und das Signal wieder entfernt ist.

§. 22.

Was vorstehend für fahrende Schiffe angeordnet worden, gilt auch für stillliegende, dergestalt, daß es keinem Schiffe gestattet ist, im Schiffswege so, daß die Vorüberfahrenden dadurch behindert werden können, zu halten. Ausgenommen sind Schiffe, welche im Begriff sind, Ladung einzunehmen oder zu löschen. Diese müssen aber, je nachdem es die Umstände erfordern, entweder den Mast zeitig niederlegen, oder vom Ufer weit genug abstehen, oder solche Anstalten treffen, daß die Leinen des Bergschiffes ohne Schwierigkeiten fortgezogen werden können.

§. 23.

Kleinere Fahrzeuge, Fischer- und Fährnachen, in deren Nähe der Schiffweg vorbeiführt, müssen am Ufer so befestigt sein, daß sie stromrecht liegen. Auch müssen die Eigenthümer Abweiser setzen, damit die Leinen der Bergschiffe nicht hängen bleiben Ueberhaupt liegt es dem Eigenthümer festliegender Schiffe ob, Vorkehrungen zu treffen, und sich vor Beschädigungen durch die Leinen der aufwärts fahrenden Schiffe sicher zu stellen; indem dafür der Schiffer bei regelmäßigem Gebrauch der Leinen nicht verantwortlich ist.

§. 24.

Derjenige Schiffer oder Besitzer eines Fahrzeuges, welcher vorstehende Vorschriften nicht befolgt, verfällt in eine Strafe von Zwei bis Funfzig Thalern, die im Wiederholungsfalle verdoppelt und gegen den schuldigen Schiffsführer bis zur Entziehung der Gewerbebefugniß verschärft werden kann. Neben diesen Strafen bleibt der Anspruch auf Schadenersatz vorbehalten.

§. 25.

Die Untersuchung und Bestrafung der Kontraventionen gegen dieses Regulativ (§§. 17 und 24) wird den Friedens- und Polizeigerichten übertragen, in deren Bezirk die Stromstrecke, woselbst die Kontravention begangen worden ist, liegt. Gehören die gegenüberliegenden Ufer zu verschiedenen Friedensgerichten, so soll die Kontravention von demjenigen dieser Friedensgerichte untersucht und abgeurtheilt werden, bei welchem die Sache zuerst anhängig gemacht werden wird. Ausgeschlossen von dieser Bestimmung bleiben jedoch die Kontraventionen, welche auf derjenigen Stromstrecke verübt werden, deren rechtes Ufer zum Kanton Boppard und deren linkes zum Kanton Münstermaifeld gehört, und soll in Ansehung dieser das Friedens- und Polizeigericht zu Münstermaifeld ausschließlich kompetent sein.

§. 26.

Das gegenwärtige Regulativ ist durch die Amtsblätter der Regierungen zu Koblenz und Trier bekannt zu machen.

Berlin, den 7. April 1841.

Friedrich Wilhelm.

Mühler. Graf von Alvensleben.

I. 1809. Rh. Gen. 150. Freiherr von Werther.

174.

Allerhöchster Kabinets-Befehl vom 16. April 1841, — über Entschädigungsansprüche der Beamten bei Wiederabnahme von Wohnungen in öffentlichen Gebäuden und anderen Emolumenten, welche denselben zu zeitweiser Benutzung überwiesen worden sind.

Ich habe wahrgenommen, daß Wohnungen in öffentlichen Gebäuden und andere Emolumente, welche bei zeitweise vorhandener Entbehrlichkeit Beamten zur Benutzung überwiesen worden sind, häufig für andere Zwecke später nicht wieder disponibel gemacht werden können, ohne Entschädigungsansprüche hervorzurufen. Solchen Ansprüchen muß für die Zukunft vorgebeugt werden. Wenn daher von jetzt an Wohnungen oder andere Emolumente, welche mit der Verwaltung eines Amtes nicht nothwendig verbunden sind, bei nachgewiesener Entbehrlichkeit, unentgeltlich oder gegen eine bestimmte Vergütung Beamten zur Benutzung überwiesen werden, so soll deren Wiederabnahme auch dann, wenn dieselbe bei der Ueberweisung nicht ausdrücklich vorbehalten worden ist, in Zukunft jederzeit zulässig sein, ohne daß deshalb von den betheiligten Beamten, außer dem Erlasse der etwa von ihnen dafür gewährten Vergütung, irgend eine Entschädigung in Anspruch genommen werden kann. Das Staats-Ministerium hat diese Bestimmung zur Kenntniß der Behörden zu bringen und darauf zu achten, daß danach verfahren wird.

Potsdam, den 16. April 1841.

An das Staats-Ministerium.

Friedrich Wilhelm.

Vorstehender Allerhöchster Befehl wird hierdurch den Königlichen Gerichtsbehörden zur Nachachtung bekannt gemacht.

Berlin, den 30. April 1841.

An die Königlichen Gerichtsbehörden.

Der Justiz-Minister
Mühler.

I. 2091. O. 116. Vol. 2.

175.

Allgemeine Verfügung vom 23. April 1841, — betreffend das Verfahren in Untersuchungssachen gegen Königliche Verwaltungsbeamte.

Es ist in Untersuchungssachen wider Königliche Verwaltungsbeamte der Fall vorgekommen, daß die vorgesetzte Dienstbehörde von der Einlegung des Rechtsmittels der weiteren Vertheidigung nicht zeitig genug in Kenntniß gesetzt worden ist. Das Interesse des Dienstes erfordert es, daß dies möglichst bald geschehe.

Sämmtliche Gerichtsbehörden werden daher angewiesen, in dergleichen Untersuchungssachen die vorgesetzte Dienstbehörde gleich nach Ablauf der gesetzlichen Frist davon zu benachrichtigen: ob der Angeschuldigte gegen das wider ihn ergangene Strafurtel ein Rechtsmittel eingelegt hat oder nicht.

Berlin, den 23. April 1841.

An sämmtliche Gerichtsbehörden.

Der Justiz-Minister
Mühler.

I. 2018. O. 34. Vol. 5.

176.

Allerhöchster Kabinets-Befehl vom 24. April 1841, — betreffend das Verfahren bei Festsetzung und Einziehung der Gebühren und Auslagen der Friedensrichter und Gerichtsschreiber.

Zur Beseitigung der in dem Bezirke des Appellationsgerichtshofes zu Köln entstandenen Zweifel über das Verfahren bei Festsetzung und Einziehung der friedensgerichtlichen Gebühren und Auslagen in Fällen, wo die Parteien deren Zahlung verweigern oder verzögern, bestimme Ich auf Ihren Bericht vom 24. März d. J. daß, auf den Antrag der Betheiligten, die Gebühren und amtlichen Auslagen der Friedensrichter und der Gerichtsschreiber von dem Präsidenten des Landgerichts, in dessen Bezirk das Friedensgericht belegen ist, durch eine mit dem Befehle der Vollstreckung versehene Verfügung festgesetzt werden sollen. Sie haben diese Bestimmung durch die Gesetz-Sammlung zur öffentlichen Kenntniß zu bringen.

Berlin, den 24 April 1841.

An den Staats- und Justiz-Minister Mühler.

Friedrich Wilhelm.

I. 3012. Rh. Gen. 69. Vol. 2.

177.

Verordnung wegen der in den Königlich Preußischen Staaten erfolgenden Trauungen von Ausländern mit Inländerinnen, — vom 28. April 1841.

Wir Friedrich Wilhelm, von Gottes Gnaden, König von Preußen rc.

Da nach Lage der gegenwärtigen Gesetzgebung in mehreren auswärtigen Staaten die, in Betreff der von Ausländern im Inlande vollzogenen Heirathen bestehenden Vorschriften, nicht mehr ausreichen, so verordnen Wir für den ganzen Umfang Unserer Monarchie:

daß künftig von jedem Fremden, der in Unseren Staaten mit einer Inländerin getraut werden will, neben den durch die bestehenden Gesetze bereits vorgeschriebenen Erfordernissen auch noch die Beibringung eines gehörig beglaubigten Attestes der Orts-Obrigkeit seiner Heimath gefordert werden soll, nach welchem es ihm, den dortigen Gesetzen zufolge, erlaubt ist, eine gültige Ehe mit der namentlich zu bezeichnenden Ausländerin im Auslande zu schließen, so daß bei seiner Rückkehr in die Heimath der dortigen Mitaufnahme seiner Ehefrau und der in der Ehe etwa erzeugten Kinder nichts im Wege stehe.

Gegeben Berlin, den 28. April 1841.

(L. S.) Friedrich Wilhelm.

Prinz von Preußen.

von Boyen. von Kamptz. Mühler. von Rochow. von Nagler. von Ladenberg. Rother. Graf von Alvensleben. Freiherr von Werther. Eichhorn. von Thile. Graf zu Stolberg.

I. 3658. E. 32.

178.

Verfügung vom 29. April 1841, — betreffend die Verzichtleistungs-Genehmigung wegen Beleidigungen der Mitglieder der Landgerichte bei Ausübung ihres Amtes.

(Gesetz vom 20. April 1810 Art. 49 und 60; Allerh. Kabinets-Befehl vom 20. Dezember 1834 und Reskript vom 16. Mai 1840, J. M. Bl. S. 175.)

Auf den von Ew. Hochwohlgeboren, dem Herrn General-Prokurator, unter dem 15. d. M. erstatteten Bericht, betreffend die Verzichtleistungs-Genehmigung wegen Beleidigungen der Mitglieder der Landgerichte bei Ausübung ihres Amtes, wird Ew. Hochwohlgeboren Folgendes eröffnet.

Die Genehmigung der Verzichtleistung eines Beamten oder einer Behörde auf Bestrafung ihnen, im Amte oder in Beziehung auf dasselbe, zugefügter Injurien steht, wie bereits in dem Reskripte vom 16. Mai v. J. (J. M. Bl. S. 175) mit Rücksicht auf den Allerhöchsten Kabinets-Befehl vom 20. Dezember 1834 gesagt worden, derjenigen Stelle zu, welche dem beleidigten Beamten oder der beleidigten Behörde in Bezug auf das Amt, in welchem dieselben beleidigt worden, zunächst vorgesetzt ist. Es kann eben deshalb in Bezug auf Justiz-Beamte oder Behörden, welche unmittelbare Vorgesetzte haben, nicht der Justiz-Minister auf Grund des Artikels 81 des Senatus Consults vom 16. Thermidor X. die in dieser Beziehung kompetente

Behörde sein, weil der angeführte Artikel ihn nur als die höchste vorgesetzte Behörde bestimmt, unter welcher noch andere unmittelbare Vorgesetzte in den folgenden Artikeln und in anderen Gesetzen bestimmt sind.

Nächstvorgesetzte Behörde ist in vorliegender Beziehung:

1. für die Friedensrichter, wie in dem Reskripte vom 16. Mai 1840 angeführt ist, der Ober-Prokurator;
2. für die Landgerichte, einzelne Kammern derselben oder den Landgerichts-Präsidenten, der Appellationsgerichtshof, Art. 83 des Senatus Consults vom 16. Thermidor X; dessen Funktionen in Administrativsachen solcher Art zweckmäßig von dem Ersten Präsidenten des Appellationsgerichtshofes wahrzunehmen sind.

   Sind einzelne richterliche Mitglieder eines Landgerichts beleidigt, so bildet nach Art. 49 des Gesetzes vom 20. April 1810 der Landgerichts-Präsident die vorgesetzte Behörde; es sei denn, daß es sich von Beleidigung eines Untersuchungsrichters handelt, in welcher Beziehung nach Artikel 279 der Strafprozeßordnung der General-Prokurator der unmittelbare Vorgesetzte ist.
3. Für den Appellationsgerichtshof, einzelne Senate desselben und den Ersten Präsidenten bildet mit Rücksicht auf Artikel 81 und 82 des Senatus Consults vom 16. Thermidor X. der Justiz-Minister die nächst vorgesetzte Behörde; für einzelne richterliche Mitglieder des Hofes aber, nach Art. 49 des Gesetzes vom 20. April 1810, der Erste Präsident.
4. Für alle Mitglieder des öffentlichen Ministeriums der Rheinprovinz, mit Ausschluß des General-Prokurators am Appellationsgerichtshofe, dieser (Art. 60 des Gesetzes vom 20. April 1810), und für diesen der Justiz-Minister.

Es versteht sich hierbei nach dem obigen Grundsatze von selbst, daß bei Versetzung eines beleidigten Beamten, nicht der neue Vorgesetzte, sondern derjenige die Genehmigung des Verzichts zu ertheilen hat, dem er untergeordnet gewesen, als er beleidigt worden.

Um jeden aus dem Artikel 81 des Senatus Consults vom 16. Thermidor X. etwa zu entnehmenden Zweifel in Ansehung der Kompetenz der vorstehend genannten, dem Justiz-Minister untergeordneten Behörden zur Genehmigung der Verzichtleistung in den bezeichneten Fällen zu beseitigen, wird denselben diese Befugniß hiermit von dem Justiz-Minister auch noch ausdrücklich delegirt.

Von dieser Verfügung sind der Appellationsgerichtshof und die Landgerichte durch die Präsidenten und Ober-Prokuratoren in Kenntniß zu setzen.

Berlin, den 29. April 1841.

An den Königlichen Ersten Präsidenten des Appellationsgerichtshofes Herrn Schwarz und den Königlichen General-Prokurator Herrn Berghaus Hochwohlgeboren zu Köln.

Der Justiz-Minister Mühler.

I. 2001. Rh. Krim. 52. Vol. 2.

179.

Verfügung vom 1. Mai 1841, — betreffend die Festsetzung der Prozeßwerthstempel in Rheinischen Civil-Prozeßsachen über nicht geschätzte, aber an sich schätzbare Gegenstände.

(§§. 4, 11 u. 19 Stempel-Ges. v. 7. März 1822.)

Es ist zur Sprache gekommen, daß bei einigen Landgerichten die Praxis bestehet,

in Civilprozessen über an sich schätzbare, aber ihrem Geldwerthe nach nicht angegebene Gegenstände den Werthstempel von 5 bis 20 Thaler festzusetzen, statt den Werth von den Parteien angeben zu lassen und danach den Stempel festzusetzen.

Dieses Verfahren ist dem Stempelgesetze vom 7. März 1822 §§. 4 und 11 und den Bestimmungen im Tarife unter dem Worte „Erkenntnisse" völlig entgegen, da nach denselben von, an sich schätzbaren Gegenständen der Stempel nach ihrem Werthe entrichtet werden, und nur bei unschätzbaren Gegenständen, wohin auch Streitigkeiten über Servituten zu rechnen, der Stempel von 5 bis 20 Thalern eintreten soll. Zur Angabe des Werthes sind nach §. 4 Buchst. f die Parteien verpflichtet; und zwar muß sie, weil nach §. 19 genau genommen schon die Urschrift des Urtheils auf den tarifmäßigen Stempel geschrieben werden soll, vor Abfassung des Urtheils geschehen.

Es ist daher Pflicht der Anwälte bei den Landgerichten, in allen Civilprozeßsachen, welche einen an sich schätzbaren Gegenstand betreffen, gleich bei Uebernahme des Auftrags die gewissenhafte Werthangabe von ihren Parteien zu erfordern, so fern nicht, wie bei einfachen Schuldsachen, schon der Klageantrag diese Angabe enthält. Sie sind ferner verpflichtet, vor Abfassung des Urtheils dem Gerichte von dieser Werthangabe Kenntniß zu geben.

Demzufolge müssen auch die Landgerichte ihrerseits streng darauf halten, daß in den gedachten Fällen bei Kontumazialsachen der Anwalt, der das Kontumazialurtheil nachsucht, bei kontradiktorischen Sachen aber die Anwälte beider Theile, oder doch der Anwalt des betreibenden Theils in derjenigen Konklusion, auf welche das den Werthstempel festsetzende Urtheil erfolgen muß, den Werth des Streitgegenstandes in Gelde Behufs der Stempelfestsetzung angeben. Ist dies unterlassen worden, so muß, und zwar vor der Verkündigung des Urtheils, die diesfällige Angabe nachträglich erfordert und in allen Fällen der Stempel nach dem Werthe festgesetzt werden.

Ew. Hochwohlgeboren haben zur Abstellung des Eingangs erwähnten ungesetzlichen Verfahrens die Landgerichte und die bei denselben fungirenden Anwälte von dieser Verfügung durch die Landgerichts-Präsidenten und Ober-Prokuratoren in Kenntniß zu setzen und die letztern anzuweisen, darauf zu wachen, daß demgemäß verfahren werde.

Berlin, den 1. Mai 1841.

An
den Königlichen Ersten Präsidenten des Appellationsgerichtshofes Herrn Schwarz und den Königlichen General-Prokurator Herrn Berghaus
Hochwohlgeboren
zu Köln.

Der Justiz-Minister
Mühler.

I. 1790. Rhein. Gen. 62. Vol. 5.

180.

Verfügung vom 6. Mai 1841, — über die Anwendbarkeit der Allerhöchsten Kabinets-Ordre vom 20. Dezember 1834 (Ges. Samml. von 1835 S. 2), betreffend die Verzichtleistung auf Bestrafung in Injuriensachen, auch auf die in der Rheinprovinz kriminell zu verfolgenden Injurien der Kinder gegen ihre Eltern.

(Art. 252, 253, 260 u. 263 Straf-Proz. Ordn. — Art. 20 und 22 Ges. v. 20. April 1810. — Art. 80, Dekr. v. 6. Juli 1810. — Allerh. Kab. Ordre v. 21. Oktbr. 1837, Ges. Samml. S. 148. — Reskripte v. 15. Mai u. 28. Aug. 1835, Lottner Bd. 6 S. 129 u. 197. — Rhein. Archiv, Bd. 22 Abth. 2 S. 76.)

Der von Ew. Hochwohlgeboren in dem Berichte vom 18. v. M. angeregte Zweifel, ob die Allerhöchste Kabinets-Ordre vom 20. Dezember 1834 (Ges. Samml. von 1835 S. 2), betreffend die Verzichtleistung auf Bestrafung in Injuriensachen, auch auf die in der Rheinprovinz kriminell zu verfolgenden Injurien der Kinder gegen ihre Eltern, Anwendung finde, wird durch die Allerhöchste Kabinets-Ordre vom 21. Oktober 1837 (Ges. Samml. S. 148) erledigt, durch welche ausdrücklich bestimmt worden, daß die Verzichtleistung auf die Bestrafung in Injuriensachen bei den in der Rheinischen Straf-Prozeß-Ordnung vorgeschriebenen kriminellen, korrektionellen und polizeilichen Untersuchungen stattfinde. Hiernach kann auf das frühere Urtheil des Revisions- und Kassationshofes in Untersuchungssachen wider Gerhard Klein vom 8. August 1835 (Rheinisches Archiv, Bd. 22 Abthl. 2 S. 76), in welchem der Revisions- und Kassationshof eine entgegengesetzte Ansicht ausgesprochen hat, nicht ferner zurückgegangen werden.

Dagegen bin ich mit Ew. Hochwohlgeboren einverstanden, daß in kriminellen Untersuchungen, sobald die Anklage erkannt worden, die Entscheidung über die Zulässigkeit der Verzichtleistung bis zu der Eröffnung des Assisenhofes auszusetzen und alsdann erst von dem Assisenhofe zu treffen ist, und daß die Vorschrift in den Reskripten vom 15. Mai und 28. August 1835 (Lottner Bd. 6 S. 129 und 197), wonach, im Falle eine Verzichtleistung nach erfolgter Ernennung des Assisen-Präsidenten vor der öffentlichen Sitzung angebracht worden, der Präsident des betreffenden Landgerichts, als gesetzlicher Stellvertreter des Assisen-Präsidenten (Art. 263 der Straf-Prozeß-Ordnung), mit den Mitgliedern des Landgerichts, als gesetzlichen Mitgliedern des Assisenhofes (Art. 252 und 253 a. a. O.), zusammentreten und dieselben nunmehr, als Assisenhof, über die Zulässigkeit der Verzichtleistung durch einfachen Entschluß entscheiden sollen, sich gesetzlich nicht rechtfertigen läßt. Wenn auch der Assisen-Präsident, nach Art. 266 der Straf-Prozeß-Ordnung, vor der Eröffnung der Assisen-Sitzungen befugt und verpflichtet ist, gewisse Handlungen vorzunehmen, so folgt hieraus doch nicht, daß auch der Assisenhof, als solcher, vor der bestimmten Zeit zusammentreten kann. Im Gegentheil folgt aus dem Art. 260 der Straf-Prozeß-Ordnung, den Art. 20 und 22 des Gesetzes vom 20. April 1810 und dem Art. 80 des Dekrets vom 6. Juli 1810, wonach der Erste Präsident des Appellationsgerichtshofes den Tag der Eröffnung des Assisenhofes bestimmen soll, unzweifelhaft, daß erst mit dem bestimmten Tage der Eröffnung die Wirksamkeit des Assisenhofes beginnt.

Die desfallsigen Bestimmungen des Reskripts vom 15. Mai 1835 unter Num. 5 und des Reskripts vom 28. August desselben Jahres werden daher hierdurch außer Kraft gesetzt, wovon Ew. Hochwohlgeboren die sämmtlichen Ober-Prokuratoren, zur Mittheilung an die Landgerichte, in Kenntniß zu setzen haben.

Berlin, den 6. Mai 1841.

An
den Königlichen General-Prokurator Herrn Berghaus
Hochwohlgeboren
zu Köln.

Der Justiz-Minister
Mühler.

I. 2135. Rhein. Krim. 52. Vol. 2.

181.

Verfügung vom 11. Mai 1841, — betreffend die Qualifikation der Gerichtsschreiber-Kandidaten zu Gerichtsvollzieherstellen.

Auf Ew. Hochwohlgeboren Bericht vom 17. v. M., die Qualifikation der Gerichtsschreiber-Kandidaten zu Gerichtsvollzieherstellen betreffend, werden die Verfügungen vom 31. Dezember 1829, 29. Februar 1830, 15. August 1831 und 26. Juni 1832, in so weit dadurch festgesetzt worden, daß die Gerichtsschreiber-Kandidaten bei der Besetzung von Gerichtsvollzieherstellen nach ihrer Anciennität mit den Gerichtsvollzieher-Kandidaten in Konkurrenz treten und gleich wie diese zu Gerichtsvollziehern ernannt werden sollen,

in Ansehung der künftig zu präsentirenden Gerichtsschreiber-Aspiranten hierdurch aufgehoben und es wird mit Rücksicht darauf, daß das Gerichtsvollzieheramt eine andere praktische Vorbildung, als die zum Gerichtsschreiberamte, erheischt, bestimmt, daß diejenigen dieser Gerichtsschreiber-Aspiranten, welche nach bestandenem Gerichtsschreiber-Examen die Qualifikation zu einer Gerichtsvollzieherstelle erwerben wollen, ein Jahr lang bei einem Gerichtsvollzieher sich in den Geschäften desselben praktisch auszubilden und sodann ihre genügende Ausbildung in denselben, wie andere Gerichtsvollzieher-Aspiranten durch eine sich auf die Ausübung des Gerichtsvollzieheramtes beziehende schriftliche Prüfung nachzuweisen haben; worauf sie alsdann nach dem Datum des hierüber erlangten Qualifikationsattestes in die Liste der geprüften Gerichtsvollzieher-Kandidaten einzutragen sind. Diese Bestimmung soll zwar auf die gegenwärtig bereits geprüften Gerichtsschreiber-Kandidaten nicht rückwirkend ausgedehnt werden. Indessen erfordert das Interesse des Dienstes, daß, wie überhaupt bei Besetzungen von Subalternstellen, so auch bei Besetzung von Gerichtsvollzieherstellen, unter den vorhandenen Kandidaten denjenigen der Vorzug gegeben werden muß, welche auch materiell sich für die zu besetzende Stelle als vorzugsweise geeignet bewährt haben, und daß die Anciennität nur bei gleicher materieller Qualifikation den Vorzug geben kann. Es liegt also in dem eigenen Interesse derjenigen bereits geprüften Gerichtsschreiber-Kandidaten, welche eine Gerichtsvollzieherstelle nachzusuchen beabsichtigen, sich praktische Ausbildung in den Gerichtsvollziehergeschäften zu verschaffen, und daß dies geschehen, Ew. Hochwohlgeboren nachzuweisen, damit sie eintretenden Falls, mit Rücksicht auf ihre Anciennität als Gerichtsschreiber-Kandidaten, bei Besetzung von Gerichtsvollzieherstellen berücksichtigt werden können.

Der Justiz-Minister überläßt Ew. Hochwohlgeboren, diese Verfügung zur Kenntniß der Betheiligten zu bringen und bemerkt nur noch, daß hierdurch in den allgemeinen Bestimmungen über die Anstellung der civilversorgungsberechtigten Militairpersonen nichts geändert wird.

Berlin, den 11. Mai 1841.

An
den Königlichen General-Prokurator Herrn Berghaus
Hochwohlgeboren
zu Köln.

Der Justiz-Minister
Mühler.

I. 2136. Rh. Off. Sachen 27. Vol. 4.

182.

Genehmigungs-Urkunde des in dem Protokolle der Central-Rheinschiffahrts-Kommission vom 17. Juli 1838 enthaltenen zehnten Supplementar-Artikels zu der Rheinschiffahrts-Akte vom 31. März 1831, — vom 6. September 1838.

Wir Friedrich Wilhelm, von Gottes Gnaden, König von Preußen ꝛc.

Thun kund und fügen hiermit zu wissen:

Nachdem die Central-Rheinschiffahrts-Kommission in Beziehung auf die in ihrem Protokolle vom 25. Juni 1837 Num. XIII als Anlage Num. 3 beigefügten Artikel eines Regulativs für die gleichförmige Aichung der Schiffe auf dem Rheine, welche also lauten:

1.

Für die konventionsmäßige Aichung der Schiffe von Dezimeter zu Dezimeter, von ihrer geringsten bis zur höchsten Ladungs-Einsenkung ist die stereometrische Vermessung des Schiffsraums von innen, als allein gültige Methode, von allen Uferstaaten angenommen.

Die bestehenden Instruktionen über die Anwendung dieser Aich-Methode, so wie über die äußere Bezeichnung des Schiffes, mittelst Anbringung der Aich-Skalen, bleiben vorbehaltlich einer Revision derselben, in Kraft.

2.

Die Feststellung und Erhebung der Aich-Gebühren bleibt den respektiven Regierungen anheimgestellt.

3.

Das vollständige Resultat der Aiche von Dezimeter zu Dezimeter ist in den Aich-Schein aufzunehmen, welcher dem Schiffer ausgestellt wird, und den derselbe verpflichtet ist, bei sich auf dem Schiffe zu haben und den Rheinzoll-Beamten vorzulegen.

4.

Jedes Rhein-Zollamt hat nach jedesmal zu machender Aufnahme der Aiche, die Resultate auf dem Manifeste genau und vollständig zu vermerken.

Zeigt die Aich-Skala ein größeres Gewicht, als das Manifest des Schiffers, so wird der Rheinzoll nach der Aiche erhoben.

Bei Güterladungen aus verschiedenen Tarifklassen wird zu diesem Ende der Mehrbefund, wie früher, verhältnißmäßig auf die verschiedenen Tarifklassen der manifestirten Güter vertheilt.

Bringt der Schiffer späterhin, sei es durch Revision der Aiche, welche, wenn sie zu Gunsten des Schiffers ausfällt, kostenfrei geschieht, sei es durch Verifikation bei der Ausladung, den rechtsgenügenden Beweis bei, daß er durch die Erhebung des Rheinzolls nach der Aiche, prägravirt worden, so findet Rückerstattung des zu viel Erhobenen statt.

Eine Ausnahme von vorstehender Bestimmung tritt jedoch alsdann ein, wenn in der im Artikel 28 der Rheinschiffahrts-Ordnung vorgesehenen Weise das Manifest des Schiffers und die Einsenkung des Schiffes bei der Abfahrt beglaubigt sind und diese Einsenkung noch unverändert dieselbe ist. In diesem Falle wird der Rheinzoll nach dem attestirten Manifeste erhoben.

Bei wirklichen oder beabsichtigten Defraudationen der Schiffahrts-Abgaben finden die Bestimmungen des 7. Titels der Rheinschiffahrts-Ordnung ihre Anwendung.

5.

Jeder Rheinufer-Staat wird, so weit dies noch nicht geschehen, allein, oder im Verein mit andern Rheinufer-Staaten die nöthigen Aich-Anstalten einrichten, bei welchen die Schiffe seiner Unterthanen zu aichen sind.

6.

Die Schiffer der Nebenströme, welche den Rhein befahren wollen, und dazu berechtigt sind, müssen gleichfalls bei einer

)en Anstalt des Landes, dem sie angehören, ihre Fahrzeuge)en lassen, wenn ihnen nicht von Seiten ihrer Regierung Aich-Anstalt eines anderen Ufer-Staats, mit dessen Einverndniß, dazu bezeichnet wird.

Andere, den Rhein befahrende und dazu berechtigte Schifr müssen ihre Schiffe bei irgend einer Aich-Anstalt eines Rheinufer-Staats aichen lassen.

7.

Schiffe, die nicht vorschriftsmäßig geaicht sind, sollen vom 1. Januar 1839 an in keinem Rheinhafen zur Ladung zugelassen werden.

Wenn die Schiffe zwar geaicht sind, der Schiffer aber den Aich-Schein nicht vorlegt, geschieht die rheinzollamtliche Abfertigung zwar nach dem Manifeste; jedoch ist der Schiffer alsdann gehalten, für den etwanigen Mehrbetrag des Rheinzolls, nach Ausweis des nachzubringenden Aich-Scheins, bis dieses geschehen, eine von dem Rhein-Zollamte zu bestimmende Kaution zu leisten.

in ihrer zwölften diesjährigen Juli-Sitzung sich zu dem Beschlusse vereinigt hat, folgenden Supplementar-Artikel zum Artikel 17 der Rheinschiffahrts-Akte vom 31. März 1831 der Ratifikation der betheiligten Souveraine vorzulegen:

Supplementar-Artikel X.

Zusatz zu Artikel 17 der Akte vom 31. März 1831.

„Die in der Anlage 3 des Protokolls der Centralkom„mission vom 25. Juli 1837 Num. XIII enthaltenen sieben „Artikel sollen als Regulativ für die gleichförmige Aichung „der Schiffe auf dem ganzen Rheine in Anwendung kom„men und zu diesem Ende in allen Ufer-Staaten publizirt „werden;"

so wollen Wir, auf den Uns darüber gehaltenen Vortrag, den vorstehenden zehnten Supplementar-Artikel hierdurch genehmigen, auch Unsern Behörden und Unterthanen, so weit es diese angeht, anweisen, sich genau danach zu richten.

Zu mehrer Bekräftigung haben Wir gegenwärtige, zur Niederlegung in das gemeinschaftliche Archiv der Central-Rheinschiffahrts-Kommission in Mainz bestimmte Genehmigungs-Urkunde Allerhöchsteigenhändig unterschrieben und mit Unserem größeren Staatssiegel versehen lassen.

So geschehen zu Berlin, den 6. September 1838.

(L. S.) Friedrich Wilhelm.

Genehmigungs-Urkunde der in dem Protokolle der Central-Rheinschiffahrts-Kommission vom 27. Juli 1839 enthaltenen Supplementar-Artikel XI, XII und XIII zur Rheinschiffahrts-Akte vom 31. März 1831, — vom 25. Oktober 1840.

Wir, Friedrich Wilhelm, von Gottes Gnaden König von Preußen ꝛc.

Thun kund und fügen hiermit zu wissen:

Nachdem die Central-Rheinschiffahrts-Kommission sich in ihrer am 27. Juli v. J. gehaltenen 23. vorjährigen Sitzung anderweit über die nachfolgenden drei Supplementar-Artikel zur Rheinschiffahrts-Akte vom 31. März 1831:

XI. Supplementar-Artikel zu Art. 62 der Akte vom 31. März 1831.

Die Worte des deutschen Textes der Konvention Art. 62:

„mit einer Oberlast auf dem Rhein zu fahren „ist verboten,

„besagen nichts Anderes, als was auch der französische „Text ausdrückt, nämlich:

„Waaren auf das Verdeck zu laden ist verbo„ten."

„Als Verdeck (tillac) ist aber auch die festgezimmerte Be„dachung eines Schiffes zu betrachten. Ueberschreitung des „Verbots ist daher vorhanden, wenn ein Theil der Ladung „(worunter jedoch ein oder anderer unerheblicher Gegenstand „nicht zu verstehen ist) auf dem Verdeck niedergelegt ist, „oder über das durchbrochene Verdeck, respektive die festge„zimmerte Bedachung, hinausragt, oder wenn der Schiffer „diese letzte willkührlich, d. i. ohne Gutheißung der nach „Art. 53 der Konvention zur Prüfung angestellten Sach„verständigen erhöht hat.

„Bei Fahrzeugen ohne gezimmertes Verdeck oder Beda„chung ist derjenige Theil der Ladung als Oberlast oder „als Ladung auf dem Verdecke anzusehen, welcher die durch „Observanz oder die Sachkundigen, wo deren in den ver„schiedenen Einladungshäfen angestellt sind, bestimmte Höhe „über das feste Gebörde des Schiffes übersteigt.

„Diejenigen Artikel, welche ausnahmsweise als Oberlast „geführt werden dürfen, können ohne Unterschied der Rhein-„abtheilungen als Oberlast geladen werden, die Ladung mag „ganz oder theilweise aus solchen Artikeln bestehen."

XII. Supplementar-Artikel zu Art. 65 der Akte vom 31. März 1831.

„Bei andern entzündlichen oder ätzenden Stoffen, als „Schwefel-, Salpeter-, Salz-Säure, Streichfeuerzeugen und „Zündhölzern u. s. w. hat die Hafenpolizei-Behörde des „Einladungsorts zu bestimmen, ob sie in abgesonderten „Fahrzeugen geführt werden müssen, oder mit andern Gü-„tern verladen werden dürfen.

„Im letzteren Falle hat sie die erforderlichen Vorsichts-„Maaßregeln anzuordnen und im Manifeste zu vermerken, „denen sich der Schiffer zu unterwerfen hat. Zuwider-„handlungen werden nach den Landesgesetzen des betreffen-„den Ufer-Staats bestraft.

„Es bleibt aber jeder Regierung unbenommen, den Art. „64 der Konvention für anwendbar zu erklären; jedoch mit „der Maaßgabe, daß nur der geringste Satz der darin vor-„gesehenen Geldbuße erkannt, und auch dieser, nach Um-„ständen, auf 10 Franks ermäßigt werden kann."

XIII. Supplementar-Artikel.

„Schiffer, deren Fahrzeuge tiefer gehen, als die Linie, „durch welche von der kompetenten Behörde die größte zu-„lässige Einsenkung derselben bezeichnet worden ist, verfal-„len in die, durch die Gesetze des Staats, in dessen Ge-„biete die Uebertretung entdeckt worden, gegen Ueberladung „der Schiffe verhängten Strafen.

„Es bleibt aber jeder Regierung unbenommen, den Art. „64 der Rheinschiffahrts-Ordnung für anwendbar zu er-„klären; jedoch mit der Maaßgabe, daß die darin festge-„setzte Geldbuße, nach Umständen, bis auf 20 Franks er-„mäßigt werden kann.

„Zugleich sind solche Schiffer anzuhalten, in dem ersten „Hafen die Ladung bis zur erlaubten Einsenkung zu ver-„mindern."

vereinigt hat, so wollen Wir, auf den Uns darüber gehaltenen Vortrag, die vorstehenden drei Supplementar-Artikel Num. XI, XII und XIII hierdurch genehmigen, auch Unsere Behörden und Unterthanen, so weit es diese angeht, anweisen, sich genau danach zu richten.

Zu mehrerer Beglaubigung haben Wir gegenwärtige, zur Niederlegung in das gemeinschaftliche Archiv der Central-Rheinschiffahrts-Kommission in Mainz bestimmte Genehmigungs-Urkunde Allerhöchsteigenhändig unterschrieben und mit Unserem größern Staats-Insiegel versehen lassen.

So geschehen zu Sanssouci, den 25. Oktober 1840.

(L. S.) Friedrich Wilhelm.

Vorstehende Genehmigungs-Urkunden sind am 29. März 1841 in das zu Mainz befindliche Archiv der Central-Kommission für die Rheinschiffahrt niedergelegt worden.

Berlin, den 18. Mai 1841.

Der Minister der auswärtigen Angelegenheiten.

Fr. v. Werther.

I. 3011. Rh. Gen. 89. Vol. 4.

183.

Verfügung vom 21. Mai 1841, — den, den Landgerichts-Sekretairen zu Reisen in das Ausland zu ertheilenden Urlaub betreffend.

(Reskripte vom 30. Oktober 1824 und 2. Juli 1836, Lottner Bd. 2 S. 532 und Bd. 5 S. 418.)

Ew. Hochwohlgeboren erhalten die Anlagen Ihres Berichts vom 23. v. M. mit dem Eröffnen zurück, daß mit Bezug auf die Reskripte vom 30. Oktober 1824 Num. 5 und vom 2. Juli 1836 (Lottner Bd. 2 S. 532 und Bd. 5 S. 418) die Ertheilung des Urlaubs an Landgerichts-Sekretaire zu Reisen ins Ausland dem Ersten Präsidenten des Appellationsgerichtshofes übertragen worden ist.

Hiernach haben Ew. Hochwohlgeboren das Urlaubs-Gesuch des Landgerichts-Sekretairs N. dem Herrn Ersten Präsidenten des Appellationsgerichtshofes, welchem von dieser Verfügung Kenntniß gegeben worden, vorzulegen.

Berlin, den 21. Mai 1841.

An den Königlichen Landgerichts-Präsidenten Herrn Geheimen Justiz-Rath Heintzmann Hochwohlgeboren zu Köln.

Das Justiz-Ministerium. Ruppenthal.

I. 2934. Rh. Off. Sachen 37.

184.

Allgemeine Verfügung vom 25. Mai 1841, — betreffend die Ablieferung der Besitzzeugnisse über Orden und Ehrenzeichen, nach deren Aberkennung oder nach dem Tode der Inhaber, an die Königliche General-Ordens-Kommission.

In Gemäßheit der beifolgenden Mittheilung der Königlichen General-Ordens-Kommission werden die sämmtlichen Gerichtsbehörden hierdurch angewiesen,

nicht nur die inländischen und ausländischen Orden und Ehrenzeichen, sondern auch die Zeugnisse über deren erfolgte Verleihung

1) wenn ein Inhaber solcher Orden und Ehrenzeichen mit Tode abgeht, von den Erben desselben, und
2) im Fall einer Aberkennung derselben von dem bisherigen Inhaber

zurück zu fordern, und ohne weitere Aufforderung an die Königliche General-Ordens-Kommission einzusenden.

Ausgenommen hiervon sind jedoch die von des Königs Majestät Allerhöchst vollzogenen Ordens-Patente, welche nach dem Tode der Besitzer den Erben derselben verbleiben.

Berlin, den 25. Mai 1841.

An sämmtliche Gerichtsbehörden.

Der Justiz-Minister Mühler.

I. 2587. O. 49. Vol. 4.

Beilage.

Die Königliche Regierung zu N. sandte vor Kurzem die Insignien des Eisernen Kreuzes zweiter Klasse und des Kaiserlich Russischen St. Georgen-Ordens fünfter Klasse des verstorbenen Unteroffiziers R. an uns ein. Als wir dieselbe hierauf ersuchten, auch die Besitzzeugnisse des Verstorbenen über diese Dekorationen an uns zu remittiren, erhielten wir die Antwort, daß die Angehörigen desselben die Zurückgabe verweigerten und die Regierung Anstand nehme, sie dazu anzuhalten, weil es an einer Vorschrift fehle, welche die Herausgabe der Besitzzeugnisse verordne.

Die General-Ordens-Kommission hat schon im Jahre 1819 in Folge der über die Vererbung des Eisernen Kreuzes zweiter Klasse und des St. Georgen-Ordens fünfter Klasse ergangenen Allerhöchsten Befehle Seiner Majestät dem Könige ihre Vorschläge in Beziehung auf den Geschäftsbetrieb bei dieser Vererbung eingereicht und, nachdem sie die Allerhöchste Genehmigung im Allgemeinen erhalten hatten, auf den Grund derselben die speziellen Bestimmungen des zu beobachtenden Verfahrens ausführlich angegeben. Unter diesen Vorschriften befindet sich auch die, „daß zur Verhütung von Mißbräuchen nach dem Tode der Inhaber die Besitzzeugnisse an die General-Ordens-Kommission einzusenden sind. Die von des Königs Majestät Allerhöchst vollzogenen Patente, welche nach dem Tode der Besitzer den Erben derselben verbleiben, sind davon ausgenommen." Diese Verordnung wurde zwar, da zu der Zeit die meisten Besitzer der erwähnten Insignien noch in den Regimentern rc. standen, nur den Militairbehörden bekannt gemacht; es haben aber auch die Civilbehörden niemals Anstand genommen, auf unsere Requisition die Berechtigungsscheine verstorbener oder der Insignien verlustig erklärter Inhaber an uns zu remittiren.

Ew. Excellenz stellen wir in Verfolg des geehrten Schreibens vom 27. v. Mts. ganz ergebenst anheim, in Rücksicht der Nützlichkeit und des guten Zwecks dieses seit den verflossenen 21 Jahren fortwährend zur Anwendung gekommenen und zur Observanz gewordenen Verfahrens die Gerichtsbehörden geneigtest zu veranlassen, dasselbe ferner bei Nachlaßregulirungen und Verlusterklärung der Insignien ohne weitere Aufforderung von unserer Seite zu befolgen und ihre Unterbehörden dazu anzuweisen.

Sollten sich Bedenken hierbei finden, so würden wir bemüht sein, eine Allerhöchste Kabinets-Ordre darüber zu extrahiren.

Berlin, den 22. Mai 1841.

Königliche General-Ordens-Kommission.
von Borstell.

An
den Königlichen Wirklichen Geheimen Staats- und Justiz-Minister Herrn Mühler
Excellenz.

185.

Allgemeine Verfügung vom 26. Mai 1841, — betreffend den Anspruch der Hinterbliebenen eines suspendirt gewesenen Beamten auf das Gehalt für den Sterbemonat oder das Sterbequartal und auf das Gnadengehalt.

(Allerhöchster Kab. Befehl vom 27. April 1816, Ges. Samml. S. 134 — Cirk. Verf. v. 26. Novbr. 1832, Jahrb. Bd. 40 S. 447.)

Bei der Auslegung der in der Cirkular-Verfügung vom 26. November 1832 bei Num. IV 2 (Jahrb. Bd. 40 S. 447) getroffenen Bestimmung ist der Zweifel entstanden,

ob den Hinterbliebenen eines etatsmäßigen Beamten, welcher zur Untersuchung gezogen, vom Amte suspendirt und in erster Instanz zur Amtsentsetzung verurtheilt worden, jedoch vor Abfassung des Erkenntnisses zweiter Instanz verstorben ist, das Gehalt des Sterbemonats oder Sterbequartals und das Gnadengehalt ausgezahlt werden dürfe.

Da in dem Allerhöchsten Kabinets-Befehle vom 27. April 1816 (Ges. Samml. S. 134) das Gehalt für das Sterbe- und Gnadenquartal den Hinterbliebenen der Beamten ohne weitere Beschränkung bewilligt ist, die Eigenschaft des Beamten aber nur durch die wirklich erfolgte Entlassung oder durch die in einem rechtskräftig gewordenen Erkenntniß ausgesprochene Amtsentsetzung verloren geht, so wird, in Uebereinstimmung mit der Königlichen Ober-Rechnungs-Kammer, hierdurch bestimmt,

daß der Anspruch auf das Gehalt des Sterbemonats oder Sterbequartals und auf das Gnadengehalt den Hinterbliebenen eines suspendirten Beamten überhaupt in allen Fällen zusteht, wenn nicht der Verstorbene durch ein schon während seines Lebens rechtskräftig gewordenes Erkenntniß seines Amts entsetzt worden war.

Was die Höhe des den Hinterbliebenen zustehenden Diensteinkommens betrifft, so ist in Erwägung gezogen worden, daß mit dem Tode des Beamten die Folgen seiner Schuld aufhören, und daß daher auch die, einem suspendirten Beamten zur Last fallenden Vertretungskosten den Hinterbliebenen desselben nicht aufzuerlegen sind.

Demgemäß wird, gleichfalls in Uebereinstimmung mit der Königlichen Ober-Rechnungs-Kammer, die im Eingange dieser Verfügung erwähnte Cirkular-Verordnung vom 26. November 1832 hierdurch dahin modifizirt,

daß die Hinterbliebenen eines während der Amtssuspension verstorbenen Beamten

1) für den Sterbemonat nur dasjenige Einkommen erhalten, welches der Verstorbene während der Suspension selbst bezogen hat; daß ihnen aber

2) für die außer dem Sterbemonate zulässigen Gnadenmonate, und zwar ohne Unterschied, ob letztere mit dem Sterbequartal ganz oder theilweise zusammenfallen oder nicht, das volle Einkommen der Stelle, wie der Verstorbene solches vor seiner Amtssuspension bezogen hatte, also in derselben Art, wie die Hinterbliebenen anderer Beamten gleicher Kategorie, und ohne Abzug für etwaige Vertretungskosten, zu gewähren ist.

Die sämmtlichen Königlichen Gerichtsbehörden haben diese Bestimmungen in allen geeigneten Fällen zur Anwendung zu bringen.

Berlin, den 26. Mai 1841.

An sämmtliche Königliche Gerichtsbehörden.

Der Justiz-Minister
Mühler.

I. 2443. S. 17. Vol. 2.

186.

Regulativ vom 29. Mai 1841, — die Verwaltung der vakanten Nachlassenschaften in der Rheinprovinz betreffend.

(Art. 813 des Civil-Gesetzbuchs, Instr. v. 12. Messidor XIII und 8. Juli 1806.)

Ew. Hochwohlgeboren erhalten anliegend Abschrift eines Regulativs, die Verwaltung der vakanten Nachlassenschaften in der Rheinprovinz betreffend, mit dem Auftrage, dasselbe dem Appellationsgerichtshofe und den Landgerichten mitzutheilen, und die Ober-Prokuratoren anzuweisen, dies Regulativ den Kuratoren solcher Massen bekannt zu machen und für dessen Ausführung zu sorgen.

Berlin, den 29. Mai 1841.

An
den Königlichen Ersten Präsidenten des Appellationsgerichtshofes Herrn Schwarz und den Königlichen General-Prokurator Herrn Berghaus
Hochwohlgeboren
zu Köln.

Der Justiz-Minister
Mühler.

I. 2283. Rh. Gen. 165.

Beilage.

Regulativ.

Die in dem Bezirke des Appellationsgerichtshofes zu Köln jetzt übliche Behandlung vakanter Erbschaften entspricht in mehreren Punkten nicht den bestehenden Gesetzen und Instruktionen, insbesondere nicht dem Art. 813 des Civil-Gesetzbuchs und den Instruktionen vom 12. Messidor XIII und 8. Juli 1806; weshalb ich mich veranlaßt sehe, im Einverständnisse mit dem Herrn Finanz-Minister Nachstehendes theils in Erinnerung zu bringen, theils anzuordnen:

1) Auf Ernennung eines Kurators für einen vakanten Nachlaß hat das öffentliche Ministerium von Amtswegen anzutragen, wenn die Betheiligten Anträge zu machen verabsäumt haben, und wenn nach den einzuziehenden Nachrichten der Nachlaß die Schulden mit Einschluß der Kosten der Beerdigung, der Siegelung, Entsiegelung und Inventur übersteigt.

2) Die aus einer vakanten Erbschaft herrührenden Gelder sind, da die Amortisations-Kasse und die General-Depositen-Kasse aufgehört haben, der Art. 813 des Civil-Gesetzbuchs daher wieder in volle Wirksamkeit getreten ist, bei der Regierungs-Haupt-Kasse zu hinterlegen.

Diese Hinterlegung ist, so fern es noch nicht geschehen, auch in Ansehung derjenigen Bestände zu bewirken, welche bisher schon zu Händen der Kuratoren eingegangen sind.

3) Der Kurator hat hiernach alle diejenigen Gelder, welche sich in dem vakanten Nachlasse vorfinden, oder aus der schleunigst und gegen Baarzahlung vorzunehmenden Versteigerung der Nachlaß-Mobilien gewonnen, oder bis zu diesem Zeitpunkte von den Schuldnern des Nachlasses an ihn bezahlt werden, nach Berichtigung und Abzug der Kosten für die Beerdigung, Siegelung, Entsiegelung, Inventur und Erhaltung der Masse, so wie nach Abzug der privilegirten liquiden Nachlaß-Schulden, unter Beifügung des Inventars, des Verkaufs-Protokolls der Mobilien und der Berechnung der Einnahme und Ausgabe nebst den Belägen der letzteren, an die Regierungs-Haupt-Kasse des Bezirks zu zahlen, nachdem er zuvor eine Annahme-Verfügung der Regierung deshalb erwirkt hat.

4) Was die zum Nachlasse gehörigen, an den Kurator nicht bezahlten Aktiv-Forderungen betrifft, so hat derselbe für deren Einziehung, Einklagung und Beitreibung unverzüglich zu sorgen, und den von dem Schuldner und exequirenden Gerichtsvollzieher unmittelbar zur Regierungs-Haupt-Kasse zu zahlenden Betrag, unter Mittheilung einer Berechnung und der darüber sprechenden Papiere, der Regierung Behufs der Erlassung eines Annahme-Befehls zu überweisen.

5) Nach erfolgter Versteigerung der Immobilien des Nachlasses hat der Käufer den Kaufpreis, von welchem er jedoch den Betrag der Immobiliar-Schulden Behufs ihrer Berichtigung im Kollokations-Verfahren einstweilen zurückbehalten kann, unmittelbar an die Regierungs-Haupt-Kasse zu zahlen, und wegen Mittheilung des Versteigerungs-Protokolls und der Berechnung an die Regierung Behufs der Erlassung eines Annahme-Befehls das zu 4 Bestimmte zu beobachten.

6) Aus den in der Regierungs-Haupt-Kasse befindlichen Geldern können Zahlungen nur in Gefolge gerichtlicher Urtheile oder Zahlungs-Anweisungen erfolgen, und hat der Kurator wegen Einleitung des Distributions- oder Kollokations-Verfahrens die nöthigen Schritte zu thun. Ueber den Bestand des in der Regierungs-Haupt-Kasse befindlichen Geldes hinaus haftet der Fiskus gesetzlich nicht.

7) Ueber die Erfüllung der vorstehenden gesetzlichen Obliegenheiten (Num. 1 bis 6) hat der Kurator sich bei dem Ober-Prokurator des Bezirks auszuweisen, und der letztere ist jenen bei seiner Geschäftsführung zu kontroliren verpflichtet. Handelt der Kurator dabei nachlässig oder sonst gesetzwidrig, und befolgt er die ihm zugehenden Verfügungen des Ober-Prokurators nicht, so hat der letztere dessen Entlassung und die Ernennung eines anderen Kurators in Antrag zu bringen, welcher alsdann nöthigenfalls im gerichtlichen Wege Rechnungslegung und Ersatz des der Kasse verursachten Schadens von dem abgehenden Kurator zu fordern hat.

8) Werden Erinnerungen gegen die von den Kuratoren der Königlichen Regierung zu legenden Rechnungen von der letzteren erhoben, so sind die Kuratoren verpflichtet, die von ihnen erforderte Auskunft unweigerlich zu ertheilen. Können die Erinnerungen im gütlichen Wege nicht erledigt werden, und tritt daher ein Rechtsverfahren ein, so wird die Regierung dabei, auf deren Verlangen, von dem öffentlichen Ministerium des Landgerichts, bei welchem der Prozeß schwebt, vertreten.

Uebrigens behält es bei den wegen Verwaltung der vakanten Erbschaften bestehenden gesetzlichen Bestimmungen lediglich sein Bewenden.

Berlin, den 29. Mai 1841.

Der Justiz-Minister
Mühler.

187.

Gemeinschaftliche Verfügung des Justiz-Ministers und des Ministers der auswärtigen Angelegenheiten vom 19. Juni 1841, — die Auslieferung ausländischer, eines betrügerischen Bankeruts in ihrem Vaterlande beschuldigten Individuen betreffend.

(Beschluß vom 24. Juli 1827, Lottner Bd. 3 S. 137.)

Auf Ew. Hochwohlgeboren Bericht vom 8. Mai d. J., die Auslieferung ausländischer, eines betrügerischen Bankeruts in ihrem Vaterlande beschuldigten Individuen betreffend, nehmen die unterzeichneten Ministerien keinen Anstand, die ihnen durch Beschluß vom 24. Juli 1827 (Lottner Bd. 3 S. 137) eingeräumte Befugniß, ausländische Verbrecher in gewissen, näher bezeichneten Fällen ohne vorläufige Anfrage ausliefern zu lassen, auch auf den Fall eines betrügerischen Bankerunts auszudehnen, vorausgesetzt, daß gegen den auszuliefernden Ausländer bereits ein Arrestbefehl, ein Verweisungs-Urtheil oder eine kondemnatorische Entscheidung Seitens der Gerichte seines Vaterlandes erfolgt ist.

Berlin, den 19. Juni 1841.

Der Justiz-Minister
Mühler.

Der Minister der auswärtigen Angelegenheiten
Freiherr v. Werther.

An
den Königlichen General-Prokurator Herrn Berghaus
Hochwohlgeboren
zu Köln.

I. 2808. Rhein. Krim. 62.

188.

Verfügung vom 22. Juni 1841, — den Stempel zu Inventarien betreffend.

(Gesetz vom 7. März 1822, Gesetz-Samml. S. 57.)

Ew. Hochwohlgeboren erhalten auf den Bericht vom 30. April d. J. Abschrift eines Schreibens des Herrn Finanz-Ministers vom 8. d. M. nebst dessen Anlagen mit dem Eröffnen, daß das Justiz-Ministerium ebenfalls damit einverstanden ist, daß es zu den fortgesetzten Inventarisations-Protokollen keines anderen, als des tarifmäßigen Stempels für Inventare bedürfe, mit der Maaßgabe jedoch, daß, wenn fortgesetzte notarielle Inventarisations-Protokolle einzeln, jedes für sich, ausgefertigt werden, alsdann nach dem Stempeltarif, Position: „Notariats-Instrumente" der Stempel von 15 Sgr. zu jedem Instrumente besonders verwendet werden muß.

Berlin, den 22. Juni 1841.

An
den Königlichen General-Prokurator Herrn Berghaus
Hochwohlgeboren
zu Köln.

Der Justiz-Minister
Mühler.

I. 2963. Rh. Gen. 62. Vol. 5.

189.

Allerhöchster Kabinets-Befehl vom 30. Juni 1841, — die Verpflichtung diesseitiger Unterthanen betreffend, eine Zeit lang auf einer Landes-Universität zu studiren.

Nachdem bereits in der Kabinets-Ordre vom 13. Oktober 1838, durch welche der Besuch der Universitäten in den deutschen Bundesstaaten den diesseitigen Unterthanen allgemein wiederum gestattet worden, denselben zugleich die Verpflichtung auferlegt ist, insofern sie sich nach vollendeten Studien um ein öffentliches Amt oder um die Zulassung zur medizinischen Praxis bewerben wollen, eine Zeit lang auf einer Landes-Universität zu studiren, will Ich nunmehr nach dem Antrage im Bericht des Staats-Ministeriums vom 17. d. M. diese Studienzeit auf einen Zeitraum von einem und einem halben Jahre hiermit festsetzen. Von dieser Verpflichtung Meiner Unterthanen, drei Semester ihrer Studienzeit auf einer inländischen Universität zuzubringen, soll derjenige Verwaltungs-Chef, in dessen Departement ein Studirender künftig seine erste Anstellung zu suchen beabsichtigt, in einzelnen Fällen zu dispensiren befugt sein, wenn ein solches Gesuch durch den Genuß von Stipendien oder durch besondere Familien-Verhältnisse begründet werden kann. Diese Dispensation soll sich aber der Regel nach nicht auf das letzte Jahr der Studienzeit erstrecken. Das Staats-Ministerium hat diese Bestimmungen, welche jedoch erst in Ansehung der mit dem nächsten Winterhalbjahre ihre Universitätsstudien beginnenden Studirenden in Kraft treten, durch die Gesetz-Sammlung zur öffentlichen Kenntniß zu bringen.

Sanssouci, den 30. Juni 1841.

An | Friedrich Wilhelm.

das Staats-Ministerium.

I. 4104. U. 23.

190.

Allgemeine Verfügung vom 9. Juli 1841, — betreffend die Legalisation der von einem Notar der St. Petersburger Börse aufgenommenen, zum Gebrauch in den Preußischen Staaten bestimmten Urkunden.

(Instr. vom 22. März 1833, Jahrb. Bd. 41 S. 222, und Reskript vom 9. Januar 1839, Just. Min. Blatt von 1839, S. 34 Num. 36.)

Nach der Anzeige des diesseitigen Königlichen Gesandten zu St. Petersburg besteht dort seit vielen Jahren eine Einrichtung, wonach bei der Petersburger Börse mehrere Notare dazu angestellt sind, um Urkunden, welche zum Gebrauche im Auslande bestimmt sind, aufzunehmen. Dergleichen Urkunden, (meist Vollmachten) werden von den am Kaiserlich Russischen Hofe akkreditirten Gesandten auswärtiger Staaten beglaubigt, ohne daß sie zuvor von dem Kaiserlich Russischen Ministerium der auswärtigen Angelegenheiten legalisirt worden sind.

Diesem allgemeinen Gebrauche gemäß hat auch der Königlich Preußische Gesandte in St. Petersburg die von jenen Notaren aufgenommenen Urkunden unmittelbar und ohne Dazwischenkunft einer Kaiserlich Russischen Behörde legalisirt. Eine solche blos gesandtschaftliche Legalisation ist jedoch in neuerer Zeit von einem einzelnen Obergerichte nicht für ausreichend erachtet, vielmehr verlangt worden, daß zuvor das Kaiserliche Ministerium der auswärtigen Angelegenheiten die Unterschrift des Börsen-Notars beglaubige.

Zur Vermeidung der Weiterungen und Kosten, welche durch die für nöthig gehaltene Vervollständigung der Beglaubigung den Parteien entstehen möchten, finden wir uns veranlaßt, mit Beziehung auf unsere Instruktion vom 22. März 1833 (Jahrb. Bd. 41 Seite 222) den Gerichtsbehörden hierüber Folgendes zu eröffnen.

Bei der Prüfung der im Auslande aufgenommenen Urkunden kann es den diesseitigen Gerichtsbehörden überhaupt nur darauf ankommen, durch die Legalisation über die Aechtheit der Urkunden, die Richtigkeit ihrer Signatur und Vollziehung Gewißheit zu erhalten. Diese Gewißheit ist genügend vorhanden, wenn der diesseitige Königliche Gesandte zu St. Petersburg unmittelbar die Unterschrift des Börsen-Notars, *als solchen*, beglaubigt, wobei es Sache des Gesandten ist, sich von der erfolgten Anstellung des betreffenden Individuums als dortiger Börsen-Notar Ueberzeugung zu verschaffen. Es ist daher zur Gültigkeit von dergleichen Urkunden vor den diesseitigen Gerichten die Beglaubigung von Seiten des Kaiserlich Russischen Ministeriums der auswärtigen Angelegenheiten nicht erforderlich.

Demgemäß werden die Gerichtsbehörden hierdurch angewiesen,

> die Urkunden, welche von einem Petersburger Börsen-Notar aufgenommen sind, dann als gehörig beglaubigt anzusehen, wenn die Unterschrift des Notars unmittelbar von der diesseitigen Königlichen Gesandtschaft zu St. Petersburg mit dem Bemerken legalisirt ist, daß ihr (der Gesandtschaft) die Eigenschaft des Ausstellers, als Börsen-Notar, bekannt sei.

In allen anderen Fällen verbleibt es bei dem im Justiz-Ministerial-Blatt (Jahrgang 1839 Seite 34 Num. 36) abgedruckten Reskript vom 9. Januar 1839.

Berlin, den 9. Juli 1841.

Der Justiz-Minister
Mühler.

Der Minister der auswärtigen Angelegenheiten
Frh. v. Werther.

An
sämmtliche Gerichtsbehörden.

I. 3774. Gen. 34. Vol. 3.

191.

Verfügung vom 24. Juli 1841, — betreffend die mit der Großherzoglich Hessischen Regierung abgeschlossene Uebereinkunft wegen wechselseitiger Vollstreckbarkeits-Erklärung der in dem Bezirke des Appellationsgerichtshofes zu Köln und in der Provinz Rhein-Hessen ergehenden Civil-Urtheile.

(Lottner Bd. 2 S. 417 und 418, Gesetz-Samml. von 1823 Seite 106, von 1841 Seite 122 — 124.)

Aus Veranlassung der unter dem 4. Juni d. J. mit der Großherzoglich Hessischen Regierung abgeschlossenen Uebereinkunft wegen wechselseitiger Vollstreckbarkeits-Erklärung der in dem Bezirke des Appellationsgerichtshofes zu Köln und in der Provinz Rhein-Hessen ergehenden Civil Urtheile (Gesetz-Sammlung S. 122—124) werden Ew Hochwohlgeboren darauf aufmerksam gemacht, daß nach der Großherzoglich Hessischen Verordnung vom 21. Juni 1817 in Verbindung mit der Bekanntmachung des Großherzoglich Hessischen Ministeriums der auswärtigen Angelegenheiten (Lottner Bd. 2 S. 417 und 418) ein Preußischer Unterthan von einem Hessischen Unterthanen vor ein Rhein-Hessisches Gericht

1) wegen aller, nicht auf Verträgen beruhenden Ansprüche, sie seien entstanden, wo sie wollen, und

2) wegen aller Ansprüche aus, in Hessen und mit einem Hessischen Unterthanen geschlossenen, Verträgen,

belangt werden kann; daß aber nach §. 7 des Gesetzes vom 2 Mai 1823 wegen Beschränkung des Art. 14 des in der Rheinprovinz geltenden Civilgesetzbuches, in Bezug auf die Staaten des deutschen Bundes (Gesetz-Sammlung S. 106) wegen der zu 1 genannten Ansprüche und wegen der zu 2 erwähnten, wenn sie auf, in Preußen mit einem Preußischen Unterthan geschlossenen Verträgen beruhen, auch ein Großherzoglich Hessischer Unterthan von einem Königlich Preußischen Unterthan bei einem an sich, der Sache nach kompetenten Gerichte im Bezirke des Appellationsgerichtshofes zu Köln belangt werden kann.

Ew. Hochwohlgeboren haben diese Verfügung durch die Amtsblätter der Rheinprovinz zur öffentlichen Kenntniß zu bringen.

Berlin, den 24. Juli 1841.

Der Justiz-Minister
Mühler.

An
den Königlichen Ersten Präsidenten des Appellationsgerichtshofes Herrn Schwarz und den Königlichen General-Prokurator Herrn Berghaus
Hochwohlgeboren
zu Köln.

I. 3660. A. 54. Vol. IV.

Ministerial-Erklärung, — betreffend die mit der Großherzoglich Hessischen Regierung abgeschlossene Uebereinkunft wegen wechselseitiger Vollstreckbarkeits-Erklärung der in dem Bezirke des Königlichen Appellationsgerichtshofes in Köln und in der Provinz Rheinhessen ergehenden Civil-Urtheile d. d 4. Juni, bekannt gemacht den 6. Juli 1841.

Von Seiten der Königlich Preußischen Regierung ist mit der Großherzoglich Hessischen Regierung zur wechselseitigen Beförderung der Rechtspflege in dem Bezirke des Königlich Preußischen Appellationsgerichtshofes zu Köln und in der Großherzoglichen Provinz Rheinhessen, mit Rücksicht auf die wesentliche Uebereinstimmung der Gesetzgebung und der Gerichtsverfassung in den eben erwähnten beiderseitigen Gebietstheilen, nachfolgende Uebereinkunft getroffen worden.

Artikel 1.

Die in einem der genannten beiden Landestheile in Civil-Sachen gegen Privat-Personen künftig ergehenden gerichtlichen, dort vollstreckbaren Definitiv-Urtheile sollen auch in dem anderen so, als ob sie in diesem ergangen wären, unter den nachfolgenden Bedingungen, gegen den Verurtheilten sowohl Hypothekar-Inskriptionen begründen, als auch unweigerlich vollstreckt werden.

Ausgeschlossen hiervon sind nur diejenigen Civil-Urtheile, durch welche in dem einen der genannten Landestheile über Streitigkeiten entschieden worden ist, welche den Stand der Person (quaestiones status), oder solche Angelegenheiten eines Angehörigen des anderen Landestheils betreffen, in welchen nach den in diesem geltenden Gesetzen eine Prorogation des Gerichtsstandes nicht statthaft ist.

Artikel 2.

Die im Artikel 1 bezeichneten, in dem einen Landestheile ergangenen Civil-Urtheile können jedoch nur dann in dem anderen Hypothekar-Inskription begründen und vollstreckt werden, wenn sie in demselben von demjenigen Gerichte erster Instanz für vollstreckbar erklärt worden sind, in dessen Bezirke die Inskription oder Exekution stattfinden soll.

Sollten die Urtheile in den Bezirken mehrerer dieser Gerichte inskribirt oder vollstreckt werden, so genügt die von einem derselben erfolgte Vollstreckbarkeits-Erklärung.

Artikel 3.

Diejenige Partei, welche die Vollstreckbarkeits-Erklärung nachsuchen will, hat dem Präsidenten des Gerichts des Exekutionsortes (Artikel 2) durch einen Anwalt eine exekutorische Ausfertigung und eine beglaubigte Abschrift des Urtheils mit dem schriftlichen Gesuche zu überreichen, das Urtheil für vollstreckbar zu erklären.

Artikel 4.

Ueber dieses Gesuch wird, ohne daß es einer vorgängigen Ladung bedarf, nach erfolgtem Bericht eines Referenten und dem Antrage der Staatsbehörde in der Rathskammer erkannt.

Erklärt das Gericht das Urtheil für vollstreckbar, so wird eine Ausfertigung der diesfälligen Entscheidung auf die überreichte exekutorische Ausfertigung des Urtheils gesetzt, und dieselbe dem Anwalte übergeben; wogegen die überreichte beglaubte Abschrift jenes Urtheils der Abschrift des bezüglich der Vollstreckbarkeits-Erklärung erlassenen Urtheils angebogen, und nebst diesem auf der Gerichtskanzlei aufbewahrt wird.

Versagt die Rathskammer die Vollstreckbarkeits-Erklärung, so geschieht dieses in einem besonderen Urtheile, in welchem die Rückgabe der überreichten Ausfertigung des Urtheils verordnet wird. Gegen diese Entscheidung kann der Extrahent unter Vorlegung einer Ausfertigung derselben und der des Urtheils, ein Rekursgesuch bei dem Gerichte der zweiten Instanz anbringen, unter Beobachtung der im Artikel 3 vorgeschriebenen Form. Die Gerichte erster und zweiter Instanz haben in solchen Fällen nur zu prüfen, ob das Urtheil nicht zur Kategorie der im Artikel 1 a linea 2 erwähnten Ausnahmen gehört. Außerdem steht ihnen weder eine Prüfung der Kompetenz des Gerichtes, welches das Urtheil erlassen hat, noch eine Beurtheilung der Gesetzmäßigkeit der Entscheidung zu.

Artikel 5.

Die Vollstreckung der in Gemäßheit des Art. 4 für exekutorisch erklärten Urtheile findet sowohl in das bewegliche und unbewegliche Vermögen, als auch, insoweit die Gesetze des Landestheils, wo sie geschehen soll, dies gestatten, gegen die Person des Verurtheilten statt.

Artikel 6.

Einsprüche des Verurtheilten wider die Vollstreckung des für exekutorisch erklärten Urtheils gehören nur dann vor das Gericht erster Instanz des Bezirks, in welchem sie geschieht, wenn sie auf einen der nachfolgenden Gründe gestützt werden:

1) daß das Urtheil zur Kathegorie der im Art. 1 a linea 2 erwähnten Ausnahmen gehöre;

2) daß die Vollstreckungsfähigkeit des Urtheils durch eingelegte Rechtsmittel oder sonst suspendirt, oder im gesetzlichen Wege aufgehoben oder erloschen sei;

3) daß gegen die am Vollstreckungsorte geltenden Förmlichkeiten der Exekution gefehlt, oder eine unstatthafte Art der Exekution stattgefunden;

4) daß nach Erlassung des für exekutorisch erklärten Urtheils die Schuld durch Zahlung, Kompensation, Erlaß, Vergleich oder sonst erloschen sei, insoweit diese Einrede nicht im Wege der Rechtsmittel wider das Urtheil selbst geltend gemacht werden kann.

Artikel 7.

Einsprüche, welche von dritten Personen gegen die Vollstreckbarkeit des Urtheils erhoben werden, insbesondere diejenigen, durch welche das Eigenthum der gegen den Schuldner gepfändeten Gegenstände in Anspruch genommen wird, gehören vor das Gericht, in dessen Bezirke die Exekution geschieht.

Artikel 8.

Alle gegen das für vollstreckbar erklärte Urtheil selbst, nach den Gesetzen, unter deren Herrschaft es erlassen worden, zulässige Rechtsmittel müssen bei den kompetenten Gerichten desjenigen Landes angebracht werden, in welchem es ergangen ist, selbst wenn sie auf den Einwand der Inkompetenz des erkennenden Gerichts gestützt werden.

Artikel 9.

Das Gesetz vom 10. Dezember 1807 über die Körperhaft gegen Fremde findet in der Königlich Preußischen Rheinprovinz gegen Angehörige der Großherzoglichen Provinz Rheinhessen, und in dieser gegen Angehörige der Preußischen Rheinprovinz keine Anwendung.

Artikel 10.

Die Dauer der gegenwärtigen Uebereinkunft wird unter Voraussetzung des fortdauernden Bestandes der gegenwärtigen Civilgesetzgebung und Civilgerichts-Verfassung in dem Bezirke des Appellationsgerichtshofes zu Köln und der Provinz Rheinhessen auf 12 Jahre, vom 1. Juli 1841 angerechnet, festgesetzt. Erfolgt 6 Monate vor dem Ablaufe keine Aufkündigung von einer oder der andern Seite, so gilt sie, ihrem ganzen Inhalte nach, auf einen ferneren Zeitraum von 12 Jahren.

Hierüber ist Königlich Preußischer Seits vorstehende Ministerial-Erklärung ausgefertigt und mit dem Königlichen Insiegel versehen worden.

Berlin, den 4. Juni 1841.

(L. S.)

Königlich Preußisches Ministerium
der auswärtigen Angelegenheiten.
Frh. v. Werther.

Vorstehende Erklärung wird, nachdem solche gegen eine übereinstimmende Erklärung des Großherzoglich Hessischen Ministeriums der auswärtigen Angelegenheiten vom 19. Juni d. J. ausgewechselt worden, hierdurch zur öffentlichen Kenntniß gebracht.

Berlin, den 6. Juli 1841.

Der Minister der auswärtigen Angelegenheiten
Frh. v. Werther.

192.

Verfügung vom 17. August 1841, — die Ausbildung der Referendarien bei Friedensgerichten außerhalb des Gerichtssitzes, betreffend.

Das Justiz-Ministerium ist mit der von Ew. Hochwohlgeboren in dem unter dem 7. Mai d. J. erstatteten Jahresberichte ausgesprochenen Ansicht völlig einverstanden, daß den Landgerichts-Präsidenten und Ober-Prokuratoren nicht die Befugniß einzuräumen sei, Referendarien wider deren Willen an auswärtige Friedensgerichte zur Erledigung ihrer friedensrichterlichen Stage zu verweisen. Wenn es wirklich in dem eigenen Interesse der in der Ausbildung begriffenen Referendarien liegt, bei einem mehr beschäftigten auswärtigen Friedensgerichte zu stagiren, so werden sie selbst diese Beschäftigung wünschen, und wird alsdann dieser Wunsch unbedenklich gewährt werden können.

Berlin, den 17. August 1841.

An den Königlichen General-Prokurator Herrn Berghaus Hochwohlgeboren zu Köln.

Das Justiz-Ministerium. Ruppenthal.

I. 3179. Rh. Off. Sachen 7. Vol. 4.

193.

Verfügung vom 17. August 1841, — die Ausfertigung der friedensrichterlichen Urtheile betreffend. (Art. 28 und 31 der Civil-Prozeß-Ordnung.)

Aus Ew. Hochwohlgeboren, des Herrn Ersten Präsidenten, Jahresberichte für 18$\frac{39}{40}$ ist ersehen worden, daß hin und wieder die Ausfertigungen der friedensrichterlichen Urtheile nicht auf das Endurtheil beschränkt, sondern mit diesem zugleich auch alle vorhergehende Verhandlungen mit allen ihren Audienzterminen und Interlokuten ausgefertigt und dem Sukkumbenten zugestellt werden. Da dieses Verfahren den deutlichen Vorschriften der Artikel 28 und 31 der Civil-Prozeß-Ordnung entgegenläuft, wonach es einer Zufertigung des Interlokuts an die Parteien nur in dem Falle bedarf, wenn dagegen Appellation eingewendet worden ist, bevor das Endurtheil gesprochen war; so ist darauf zu halten, daß dem verlierenden Theile nur das friedensgerichtliche Endurtheil, nicht aber mit den Vorverhandlungen zugestellt werde. Der Partei bleibt es jedoch unbenommen, sich selbst beglaubte Abschriften der Vorverhandlungen auf ihre Kosten ertheilen zu lassen.

Ew. Hochwohlgeboren haben hiernach die Friedensgerichte mit Anweisung zu versehen.

Berlin, den 17. August 1841.

An den Königlichen Ersten Präsidenten des Appellationsgerichtshofes Herrn Schwarz und den Königlichen General-Prokurator Herrn Berghaus Hochwohlgeboren zu Köln.

Das Justiz-Ministerium. Ruppenthal.

I. 4022. Rhein. Gen. 47. Vol. 3.

194.

Verfügung vom 20. August 1841, — die Ertheilung besonderer Quittungen Seitens der exequirenden Gerichtsvollzieher an die zahlenden Schuldner betreffend.

Nach der Anzeige des Landgerichts-Präsidenten zu Trier sind mehrmals Verwickelungen dadurch entstanden, daß die Gerichtsvollzieher, welche mit der Beitreibung von Forderungen beauftragt worden sind, und Abschlagszahlungen für ihre Kommittenten erheben, diese abschläglichen Zahlungen nur auf der Ausfertigung der exekutorischen Schuldurkunde vermerken und die Schuldner darüber mit keiner besonderen Quittung versehen. Jener Vermerk auf der in Händen des Gläubigers verbleibenden Schuldurkunde kann dem Schuldner eine genügende Bescheinigung über die geleistete Zahlung um so weniger geben, als er diese Bescheinigung ganz entbehrt, wenn die Schuldurkunde verloren geht oder sonst nicht herbeizuschaffen ist. Als eine vollständige Quittungsleistung kann jenes Verfahren daher nicht angesehen werden, und haben Ew. Hochwohlgeboren deshalb die Gerichtsvollzieher anzuweisen, die für Rechnung ihrer Kommittenten erhobenen Abschlagszahlungen nicht allein auf der Schuldurkunde zu vermerken, sondern auch außerdem der Zahlung leistenden Partei, selbst wenn sie es nicht verlangt, darüber eine besondere Quittung zu ertheilen.

Berlin, den 20. August 1841.

Das Justiz-Ministerium.
Ruppenthal.

An
den Königlichen General-Prokurator
Herrn Berghaus
Hochwohlgeboren
zu Köln.

I. 4021. Rh. Off. Sachen 27. Vol. 4.

195.

Regulativ vom 23. August 1841, — über die Einrichtung des Fabrikengerichts zu Gladbach.

a.

Ich will nach Ihrem Antrage vom 23. v. M. die Gemeinen Dülken und Süchteln im Kreise Kempen und die

Gemeinen Grevenbroich, Elsen, Jüchen, Neukirchen und Wickrath im Kreise Grevenbroich dem Gerichtssprengel des Fabrikengerichts zu Gladbach einverleiben und zugleich bestimmen, daß die erstern Gemeinen von der Vergleichskammer zu Viersen, die letztere aber von der zu Rheydt ressortiren und beziehungsweise an der Wahl der Mitglieder dieser Vergleichskammern Theil nehmen sollen.

Berlin, den 15. Juni 1839.

An die Staats-Minister Mühler und Graf von Alvensleben.

Friedrich Wilhelm.

---

b.

Wir Friedrich Wilhelm, von Gottes Gnaden König von Preußen ꝛc.

Da sich das Bedürfniß gezeigt hat, den Sprengel des Fabrikengerichts des Kreises Gladbach, wie solcher durch das Reglement vom 14. November 1835 und die Ordre vom 15. Juni 1839 festgestellt worden ist, zu erweitern, auch mit den Vergleichskammern innerhalb dieses Gerichtssprengels einige Abänderung eintreten zu lassen, endlich aber die Zahl der Mitglieder dieses Fabrikengerichts und ihrer Stellvertreter in entsprechender Weise anders zu bestimmen, so haben Wir auf den Antrag Unserer Minister der Justiz und der Finanzen und des Handels beschlossen, das gedachte Reglement vom 14. November 1835, sowie die Ordre vom 15. Juni 1839 außer Kraft zu setzen und an deren Stelle die nachfolgende Verordnung treten zu lassen.

§. 1.

Das Fabrikengericht behält seinen Sitz zu Gladbach und führt fortan die Benennung:

„Königliches Fabrikengericht zu Gladbach."

§. 2.

Die Zuständigkeit desselben erstreckt sich auf sämmtliche Fabrikationszweige und Handwerke im Kreise Gladbach, ferner in den Bürgermeistereien Grevenbroich, Elsen, Jüchen, Neukirchen und Wickrath des Kreises Grevenbroich, und in den Bürgermeistereien Dülken, Süchteln, Kaldenkirchen, Lobberich, Waldniel, Oedt, Grefrath, Breyell, Boisheim, Bracht, Brüggen, Amern St. Anton und Amern St. Georg, des Kreises Kempen, und auf alle im Umfange dieses Sprengels beschäftigte Gewerbtreibende.

§. 3.

Das Gericht wird in die vier Vergleichskammern zu Gladbach, Rheydt, Viersen und Dülken getheilt. Es gehören

1) zum Bezirke der Vergleichskammer zu Gladbach die Bürgermeistereien Gladbach, Neuwerk, Hardt, Dahlen, Corschenbroich, Kleinenbroich, Neersen, Schiefbahn und Waldniel;
2) zum Bezirke der Vergleichskammer zu Rheydt die Bürgermeistereien Rheydt, Odenkirchen, Schelsen, Liedberg, Grevenbroich, Elsen, Jüchen, Neukirchen und Wickrath;
3) zum Bezirke der Vergleichskammer zu Viersen die Bürgermeistereien Viersen, Süchteln und Oedt, und
4) zum Bezirke der Vergleichskammer zu Dülken die Bürgermeistereien Dülken, Kaldenkirchen, Lobberich, Grefrath, Breyell, Boisheim, Bracht, Brüggen, Amern St. Anton und Amern St. Georg. Ob die Bürgermeistereien Grefrath, Breyell, Boisheim, Bracht, Brüggen, Amern St. Anton und Amern St. Georg dem Sprengel des Fabrikengerichts sofort einzuverleiben seien, oder ob dies bei allen oder einigen derselben einstweilen ausgesetzt bleiben solle, wird dem Ermessen Unserer Minister der Justiz und der Finanzen und des Handels vorbehalten, die den Zeitpunkt zu bestimmen und durch das Amtsblatt der Regierung zu Düsseldorf bekannt zu machen haben.

§. 4.

Das Fabrikengericht besteht aus siebzehn Mitgliedern, welche ihr Amt unentgeltlich verrichten, und zwar aus

Neun Fabrikherren, welche selbst Handel treiben, und acht Werkmeistern, Fabrikarbeitern und Handwerkern, welche mindestens drei Thaler Klassensteuer jährlich entrichten.

Sie sind von den Gewerbetreibenden selbst, mit Vorbehalt der Bestätigung durch die Regierung zu Düsseldorf, nach den weiter unten folgenden Vorschriften mit der Maaßgabe zu wählen, daß

aus dem Bezirke der Vergleichskammer zu Gladbach 5 Mitglieder, nämlich 3 Fabrikherren und 2 Werkmeister, Fabrikarbeiter oder Handwerker;
aus dem Bezirke der Vergleichskammer zu Rheydt 4 Mitglieder, nämlich 2 Fabrikherren und 2 Werkmeister, Fabrikarbeiter oder Handwerker;
aus dem Bezirke der Vergleichskammer zu Viersen 4 Mitglieder, nämlich 2 Fabrikherren und 2 Werkmeister, Fabrikarbeiter oder Handwerker;
aus dem Bezirke der Vergleichskammer zu Dülken 4 Mitglieder, nämlich 2 Fabrikherren und 2 Werkmeister, Fabrikarbeiter oder Handwerker,

erwählt werden müssen.

§. 5.

Die Mitglieder des Fabrikengerichts bilden zugleich die Vergleichskammern, dergestalt, daß die aus jedem einzelnen Bezirk erwählten Mitglieder die Verrichtungen der Vergleichskammer für diesen Bezirk nach näherer Bestimmung der Geschäfts-Ordnung abwechselnd vierteljährlich zu versehen haben.

§. 6.

Außer den ordentlichen Mitgliedern sind eben so viele Stellvertreter, welche ihr Amt gleichfalls unentgeltlich verrichten, zu bestellen, und zwar:

Neun Fabrikherren, welche selbst Handel treiben, und acht Werkmeister, Fabrikarbeiter oder Handwerker, welche mindestens drei Thaler Klassensteuer jährlich entrichten.

Dieselben sind gleichmäßig von den Gewerbetreibenden selbst, mit Vorbehalt der Bestätigung durch die Regierung zu Düsseldorf, und zwar

aus dem Bezirke der Vergleichskammer zu Gladbach 5 Stellvertreter, nämlich 3 Fabrikherren und 2 Werkmeister, Fabrikarbeiter oder Handwerker;
aus dem Bezirke der Vergleichskammer zu Rheydt 4 Stellvertreter, nämlich 2 Fabrikherren und 2 Werkmeister, Fabrikarbeiter oder Handwerker;
aus dem Bezirke der Vergleichskammer zu Viersen 4 Stellvertreter, nämlich 2 Fabrikherren und 2 Werkmeister, Fabrikarbeiter oder Handwerker;
aus dem Bezirke der Vergleichskammer zu Dülken 4 Stellvertreter, nämlich 2 Fabrikherren und 2 Werkmeister, Fabrikarbeiter oder Handwerker

zu wählen.

§. 7.

Die Wahl der Mitglieder und Stellvertreter geschieht in jedem der vier Bezirke (§. 3) besonders, dergestalt, daß die darauf treffenden Mitglieder (§. 4) und Stellvertreter (§. 6) von den Stimmberechtigten, welche jedem einzelnen Bezirke angehören, gewählt werden.

§. 8.

Stimmberechtigt sind alle in diesem Bezirk wohnhafte Fabrikherren und alle in demselben ihr Gewerbe treibende Werkmeister, Fabrikarbeiter oder Handwerker, welche mindestens drei Thaler Klassensteuer jährlich entrichten; jedoch bleiben von der Stimmberechtigung diejenigen ausgeschlossen, welche

1) fallit oder
2) durch ein Strafurtheil der im Art. 42 des Strafgesetzbuchs bezeichneten bürgerlichen Rechte verlustig

erklärt sind, so lange sie nicht rehabilitirt worden, oder, falls die Aberkennung der bürgerlichen Rechte auf einen bestimmen Zeitraum sich beschränkt, dieser noch nicht abgelaufen ist.

§. 9.

Zu Mitgliedern wählbar sind alle Handeltreibende, Fabrikanten, und alle, mindestens drei Thaler Klassensteuer jährlich entrichtende Werkmeister, Fabrikanten oder Handwerker, welche

a) in dem Bezirke, wo die Wahl geschieht, wohnhaft sind, und dort ihr Gewerbe treiben, sofern sie

b) eben dieses Gewerbe schon sechs Jahre lang betrieben, auch

c) das dreißigste Lebensjahr zurückgelegt haben.

Diejenigen unter ihnen, welche nach §. 8 von der Stimmberechtigung ausgeschlossen sind, dürfen aber nicht erwählt werden.

§. 10.

Damit indeß die verschiedenen Fabrikationszweige und Handwerke in dem Fabrikengerichte angemessen vertreten werden, wird Unser Minister der Finanzen und des Handels die Gewerbklassen, aus welchen die Mitglieder dieses Gerichts zu wählen sind, sowie die Zahl der aus jeder Klasse zu wählenden Mitglieder, von drei zu drei Jahren bestimmen.

§. 11.

Die Wählbarkeit der Stellvertreter bestimmt sich nach eben den Erfordernissen (§. 9) wie die der Mitglieder.

§. 12.

Die Wahl der Mitglieder und Stellvertreter erfolgt in jedem Bezirke auf Anordnung des betreffenden Landraths, und unter dem Vorsitze desselben, oder eines von ihm damit beauftragten Beamten, nach Vorschrift der Art. 13 und 19 des Dekrets vom 11. Juni 1809 und der nachfolgenden weiteren Bestimmungen.

§. 13.

Jeder Stimmberechtigte kann nur in Person, nicht aber durch Bevollmächtigte, bei der Wahl mitwirken und nur in demjenigen Bezirke stimmen, in welchem er seinen Wohnsitz hat und sein Gewerbe treibt.

§. 14.

Jeder Stimmberechtigte hat die Befugniß, einen Kandidaten in Vorschlag zu bringen. Der von dem Vorsitzenden zu bestellende Protokollführer trägt diese Vorschläge in ein Verzeichniß zusammen, welches zur Einsicht der Anwesenden auf den Tisch des Wahlvorstandes niedergelegt wird.

§. 15.

Die Wahl wird sodann von den anwesenden Stimmberechtigten durch Geheimstimmung auf Stimmzetteln nach absoluter Stimmenmehrheit vollzogen.

§. 16.

Ergiebt die Wahl nicht für alle zu besetzende Stellen eine absolute Stimmenmehrheit, so werden für jede noch zu besetzende Stelle die beiden Kandidaten, welche verhältnißmäßig die meisten Stimmen erhalten haben, zur neuen Wahl gebracht, so lange, bis sämmtliche Mitglieder und Stellvertreter mit absoluter Stimmenmehrheit gewählt sind.

§. 17.

Die Wahlverhandlung wird hiernächst zur Bestätigung der gewählten Mitglieder und Stellvertreter an die Regierung zu Düsseldorf eingesandt, welche auch etwanige Streitigkeiten über die Wählbarkeit und Stimmberechtigung, sowie über die Gültigkeit der Wahlen, mit Vorbehalt des Rekurses an Unsern Minister der Finanzen und des Handels entscheidet.

§. 18.

Nach erfolgter Bestätigung werden die Gewählten in Gemäßheit der Vorschrift vom 5. November 1833 (Gesetz-Sammlung für 1833 S. 291) eidlich verpflichtet und in ihre Verrichtungen eingeführt.

§. 19.

Geräth ein Mitglied oder ein Stellvertreter in den Fallit-Zustand, so hört vom Tage des Falliments-Urtheils sein diesfälliges Amt von selbst auf.

§. 20.

Rücksichtlich der Suspension und Amtsentsetzung der Mitglieder und Stellvertreter finden die allgemeinen, wegen der richterlichen Beamten bestehenden, Gesetze Anwendung. Das vor einer Civilkammer des Landgerichts einzuleitende Disziplinar-Verfahren findet bei verschlossenen Thüren unter Beachtung der für das Disziplinar-Verfahren gegen richterliche Beamte vorgeschriebenen Formen statt.

§. 21.

Der Sekretair des Fabrikengerichts wird von dem Fabrikengerichte in Gemäßheit der Bestimmung des Dekrets vom 11. Juni 1809 nach absoluter Stimmenmehrheit gewählt und auf Kündigung angestellt. Derselbe darf nicht selbst Mitglied des Gerichts oder Stellvertreter sein, er muß die nöthige Geschäftskenntniß besitzen, zum Civil-Staatsdienste berechtigt und befähigt sein, und vorzugsweise aus den geprüften Gerichtsschreiber-Kandidaten erwählt werden.

§. 22.

Die Wahl des Sekretairs bedarf der Bestätigung durch die Regierung zu Düsseldorf, nach deren Ertheilung er nach Maaßgabe des §. 18 und der Vorschrift vom 5. November 1833 durch das Fabrikengericht eidlich zu verpflichten ist.

§. 23.

Der Sekretair bezieht für die ihm obliegenden Verpflichtungen das aus der Staatskasse bewilligte jährliche Gehalt, und die in dem Dekret vom 11. Juni 1809 bestimmten Gebühren.

§. 24.

Derselbe kann bei etwa eintretender Anhäufung der Geschäfte von dem Gerichte angehalten werden, einen Schreibgehülfen auf seine Kosten zu halten, dessen Person von ihm in Vorschlag gebracht wird, welcher jedoch vor seinem Dienstantritt die Bestätigung des Gerichts erhalten und darauf von letzterem eidlich verpflichtet werden muß.

§. 25.

Die Amtsdauer der ordentlichen Mitglieder des Fabrikengerichts ist auf drei Jahre festgesetzt. Die Ordnung, in welcher die Mitglieder aus den Bezirken der Vergleichskammer zu Gladbach, Rheidt und Viersen austreten und neue gewählt werden, steht schon durch das Dienstalter der bisherigen Mitglieder fest, wogegen aus dem Bezirke Dülken der Austritt der Mitglieder von der ersten Wahl in der Art erfolgen soll, daß nach dem zweiten Jahre zwei durch das Loos bestimmte Mitglieder, nämlich ein Fabrikherr und ein Werkmeister, Fabrikarbeiter oder Handwerker, nach dem dritten Jahre aber die beiden andern austreten.

§. 26.

Diejenigen Stellen, welche durch den ordentlichen Dienstaustritt oder durch sonstigen Abgang zur Erledigung kommen, werden vor dem Jahresschlusse durch neue Wahl nach den obigen Bestimmungen wieder besetzt, mit dem Unterschiede, daß die Verzeichnisse der Stimmberechtigten zu diesen neuen Wahlen nach den Bestimmungen des Art. 24 des Dekrets vom 11. Juni 1809 mittelst Offenlegung derselben in dem Geschäftslokal des Bürgermeisters und Eintragung der Stimmfähigen auf deren Anmeldung, aufgenommen werden. Dieselben haben sich zu dem Ende über Entrichtung der Klassensteuer in der oben bestimmten Höhe auszuweisen.

§. 27.

Für die außerordentlicher Weise erledigten Stellen geschieht die Wiedererwählung nur für die Zeit, welche die Abgehenden noch im Amte zu bleiben verpflichtet gewesen wären.

§. 28.

Die austretenden Mitglieder des Fabrikengerichts sind jederzeit wieder wählbar.

§. 29.

Die Amtsdauer der Stellvertreter ist gleichfalls auf drei Jahre beschränkt. Bevor durch dieselbe die Ordnung des Austritts sich von selbst bestimmt, soll sie in der Art erfolgen, daß aus dem Bezirke der Vergleichskammer von Gladbach und Rheydt nach dem ersten Jahre je ein Fabrikherr und ein Werkmeister, Fabrikarbeiter oder Handwerker austritt; nach dem zweiten Jahre dasselbe wiederum aus dem Bezirke Gladbach und aus dem Bezirke Viersen und Dülken geschieht; nach Verlauf des dritten Jahres die noch übrigen sieben Stellvertreter abgehen, nämlich aus jedem Bezirke ein Fabrikherr und aus den Bezirken Rheydt, Viersen und Dülken ein Werkmeister, Fabrikarbeiter oder Handwerker. Unter den Mitgliedern des nämlichen Bezirks richtet sich die Reihenfolge des Austritts nach dem Dienstalter, und wo dieses nicht entscheidet, wird sie durchs Loos festgesetzt.

§. 30.

Die austretenden Stellvertreter sind ebenfalls jederzeit wieder wählbar.

§. 31.

Die Kompetenz und die Amtsverrichtungen des Fabrikengerichts, sowie das Verfahren bei demselben, imgleichen die Wirksamkeit der Vergleichskammern bestimmen sich nach den, hinsichtlich der Räthe der Gewerbverständigen in der Rheinprovinz bestehenden, oder in der Folge ergehenden allgemeinen Vorschriften.

Die Urschriften der Erkenntnisse sind von dem Präsidenten oder dessen Stellvertreter und von dem Sekretair zu unterzeichnen.

Die Stempel zu den betreffenden Verhandlungen sind nach den Vorschriften des Stempelgesetzes vom 7. März 1822 und den, solches ergänzenden und erläuternden Verordnungen zu verwenden.

§. 32.

Die Ordnung der Sitzungen und der Geschäftsführung in dem Fabrikengerichte, wie in den einzelnen Vergleichskammern, wird durch ein Regulativ bestimmt, welches von dem Fabrikengerichte zu entwerfen und der Regierung zu Düsseldorf znr Bestätigung einzusenden ist. Jedenfalls muß das Fabrikengericht in jedem Monat, und jede Vergleichskammer in jeder Woche einmal zusammentreten.

§. 33.

Das Lokal für die Sitzungen und die Geschäftsführung des Fabrikengerichts, sowie für die Vergleichskammer zu Gladbach, ist, nebst der Heizung, von der Gemeine Gladbach unentgeltlich zu beschaffen, und eben so ist für die Vergleichskammer zu Rheydt, zu Viersen und zu Dülken das nöthige Lokal und dessen Heizung, resp. von der Gemeine Rheydt, der Gemeine Viersen und der Gemeine Dülken, unentgeltlich zu gewähren.

§. 34.

Die Kosten für Schreibmaterialien und Kopialien hat der Sekretair ohne besondere Vergütigung zu bestreiten.

§. 35.

Wenn die durch die Ordre v. 25. November 1837 aus der Staatskasse zu Büreaukosten bewilligten 60 Thlr. nicht ausreichen, sondern für Erleuchtung, Bedienung u. s. w. beim Fabrikengericht und bei den Vergleichskammern noch weitere Kosten erforderlich sein sollten, so sind solche von den Gewerbtreibenden selbst aufzubringen. Ueber die Art der Vertheilung des aufzubringenden Bedarfs auf die einzelnen Interessenten bleibt die Bestimmung Unserm Minister der Finanzen und des Handels vorbehalten.

§. 36.

Die bei dem Fabrikengericht eingehenden Strafgelder sollen zu Belohnungen und Ermunterungen des Gewerbefleißes in dem Sprengel des Fabrikengerichts verwendet werden. Das Fabrikengericht hat jährlich einen Nachweis über dieselben, nebst seinem Gutachten über deren Verwendung, bei der Regierung zu Düsseldorf einzureichen, auf deren Vorschlag die weitere Verfügung erfolgen wird.

Urkundlich unter Unserer Höchsteigenhändigen Unterschrift und beigedrucktem Königlichen Insiegel.

So geschehen Berlin, den 23. August 1841.

Friedrich Wilhelm.

Mühler. Graf von Alvensleben.

I. 5273. Rh. Gen. 52. Vol. 2.

196.

Verfügung vom 24. August 1841, — die Behandlung der bei einer Siegelanlegung im Nachlasse vorgefundenen holographischen Testamente betreffend.

(Art. 920 und 922 der Civil-Prozeß-Ordnung; Art. 1007 des bürgerlichen Gesetzbuchs.)

Das Justiz-Ministerium ist mit der von Ew. Hochwohlgeboren in dem Jahresberichte vom 10. Juni d. J., in Betreff der Behandlung der, bei einer Siegelanlegung im Nachlasse vorgefundenen holographischen Testamente, geäußerten Ansicht dahin einverstanden, daß auch in dem Falle, wenn ein offenes Testament sich bei der Siegelanlage vorfindet, welches dem Landgerichts-Präsidenten präsentirt werden muß, der Letztere mit Zuziehung des Landgerichts-Sekretairs ein Protokoll aufzunehmen und den Zustand des Testaments zu beschreiben oder zu konstatiren hat: da in den Artikeln 920 und 922 der Civil-Prozeß-Ordnung nichts enthalten ist, weshalb hier nicht eben so, wie in dem Falle, wenn ein verschlossenes Testament gefunden wird, nach Vorschrift des Artikels 1007 des bürgerlichen Gesetzbuchs in gedachter Art zu verfahren wäre, und es hier ebenfalls darauf ankommt, dem Testamente, welches bisher noch keinen Depositar hatte, einen solchen zu geben.

Dabei kann es auch keinen Unterschied in der Verfahrungsweise begründen, ob ein Testament bei der Siegelanlage sich vorfindet, oder von den Verwandten des Verstorbenen dem mit der Siegelanlage eben beschäftigten Friedensrichter überbracht wird.

Berlin, den 24. August 1841.

Das Justiz-Ministerium.
Ruppenthal.

An
den Königlichen Ersten Präsidenten
des Appellationsgerichtshofes
Herrn Schwarz
Hochwohlgeboren
zu Köln.

I. 4024. Rh. Gen. 180.

197.

Verfügung vom 25. August 1841, — die Ueberweisung des Stempels in fiskalischen und Armen-Prozessen von den Landgerichten an die Haupt-Steuer-Aemter zur Einziehung betreffend.

In Erwägung der von Ew. Hochwohlgeboren in dem Berichte vom 18. Juni d. J. angeführten Gründe ist das Justiz-Ministerium damit einverstanden, daß bei allen Landgerichten die Stempel in fiskalischen und Armen-Prozessen künftig dem betreffenden Haupt-Steuer-Amte des Bezirks zur Einziehung überwiesen werden.

Sie haben daher die Ober-Prokuratoren zur Anweisung an die Ober-Sekretaire hiervon zu benachrichtigen.

Berlin, den 25. August 1841.

Für den Justiz-Minister, vermöge Allerhöchsten Auftrags
Ruppenthal.

An
den Königlichen General-Prokurator
Herrn Berghaus
Hochwohlgeboren
zu Köln.

I. 3250. Rh. Gen. 62. Vol. 5.

198.

Verfügung vom 25. August 1841, — die Vorschläge der Notariats-Kandidaten zur Anstellung als Notare betreffend

Da bei der großen Anzahl der vorhandenen Notariats-Kandidaten diejenigen, welche die Notariats-Prüfung bestanden haben, gegenwärtig erst nach Verlauf mehrerer Jahre zu einer Anstellung als Notar gelangen können, so werden Ew. Hochwohlgeboren, wie Ihnen auf Ihren Jahresbericht vom 7. Mai d. J. eröffnet wird, hiermit veranlaßt, nur solche Kandidaten zu einer Anstellung als Notar in Vorschlag zu bringen, welche nach zurückgelegter Notariats-Prüfung auch ferner bei einem Notar oder in ihrer Eigenschaft als Referendarien, Assessoren, Friedensrichter oder Advokat-Anwälte bei einem Gerichte, wenn auch nicht ununterbrochen, doch in der Art praktisch sich beschäftigt haben, daß sie Beweise ihrer fortdauernden Fähigkeit und Brauchbarkeit an den Tag gelegt haben.

Ew. Hochwohlgeboren haben die Notariats-Kandidaten durch eine angemessene Bekanntmachung in den Amtsblättern hierauf aufmerksam zu machen und sie aufzufordern, daß, wenn sie auf Anstellung rechnen, sie sich über ihre Beschäftigung alljährlich bei Ew. Hochwohlgeboren ausweisen.

Berlin, den 25. August 1841.

Für den Justiz-Minister, vermöge Allerhöchsten Auftrags
Ruppenthal.

An
den Königlichen General-Prokurator
Herrn Berghaus
Hochwohlgeboren
zu Köln.

I. 3181. Rh. Off. S. 30. Vol. 2.

199.

Verfügung vom 25. August 1841, — die Korrespondenz-Gebühren der Notare betreffend.

Das Justiz-Ministerium ist mit der von Ew. Hochwohlgeboren in dem Jahresbericht vom 7. Mai d. J., in Betreff der Korrespondenz-Gebühren der Notare, geäußerten Ansicht einverstanden, daß die Notare, in Theilungssachen für Korrespondenzen keine besondere Gebühren fordern können, da solche in der Taxordnung nicht angesetzt und die Gebühren für Vakationen auf solche Korrespondenzen offenbar unanwendbar sind. Dergleichen Korrespondenzen gehören, wenn sie auch in einzelnen Fällen nicht zu vermeiden, und im Interesse der Sache sind, an und für sich nicht zum eigentlichen Amte des Notars, und in solchen Fällen findet derselbe dafür in den übrigen Gebühren seine Entschädigung

Berlin, den 25. August 1841.

Für den Justiz-Minister, vermöge Allerhöchsten Auftrags
Ruppenthal.

An
den Königlichen General-Prokurator
Herrn Berghaus
Hochwohlgeboren
zu Köln.

I. 3184. Rh. Off. S. 30. Vol. 2.

200.

Allgemeine Verfügung vom 27. August 1841, — betreffend die Zwangsmittel, die gegen Forstfrevler anzuwenden sind, welche die ihnen statt der erkannten Gefängnißstrafe übertragenen Arbeiten zu verrichten sich weigern.

(Gesetz vom 7. Juni 1821 §. 5, Allerhöchster Kabinets-Befehl vom 28. April 1834 und Cirkular-Verordnung vom 30. November 1838.)

Bei der stattgehabten legislativen Berathung über die Zwangsmittel, welche gegen Forstfrevler anzuwenden sind, welche die ihnen, in Gemäßheit des §. 5 des Gesetzes vom 7. Juni 1821 und des Allerhöchsten Kabinets-Befehls vom 28. April 1834, statt der erkannten Gefängnißstrafe übertragenen Arbeiten zu verrichten sich weigern, hat sich der Königliche Staatsrath gegen die Anwendung der Zwangshaft ausgesprochen, und ist dieser Beschluß von Seiner Majestät Allerhöchst bestätigt worden. Es ist daher die Cirkular-Verordnung vom 30. November 1838 wegen Vollstreckung der Zwangshaft gegen renitente Forstfrevler nicht mehr zur Anwendung zu bringen; vielmehr bis auf Weiteres gegen diejenigen Forstfrevler, welche sich weigern, die Strafarbeit zu verrichten, sogleich die substituirte Gefängnißstrafe zu vollstrecken. Bei der Revision des Holzdiebstahlsgesetzes wird dieser Gegenstand demnächst seine Erledigung finden.

Sämmtliche Gerichts- und Verwaltungsbehörden haben sich hiernach zu achten.

Berlin, den 27. August 1841.

Der Justiz-Minister
Mühler.

Der Minister des Innern und der Polizei.
Für denselben
von Meding.

Der Geheime Staats-Minister
von Ladenberg.

An
sämmtliche Gerichts- und Verwaltungsbehörden.

I. 3984 F. 52 Vol. 8.

201.

Verfügung des General-Prokurators zu Köln vom 30. August 1841, — die, von Seiten der Gerichtsvollzieher bei eingezogenen Abschlagszahlungen dem Schuldner zu ertheilende besondere Quittung betreffend.

Von einigen Gerichtsvollziehern, welche mit der Beitreibung von Forderungen beauftragt worden sind, und Abschlagszahlungen für ihre Kommittenten erhoben haben, sind diese abschläglichen Zahlungen verschiedentlich nur auf der Ausfertigung der exekutorischen Schuldurkunde vermerkt, die Schuldner aber hierüber mit einer besondern Quittung nicht versehen worden. Ein solcher Vermerk auf der in Händen des Gläubigers verbleibenden Schuldurkunde kann dem Schuldner eine genügende Bescheinigung über die geleistete Zahlung um so weniger geben, als er diese Bescheinigung ganz entbehrt, wenn die Schuldurkunde verloren geht, oder sonst nicht herbeigeschafft werden kann. Als eine gehörige Quittungsleistung ist dieses Verfahren demnach nicht anzusehen, und werden im Auftrage des Königlichen Justiz-Ministeriums die Gerichtsvollzieher daher angewiesen, die für Rechnung ihrer Kommittenten erhobenen Abschlagszahlungen nicht allein auf der Schuldurkunde zu vermerken, sondern auch außerdem der Zahlung leistenden Partei, selbst wenn sie es nicht verlangt, darüber jedesmal eine besondere Quittung zu ertheilen.

Die Herren Ober-Prokuratoren ersuche ich, darauf zu wachen, daß diesem gemäß künftighin verfahren werde.

Köln, den 30. August 1841.

Der General-Prokurator
Berghaus.

zu I. 4021. Rh. Off. S. 27. Vol. 4.

202.

Verfügung vom 31. August 1841, — die nach dem Artikel 176 des Handelsgesetzbuchs vorgeschriebene Haltung des Wechsel-Repertoriums betreffend.

Mit der von Ew. Hochwohlgeboren in dem Generalberichte vom 7. Mai d. J. geäußerten Ansicht:

daß die Vorschrift des Artikels 176 des Handelsgesetzbuchs, wegen Haltung des Wechsel-Repertoriums, als eine dem Wechselrechte eigenthümliche und für die Wechselproteste insbesondere, ohne Rücksicht auf die sonstigen Amtsvorschriften der Notarien oder Gerichtsvollzieher berechnete Anordnung, durch die Notariats-Ordnung vom 25. April 1822 keinesweges für derogirt anzusehen sei,

ist das Justiz-Ministerium ebenfalls einverstanden. —

Wenn sich daher die Praxis der Notarien durchgehends nach derselben Ansicht festgestellt hat, so kann es dabei sein Bewenden haben, und erscheint eine legislatorische Deklaration in demselben Sinne vor der Hand um so weniger nothwendig, als erst einmal die entgegengesetzte Ansicht von den Gerichtshöfen ausgesprochen worden ist, und es dahin steht, ob man bei dieser Ansicht stehen bleiben wird.

Berlin, den 31. August 1841.

Das Justiz-Ministerium.
Ruppenthal.

An
den Königlichen General-Prokurator
Herrn Berghaus
Hochwohlgeboren
zu Köln.

I. 3192. Rh. Gen. 44.

203.

Verfügung vom 2. September 1841, — die Annahme und Vereidigung von Privat-Jagdhütern in der Rhein-Provinz betreffend.

(Rural-Gesetz vom $\frac{\text{28. September}}{\text{6. Oktober}}$ 1791 Tit. 1. Sect. VII Art. 5, Gesetze vom 30. April 1790 Art. 8 und 9, Gesetz vom 20. Messidor Jahres III Art 4 und 28. Pluviose Jahres VIII Art. 9 und 13, und Konstitution vom 5. Fructidor Jahres III Tit. VII Art. 174 u. s. f.)

Auf die von Ew. Hochwohlgeboren mit Ihrem Jahresbericht vom 7. Mai d. J. eingereichte Anfrage des Ober-Prokurators zu Kleve wegen Annahme und Vereidigung von Privat-Jagdhütern wird Ihnen eröffnet, daß die Befugniß der Privat-Grundeigenthümer zur Annahme von Jagdhütern nach dem Dekrete vom 30. April 1790 Art. 8 u. 9, wonach die gardesmessiers, bangards où gardes champêtres die Jagdkontraventionen anzeigen sollen, und nach dem Gesetze vom 20. Messidor Jahres III Art. 4, welches jedem Eigenthümer das Recht beilegt, für seine Besitzungen einen garde champêtre zu halten, nicht bezweifelt werden kann. Die Bestimmung in dem letzteren Gesetze, daß diese gardes champêtres durch das conseil général de la commune genehmigt und durch den Distrikt bestätigt werden sollen, hat durch die Konstitution vom 5. Fructidor Jahres III eine Abänderung erlitten, indem nach dieser (Tit. VII Art. 174 u. s. f.) an die Stelle des conseil général de la commune die administration municipale getreten und die Bestätigung durch den Distrikt fortgefallen ist.

Vergl. Code des delits et des peines vom 3. Brumaire Jahres IV Art. 40.

Suite du Reglement du Commissaire du Gouvernement Rudler, concernant l'ordre judiciaire, vom 1. Thermidor Jahres VI Art. 324.

Nach dem Gesetze vom 28. Pluviose Jahres VIII Art. 9 und 13 sind die Funktionen der administration municipale auf den Maire und den Souspréfet übergegangen, und hiernach bedürfen also gegenwärtig die von Privat-Personen angenommenen Jagdhüter der Genehmigung des Bürgermeisters und der Bestätigung des Landraths. Die Vereidung derselben erfolgt nach dem Rural-Gesetze vom $\frac{\text{28. September}}{\text{6. Oktober}}$ 1791 Tit. 1 Section VII Art. 5 bei den Friedensgerichten, und ihre Protokolle haben nach Art. 154 der Straf-Prozeß-Ordnung, gleich den Protokollen anderer Hülfsbeamten der gerichtlichen Polizei, bis zur Führung des Gegenbeweises öffentlichen Glauben.

Hiernach ist der Ober-Prokurator zu Kleve zu bescheiden.

Berlin, den 2. September 1841.

Das Justiz-Ministerium.
Ruppenthal.

An
den Königlichen General-Prokurator Herrn Berghaus
Hochwohlgeboren
zu Köln.

I. 3185. Rh. Gen. 48. Vol. 3.

204.

Verfügung vom 2. September 1841, — betreffend die Frage, welche Urtheile in Bezug auf die Prozeß-Tabellen als definitive zu betrachten sind.

Der Landgerichts-Präsident N. zu N. hat in seinem an Ew. Hochwohlgeboren, den Herrn Ersten Präsidenten, erstatteten Jahresberichte vom 4. Dezember v. J. angezeigt, daß unter den bei dem Landgericht im Jahr 1840 ergangenen 887 Urtheilen

222 definitive kontradiktorische,
304 Kontumazial-Urtheile,
292 Vorbescheide,
69 Urtheile auf Streichung,

begriffen seien, und demnächst angeführt, daß bei der Aufstellung der Tabellen hinsichtlich der Sonderung der Urtheile in definitive und Vorbescheide von den Gerichtshöfen in der Rhein-Provinz nicht gleichmäßig verfahren werde.

Mit Bezug auf die, an Ew. Hochwohlgeboren, den Herrn General-Prokurator, in Veranlassung eines frühern Berichts des Präsidenten N., erlassene Verfügung vom 10. Oktober v. J., werden Ew. Hochwohlgeboren veranlaßt, dieserhalb eine allgemeine Anweisung an die sämmtlichen Präsidenten und Ober-Prokuratoren zu erlassen. Bei der Aufstellung der Tabellen kommt es nicht darauf an, zu erfahren, wie viele Urtheile als definitiv im Sinne der Rheinischen Prozeß-Ordnung erlassen sind; sondern darauf, wie viele Prozesse gänzlich beendet sind. Als definitive Urtheile sind in den Prozeß-Tabellen daher nur solche aufzunehmen, durch welche alle **Petita** des Klägers schließlich vollständig erledigt sind.

Berlin, den 2. September 1841.

Das Justiz-Ministerium.
Ruppenthal.

An
den Königlichen Ersten Präsidenten des Appellationsgerichtshofes Herrn Schwarz und den Königlichen General-Prokurator Herrn Berghaus
Hochwohlgeboren
zu Köln.

I. 4029. Rh. Gen. 169.

205.

Verfügung des General-Prokurators zu Köln vom 5. September 1841, — die Beschäftigung und Anstellung der Notariats-Kandidaten betreffend.

Bei der großen Anzahl der Notariats-Kandidaten und bei der Aussicht, erst nach Verlauf mehrerer Jahre nach bestandener Prüfung zur selbstständigen Wahrnehmung des Notariats zu gelangen, ist es nothwendig, daß dieselben nach zurückgelegtem Examen durch eine fortgesetzte Beschäftigung im Wege der Erfahrung fortschreiten und ihre Ausbildung möglichst erweitern, um den Anforderungen des Dienstes künftighin vollständig zu entsprechen. — Es gebietet dieses nicht allein ihr persönliches Interesse, sondern auch das Interesse des Publikums, und sind die Königlichen Ober-Prokuratoren daher bereits unterm 8. v. M. veranlaßt worden, von der Beschäftigung derjenigen Notariats-Kandidaten, insbesondere, welche nicht schon in anderen amtlichen Eigenschaften bei den Gerichten fungiren, nähere Kenntniß zu nehmen, jährlich in dem Monat September über ihre fortgesetzte Beschäftigung bei einem Notar Anzeige zu erfordern, über ihre Leistungen Erkundigung einzuziehen und das Ergebniß hierhin zu berichten.

Von dieser Anordnung werden die Herren Notariats-Kandidaten andurch mit dem Bemerken in Kenntniß gesetzt, daß bei Einreichung der Vorschläge erledigter Notariatsstellen nur diejenigen berücksichtigt werden können, welche, wenn auch nicht ununterbrochen, ihre praktische Beschäftigung doch in der Art fortgesetzt haben, daß über ihre fortdauernde Fähigkeit zur Wahrnehmung einer Notarstelle ein gegründeter Zweifel nicht obwalten kann. — Dieselben werden demnach aufgefordert, sich hiernach zu achten.

Köln, den 5. September 1841.

Der General-Prokurator
Berghaus.

I. 4798. Rh. Offiz. S. 30. Vol. 2.

206.

Allgemeine Verfügung vom 11. September 1841, — das Kassenwesen bei den Truppen betreffend.

Nachstehende Auszüge aus dem Allerhöchsten Reglement über das Kassenwesen bei den Truppen vom 28. Januar d. J.

und die speziellen Bestimmungen des Königlichen Kriegs-Ministeriums zu demselben werden hierdurch zur Kenntniß der sämmtlichen Gerichtsbehörden der Monarchie gebracht, um sich danach in vorkommenden Fällen zu achten.

Berlin, den 11. September 1841.

Für den Justiz-Minister
vermöge Allerhöchsten Auftrags
Ruppenthal.

An
sämmtliche Gerichtsbehörden
der Monarchie.
I. 4734. M. 63.

Beilage.

Auszug aus dem Allerhöchsten Reglement über das Kassenwesen bei den Truppen vom 28. Januar 1841.

Da die Erfahrung ergeben hat, daß die Bestimmungen des Regulativs vom 20. November 1812 für die gegenwärtigen Verhältnisse der Armee nicht überall ausreichen, so verordne Ich, unter Aufhebung des gedachten Regulativs, über das Kassenwesen Meiner Truppen Folgendes.

I. Kassen-Kommissionen.

1. Bestimmung und Zusammensetzung derselben.

§. 1.

Zur Leitung, Verwaltung und Beaufsichtigung des gesammten Kassen-Verkehrs soll bei jedem Truppentheil, welcher einen selbstständigen Haushalt führt, eine besondere Kommission unter der Benennung:

Kassen-Kommission des N. N. Regiments, Bataillons
der N. N. Brigade, Abtheilung, Kompagnie rc.

bestehen.

§. 2.

Diese Kommission wird zusammengesetzt:

1) bei den Truppentheilen, welche etatsmäßig einen Rechnungsführer haben,
   a. bei der Linie:
      aus den Mitgliedern:

dem Kommandeur,
dem, nach diesem folgenden, beim Stabe befindlichen etatsmäßigen Offizier, und
dem Rechnungsführer;

b. bei der Landwehr, und zwar:
aa. bei den Provinzial-Landwehr-Bataillonen, aus:
dem Kommandeur,
dem Kavallerie-Offizier des Stammes für die Zeit seiner Anwesenheit bei dem Bataillon, und
dem Rechnungsführer;
bb. bei den Garde-Landwehr Bataillonen, aus:
dem Kommandeur und
dem Rechnungsführer.

Im Kriege werden die Kassen-Kommissionen bei den Landwehr-Truppen eben so, wie bei der Linie gebildet.

2) bei den Truppentheilen, welche etatsmäßig keinen Rechnungsführer haben, aus:
dem Kommandeur und
dem nach ihm folgenden Offizier.

Die Rechnungsführung bei diesen Truppentheilen muß von dem Kommandeur besorgt werden, welchem es jedoch freisteht, nach eigener Wahl und unter eigener Verantwortlichkeit die dazu etwa nöthige Hülfe von seinen Untergebenen zu fordern.

3) bei den Infanterie-Regiments-Oekonomie-Kassen, insofern diese nicht mit einer der Bataillons-Kassen vereinigt sind, aus:
dem Regiments-Kommandeur,
dem Präses und } der Regiments-Oekonomie-
dem Rechnungsführer } Kommission.

Wo bei der Infanterie die Vereinigung der Regiments-Oekonomie-Kasse mit einer Bataillons-Kasse ausführbar ist, geht das Oekonomie-Kassen-Wesen auf die Kassen-Kommission des Bataillons über.

2. Vertretung der Mitglieder in Krankheits- und Abwesenheits-Fällen.

§. 3.

Ist der Kommandeur krank oder abwesend, so übernimmt der ihn im Kommando vertretende Offizier auch die Stelle des ersten Mitgliedes der Kassen-Kommission. Fällt diese Stellvertretung auf das zweite Kommissions-Mitglied, oder ist Letzteres selbst krank oder abwesend, so tritt der mit dem Stabe in einer Garnison befindliche älteste etatsmäßige Offizier des Truppentheils in dessen Stelle. Bei einer Krankheit oder Abwesenheit des Rechnungsführers bestimmt der Kommandeur dessen Stellvertreter.

Das kranke oder abgehende Mitglied händigt seinen Kassenschlüssel dem Stellvertreter selbst ein.

II. Obliegenheiten der Kassen-Kommissions-Mitglieder.

B. In Beziehung auf den eigentlichen Kassenverkehr 2. des Kommandeurs.

§. 8.

Der Kommandeur leitet und beaufsichtigt das ganze Kassengeschäft, sorgt für dessen ordnungsmässigen Betrieb, und trifft die Anordnungen zur sicheren Empfangnahme der Gelder.

III. Geschäftsführung.

1. Korrespondenz.

§. 11.

Sämmtliche das Kassen- und Rechnungs-Wesen betreffende Korrespondenz geht unter Adresse des Truppentheils an den Kommandeur, welcher verpflichtet ist, den beiden andern Mitgliedern der Kassen-Kommission davon sogleich Mittheilung zu machen.

Die in Angelegenheiten der Kassen-Kommission zu erlassenden Schreiben ergehen im Namen und unter alleiniger Unterschrift des Kommandeurs.

2. Kassen-Verkehr.

a. Empfangnahme der Gelder.

§. 12.

Alle Empfangsbescheinigungen, eben so alle Geldscheine über mit der Post empfangene Beträge, müssen von sämmtlichen Kommissions-Mitgliedern mit der Firma „Kassen-Kommission" unterzeichnet und mit dem Siegel des Truppentheils besiegelt werden.

c. Zahlungen.

§. 15.

Die Zahlungen müssen in Gegenwart sämmtlicher Kommissions-Mitglieder geleistet werden. Nur kleine Ausgaben darf der Rechnungsführer aus einem ihm etwa zu gewährenden mäßigen Vorschusse bestreiten. Den einzeln stehenden Kompagnien, Eskadronen oder Detachements, welche aus der Kasse des Truppentheils ihre Verpflegung erhalten, kann ein dem monatlichen Bedürfnisse angemessener Vorschuß gezahlt werden. Wo in dergleichen Fällen nicht eine besondere Kassen-Kommission für die Kompagnie rc. gebildet wird, gehen die Verpflichtungen dieser Kommission im ganzen Umfange auf den Kommandeur derselben über.

§. 16.

In der Regel sollen alle Zahlungen nur an den drei Löhnungstagen, nämlich am 1., 11. und 21. jeden Monats geschehen, jedoch steht es dem Kommandeur frei, in außerordentlichen Fällen auch außerdem Zahlung leisten zu lassen.

§. 17.

Zahlungen für materielle Bedürfnisse müssen die Oekonomie-Kommissionen ebenfalls auf die im §. 16 vorgeschriebenen Zahlungs-Termine hinweisen.

§. 18.

Die bei den Zahlungen etwa vorkommenden Abrechnungen werden von sämmtlichen Mitgliedern der Kassen-Kommission unterzeichnet.

d. Anweisungen.

§. 19.

Anweisungen zur Zahlungsleistung durch die General-Militair-Kasse dürfen von den Kassen-Kommissionen nur zu dienstlichen Zwecken ausgestellt werden, und müssen von den sämmtlichen Mitgliedern der Kommission unterzeichnet, auch mit dem Dienstsiegel des Truppentheils versehen sein. — Es ist diese Zahlungsart aber auf alle Weise zu beschränken. Im mobilen

Zustande der Truppen dürfen dergleichen Anweisungen nur von den Feld-Kriegs-Kassen ausgestellt werden.

f. Deposita. aa. Gebotene.

§. 21.

Alle gebotene Deposita, welche durch Abzüge vom Traktament der Offiziere, Militair-Aerzte, Militair-Handwerker und Mannschaften, durch unterbliebene Zahlung der Kompetenzen abwesender Militairs, aus dem Erlös verkaufter Gegenstände, oder auf einem anderen dienstlichen Wege entstehen, müssen, sie mögen Namen haben, wie sie wollen, bis zu ihrer Abführung, in den Kassen der Truppentheile mit asservirt und in die Kassenbücher gehörig eingetragen werden. Die Mitglieder der Kassen-Kommission haften für die Sicherheit und Richtigkeit derselben eben so, wie für alle übrige in der Kasse vorhandene Geldbestände.

V. Vorladung der unbekannten Gläubiger.

§. 30.

Im Monat Dezember eines jeden Jahres haben die Intendanturen die öffentliche Vorladung der unbekannten Militair-Kassen-Gläubiger bei den kompetenten Gerichtshöfen in Antrag zu bringen und den Truppentheilen von dem abgefaßten Präklusions-Erkenntniß demnächst Nachricht zu geben.

VI. Vertretungs-Verbindlichkeiten der Kassen-Kommissions-Mitglieder.

§. 32.

Alle Defekte an den zur Kasse gehörigen Geldern, geldgleichen Papieren, Dokumenten und Pretiosen müssen sämmtliche Mitglieder der Kassen-Kommission in solidum vertreten, insoweit einzelne Mitglieder derselben nicht den vollständigen Nachweis führen, daß der Defekt gänzlich ohne ihr Verschulden entstanden ist.

§. 33.

Für jeden Schaden oder Verlust, welcher durch gemeinschaftliche Verletzung der, den Mitgliedern der Kassen-Kommission obliegenden Amts-Pflichten entstanden ist, haften dieselben gleichfalls in solidum.

§. 34.

Außerdem haftet jedes Kassen-Kommissions-Mitglied zunächst für die von ihm selbst begangenen Versehen; für die Versehen der übrigen Mitglieder aber, so weit in subsidium, als demselben bei der ihm zur Pflicht gemachten Beaufsichtigung und Kontrolirung derselben, ein Versehen zur Last fällt.

§. 35.

Die subsidiarische Vertretungs-Verbindlichkeit tritt auch in dem Falle ein, wenn die im Subordinations-Verhältnisse stehenden Mitglieder der Kassen-Kommission das vorschriftswidrige Verfahren der ihnen vorgesetzten Mitglieder der Kommission, gleich nach dessen Entdeckung, der vorgesetzten Behörde amtlich anzuzeigen unterlassen.

Berlin, den 28. Januar 1841.

Friedrich Wilhelm.

Mühler. v. Alvensleben. In Vertretung des Kriegs-Ministers v. Cosel.

Auszug aus den speziellen Bestimmungen des Kriegs-Ministeriums zum Allerhöchsten Reglement über das Kassen-Wesen bei den Truppen vom 28. Januar 1841.

Zum §. 15 des Reglements.

§. 11.

Zahlungen am Orte dürfen nur an die Empfangs-Berechtigten geleistet werden. Wegen der an andern Orten zu leistenden Zahlungen siehe den nachfolgenden § 15.

Die Rechnungsführer dürfen keine Vollmacht zur Empfangnahme von Geldern aus der Kasse des Truppentheils annehmen.

Zum §. 19 des Reglements.

§. 15.

Zahlungen zu dienstlichen Zwecken, welche an andern Orten zu leisten sind, erfolgen durch Baarsendung mit der Post.

Zum §. 30 des Reglements.

§. 35.

In den Rhein-Provinzen verbleibt es mit Rücksicht auf die dortige Gerichts-Verfassung bis auf Weiteres dabei, daß die Vorladungen der Militair-Kassen-Gläubiger durch die Intendanturen geschieht.

Berlin, den 28. Januar 1841.

Kriegs-Ministerium.
In Vertretung des Kriegs-Ministers
v. Cosel.

207.

Verfügung vom 12. September 1841, — die Gebühren der Gerichtsvollzieher für die Verhaftung eines Schuldners betreffend.

(Gebührentaxe für die Gerichtsvollzieher vom 10. Juni 1833 Num. 44.)

In dem, dem Jahresberichte des Ober-Prokurators zu Kleve beigefügten zweiten Aufsatze sucht derselbe auszuführen, daß dem, eine Verhaftung außer seinem Wohnorte in Civilsachen vollziehenden Gerichtsvollzieher neben seinen Gebühren und Reisekosten noch eine besondere Reise-Entschädigung für die assistirenden Zeugen zukomme; und er bemerkt dabei, daß er in diesem Sinne auch einen Gerichtsvollzieher beschieden, der bei ihm angefragt habe.

Das Justiz-Ministerium ist mit Ew. Hochwohlgeboren darüber einverstanden, daß jene Ausführung und diese Bescheidung sich nach Num. 44. der Gebührentaxe für die Gerichtsvollzieher vom 10. Juni 1833 nicht rechtfertigen läßt, da es darin heißt:

„Für das Protokoll über die Verhaftung eines Schuldners und Eintragung in das Gefangenregister mit Einschluß der Entschädigung der Zeugen (Art. 783) 8 Thlr."

und hiernach die ganze Entschädigung der Zeugen mit in der bewilligten Summe enthalten sein soll. Darin liegt auch keine Härte, da dem Gerichtsvollzieher an sich eine sehr reichliche Gebühr zugemessen ist, er mit seinen Zeugen über eine billige Vergütigung sich leicht einigen, und wo eine weitere Reise ihn zum Gebrauch eines Wagens nöthigt, die Zeugen ohne besondere Kosten darauf mit fortschaffen wird, so daß er bei jener hohen

Gebühr und der ihm zukommenden Reise-Entschädigung immer noch eine angemessene Vergütigung für sich behält.

Die von dem Ober-Prokurator versuchte Begründung seiner entgegengesetzten Ansicht steht im offenbaren Widerspruche mit der unzweideutigen klaren Bestimmung des Gesetzes.

Ew. Hochwohlgeboren haben denselben daher anzuweisen, nach dieser gesetzlichen Bestimmung sich zu achten, und demzufolge auch den Gerichtsvollzieher, dem er eine entgegengesetzte Bescheidung ertheilt, von der Unzulässigkeit der Liquidation besonderer Reisekosten für die bei Verhaftungen ihm assistirenden Zeugen in Kenntniß zu setzen.

Berlin, den 12. Septbr. 1841.

Das Justiz-Ministerium.
Ruppenthal.

An
den Königlichen General-Prokurator
Herrn Berghaus
Hochwohlgeboren
zu Köln.

I. 3183. Rh. Off. Sachen 27. Vol. 4.

208.

Verfügung vom 21. September 1841, — die friedensgerichtlichen Gebühren in Interdiktionssachen betreffend.

Ew. Hochwohlgeboren wird auf den, wegen der friedensgerichtlichen Gebühren in Interdiktionssachen unterm 13. d. M. erstatteten Bericht eröffnet, daß, da nach Artikel 119 des Dekrets vom 18. Juni 1811 der zahlungsfähige Interdicirte die gesammten Kosten der von dem öffentlichen Ministerium provocirten Interdiktionen zu tragen hat, er auch die durch Artikel 4 und 16 des Tarifs vom 16. Februar 1807 bestimmten Gebühren für die in dem Verfahren erforderliche Familienraths-Versammlung, die zu jenen Kosten gehören, entrichten muß. Die Bestimmung des Artikels 118 des Dekrets vom 18. Juni 1811, nach welcher die von dem Kriminalfond vorzuschießenden Kosten des Interdiktions-Verfahrens nach dem Tarif dieses Dekrets zu bemessen sind, hat, worin das Justiz-Ministerium mit Ew. Hochwohlgeboren sich einverstanden erklärt, nur den Sinn, daß andere, als die in diesem Tarif bestimmte Kosten von dem Staate nicht vorgeschossen werden, nicht aber den, den Friedensrichtern und Gerichtsschreibern die Gebühren zu entziehen, die sie sonst von einem zahlungsfähigen Interdicirten zu fordern berechtigt sind.

Das Justiz-Ministerium überläßt Ew. Hochwohlgeboren, hiervon den Landgerichten, und durch deren Ober-Prokuratoren den Friedensrichtern Kenntniß zu geben.

Berlin, den 21. September 1841.

Das Justiz-Ministerium.
Ruppenthal.

An
den Königlichen General-Prokurator Herrn Berghaus
Hochwohlgeboren
zu Köln.

I. 4902. Rh. Off. Sachen 43.

209.

Verfügung vom 23. September 1841, — betreffend die Frage: was mit den Geldsummen anzufangen sei, welche einer zur Untersuchungshaft gebrachten Person bei ihrer Verhaftung abgenommen wurden, wenn dieselbe behauptet, sie seien ihr Eigenthum, und demnächst entweicht, der wirkliche Eigenthümer des Geldes aber nicht bekannt ist?

(Dekret vom 18. Juni 1811 Art. 40; Krim. Proz. Ordn. §§. 466, 471, 475.)

Die von der Königlichen Regierung in dem Berichte vom 10. v. M. zur Entscheidung vorgelegte Frage:

> was mit den Geldsummen anzufangen sei, welche einer zur Untersuchungshaft gebrachten Person bei ihrer Verhaftung abgenommen wurden, wenn dieselbe behauptet, sie seien ihr Eigenthum, und demnächst entweicht, der wirkliche Eigenthümer des Geldes aber nicht bekannt ist?

ist allerdings in den Gesetzen nicht direkt entschieden. Indessen ist sie nach den in dem Art. 40 des Dekrets vom 18. Juni 1811 und den Art. 466, 471, 475 der Kriminal-Prozeß-Ordnung gegebenen Grundsätzen zu beantworten. Nach jenem Artikel soll, wenn Sachen einer strafbaren Handlung wegen gepfändet, und weil sie dem Verderben ausgesetzt sind ꝛc. verkauft worden, der Preis derselben vorläufig zur Staatskasse gegeben werden, bis dahin, wo durch Urtheil die Rückgabe bestimmt werden wird. In diesem Falle ist es eben so ungewiß, wie in dem im Berichte zur Sprache gebrachten des aus dem dortigen Gefangenhause entsprungenen N, wem das Geld zukommt;

und in beiden rührt es von einer Beschlagnahme wegen einer Untersuchung her. In beiden muß daher auch nach denselben Grundsätzen verfahren und das Geld zur Regierungs-Haupt-Kasse nach allenfallsiger Verwechselung, vorbehaltlich der dereinstigen Restitution, ohne Zinsen an den sich meldenden Eigenthümer versirt werden.

Auch die angeführten Artikel der Kriminal-Prozeß-Ordnung, in Verbindung mit dem Gutachten des Staatsraths vom 20. September 1809, führen dahin; indem sie bei eingetretener Sequestration des Vermögens eines Verbrechers den ganzen Ertrag seines Vermögens zur Staats-Kasse gezahlt wissen wollen, das vorliegend in Beschlag genommene Geld einstweilen noch als das des Entwichenen anzusehen ist, und dieser sich der Untersuchung durch die Flucht entzogen hat.

Hiernach wird die Königliche Regierung angewiesen, die dem N. bei seiner Verhaftung durch die Gerichtsbehörde abgenommenen Gelder, als

236 holländ. Zehn-Guldenstücke
2 halbe do. und
3 Zwanzig-Frankenstücke

anzunehmen, zu verwechseln und ad extraordinaria vereinnahmen zu lassen, dabei jedoch wegen der Restitution den oben bemerkten Vorbehalt zu machen.

Berlin den 23. September 1841.

Der Finanz-Minister Graf von Alvensleben.

Das Justiz-Ministerium. Ruppenthal.

An
die Königliche Regierung
zu Aachen.

I. 4915. Rhein. Krim. 8. Vol. 2.

210.

Allgemeine Verfügung vom 27. September 1841, — die Einziehung gerichtlicher Kosten von Bewohnern der Rheinprovinz betreffend.

Da bei der Einziehung gerichtlicher Kosten, welche Bewohner derjenigen Theile der Rheinprovinz, in welchen die französischen Gesetzbücher gelten, an die Salarien- und Sportel-Kassen der Gerichte in den übrigen Provinzen zu zahlen haben, kein gleichmäßiges Verfahren stattfindet, so werden nachstehende Bestimmungen den sämmtlichen Gerichtsbehörden zur genauen Befolgung bekannt gemacht.

1) Die Zahlung gerichtlicher Kosten, welche Einwohner der Rheinprovinz an Salarien- und Sportel-Kassen der Gerichte in den übrigen Provinzen schulden und welche aus den erforderten und zu jenen Kassen geleisteten Kostenvorschüssen nicht berichtiget werden können, ist in jedem Fall zunächst dem Schuldner unmittelbar, mit Bewilligung der gewöhnlichen Zahlungsfrist und unter Androhung der exekutivischen Einziehung aufzugeben.

2) Wenn auf diese Zahlungsaufforderung die Zahlung der Kosten unterbleibt, so ist nach Ablauf der gesetzlichen Frist der betreffende Ober-Prokurator um exekutivische Einziehung der rückständigen Kosten, unter Angabe des Tages, an welchem die unmittelbare Zahlungs-Aufforderung an den Schuldner erlassen worden ist, zu requiriren.

Ist die Zahlungsfähigkeit der Schuldner zweifelhaft, so ist das Requisitionsschreiben unter einer portofreien Rubrik zu erlassen.

In jedem Falle aber ist der requirirte Ober-Prokurator zu ersuchen:

sich vor der Veranlassung der wirklichen Exekution von den Vermögens-Umständen und der Zahlungsfähigkeit des Schuldners zunächst durch Kommunikation mit dem betreffenden Bürgermeister zu vergewissern, und im Falle des Unvermögens das requirirende Gericht davon unter portofreier Rubrik in Kenntniß zu setzen.

3) Die Ober-Prokuratoren veranlassen zwar, wenn sich von der Vollstreckung der Exekution überhaupt ein Erfolg erwarten läßt, neben der Einziehung der Kosten für das requirirende Gericht zugleich die Einziehung der durch die Requisition und insbesondere durch Vollstreckung der Exekution entstehenden Kosten, sind jedoch bei vergeblicher Vollstreckung der Exekution befugt, die ihnen erwachsenen Auslagen, gleich den zulässigen Gebühren der Gerichtsschreiber und Gerichtsvollzieher, von dem requirirenden Gericht durch Postvorschuß einzuziehen.

4) Erfolgt die Zahlung der Kosten, wegen deren exekutivischer Einziehung ein Ober-Prokurator requirirt worden ist, nach Erlaß dieser Requisition an das requirirende Gericht, so hat dasselbe dem requirirten Ober-Prokurator davon unter portofreier Rubrik unverzüglich Nachricht zu geben, damit die weitere Vollstreckung der Exekution vermieden wird.

Berlin, den 27. September. 1841.

An sämmtliche Gerichtsbehörden.

Der Justiz-Minister
Mühler.

I. 3172. Rh. Gen. 76. Vol. 2.

211.

Allgemeine Verfügung vom 27. September 1841, — betreffend die Insertion der über den nämlichen Gegenstand von verschiedenen Central-Behörden an die ihnen untergeordneten Behörden gerichteten Erlasse in die Amtsblätter.

Die von den Centralbehörden über einen und denselben Gegenstand an die ihnen untergeordneten Behörden gerichteten, zur Publikation durch die Regierungs-Amtsblätter bestimmten Erlasse werden in Folge der von den verschiedenen Provinzial-Behörden, an welche sie ergehen, veranlaßten Bekanntmachungen oft zweimal in die Amtsblätter eingerückt.

Da die einmalige Bekanntmachung solcher Erlasse genügt, so wird zur Vermeidung der durch die doppelte Insertion unnöthigerweise gehäuften Kosten auf den Antrag des Herrn Ministers des Innern und der Polizei, dem Königlichen Kammergericht, sämmtlichen Königlichen Ober-Landesgerichten, dem Königlichen Ober-Appellationsgericht zu Greifswald, dem Königlichen Justiz Senat zu Koblenz und dem Königlichen General-Prokurator in der Rhein-Provinz hierdurch die Anweisung ertheilt, sich in dem Falle, wenn Erlasse, welche zur Veröffentlichung durch die Amtsblätter bestimmt sind, von zwei oder mehreren Ministerien ergehen und daraus erhellt, daß dieselben Erlasse gleichzeitig an die Regierungen oder andere Verwaltungs-Behörden ergangen sind, sich mit diesen zu einer gemeinschaftlichen Publikation solcher Erlasse zu vereinigen. Diesen gemeinschaftlichen Bekanntmachungen muß in Gemäßheit der Schlußbestimmung des §. 1. der Verordnung vom 28. März 1811 über die Einrichtung der Amtsblätter ein besonderer Abschnitt gewidmet werden.

Die Königlichen Regierungen werden von dem Herrn Minister des Innern und der Polizei gleichmäßige Anweisung erhalten.

Berlin den 27. September 1841.

Der Justiz-Minister
Mühler.

An
das Königliche Kammergericht, sämmtliche Königliche Ober-Landesgerichte, das Königliche Ober-Appellationsgericht zu Greifswald, den Königlichen Justiz-Senat zu Koblenz und den Königlichen General-Prokurator Herrn Berghaus Hochwohlgeboren
zu Köln.

I. 4828. A. 46. Vol. 2.

212.

Allgemeine Verfügung vom 29. September 1841, — betreffend den Stempel zu Gehalts-Quittungen, in Beziehung auf die von neuen Besoldungen und Gehaltszulagen zum Pensionsfond fließenden Zwölftel-Abzüge und zu den Quittungen der Hinterbliebenen verstorbener Beamten und Pensionaire.

Nachstehende, an die Königlichen Regierungen wegen des Stempels zu Gehalts-Quittungen, in Beziehung auf die von neuen Besoldungen und Gehaltszulagen zum Pensionsfond fließenden Zwölftel-Abzüge und zu den Quittungen der Hinterbliebenen verstorbener Beamten und Pensionaire, am 11. d. M. erlassene Verfügung wird sämmtlichen Königlichen Gerichtsbehörden mit der Anweisung mitgetheilt, sich danach gleichfalls, sowohl hinsichtlich der Einrichtung der Quittungen, als auch des zu verwendenden Stempelpapiers zu achten.

Berlin den 29. September 1841.

An sämmtliche Königliche Gerichtsbehörden.

Der Justiz-Minister Mühler.

I. 5278. Steuersachen 56.

Beilage.

Nach den bestehenden Vorschriften werden die $\frac{1}{12}$ Abzüge zum Pensions-Fond von neuen Besoldungen und Gehaltszulagen in den Rechnungen bei den betreffenden Etats-Positionen verausgabt und extraordinair vereinnahmt; auch wird von den betreffenden Beamten darüber mitquittirt. — Der letztere Umstand hat es veranlaßt, daß hin und wieder jene Abzüge in Verbindung mit den wirklich gezahlten Beträgen als stempelpflichtige Summen angesehen worden sind. Dies ist indessen den Vorschriften des Tarifs zum Gesetze vom 7. März 1822 zu Position „Quittungen" entgegen, indem hiernach Quittungen nur in dem Falle stempelpflichtig sind, wenn sie über wirklich geleistete Zahlungen ausgestellt werden, was bezüglich der qu. $\frac{1}{12}$ Abzüge nicht der Fall ist.

Die Königliche Regierung hat daher darauf zu halten, daß zu den Gehalts-Quittungen die Stempel nur nach Maßgabe der

Beträge berechnet und verwandt werden, welche an die Beamten wirklich gezahlt worden sind.

Damit indessen in solchen Fällen der stempelpflichtige Betrag in den Quittungen deutlich hervortrete, und damit auch der Vorschrift genügt werde, wonach über die erwähnten Abzüge mit zu quittiren ist, hat die Königliche Regierung anzuordnen, daß in den von den betreffenden Gehalts-Empfängern über den vollen Gehaltsbetrag auszustellenden Quittungen angegeben werde, wieviel davon

a) durch Ueberweisung des $\frac{1}{12}$ Abzugs zum Pensionsfond, und

b) durch baare Zahlung

gewährt worden ist.

Ein anderes nicht überall gleichmäßiges Verfahren hat sich ferner, nicht nur hinsichtlich der Stempelverwendung zu den Quittungen der Hinterbliebenen verstorbener Beamten und resp. Pensionairs über die denselben gezahlten Gnaden-Benefizien, sondern auch bezüglich der Beibringung dieser Quittungen und deren Benutzung als Rechnungsbeläge, ergeben.

Um auch dieserhalb, im Einverständniß mit der Königlichen Ober-Rechnungs-Kammer, ein überall gleichmäßiges Verfahren herzustellen, ist zu verfügen und darauf zu halten:

a) daß künftig bei Berechnung des Quittungsstempels die den Hinterbliebenen eines verstorbenen Beamten resp. Pensionairs gezahlte Gnadenbewilligung als eine fortgesetzte Gehalts- resp. Pensionszahlung behandelt, folglich der Stempel von derjenigen Summe berechnet und beigebracht werde, welche die Interims-Quittungen der verstorbenen Beamten über die Besoldung resp. Pension und die Quittung der Hinterbliebenen über den Gnaden-Monats- oder Gnaden-Quartalsbetrag zusammen ergeben, und

b) daß zu den Rechnungen, und zwar:

aa) zur Justifikation der darin in Ausgabe erscheinenden Gehalts- oder Pensions-Bezüge des verstorbenen Beamten, dessen Interims-Quittungen, und

bb) zur Justifikation des Gnaden-Monats oder Quartals, eine besondere Quittung der Hinterbliebenen, welche die Zahlungen empfangen haben, beigebracht und zu letzterer der, durch die Zusammenrechnung dieser beiden Bezüge sich ergebende Stempel verwendet werde.

Berlin den 11. September 1841.

Ministerium des Königl. Hauses II. Abtheilung. — Ministerium des Innern. — Finanz-Ministerium. — Ministerium der geistlichen 2c. Angelegenheiten.

An sämmtliche Königliche Regierungen.

213.

Verfügung vom 2. Oktober 1841, — die Untersuchung und Bestrafung der von diesseitigen Unterthanen in Frankreich verübten Vergehen betreffend.

(Rhein. Strafgesetzbuch Art. 311; Verordn. vom 30. Juni 1820, Gesetz-Sammlung S. 129.)

Unter Rücksendung der mittelst Berichts vom 15. v. M. eingereichten Untersuchungs-Akten wird Ew. Hochwohlgeboren eröffnet, daß, da nach der Verordnung vom 30. Juni 1820 die von diesseitigen Unterthanen im Auslande verübten Vergehen, so fern die Handlung nach den hiesigen Gesetzen strafbar ist, von den diesseitigen Gerichten untersucht und bestraft werden sollen, es auf die französische Gesetzgebung, wonach französische Unterthanen wegen diesseits begangener Vergehen (delits) in Frankreich nicht bestraft werden, nicht ankommt. Der Untersuchung wider N. und N., wegen Mißhandlung und Verwundung der französischen Grenzzollbeamten, ist daher Fortgang zu geben.

Was die Frage betrifft, ob dieselbe nach der Allgemeinen Kriminal-Ordnung oder nach der Rheinischen Strafprozeß-Ordnung zu führen sei? so ist der Justiz-Minister der Meinung, daß die Qualität der Königlich Französischen Beamten, als solche, den diesseitigen Unterthanen gegenüber, nicht geltend gemacht werden kann, und daher weder der §. 166, noch die §§. 208 und 209, 628, 796 Tit. 20 Thl. II. des Allg. Landrechts zur Anwendung kommen können. Eben so wenig liegt der Fall der §§. 135 und 136 a. a. O. vor. Die Untersuchung kann daher, gleich wie bei einer Mißhandlung und Verwundung unter Privatpersonen, nur nach der Rheinischen Strafprozeß-Ordnung geführt, und das Vergehen nach Artikel 311 des Rheinischen Strafgesetzbuchs bestraft werden.

Berlin den 2. Oktober 1841.

An den Königlichen Ober-Prokurator Herrn Deuster Hochwohlgeboren zu Trier.

Der Justiz-Minister
Mühler.

I. 5928. Auslief. d. Verbr. Nr. 21.

214.

Verfügung vom 4. Oktober 1841, — die auf Bittschriften (requêtes) zu erlassenden Ordonnanzen der Landgerichts-Präsidenten betreffend.

(Art. 545,810 und 1040 der Civil-Prozeß-Ordnung; **Pigeau de la procedure civile** Bd. 2. S. 418.)

Aus Ew. Hochwohlgeboren, des Herrn Ersten Präsidenten Jahresbericht für 18$\frac{39}{40}$, so wie aus den Berichten mehrerer Landgerichts-Präsidenten ergiebt sich, daß bei einigen Gerichten die von dem Präsidenten auf einseitiges Ansuchen (requêtes) nach den Gesetzen zu erlassenden Ordonnanzen in Urschrift auf dem Sekretariate zurückbehalten und in Ausfertigung abgegeben werden, während bei anderen Gerichten die Urschrift selbst der betreffenden Partei ausgeantwortet wird. Eine solche Verschiedenheit des Verfahrens kann nicht bestehen bleiben, es muß vielmehr dasjenige überall gleichmäßig beobachtet werden, welches als das gesetzliche anzunehmen ist.

Dies ist, wie auch **Pigeau: la procedure civile** Bd. 2. S. 418 lehrt, das letztere Verfahren, nach welchem die gedachten Ordonnanzen **en brevet** ausgeantwortet, und mithin nicht ausgefertigt werden. Die Artikel 545 und 1040 der Civil-Prozeß-Ordnung können nämlich auf sie gar nicht bezogen werden; der erstere nicht, weil er nach seiner Stellung nur von solchen **actes** spricht, welche eine Vollstreckung durch die gesetzlichen Exekutionsmittel, die der 7. und die folgenden Titel des fünften Buchs und ersten Theils der Civil-Prozeß-Ordnung angeben, nach sich ziehen, worin bei Präsidial-Ordonnanzen auf einfache Bittschriften nicht die Rede sein kann; der letztere nicht, weil er ebenfalls von solchen actes handelt, die, indem sie über Streitpunkte zwischen den Parteien entscheiden, von dauerndem Interesse sind und deshalb unter Zuziehung eines Sekretairs errichtet und in der

Minute aufbewahrt werden müssen, was von gewöhnlichen Ordonnanzen nicht gesagt werden kann. Dieses letztere macht der Artikel 1040 a. a. O. selbst dadurch klar, daß er im zweiten Satze die auf Bittschriften zu erlassenden Ordonnanzen, die stets dringlich sind, von der im Eingange gegebenen Regel ausnimmt, und es bei derselben nur in Ansehung der im Referé-Verfahren erlassenen Ordonnanzen, die an sich wahrhafte Urtheile sind, beläßt; weshalb denn auch der Artikel 810 a. a. O. die Aufbewahrung der Urschriften dieser Ordonnanzen noch besonders anordnet und eben dadurch zu erkennen giebt, daß andere Präsidial-Ordonnanzen en brevèt auszuliefern sind.

Dies ergiebt sich auch daraus, daß in den meisten, von diesen letztern Ordonnanzen sprechenden Gesetzesstellen ausdrücklich gesagt wird, daß sie auf die Bittschrift au bas de la requête oder sur la requête zu setzen, woraus folgt, daß sie als besondere Minuten nicht aufzubewahren sind; zumal da die Fälle, wo sie erlassen werden, in der Regel so dringend sind, daß sie den durch die Ausfertigung nothwendigen Aufenthalt gar nicht gestatten. Da überdies in diesem Sinne auch schon von dem französischen Justiz- und Finanz-Minister am 12. Juni 1810 entschieden und diese Entscheidung durch die Instruktion des Generaldirektors des Enregistrements von 12. Juli 1810 Num. 482 zur Befolgung bekannt gemacht ist, so kann es nur als ein, zum Zweck der Gebührenvermehrung eingeschlichener Mißbrauch einzelner Sekretariate angesehen werden, wenn sie von einfachen Ordonnanzen, außer denen im Referé-Verfahren, und so fern das Gesetz es nicht ausdrücklich bestimmt, Ausfertigungen ertheilen.

Ew. Hochwohlgeboren haben daher diesen Mißbrauch abzustellen, nöthigenfalls im Disziplinarwege einschreiten, und durch dessen Verfolgung den Grundsatz auch im richterlichen Wege fixiren zu lassen, zu dem Ende aber den Landgerichts-Präsidenten und Ober-Prokuratoren Kenntniß dieser Verfügung zu geben.

Berlin, den 4. Oktober 1841.

Der Justiz-Minister
Mühler.

An
den Königlichen Ersten Präsidenten des Appellationsgerichtshofes Herrn Schwarz und den Königlichen General-Prokurator Herrn Berghaus
Hochwohlgeboren
zu Köln.

I. 4031. Rh. Gen. 21.

215.

Verfügung vom 14. Oktober 1841, — die Gebühren der Gerichtsschreiber und Gerichtsvollzieher in Untersuchungssachen wegen einfacher Holzdiebstähle und wegen Entwendung von Waldprodukten betreffend.

(Gesetz vom 7. Juni 1822, Gesetz-Samml. S. 89, Allerh. Kabinets-Befehl vom 10. Dezember 1840, Gesetz-Samml. von 1841 S. 14.)

Zur Erledigung der nach Ew. Hochwohlgeboren Berichte vom 15. v. M., obwohl ohne Grund von Seiten der Gerichtsschreiber und Gerichtsvollzieher erhobenen Zweifel über die Auslegung des Allerhöchsten Kabinets-Befehls vom 10. Dezember v. J., betreffend die ihnen in Untersuchungssachen wegen einfacher Holzdiebstähle und wegen Entwendung von Waldprodukten bewilligten Gebühren, bemerke ich Folgendes.

1) Da der darin den Gerichtsschreibern bewilligte Satz von 1 Sgr. ausdrücklich nur für jedes Blatt einer Ausfertigung bewilligt ist, so darf derselbe auch nur da zum Ansatz kommen, wo eine integrale Abschrift in der gesetzlichen Form der Ausfertigungen wirklich ertheilt ist. Dies kann vorkommen, wenn wegen eines in einem Urtheile in Holz und Walddiebstahlssachen ausgesprochenen Grundsatzes von einer Behörde eine solche begehrt wird, wenn im Interesse des Gesetzes Kassations-Rekurs erhoben werden soll und besonders auch hinsichtlich der beim Appellationsgerichtshofe auf Niederschlagungs- oder Milderungsgesuche erlassenen Entscheidungen. Dagegen ist die im §. 26 des Gesetzes vom 7. Juni 1821 vorgeschriebene Ausfüllung der fünften Kolumne des Holzdiebstahlsverzeichnisses, da sie nur das Resultat des Urtheils enthält, keine Ausfertigung, und findet mithin darauf der erwähnte Gebührensatz nicht Anwendung.

2) Der den Gerichtsschreibern bewilligte zweite Satz von 8 Pf. für jeden Urtheilsauszug tritt dagegen ein:
   a) bei den zu 1 erwähnten Ausfüllungen der fünften Kolumne des Verzeichnisses,
   b) bei den in Kontumazialsachen nach §. 17 der Verordnung vom 7. Juni 1821 zu ertheilenden Auszügen des Protokolls,

c) bei den Urtheilsauszügen, welche der Verwaltungs-Behörde zur Einziehung der aufgegangenen Kosten mitgetheilt werden müssen,

d) bei jenen, welche dazu dienen, um die subsidiarisch erkannte Gefängnißstrafe zu vollziehen, und

e) bei den zur Konstatirung der Wiederholungsfälle, sobald dieselbe nicht bei demselben Forstgerichte nothwendig wird, zu ertheilenden Urtheilsauszügen. Tritt die Nothwendigkeit der Konstatirung der Wiederholungsfälle bei demselben Forstgerichte ein, welches über die früheren Fälle erkannt hat, so muß ohne besondere Auszüge diese Konstatirung aus den Akten des Gerichts selbst erfolgen.

3) Da der §. 34 des Gesetzes vom 7. Juni 1821, welcher in einfachen Holzdiebstahlssachen die Erhebung von Gebühren untersagt, nur in den Punkten, die der Allerhöchste Kabinets-Befehl vom 10. Dezember v. J. angiebt, modificirt worden ist, unter den in diesem specifizirten Gebühren aber keine für die Aufstellung der Kostenliquidationen bewilligt worden, so kann ein diesfälliger Ansatz unter allen Umständen nicht statt finden. Was

4) die Gebühren der Gerichtsvollzieher für Vorladungen und Zustellungen betrifft, so hat in Ansehung der Form dieser der Allerhöchste Befehl vom 10. Dezember v. J. zwar an den diesfälligen Bestimmungen des Holzdiebstahlsgesetzes nichts geändert. Da indessen die im §. 13 des letzteren erwähnte, von dem Gerichtsvollzieher in dem Holzdiebstahlsverzeichnisse abzugebende Bescheinigung der Vorladung die Stelle des in anderen Polizeisachen zu errichtenden Original-Ladungs-Aktes und der von dem Gerichtsvollzieher auszufertigende, nach demselben Paragraphen dem Vorzuladenden einzuhändigende abschriftliche Auszug aus dem Verzeichnisse die Stelle der Abschrift der Ladung vertritt, so hat es kein Bedenken, daß auf jene Bescheinigung der in dem Allerhöchsten Befehle vom 10. Dezember v. J. erwähnte Satz für die Vorladung, und auf den abschriftlich zugestellten Auszug der Satz für die Abschrift der Ladung Anwendung findet.

Dagegen kann für die Zustellung des im §. 17 a. a. O. erwähnten Protokollauszugs an die in contumaciam Verurtheilten, da dabei keine von dem Gerichtsvollzieher anzufertigende Abschrift vorkommt, nur der Satz für Zustellungen, wie ihn der Allerhöchste Befehl bestimmt, nicht aber auch noch der Satz für die Abschrift der Zustellung in Anrechnung gebracht werden. Dies gilt auch rücksichtlich der Holzdiebstähle und Entwendungen von Waldprodukten in Privatwaldungen, da auch bei diesen der §. 17 a. a. O. eben so Anwendung finden kann und Anwendung findet, wie rücksichtlich der Diebstähle in Staats- oder Gemeindewaldungen, und namentlich der Gerichtsvollzieher nicht in einem Holzdiebstahlsverzeichnisse, sondern am Rand des fortlaufenden Sitzungsprotokolls die Bescheinigung über die Zustellung des Kontumazial-Urtheils zu ertheilen hat.

Ew. Hochwohlgeboren überlasse ich hiernach, die Gerichtsschreiber und Gerichtsvollzieher durch die Ober-Prokuratoren mit der erforderlichen Anweisung zu versehen, und mit den Regierungen wegen Ersparuug der unter 2 c erwähnten besonderen Urtheils-Extrakte für die Kosten bei Untersuchungen wegen Holzdiebstähle ꝛc. in Staats- und Gemeindewaldungen in Kommunikation zu treten, da in der That die Kosten füglich gleichzeitig mit der erkannten Geldbuße und Entschädigung, mithin auf denselben Urtheils-Extrakt, wie diese, eingezogen werden können.

Berlin, den 14. Oktober 1841.

Der Justiz Minister
Mühler.

An
den Königlichen General-Prokurator
Herrn Berghaus
Hochwohlgeboren
zu Köln.

I. 5024. Rh. Krim. 7. Vol. 5.

216.

Verfügung vom 5. November 1841, — die bei dem Landgericht zu Trier für die Zeit vom 1. November 1834 bis dahin 1838 abgehaltene Stempel-Revision betreffend.

(Gesetz vom 7. März 1822 Gesetz-Samml. S. 57.)

Ew. Hochwohlgeboren erhalten anliegend die Berichte des Provinzial-Steuer-Direktors zu Köln an den General-Direktor der Steuern vom 16. Juli d. J., die Erledigung der beim dortigen Königlichen Landgerichte für die Zeit vom 1. November 1834 bis dahin 1838 abgehaltenen Stempel-Revision betreffend, und Abschrift meines Schreibens an den Herrn Finanz-Minister vom 16. September d. J. Da der Letztere sich mit den in diesem Schreiben enthaltenen Ausführungen und Vorschlägen einverstanden erklärt hat, so werden Ew. Hochwohlgeboren angewiesen, demgemäß zur Erledigung dieser Revision das Weitere zu veranlassen.

Berlin, den 5. November 1841.

An
den Königlichen Landgerichts-Präsidenten Herrn Geheimen Justizrath Rive und den Königlichen Ober-Prokurator Herrn Deuster Hochwohlgeboren zu Trier.

Der Justiz-Minister
Mühler.

I. 5723. Rh. Gen. 62. Vol. 5.

Beilage.

Ew. Excellenz beehre ich mich, unter Wiederbeifügung der Anlagen des geehrten Schreibens vom 2. v. Mts., die bei dem Landgerichte zu Trier für die Zeit vom 1. November 1834 bis dahin 1838 abgehaltene Stempel-Revision betreffend, Folgendes ganz ergebenst zu erwiedern.

I. Die Stempel-Defekten-Tabelle bei der ersten Civil-Kammer betreffend.

1) Die Monita 1—5, den Stempel zu den Protokollen über die Deposition von Ehekontrakten zwischen Handeltreibenden in Gemäßheit der Art. 67 und 68 des Handelsgesetzbuchs betreffend, sind nach Ew. Excellenz Erklärung erledigt, indem diese Protokolle, welche nach dem diesseitigen Schreiben vom 18. Dezember 1839 ad punctum IV nur einen Stempel von 5 Sgr. erfordern, auf Stempelbogen von 15 Sgr. ausgefertigt worden, und daher mehr geschehen ist, als zu verlangen war.

2) Zu Monitum 16 bin ich damit einverstanden, daß zu dem definitiven Kollokations-Status, durch welchen der Kaufpreis ei-

nes subhastirten Grundstücks nebst den seit der Versteigerung aufgelaufenen Zinsen des Kaufpreises vertheilt worden, der Stempel nicht blos von dem Kaufpreise, sondern auch von den Zinsen zu berechnen sei. Die Ansicht des Landgerichts, daß der Stempel von den Zinsen um deswillen nicht zu berechnen sei, weil nach der Jurisprudenz der Gläubiger sofort bei der Versteigerung Eigenthümer des Kaufpreises werde, und daher die von dem Kaufpreise auflaufenden Zinsen nicht als Gläubiger, sondern als Eigenthümer beziehe, ist nicht begründet: indem einmal die angebliche Jurisprudenz nicht so fest steht, wie das Landgericht annimmt, im Gegentheile großen Bedenken unterliegt, und anderntheils es hier, wo es sich um die Festsetzung eines Stempels handelt, weniger auf einen Grundsatz des Civilrechts, als auf das Stempelgesetz ankommt. Nach dem §. 19 dieses Gesetzes, wonach in Konkurs- und Liquidationssachen die Stempel bei jeder Vertheilung von dem zu vertheilenden Betrage der Aktiv-Masse berechnet werden sollen, kann es nicht zweifelhaft sein, daß bei der Berechnung des Stempels nicht blos das Kapital, sondern auch die Zinsen desselben in Anschlag kommen müssen. Dies ist auch bereits in dem diesseitigen Schreiben vom 19. April 1837 Num. 1 (Leitner Bd. 6 S. 228) und in dem Reskripte vom 1. Oktober 1837 (Schmidt's Kommentar Bd. 1 S. 272 zu §. 11 Anmerkung 2 a) angenommen.

3) Zu Monitum 33. Die Protokolle über die Vorlegung eines Testaments an den Landgerichts-Präsidenten in Gemäßheit des Artikels 1007 des Civilgesetzbuchs erfordern, wie dies bereits in dem diesseitigen Schreiben vom 18. Dezember 1839 ad punctum II anerkannt worden, einen Stempel von 15 Sgr. Insoweit ist daher das Monitum, da das Landgericht zu dem Protokolle gar keinen Stempel verwendet hat, begründet. Wenn jedoch der Provinzial-Steuer-Direktor außerdem zu dem Vermerke des Bürgermeisters, durch welchen derselbe die Unterschrift des Pastors N. auf der von diesem für den Referendar N. auf Stempelpapier ausgestellten Privat-Vollmacht attestirt, einen Stempel von 15 Sgr. erfordert, so halte ich dies letztere Monitum nicht begründet. Zwar kann die Vorschrift des Stempel-Tarifs s. v. „Legalisation von Urkunden," wonach diese, wenn sie auf der Urkunde selbst stattfindet, stempelfrei ist, auf den vorliegenden Fall nicht Anwendung finden, da unter Legalisation von Urkunden nach dem Re-

skripte vom 16. Juli 1828 (Lottner Bd. 3 S. 242) und dem rheinischen Landtagsabschiede vom 3. März 1835 B. Num. 10 nur Atteste der kompetenten Behörde darüber, daß eine amtliche Unterschrift richtig und mit amtlicher Befugniß ausgestellt sei, zu verstehen, und namentlich Legalisationen von Privat-Unterschriften bei Vollmachten darunter nicht begriffen sind; dergleichen Legalisationen sollen vielmehr nach der Bestimmung der Tarifposition: „Vollmachten" beurtheilt werden. Allein nach diesen ist nur zu den gerichtlichen oder notariellen Beglaubigungen bei Vollmachten ein Stempel erforderlich. Eine solche gerichtliche oder notarielle Beglaubigung liegt nicht vor. Die Beglaubigung des Bürgermeisters, welcher zu dergleichen Handlungen gar keine Befugniß hat, ist ohne allen Glauben und steht einem von einer anderen Privatperson schriftlich ausgestellten Zeugnisse ganz gleich. Es kann daher auch kein Stempel zu derselben erfordert werden.

4) Zu Monitum 45 hat der Provinzial-Steuer-Direktor sich noch seine Erklärung vorbehalten, und wird daher diese abzuwarten sein.

5) Zu Monitum 97—99 trete ich darin dem Provinzial-Steuer-Direktor bei, daß die Protokolle über die Hinterlegung der Handschrift und des Siegelabdrucks der neu ernannten Notarien auf der Kanzlei desjenigen Landgerichts, in dessen Bezirk der Notar seinen Wohnsitz hat, in Gemäßheit des Artikels 12 der Notariats-Ordnung vom 25. April 1822 an sich stempelpflichtig sind, da diese Hinterlegung nicht blos im öffentlichen Interesse erfolgt, sondern eine Folge der Anstellung des Notars ist, und daher, eben so wie seine Vereidigung, sein Interesse mit berührt. Es kommt dazu, daß von dergleichen Protokollen nach den von dem Provinzial-Steuer-Direktor angeführten Entscheidungen des französischen Ministeriums der Finanzen vom 11. Thermidor Jahres XII und 3. Vendemiaire Jahres XIII und nach dem kaiserlichen Dekrete vom 14. Juli 1808 auch Gerichtsschreiber-Gebühren zu entrichten sind. Dagegen kann ich, was die Höhe des Stempels betrifft, der Ansicht des Provinzial-Steuer-Direktors darin nicht beistimmen, daß zu diesen Protokollen ein Stempel von 15 Sgr. erforderlich sei. Die Bestimmung des Tarifs s. v. „Protokolle":

„wenn diejenigen Personen, mit welchen es aufgenom-
„men wird, auf Erfordern eine Auskunft geben,
„oder eine Aussage als Zeuge ablegen, oder eine Ver-

„bindlichkeit zu einer Leistung oder Unterlassung dadurch „übernehmen."

paßt auf diese Protokolle nicht; dieselben vertreten vielmehr die Stelle einer Eingabe, und können daher nach litt. a nur mit einem Stempel von 5 Sgr. belegt werden. In den alten Provinzen wird über die Einreichung der Handschrift und des Siegels eines Notars nicht einmal ein Protokoll aufgenommen, sondern die Eingabe des Notars wird ohne Weiteres zu den Akten genommen. Mit der Schlußbemerkung des Provinzial-Steuer-Direktors, daß der Stempel nur von den bei dem Landgerichte, in dessen Bezirk der Notar wohnt, aufgenommenen Protokollen, nicht auch von den Protokollen bei den übrigen 7 Landgerichten, bei welchen die Hinterlegung nach Art. 12 der Notariats-Ordnung gleichfalls geschehen muß, erfordert werde, bin ich einverstanden.

II. Die Stempel-Defekten-Tabelle bei der zweiten Civil-Kammer betreffend.

6) Zu Monitum 9. Zu dem Urtheile vom 26. Juni 1835, durch welches der Kaufvertrag eines Hauses aufgelöst erklärt und die Verklagten verurtheilt sind, der Klägerin die Hälfte des Hauses mit den seit dem 1. Oktober 1827 bezogenen Früchten herauszugeben, und ferner die Theilung des Hauses verordnet ist, hat das Landgericht einen Stempel von 15 Sgr. in Debet notirt, und beabsichtigt, bei der definitiven Theilung oder bei der Lizitation des Hauses den vorschriftsmäßigen Werthstempel zu verwenden. Mit Ew. Excellenz bin ich einverstanden, daß, da unter den Parteien die Theilung selbst streitig gewesen ist, mit Rücksicht auf die in dem Schreiben vom 19. April 1837 Num. 3 (Leitner Bd. 6 S. 228) und vom 18. Dezember 1839 ad punctum VI angenommenen Grundsätze, zu dem Urtheile der volle Erkenntnißstempel zu verwenden sei. Meines Erachtens muß jedoch der Prozentstempel von dem Werthe des Streitgegenstandes, und darf nicht, wie der Provinzial-Steuer-Direktor annimmt, der Stempelsatz von 5 — 20 Thlr., wie von einem unschätzbaren Gegenstande, genommen werden. Streitig war zwischen den Parteien nur die Hälfte des Hauses, und die außerdem ausgesprochene Vernichtung des Kaufvertrages ist nur eine, die Verurtheilung der Verklagten zur Herausgabe der Hälfte des Hauses, vorbereitende Entscheidung. Mit Rücksicht auf die

Anführungen in meinem Schreiben vom 18. Dezember 1839 ad punctum VIII, mit welchem Ew. Excellenz sich in Ihrem Antwortschreiben vom 5. Januar v. J. einverstanden erklärt haben, wird daher der Werth der Hälfte des Hauses nebst den davon seit dem 1. Oktober 1817 bezogenen Früchten zu ermitteln, und hiervon der Prozentstempel zu berechnen sein. — Das Landgericht bemerkt, daß der Werth des Hauses nicht 100 Thlr. betrage; indeß ist diese Angabe nicht unterstützt, und außerdem kommen auch noch die Früchte bis zur Anstellung der Klage in Berechnung. Sollte indeß, wie das Landgericht es beabsichtigte, der vorschriftsmäßige Stempel bei der vielleicht inzwischen erfolgten Theilung oder Lizitation des Hauses verwendet sein, so versteht es sich von selbst, daß alsdann ein anderweitiger Stempel zu dem Urtheile vom 26. Juni 1835 nicht mehr gefordert werden kann.

7) Zu Monitum 38. Zu dem Urtheile vom 17. Mai 1838, durch welches ein über die Verloosung des älterlichen Hauses gefertigter Privat-Akt vernichtet, die Theilungsklage in Betreff der Mobilien und des Hauses begründet angenommen und ein Zeugenbeweis angeordnet ist, hat das Landgericht einen Stempel von 15 Sgr. adhibirt, wogegen der Stempel-Fiskal zu dem Urtheile, hinsichtlich der darin enthaltenen definitiven Entscheidung, einen Stempel von 5 Thalern, und hinsichtlich des darin angeordneten Zeugenverhörs einen Stempel von 15 Sgr. in Rechnung bringt. Diese doppelte Bestimmung des Urtheils ist keinenfalls gerechtfertigt. Zwar bestimmt die erste allgemeine Vorschrift des Stempel-Tarifs, daß, wenn eine schriftliche Verhandlung verschiedene stempelpflichtige Gegenstände oder Geschäfte enthalte, der Stempel für jeden dieser Gegenstände und jedes dieser Geschäfte besonders zu berechnen sei. Allein diese Vorschrift kann auf Erkenntnisse, in welchen, außer der Hauptsache, über einen Nebenpunkt entschieden, oder neben der Hauptsache ein ferneres Verfahren angeordnet, oder über mehrere unschätzbare Gegenstände erkannt wird, keine Anwendung finden. Nur besondere vorbereitende oder nachträgliche Erkenntnisse unterliegen nach der Tarif-Position „Erkenntnisse litt. A c" dem Werthstempel von 15 Sgr. Ist insbesondere über mehrere unschätzbare Gegenstände in demselben Urtheile erkannt, so wird der Richter zu beurtheilen haben, welcher Satz zwischen fünf bis zwanzig Thalern angemessen ist; es würde zu weit gehen, wenn man über jeden Gegenstand des Urtheils, welcher nicht schätzbar ist, einen eignen Stempel fordern wollte. Ich er-

laube mir, mich dieserhalb auf das zu beziehen, was ich in meinem Schreiben vom 20. April 1839 rücksichtlich der Interventions-Prozesse angeführt habe. Der Provinzial-Steuer-Direktor selbst hat auch das Monitum des Stempel-Fiskals, daß zu der Anordnung des Zeugen-Verhörs ein besonderer Stempel von 15 Sgr. zu adhibiren sei, in dem Schreiben an den Ober-Prokurator vom 5. März v. J. nicht weiter verfolgt, indem er zu dem angeführten Urtheile nur die Summe von 4 Thlr. 15 Sgr. defektirt.

Was nun den Stempel zu der Haupt-Entscheidung des Urtheils betrifft, so bin ich aus den zum Monitum 19 angeführten Gründen einverstanden, daß der volle Werthstempel zu verwenden, und dieser, da hier in der That ein unschätzbarer Gegenstand, die Theilung einer Erbschaft, streitig war, auf Höhe von 5 bis 20 Thlr. anzunehmen sei.

8) Die Monita 13 und 14 haben Ew. Excellenz fallen lassen; dieselben scheiden daher aus.

9) Zu Monita 12, 19, 25, 26, 33 und 35. Wie die Stempel in dem nach rheinischem Verfahren stattfindenden Arrestprozesse zu berechnen seien, ist nicht unzweifelhaft. Wird in dem Urtheile, durch welches der Arrest für begründet oder unbegründet erkannt wird, der Verklagte zugleich zur Zahlung der Schuld verurtheilt, oder resp. der Kläger nicht blos mit seinem Arrestgesuche, sondern mit der Klage in der Hauptsache zurückgewiesen, so versteht es sich von selbst, daß zu dem Urtheile der Stempel, wie in anderen Prozessen zu verwenden ist. Betrifft das Urtheil jedoch blos die Gültigkeit oder Ungültigkeit des Arrestes, ohne über die Hauptsache zu entscheiden, so ist nur die Sicherstellung der Forderung Gegenstand des Prozesses und des Urtheils, und es muß meines Erachtens dann die Bestimmung des Stempel-Tarifs s. v. „Erkenntnisse litt. A b" Platz greifen, wonach,

„wenn rechtliche Hülfe wegen Sicherstellung einer Leistung nachgesucht wird,"

ein Stempel von 5 bis 20 Thlr. genommen werden soll. Insofern indeß die Forderung, wegen deren der Arrest angelegt ist, die Summe von 500 Thlrn. nicht übersteigt, also das Interesse des Klägers und so weit der Gegenstand des Prozesses nicht ganz unschätzbar ist, wird nach Maaßgabe der Reskripte vom 26. März nnd 28. Oktober 1825 (Annalen Bd. 9 S. 318 und 925) der Prozentstempel nach der Höhe der Forderung genommen werden müssen. Eben so wird umgekehrt, wenn die bei dem dritten Arrestaten beruhenden Effekten und Gelder, auf welche der Arrest angelegt wird, die Summe von 500 Thlrn. nicht übersteigen, der Werthstempel nur nach dem Werthe der mit Arrest belegten Effekten und Gelder zu berechnen sein. Der Provinzial-Steuer-Direktor ist zwar der Meinung, daß zu dem Urtheile, durch welches der Arrest für gültig erklärt wird, allemal der Prozentstempel nach Höhe der Forderung des Klägers zu verwenden sei, weil die Gültigkeits-Erklärung des Arrestes das richterliche Anerkenntniß der Richtigkeit und Vollstreckung der Forderung in sich begreife, auch wenn dies nicht ausdrücklich ausgesprochen worden, und beruft sich deshalb auf das Schreiben meines Amtsvorgängers vom 19. April 1837 ad pos. 41 (Leitner Band 6 Seite 230), in welchem angenommen ist, daß in der Gültigkeits-Erklärung eines Arrestes eine solche Verurtheilung liege, welche die Erlegung des Werthstempels fordere. Dieses letztere Schreiben entscheidet jedoch nicht die Frage, ob der Prozentstempel nach der Höhe der klägerischen Forderung, oder der Werthstempel von 5 bis 20 Thlrn. als Regel zu verwenden sei; sondern erklärt nur die Ansicht, daß zu einem Urtheile über die Gültigkeit eines, ohne vorgängiges Judikat angelegten, Arrestes ein Stempel von 15 Sgr. genüge, für unbegründet, und erfordert zu einem solchen Urtheile den vollen Werthstempel. Hiermit bin ich nach dem Obigen einverstanden. Hinsichtlich der Frage aber, ob zu dem Urtheile der Prozentstempel oder der Stempel von 5 bis 20 Thlrn. zu verwenden sei, kann ich dem Provinzial-Steuer-Direktor nicht beistimmen, da, wenn auch durch die Gültigkeits-Erklärung des Arrestes die Forderung des Klägers selbst indirekt festgestellt wird, diese Feststellung doch nicht Gegenstand des Urtheils ist, das letztere auch nur einen exekutionsfähigen Titel in die mit Arrest belegten Sachen und Gelder und nicht in das übrige Vermögen des Schuldners giebt. Das Interesse des Klägers ist daher, zumal wenn der dritte Arrest gar keine Sachen oder Gelder des Verklagten hinter sich hat (vgl. Art. 573 der Civil-Prozeß-Ordnung), nicht nach einer bestimmten Summe zu schätzen.

Dagegen bin ich schließlich mit dem Provinzial-Steuer-Direktor einverstanden, daß, wenn der Kläger wegen derselben Forderung successive mehrere Arrestschläge bewirkt, sei es, weil er mit der früheren Arrestklage zurückgewiesen, oder weil er durch den früheren Arrest seine Befriedigung nicht erhalten hat, zu den späteren Urtheilen über einen, wegen derselben Forderung angelegten, Arrest immer nur ein Stempel von 15 Sgr., als zu einem wegen desselben Gegenstandes ergehenden nachträglichen Erkenntnisse, gefordert werden könne.

Was vorstehend über den Stempel in Arrest-Prozessen bemerkt worden, bezieht sich jedoch nur auf den Fall, wenn der Arrest nicht auf den Grund eines Urtheils angelegt wird, der Arrest nur ein Sicherungs-, nicht ein Exekutionsmittel ist. Im letzteren Falle wird nach Maaßgabe der früheren Schreiben vom 19. April 1837 ad pos. 41 (Leitner Bd. 6 S. 229) und 18. Dezember 1839 ad punct. XI zu dem nachträglichen Urtheile durch welches der Arrest für gültig erklärt wird, immer nur ein Werthstempel von 15 Sgr. zu verwenden sein.

Diese Grundsätze auf die Monita 12, 19 und 33, welche Fälle betreffen, in denen der Arrest für begründet erklärt worden und die klägerische Forderung 500 Thlr. nicht erreicht, angewendet, rechtfertigen den defektirten, nach der Höhe der klägerischen Forderung berechneten Prozentstempel. Zu Monita 25, 26 und 35 ist nicht mit Bestimmtheit ersichtlich, ob der Kläger nur mit dem Arrestgesuche oder mit der Klage in der Hauptsache abgewiesen worden; zu Monita 25 und 35 ist dies jedoch ohne Einfluß, da in diesen Fällen die klägerische Forderung 500 Thlr. nicht erreicht, und daher sind beide Monita für begründet zu achten; zu Monitum 26 aber, wo der Arrest auf Höhe von 855 Thlr. angelegt worden, wird noch faktisch festzustellen sein, ob der Kläger nur mit seinem Arrestgesuche oder mit seiner Hauptklage abgewiesen worden, und danach im ersteren Falle der Stempel von 5 bis 20 Thlr., im zweiten Falle der Prozentstempel anzuwenden sein.

10) Zu Monitum 17. Das Landgericht hat zu dem Urtheile, durch welches die Opposition gegen einen auf Notariat-Akt gegründeten Zahlungs-Befehl von 980 Thlrn. verworfen ist, nur einen Stempel von 5 Thalern verwendet, weil die Opposition darauf gestützt worden, daß der Opponent auf den väterlichen Nachlaß verzichtet habe, und daher die aus demselben herrührende Schuld zu zahlen nicht verpflichtet sei, das Urtheil also lediglich die Gültigkeit oder Ungültigkeit der Verzichtleistung, einen unschätzbaren Gegenstand betroffen habe. Nach den Bemerkungen in meinem Schreiben vom 18. Dezember 1839 ad punctum XI und in dem gegenwärtigen Schreiben zu Num. 6 und 7 (Monita 9 und 38) muß das Monitum des Stempel-

Fiskals, daß der Prozentstempel von der ganzen bestrittenen Summe von 980 Thlrn. zu berechnen sei, für begründet erachtet werden.

11) Zu Monitum 27. Zu einem am 16. März 1837 erlassenen Kontumazial-Urtheile hat das Landgericht den vorschriftsmäßigen Stempel dem Verklagten zur Last gelegt, und auf Zahlung desselben gegen diesen ein Exekutorium erlassen. Wahrscheinlich beruht dies nur auf einem Versehen. Der Antrag des Provinzial-Steuer-Direktors auf Abfassung eines anderweitigen Exekutoriums gegen den Kläger ist nach dem Reskripte vom 2. Januar 1839 (Jahrb. Bd. 53 S. 219) begründet. Da jedoch, sobald das Kontumazial-Urtheil innerhalb der gesetzlichen Zeit von 6 Monaten zur Vollstreckung gebracht worden, der in die Kosten verurtheilte Verklagte dem Kläger den Werthstempel erstatten muß, und seit dem Erlaß des Urtheils bereits über vier Jahre verflossen sind, so könnte im vorliegenden Falle vorerst von der Abfassung eines anderweitigen Exekutoriums Abstand genommen und der Provinzial-Steuer-Direktor angewiesen werden, zuvor über die Vollstreckung des Kontumazial-Urtheils Erkundigung einzuziehen, und nur in dem Falle, wenn von dem Verklagten unmittelbar der Stempel nicht einzuziehen ist, bei dem Landgerichte auf den Erlaß eines anderweitigen Exekutoriums gegen den Kläger anzutragen.

Ew. Excellenz ersuche ich ganz ergebenst um dero gefällige Aeußerung, ob Dieselben mit dem Inhalte dieses Schreibens einverstanden sind, in welchem Falle ich demnächst den Präsidenden und den Ober-Prokurator zu Trier mit Anweisung versehen werde.

Berlin, den 16. September 1841.

Für den Justiz-Minister
vermöge Allerhöchsten Auftrags
Ruppenthal.

An
den Königlichen Wirklichen Geheimen Staats- und Finanz-Minister
Herrn Grafen von Alvensleben
Excellenz.

217.

Allgemeine Verfügung vom 10. November 1841, — betreffend die Vorsichts-Maaßregeln zur Verhütung von Beschädigungen der zur Allerhöchsten Vollziehung gelangenden Urkunden und der von den Gerichtsbehörden an den Justiz-Minister zu erstattenden Berichte.

Der Umstand, daß die zur Allerhöchsten Vollziehung bestimmten Urkunden im Königlichen Geheimen Kabinet häufig in einem beschädigten Zustande ankommen, welcher letztere theils durch ein von der gewöhnlichen Größe der Papierbogen abweichendes Format derselben, theils durch nachlässige Verpackung herbeigeführt wird, hat Seine Majestät veranlaßt, die Departements-Chefs anzuweisen:

dafür zu sorgen, daß diesem Uebelstande künftig auf geeignete Weise abgeholfen werde.

In Folge dieses Allerhöchsten, am 15. September d. J. erlassenen Befehls werden die sämmtlichen Gerichtsbehörden hierdurch angewiesen, sich nicht nur zu Urkunden, welche zur Allerhöchsten Vollziehung bestimmt sind, sondern auch zu allen an den Justiz-Minister zu erstattenden Berichten und deren Beilagen eines haltbaren Papiers zu bedienen, dessen Größe nicht von dem gewöhnlichen Aktenformate abweicht, auch dafür zu sorgen, daß durch sorgfältige Verpackung der einzureichenden Urkunden jede Verletzung derselben vermieden werde.

Berlin, den 10. November 1841.

An sämmtliche Gerichtsbehörden.

Der Justiz-Minister
Mühler.

I. 5244. P. 54.

218.

Allgemeine Verfügung vom 13. November 1841, — betreffend die Frage, ob gegen Landwehr-Unteroffiziere, welche das 39. Lebensjahr zurückgelegt haben, nicht auf Degradation zu erkennen sei, wenn auch sonst die Art des Vergehens und der Strafe dies erfordert haben würde?

(Landwehr-Ordnung vom 21. November 1815 §. 81; Verordnung vom 22. Februar 1823, Gesetz-Samml. S. 28; Allerhöchster Kabinets-Befehl vom 21. November 1829, Gesetz-Sammlung von 1830 S. 2.)

Die gegen Militair-Personen vom Feldwebel- und Unter-

Offizier-Range nach §. 4 der Verordnung vom 22. Februar 1823 (Gesetz-Samml. S. 28.) in gewissen Fällen zu erkennende Strafe der Degradation zum Gemeinen, muß nach der Ansicht des Herrn Kriegs-Ministers Excellenz auch dann ausgesprochen werden, wenn die Angeklagten mit Zurücklegung des 39. Lebensjahres aus dem Landwehrpflichtigen Alter getreten sind, weil

a) die Landwehrmänner, welche in beiden Aufgeboten ihre Zeit ausgedient haben, nach §. 81 der Landwehr-Ordnung vom 21. November 1815 das Vorrecht behalten, bei feierlichen Gelegenheiten die Uniform tragen zu können, die erdiente Charge auch unzweifelhaft bei ausbrechendem Kriege auf das Landsturm-Verhältniß übergeht, mithin es

b) den Bestimmungen und Absichten des Allerhöchsten Kabinets-Befehls vom 21. November 1829, betreffend den Verlust des Titels oder sonstigen Dienst-Prädikats verabschiedeter Militair-Personen oder Civil-Beamten im Falle eines begangenen Vergehens (Gesetz-Samml. für 1830 S. 2), entgegen sein würde, wenn Feldwebel und Unteroffiziere von der Landwehr, welche nach der angeführten Verordnung vom 22. Februar 1823 zu degradiren gewesen wären, im Besitze der Charge und der damit verbundenen Auszeichnungen nnd Prärogativen verblieben.

Der Justiz-Minister ist mit dieser Ansicht einverstanden und eröffnet dieselbe den Gerichtsbehörden, um im vorkommenden Falle darauf Rücksicht zu nehmen.

Sollten Bedenken gegen die Anwendung jenes Grundsatzes obwalten, so erwartet der Justiz-Minister die Anzeige der Obergerichte, welche die Aeußerungen der betreffenden Untergerichte zuvor zu vernehmen haben.

Berlin, den 13. November 1841.

An sämmtliche Gerichtsbehörden.

Der Justiz-Minister
Mühler.

I. 5868. N. 4. Vol. 4.

219.

Regulativ vom 17. November 1841, — wegen Unterhaltung der durch die Staats-Waldungen in der Provinz Westphalen und der Rhein-Provinz führenden öffentlichen Wege, mit Ausschluß der ausgebauten Staats- und Bezirks-Straßen.

Wir Friedrich Wilhelm, von Gottes Gnaden König von Preußen ꝛc.

Da die bisher bestandene Verpflichtung der Kommunen in der Provinz Westphalen und der Rhein-Provinz zur Unterhaltung derjenigen öffentlichen Wege in den, in ihren Gemeinde-Bezirken belegenen Königlichen Forsten, welche nicht zu den ausgebauten Staats- und Bezirks-Straßen gehören, zu mannichfachen Beschwerden geführt hat, indem eines Theils die von der Forstverwaltung hierzu geleisteten Beiträge zur Deckung der Kosten dieser Wegebauten nicht überall ausgereicht haben, andern Theils die Wege nicht in fahrbarem Stand erhalten worden sind, so verordnen Wir auf den Antrag Unserer getreuen Stände dieser Provinzen, und nach Anhörung Unsers Staats-Ministeriums, Nachstehendes.

§. 1.

Zur Unterhaltung der gedachten, durch Unsere Waldungen der Provinz Westphalen und der Rhein-Provinz führenden öffentlichen Wege sollen die bisher verfassungsmäßig oder herkömmlich bestandenen Leistungen der Gemeinden nicht weiter verlangt, sondern die desfallsigen Kosten fortan auf die Fonds Unserer Forstverwaltung übernommen werden, insofern nicht, vermöge spezieller Rechtstitel, Gemeinden, Körperschaften oder Privaten die Verpflichtung zur Theilnahme an diesen Wegebauten obliegt, worin durch diese Verordnung nichts geändert wird.

§. 2.

Bei denjenigen öffentlichen Wegen, welche die Grenze zwischen Unsern Waldungen und anderem Grundeigenthum bilden, konkurriren die Forstverwaltung zur einen und die, wegen dieses Grundeigenthums zur Wege-Unterhaltung Verpflichteten, zur andern Hälfte.

§. 3.

Gegen den Erlaß der bisherigen verfassungsmäßigen oder herkömmlichen Verpflichtung der Gemeinden zur Unterhaltung der, in ihren Gemeindebezirken befindlichen, Forstwege hört die Konkurrenz der Forstverwaltung zur Unterhaltung der außerhalb Unserer Forsten belegenen öffentlichen Wege des betreffenden Gemeindebezirks auf; und es fallen daher auch die deshalb hier und da aus Unseren Forstkassen geleisteten Kommunal-Beiträge hinfüro weg.

In denjenigen etwaigen einzelnen Fällen aber, wo in den Gemeinde-Bezirken zu Unterhaltung der öffentlichen Wege in Unseren Forsten bisher deshalb keine Kosten entstanden sind, weil durch diese Forsten keine öffentlichen Wege führen, soll die Konkurrenz Unserer Forstverwaltung bei der, den betreffenden Gemeinden obliegenden, sonstigen Wege-Unterhaltung insoweit eine solche Konkurrenz bisher bestanden hat, auch fernerhin bis dahin fortdauern, daß künftig allgemeine Bestimmungen über die Beitragspflichtigkeit des Staats-Grundeigenthums zu den Gemeindelasten werden gegeben werden.

München, den 17. November 1841.

(L. S.) Friedrich Wilhelm.

Prinz von Preußen.

von Boyen. von Kamptz. Mühler. von Meding, für den Minister des Innern.
von Nagler. von Ladenberg.
Gr. v. Alvensleben. Frh. von Werther. Eichhorn. v. Thile.
Gr. z. Stolberg.

I. 6778. W. 11. Vol. 5.

220.

Regulativ vom 29. November 1841, — über die Einrichtung des Fabrikengerichts zu Crefeld.

Wir Friedrich Wilhelm, von Gottes Gnaden König von Preußen rc.

Da sich das Bedürfniß gezeigt hat, den Sprengel des Fabriken-Gerichts zu Crefeld, wie solcher durch das Dekret vom 19. Januar 1811 festgestellt worden ist, zu erweitern, auch die

Zahl der Mitglieder dieses Fabrikengerichts und ihrer Stellvertreter in entsprechender Weise anders zu bestimmen, so haben Wir auf den Antrag Unserer Minister der Justiz und der Finanzen und des Handels beschlossen, mit Aufhebung der entgegenstehenden Bestimmungen des gedachten Dekrets vom 19. Januar 1811 nachfolgende Verordnung zu erlassen.

§. 1.

Das Fabrikengericht behält seinen Sitz zu Crefeld und führt die Benennung: „Königliches Fabrikengericht zu Crefeld."

§. 2.

Die Zuständigkeit desselben erstreckt sich auf sämmtliche Fabrikationszweige und Handwerke im Kreise Crefeld, ferner in den Bürgermeistereien Kempen, Vorst, Hüls, St. Thönis, St. Thönisberg und St. Hubert des Kreises Kempen und auf alle im Umfange dieses Sprengels beschäftigte Gewerbtreibende.

§. 3.

Das Gericht besteht aus einem Haupt-Büreau und einer Vergleichs-Kammer, beide zu Crefeld.

§. 4.

Dasselbe ist zusammengesetzt aus eilf Mitgliedern, welche ihr Amt unentgeltlich verrichten; und zwar aus sechs Fabrikherren, welche selbst Handel treiben, und fünf Werkmeistern, Fabrikarbeitern oder Handwerkern, welche mindestens drei Thaler Klassensteuer jährlich entrichten.

Sie sind von den Gewerbtreibenden selbst, mit Vorbehalt der Bestätigung durch die Regierung zu Düsseldorf, nach den weiter unten folgenden Vorschriften, mit der Maaßgabe zu wählen, daß aus dem Kreise Crefeld neun Mitglieder, nämlich fünf Fabrikherren und vier Werkmeister, Fabrikarbeiter oder Handwerker, und aus den betreffenden Bürgermeistereien des Kreises Kempen zwei Mitglieder, nämlich ein Fabrikherr und ein Werkmeister, Fabrikarbeiter oder Handwerker gewählt werden müssen.

§. 5.

Die Mitglieder des Fabrikengerichts bilden zugleich die Vergleichskammer, dergestalt, daß sie die Verrichtungen derselben nach näherer Bestimmung der Geschäfts-Ordnung abwechselnd vierteljährig zu versehen haben.

§. 6.

Außer den ordentlichen Mitgliedern sind eben so viele Stellvertreter, welche ihr Amt gleichfalls unentgeltlich verrichten, zu bestellen, und zwar sechs Fabrikherren, welche selbst Handel treiben, und fünf Werkmeister, Fabrikarbeiter oder Handwerker, welche mindestens drei Thaler Klassensteuer jährlich entrichten.

Dieselben sind gleichmäßig von den Gewerbetreibenden selbst, mit Vorbehalt der Bestätigung durch die Regierung zu Düsseldorf, und zwar aus dem Kreise Crefeld neun Stellvertreter, nämlich fünf Fabrikherren nnd vier Werkmeister, Fabrikarbeiter oder Handwerker, und aus den betreffenden Bürgermeistereien des Kreises Kempen zwei Stellvertreter, nämlich ein Fabrikherr und ein Werkmeister, Fabrikarbeiter, oder Handwerker zu wählen.

§. 7.

Die Wahl der Mitglieder und Stellvertreter geschieht in jedem der beiden landräthlichen Kreise besonders, dergestalt, daß die darauf treffenden Mitglieder (§. 4) und Stellvertreter (§. 6) von den Stimmberechtigten, welche jedem einzelnen Wahlbezirk angehören, gewählt werden.

§. 8.

Stimmberechtigt sind alle in diesem Wahlbezirk wohnhafte Fabrikherren und alle in demselben ihr Gewerbe treibende Werkmeister, Fabrikarbeiter und Handwerker, welche mindestens drei Thaler Klassensteuer jährlich entrichten; jedoch bleiben von der Stimmberechtigung diejenigen ausgeschlossen, welche:

1) fallit oder
2) durch ein Strafurtheil der im Art. 42 des Strafgesetzbuchs bezeichneten bürgerlichen Rechte verlustig

erklärt sind, so lange sie nicht rehabilitirt worden, oder, falls die Aberkennung der bürgerlichen Rechte auf einen bestimmten Zeitraum sich beschränkt, dieser noch nicht abgelaufen ist.

§. 9.

Zu Mitgliedern wählbar sind alle handeltreibende Fabrikanten und alle, mindestens drei Thaler Klassensteuer jährlich entrichtende Werkmeister, Fabrikarbeiter oder Handwerker, welche

a) in dem Wahlbezirk, wo die Wahl geschieht, wohnhaft sind und dort ihr Gewerbe treiben, sofern sie
b) eben dies Gewerbe schon sechs Jahre lang betrieben, auch

c) das dreißigste Lebensjahr zurückgelegt haben.

Diejenigen unter ihnen, welche nach §. 8 von der Stimmberechtigung ausgeschlossen sind, dürfen aber nicht gewählt werden.

§. 10.

Damit indeß die verschiedenen Fabrikationszweige und Handwerke in dem Fabrikengericht angemessen vertreten werden, wird Unser Minister der Finanzen und des Handels die Gewerbsklassen, aus welchen die Mitglieder dieses Gerichts zu wählen sind, sowie die Zahl der aus jeder Klasse zu wählenden Mitglieder, von drei zu drei Jahren bestimmen.

§. 11.

Die Wählbarkeit der Stellvertreter bestimmt sich nach eben den Erfordernissen (§. 9) wie die der Mitglieder.

§. 12.

Die Wahl der Mitglieder und Stellvertreter erfolgt in jedem Kreise auf Anordnung des betreffenden Landraths und unter dem Vorsitze desselben, oder eines von ihm damit beauftragten Beamten, nach Vorschrift der Art. 13 und 19 des Dekrets vom 11. Juni 1809 und der nachfolgenden weitern Bestimmungen.

§. 13.

Jeder Stimmberechtigte kann nur in Person, nicht aber durch Bevollmächtigte bei der Wahl mitwirken und nur in demjenigen Kreise stimmen, in welchem er seinen Wohnsitz hat und sein Gewerbe treibt.

§. 14.

Jeder Stimmberechtigte hat die Befugniß, einen Kandidaten in Vorschlag zu bringen. Der von dem Vorsitzenden zu bestellende Protokollführer trägt diese Vorschläge in ein Verzeichniß zusammen, welches zur Einsicht der Anwesenden vor der Wahl auf den Tisch des Wahlvorstandes niedergelegt wird.

§. 15.

Die Wahl wird sodann von den anwesenden Stimmberechtigten durch Geheimstimmung auf Stimmzetteln nach absoluter Stimmenmehrheit vollzogen.

§. 16.

Ergiebt die Wahl nicht für alle zu besetzende Stellen eine absolute Stimmenmehrheit, so werden für jede noch zu besetzende Stelle die beiden Kandidaten, welche verhältnißmäßig die meisten Stimmen erhalten haben, zur neuen Wahl gebracht, so lange, bis sämmtliche Mitglieder und Stellvertreter mit absoluter Stimmenmehrheit gewählt sind.

§. 17.

Die Wahlverhandlung wird hiernächst zur Bestätigung der gewählten Mitglieder und Stellvertreter an die Regierung zu Düsseldorf eingesandt, welche auch etwaige Streitigkeiten über die Wählbarkeit und Stimmberechtigung, sowie über die Gültigkeit der Wahlen, mit Vorbehalt des Rekurses an Unsern Minister der Finanzen und des Handels entscheidet.

§. 18.

Nach erfolgter Bestätigung werden die Gewählten in Gemäßheit der Vorschrift vom 5. November 1833 (Gesetz-Sammlung für 1833 S. 291) eidlich verpflichtet und in ihre Verrichtungen eingeführt.

§. 19.

Geräth ein Mitglied oder ein Stellvertreter in den Fallit-Zustand, so hört vom Tage des Falliments-Urtheils sein Amt von selbst auf.

§. 20.

Rücksichtlich der Suspension und Amtsentsetzung der Mitglieder und Stellvertreter finden die allgemeinen, wegen der richterlichen Beamten bestehenden, Gesetze Anwendung. Das vor einer Civilkammer des Landgerichts einzuleitende Disziplinar-Verfahren findet bei verschlossenen Thüren, unter Beachtung der für das Disziplinar-Verfahren gegen richterliche Beamte vorgeschriebenen Formen statt.

§. 21.

Der Sekretair des Fabrikengerichts wird von dem Fabrikengerichte, in Gemäßheit der Bestimmung des Dekrets vom 11. Juni 1809, nach absoluter Stimmenmehrheit gewählt und auf Kündigung angestellt. Derselbe darf nicht selbst Mitglied des

Gerichts oder Stellvertreter sein; er muß die nöthige Geschäftskenntniß besitzen, zum Civil-Staatsdienste berechtigt und befähigt sein, und vorzugsweise aus den geprüften Gerichtsschreiber-Kandidaten erwählt werden.

§. 22.

Die Wahl des Sekretairs bedarf der Bestätigung durch die Regierung zu Düsseldorf, nach deren Ertheilung er nach Maaßgabe des §. 18 und der Vorschrift vom 5. November 1833 durch das Fabrikengericht eidlich zu verpflichten ist.

§. 23.

Der Sekretair bezieht für die ihm obliegenden Verpflichtungen ein jährliches Gehalt, und die in dem Dekret vom 11. Juni 1809 bestimmten Gebühren.

§. 24.

Derselbe kann bei etwa eintretender Anhäufung der Geschäfte von dem Gerichte angehalten werden, einen Schreibgehülfen auf seine Kosten zu halten, dessen Person von ihm in Vorschlag gebracht wird, welcher jedoch vor seinem Dienstantritte die Bestätigung des Gerichts erhalten und darauf von letzterem eidlich verpflichtet werden muß.

§. 25.

Die Amtsdauer der ordentlichen Mitglieder des Fabrikengerichts ist auf drei Jahre festgesetzt. Die Ordnung, in welcher die Mitglieder aus den beiden Kreisen austreten und neue gewählt werden, wird in der Art festgesetzt, daß von den Mitgliedern aus dem Kreise Crefeld austreten: im ersten Jahre ein Fabrikant und zwei Werkmeister, Fabrikarbeiter oder Handwerker; im zweiten und dritten Jahre aber je zwei Fabrikherren und je ein Werkmeister, Fabrikarbeiter oder Handwerker. Die aus dem Kreise Kempen ernannten Mitglieder werden alle drei Jahre zusammen durch neue Wahl ersetzt.

§. 26.

Diejenigen Stellen, welche durch den ordentlichen Dienstaustritt oder durch sonstigen Abgang zur Erledigung kommen, werden vor dem Jahresschlusse durch neue Wahl nach den obigen Bestimmungen wieder besetzt, mit dem Unterschiede, daß die Verzeichnisse der Stimmberechtigten zu diesen neuen Wahlen nach den Bestimmungen des Art. 24 des Dekrets vom 11. Juni 1809 mittelst Offenlegung derselben in dem Geschäftslokal der Bürgermeister der Städte Crefeld und Kempen und Eintragung der Stimmfähigen, auf deren Anmeldung, aufgenommen werden. Dieselben haben sich zu dem Ende über Entrichtung der Klassensteuer in der oben bestimmten Höhe auszuweisen.

§. 27.

Für die außerordentlicher Weise erledigten Stellen geschieht die Wiedererwählung nur für die Zeit, welche die Abgehenden noch im Amte zu bleiben verpflichtet gewesen wären.

§. 28.

Die austretenden Mitglieder des Fabrikengerichts sind jederzeit wieder wählbar.

§. 29.

Die Amtsdauer der Stellvertreter ist gleichfalls auf drei Jahre beschränkt. Bevor durch dieselbe die Ordnung des Austritts sich von selbst bestimmt, soll sie in der Art erfolgen, wie sie oben (§. 25) wegen der ordentlichen Mitglieder vorgeschrieben ist.

Unter den Mitgliedern des nämlichen Wahlbezirks richtet sich die Reihenfolge des Austritts nach dem Dienstalter, und wo dieses nicht entscheidet, wird sie durch das Loos festgesetzt.

§. 30.

Die austretenden Stellvertreter sind ebenfalls jederzeit wieder wählbar.

§. 31.

Die Kompetenz und die Amtsverrichtungen des Fabrikengerichts, sowie das Verfahren bei demselben, imgleichen die Wirksamkeit der Vergleichskammern bestimmen sich nach den, hinsichtlich der Räthe der Gewerbverständigen in der Rheinprovinz bestehenden, oder in der Folge ergehenden allgemeinen Vorschriften.

Die Urschriften der Erkenntnisse sind von dem Präsidenten oder dessen Stellvertreter und von dem Sekretair zu unterzeichnen.

Die Stempel zu den betreffenden Verhandlungen sind nach den Vorschriften des Stempelgesetzes vom 7. März 1822 und den, solches ergänzenden und erläuternden Verordnungen zu verwenden.

§. 32.

Die Ordnung der Sitzungen und der Geschäftsführung in dem Fabrikengerichte, wie in der Vergleichskammer, wird durch ein Regulativ bestimmt, welches von dem Fabrikengerichte zu entwerfen und der Regierung zu Düsseldorf zur Bestätigung einzusenden ist. Jedenfalls muß das Fabrikengericht in jedem Monat, und die Vergleichskammer in jeder Woche einmal zusammentreten.

§. 33.

Das Lokal für die Sitzungen und die Geschäftsführung des Fabrikengerichts, sowie der Vergleichskammer, ist, nebst der Heizung, von der Gemeinde Crefeld unentgeltlich zu beschaffen.

§. 34.

Die Kosten für Schreibmaterialien und Kopialien hat der Sekretair ohne besondere Vergütigung zu bestreiten.

§. 35.

Soweit die durch die Ordre v. 25. November 1837 aus der Staatskasse zum Sekretairgehalt und zu den Büreaukosten bewilligten 180 Thlr. nicht ausreichen, sondern für Erleuchtung, Bedienung oder andere Bedürfnisse des Fabrikengerichts und der Vergleichskammer noch weitere Geldmittel erforderlich sind, so sind solche von den Gewerbtreibenden selbst aufzubringen. Ueber die Art der Vertheilung des aufzubringenden Bedarfs auf die einzelnen Interessenten bleibt die Bestimmung Unserm Minister der Finanzen und des Handels vorbehalten.

§. 36.

Die bei dem Fabrikengericht eingehenden Strafgelder sollen zu Belohnungen und Ermunterungen des Gewerbfleißes in dem Sprengel des Gerichts verwendet werden. Das Fabrikengericht hat jährlich einen Nachweis über dieselben, nebst seinem Gutachten über deren Verwendung, bei der Regierung zu Düsseldorf einzureichen, auf deren Vorschlag die weitere Verfügung erfolgen wird.

Urkundlich unter Unserer Höchsteigenhändigen Unterschrift und beigedrucktem Königlichen Insiegel.

So geschehen Sanssouci, den 29. November 1841.

(L. S.) Friedrich Wilhelm.

Mühler. Graf von Alvensleben.

I. 6616. Rh. Gen. 52. Vol. 2.

221.

Allerhöchster Kabinets-Befehl vom 11. Dezember 1841, — betreffend den Zahlungs-Termin der Kaufgelder im Subhastations-Verfahren in der Rhein-Provinz.

Auf den, von dem Staats-Ministerium in dem Bericht vom 16. v. M. unterstützten Antrag der Rheinischen Provinzialstände bestimme Ich zur näheren Erläuterung der Ordre vom 9. April 1836, daß die Friedensrichter in der Rhein-Provinz bei Feststellung der Kaufbedingungen im Subhastations-Verfahren die Zahlungstermine der Kaufgelder ohne Einwilligung der Gläubiger nicht über zwei Jahre, vom Tage des Licitations-Termins ab, hinaussetzen dürfen. Diese Meine Bestimmung ist durch die Gesetz-Sammlung bekannt zu machen.

Charlottenburg, den 11. Dezember 1841.

An Friedrich Wilhelm.

das Staats-Ministerium.

I. 215. Rh. Gen. 35.

222.

Verfügung vom 19. Dezember 1841, — betreffend die Verpflichtung der Friedensrichter, wenn gegen einen, der Regierung untergeordneten, Beamten eine Regreß- oder Injurienklage aus Veranlassung seines Amts erhoben wird, oder gegen einen Kassen-Beamten Geldforderungen eingeklagt werden, dem öffentlichen Ministerium des Landgerichts hiervon sofort Anzeige zu machen.

(Gesetz vom 25. April 1835, Gesetz-Samml. S. 50, Ressort-Reglement vom 20. Juli 1818 §. 38, Lottner Bd. 1 S. 513.)

Der aus dem §. 47 der Verordnung vom 26. Dezember 1808 entnommene §. 38 des Ressort-Reglements vom 20. Juli 1818 (Lottner's Sammlung Band 1 S. 513) schreibt vor:

„Wird gegen einen der Regierung untergeordneten Offizianten eine Regreß- oder Injurien-Klage aus Veranlassung seines Amtes angebracht, oder werden gegen Kassen-Beamte Geldforderungen eingeklagt, so hat das öffentliche Ministerium, sobald die Sache auf die Rolle kommt, die betreffende Regierung davon zu unterrichten."

Diese Bestimmung ist wegen der Injurien-Klagen gegen Beamte durch das Gesetz vom 25. April 1835 (Gesetz-Sammlung Seite 50) insoweit, als es sich von der Untersuchung und Bestrafung der von Staatsbeamten verübten Ehrenkränkungen handelt, indem für diese ein besonderes Verfahren angeordnet worden, abgeändert, besteht dagegen hinsichtlich der gegen Beamte wegen Injurien erhobenen Civil-Entschädigungsklagen, so wie hinsichtlich der Regreß-Klagen und der gegen Kassen-Beamte eingeklagten Geldforderungen noch unverändert.

Da einzelne Fälle vorgekommen sind, in welchen dergleichen Klagen bei den Friedensgerichten verhandelt worden, ohne daß die betreffende Regierung davon Kenntniß erhalten hat, so haben Ew. Hochwohlgeboren durch die Ober-Prokuratoren sämmtliche Friedensrichter anzuweisen, daß sie, wenn dergleichen Civil-Prozesse bei ihnen anhängig gemacht worden, sofort dem öffentlichen Ministerium des Landgerichts hiervon Anzeige machen, damit dieses in Gemäßheit der im §. 38 des vorgedachten Ressort-Reglements ihm auferlegten Verpflichtung die Regierung davon unterrichte.

Theilweise ist eine derartige Anweisung bereits von dem Ober-Prokurator zu Trier an die Friedensrichter seines Bezirks durch das im Trierschen Amtsblatte bekannt gemachte Cirkular vom 8. Dezember 1837 (Leitner's Sammlung Band 6 Seite 347) erlassen.

Berlin, den 19. Dezember 1841.

An
den Königlichen General-Prokurator
Herrn Berghaus
Hochwohlgeboren
zu Köln.

Der Justiz-Minister
Mühler.

V. 3931. Rh. Krim. 52. Vol. 2.

223.

Verfügung vom 31. Dezember 1841, — die Erweiterung des Gerichtssprengels des Fabrikengerichts zu Gladbach betreffend.

Bei den in dem Berichte vom 30. v. M. angegebenen Umständen bestimmen wir hiermit auf Grund des §. 3 des Allerhöchst vollzogenen Regulativs für das Fabrikengericht zu Gladbach vom 23. August d. J., daß dem Sprengel dieses Fabrikengerichts resp. Vergleichskammer zu Dülken, außer den Bürgermeistereien Dülken, Kaldenkirchen und Lobberich, schon jetzt auch die Bürgermeistereien Breyell und Brüggen einzuverleiben seien, worüber die Königliche Regierung das Erforderliche durch Ihr Amtsblatt bekannt zu machen hat.

Zugleich wird nach Ihrem Antrage, die Vertheilung der Mitglieder des Fabrikengerichts auf die einzelnen Gewerbszweige dahin genehmigt, daß für die nächstfolgenden drei Jahre in dieser Hinsicht, bezüglich auf die bisherigen Vergleichskammern zu Gladbach, Vierßen und Rheydt, die Bestimmung in dem Reskripte vom 16. Januar 1836 fortbestehen bleibt, für die Vergleichskammer zu Dülken aber gewählt werden:

Zwei Fabrikherren und

Zwei Weber, worunter Ein Seidenweber.

In beiden Fällen richtet sich die Vertheilung der Stellvertreter nach derjenigen der Mitglieder des Gerichts.

Berlin, den 31. Dezember 1841.

Der Justiz-Minister
Mühler.

Der Finanz-Minister
Graf v. Alvensleben.

An
die Königliche Regierung
zu Düsseldorf.

I 6722. Rh. Gen. 52. Vol. 2.

Inhalts-Verzeichniß.

I. Nachtrag zu den Gesetzen, Verordnungen und Reskripten aus den Jahren 1822 — 1838.

II. Im Jahre 1839.

III. Im Jahre 1840.

IV. Im Jahre 1841.

Sachregister

zum

siebenten Bande

der

für die Rhein-Provinz ergangenen

Gesetze, Verordnungen und Verfügungen.

G. bedeutet Gesetz, V. Verfügung, A. V. Allgemeine Verfügung, K. B. Kabinets-Befehl, B. Bekanntmachung, s. Siehe, die deutsche Zahl die Seite.

A.

B.

26*

D.

E.

G.

K.

Q.

R.

T.

Druckfehler und Berichtigungen.

S. 6 Z. 15 v. u. l. dieselben statt dieselbe.
— 19 — 4 v. o. l. 1839 statt 1840.
— 21 — 14 v. u. l. Rheinischen Gerichten statt Revisions-Gerichten.
— 35 — 12 v. u. l. Regierungen statt Regierung.
— 55 l. Z. v. u. l. Hochwohlgeboren statt Wohlgeboren.
— 91 Z. 15 v. o. l. Hochwohlgeboren statt Wohlgeboren.
— 152 — 16 v. u. fehlt die Ordnungszahl: „5“.
— 164 — 17 v. u. l. geführten statt geführte.
— 184 — 3 v. u. fällt „und“ weg.
— 206 — 7 v. u. l. bei Uebertretungen dieser Anordnung, statt, bei Uebertretungen, diese Anordnung.
— 208 — 7 v. u. l. haben statt hat.
— 228 — 4 v. u. l. Lebensjahre statt Jahre.
— 258 — 5 v. u. l. von statt an.
— 272 am Anfang der Zeile 14 v. u. fehlt in einigen Exemplaren das Wort „am.“
— 293 Z. 9 v. u. l. Unsere statt Unsern.
— 315 — 5 v. o. l. die letzteren statt die letztere.
— 324 — 4 v. o. fehlt (L. S.)
— 359 — 11 v. u. l. Arrestat statt Arrest.

FSC
www.fsc.org
MIX
Papier | Fördert
gute Waldnutzung
FSC® C083411

Kolibri 360 GmbH
Ferdinand-Jühlke-Straße 7
99095 Erfurt, Deutschland
produktsicherheit@kolibri360.de